Kohlhammer
Urban Taschenbücher

Band 736

Dieter Berg

Heinrich VIII. von England

Leben – Herrschaft – Wirkung

Verlag W. Kohlhammer

1. Auflage
Alle Rechte vorbehalten
© 2013 W. Kohlhammer GmbH, Stuttgart
Umschlag: Gestaltungskonzept Peter Horlacher
Gesamtherstellung:
W. Kohlhammer GmbH + Co. KG, Stuttgart
Printed in Germany

ISBN: 978-3-17-021900-7

Inhalt

1 Einleitung 9

2 Biographische Skizze 18

I. Die Entwicklung der Tudor-Herrschaft bis ca. 1550 in chronologischer Perspektive

3 Frühe Tudor-Herrschaft und Jugend
  Heinrichs VIII. (1485–1509) 28

4 Dynastie und Herrschaft im europäischen
  Kontext (1509–1547) 41
  4.1 »The King's Great Matter« und Herrschafts-
      sicherung: Katharina von Aragón und
      Anna Boleyn (1509–1536) 41
  4.2 Dynastie und europäische Politik:
      Jane Seymour und Anna von Kleve
      (1537–1540) 56
  4.3 Dynastische Politik und englischer Adel: Katharina
      Howard und Katharina Parr (1540–1547) 70

5 England und Europa 85
  5.1 England im europäischen Machtgefüge
      (1500–1529) 85
  5.2 England und die europäischen Mächte
      (1530–1550) 99
  5.3 Die englische Krone und die »keltischen Reiche«
      (1500–1550) 112

     5.3.1 England und Schottland 112
     5.3.2 England und Irland 126
     5.3.3 England und Wales 135

II. Die Entwicklung der Tudor-Herrschaft in struktureller und systematischer Perspektive

6   Krone und Nobilität in England 143
    6.1   Krone und Adel: Heinrich und die englische
          Nobilität 143
    6.2   Krone und Hof: Heinrich und die königlichen
          Berater 150

7   Die Krone und die innenpolitische Entwicklung Englands 163
    7.1   Krone und Religion: Die Entwicklung der
          Anglicana ecclesia und das religiöse Leben in
          Tudor-England 163
    7.2   Die englische Krone und die Ökonomie:
          Gesellschaft und Wirtschaft in Tudor-England ... 175

8   Krone und Kultur 189
    8.1   Krone und Herrschaftsrepräsentation: Heinrich als
          Renaissance-Fürst und Kunst-Mäzen 189
    8.2   Krone und Öffentlichkeit: Ideologie, Propaganda
          und Historiographie in der Tudor-Gesellschaft .. 200

III. Die Weiterentwicklung der Tudor-Herrschaft nach dem Tode Heinrichs in chronologischer Perspektive

9   Die Sicherung der Tudor-Herrschaft und ihre
    Rezeption 212
    9.1   Heinrichs Tod und Beisetzung 212

9.2	Heinrichs Nachfolge: England unter Eduard VI. (1547–1553)	220
9.3	Nachleben und Rezeption: Das Bild Heinrichs in TV- und Kino-Filmen des 20. und 21. Jahrhunderts	232

IV. Resümee: Heinrich VIII. – Mensch und Herrscher ... 246

10 Quellen- und Literaturverzeichnis ... 256
    10.1 Quellen ... 257
    10.2 Literatur ... 258

Anhang
    Zeittafel ... 269
    Stammbaum der Tudors ... 276
    Karte Englands zur Zeit Heinrichs VIII. ... 278

Anmerkungen ... 279

Personenregister ... 307

1 Einleitung

Sicherlich gibt es kaum einen anderen europäischen Monarchen, der seit Jahrzehnten in der Öffentlichkeit eine solche Beachtung erfahren hat wie Heinrich VIII. Das »Image« des Monarchen war hierbei überwiegend negativ und vor allem von seinem fragwürdigen Verhalten gegenüber den Ehefrauen bestimmt. So blieb bis heute ein alter Kinder-Abzählreim in Verwendung, der das Schicksal der oftmals unglücklichen Tudor-Gemahlinnen verdeutlichen sollte: »*Geschieden, Geköpft, Gestorben, Geschieden, Geköpft, Überlebt*«. Zahlreiche Intellektuelle seit dem 19. Jahrhundert betrachteten den Monarchen als verfettetes, brutales Monster, das sadistische Freude empfand, Mitmenschen quälen und töten zu lassen. Der Dichter Charles Dickens ging noch weiter und bezeichnete 1854 Heinrich als »*a most intolerable ruffian, a disgrace to human nature, and a blot of blood and grease upon the History of England*«.[1] Auch in der Gegenwart herrscht – u. a. durch Aktivitäten der Medien – ein Negativbild des Königs vor: Nicht zufällig nahm der Tudor nach Recherchen des Magazins »Focus« in einer Liste der größten Kapitalverbrecher der Geschichte den 4. Platz ein (nach Nero u. a.) – noch vor Adolf Hitler, Josef Mengele und Josef Stalin.[2] Eher seltener waren Stimmen, die das verbreitete Zerrbild des Königs durch nüchterne Betrachtung zu korrigieren versuchten – wie etwa Sir Winston S. Churchill. Er urteilte 1956 über Heinrich deutlich milder:

> »We must credit Henry's reign with laying the basis of sea-power, with a revival of Parliamentary institutions, with giving the English Bible to the people, above all with strengthening a popular

monarchy under which succeeding generations worked together for the greatness of England while France and Germany were racked with internal strife.«³

Diese beiden exemplarischen Stellungnahmen zu Person und Wirken von »*Bluff King Hal and Burly King Harry*« (C. Dickens) spiegeln nur ansatzweise die kontroversen Beurteilungen wider, die der Tudor seit dem 19. Jahrhundert in der europäischen Öffentlichkeit erfuhr. Während in der *Public Culture* die Vorstellungen von ihm durch das Porträt von Hans Holbein sowie von den oftmals legendenhaften Berichten über sein Eheleben sowie die brutale Tyrannei gegenüber den Untertanen geprägt wurden, war sein Bild in der sich seit der Mitte des 19. Jahrhunderts entwickelnden »wissenschaftlichen Geschichtsschreibung« besonders in England lange Zeit ein anderes.⁴ Schon die erste »moderne« Darstellung der Herrschaft Heinrichs im Rahmen einer historischen Gesamtdarstellung der Tudor-Dynastie von *James Anthony Froude* (1862, 1908)⁵ erwies sich als prägend für die Konstituierung eines völlig anderen Heinrich-Bildes. Der viktorianische Historiker entwarf aufgrund gründlicher Archivstudien eine extrem einseitige und zeitgebundene Darstellung des Tudors. Obwohl sich der Autor der zahllosen Tötungen und Verfolgungen von angeblichen Opponenten durch den König bewusst war, erschienen ihm diese Maßnahmen im Blick auf »höhere Ziele und Erfolge« des Monarchen als vernachlässigbar bzw. geradezu als entschuldbar. Für Froude waren die vom Tudor veranlasste Trennung von Rom und die Schaffung der *Anglicana ecclesia* bleibende Leistungen. Hinzu kamen konstitutionelle Reformen mit einer Stärkung des Parlamentes, die Einbeziehung von Wales in das englische Verwaltungssystem und die Förderung der »Zivilisation« in Irland. Insgesamt verherrlichte der Autor seinen Helden als einen von Gott gesegneten Monarchen, der in allen Wirren den *honour* (Ehre) des englischen Namens aufrechterhalten und das Commonwealth sicher durch eine der schwersten Krisen seiner Geschichte geleitet hatte.

In den folgenden Jahrzehnten wurden in England lediglich einige kleinere Studien zur Herrschaft des Tudors veröffentlicht – etwa die kritische Analyse von Kardinal *Francis Gasquet* über das Schicksal der englischen Klöster oder von *William Stubbs* über die verfassungsgeschichtliche Bedeutung Heinrichs, der zwar »*religious or ecclesiastical holocausts*« verursachte, aber auch positive politische Veränderungen bewirkte.[6] Erst etwa 40 Jahre nach dem Werk Froudes (1902) erschien eine neue, groß angelegte Biographie des Tudors von *Albert Frederick Pollard*. Er würdige nach zusätzlichen Quellenstudien sowohl die Persönlichkeit des Monarchen als auch das politische Geschehen unter seiner Regierung. Auch für ihn überwogen trotz des despotischen Charakters der Herrschaft Heinrichs seine innovatorischen Leistungen – wie bei Froude im Verfassungsbereich, in der Schaffung der *Anglicana ecclesia* und im Aufbau der Flotte. Der Tudor erschien einerseits als Inbegriff eines »*constitutional king*«, andererseits als »*Machiavelli's ›Prince‹ in action*«.[7]

In den folgenden Jahrzehnten erschienen – abgesehen von einer psychoanalytischen Interpretation des Wirkens Heinrichs (mit Ödipus-Komplex) durch *John Carl Flügel* – lediglich einige Publikationen, die das Pollard-Bild des Tudors ausschmückten – wie z. B. die populäre Darstellung von *Francis Hackett* (1930) oder die Studien von *Frederick Chamberlin* (1931) und *Helen Simpson* (1934).[8] Nach den Schrecken des Zweiten Weltkriegs wurden nur langsam wieder Werke über den Tudor vorgelegt, die aber erneut das »traditionelle«, von Pollard entworfene Bild Heinrichs als zwar brutalem, aber für die Ausbildung des englischen Staates letztlich verdienstvollen Monarchen reproduzierten – wie etwa die Arbeiten von *Henry Maynard Smith* (1948), *Theodore Maynard* (1949), *Stanley Thomas Bindoff* (1950) und *John Duncan Mackie* (1966).[9] Erst *Geoffrey Randolph Elton* publizierte Untersuchungen, die eine veränderte Betrachtungsperspektive verdeutlichten und den Tudor-Hof stärker berücksichtigten (1953 sowie 1962, 1973). Für Elton stand Thomas Cromwell im Mittelpunkt des Geschehens, der die innovatorischen Ideen des Monarchen in konkreten politischen Aktionen umsetzte. Nicht der König, sondern sein Minister bewirkte eine *revolution in government*, die eine Reform des Verwaltungs- und Finanzwesens, Strukturveränderungen in der Herrschaftsorganisation und die Einbeziehung der Kirche in den englischen Staat zur Folge hatte. Bei Elton erschien der Tudor als stark von der Einflussnahme seiner Berater abhängiger Monarch, der weder eigenständig innovative Reformmaßnahmen noch selbstständig die Einführung der Reformation in England zu planen vermochte.[10]

Die »revolutionären« Thesen Eltons bestimmten für etwa drei Jahrzehnte die englische historische Forschung über Heinrich; kontinentale Geschichtsforscher hatten schon seit Ende des Zweiten Weltkrieges – und bis in die Gegenwart – keine substantiellen Beiträge zur Analyse der Tudor-Geschichte geleistet. Während sich bald Widerstand gegen die Behauptung Eltons von der Existenz einer »bürokratischen Revolution« regte, wurde die von ihm vorgenommene Erweiterung der Betrachtungsperspektive auf den gesamten Königshof übernommen und in zahlreichen Heinrich-Darstellungen seit den 1960er Jahre rezipiert. So beschäftigte man sich nunmehr u.a. mit *Henry and his Court* sowie mit *Life and Times of Henry* – etwa in den Monographien von *John Joseph Bagley* (1962), *Neville Williams* (1971) und *Robert Lacey* (1972).[11] Hinzu kamen einige biographisch angelegte Studien, die oftmals das »traditionelle« Bild des Monarchen entwarfen und sich hierbei zumeist in der Nachfolge von Pollard befanden. Hierzu zählten u.a. die Werke von *Beatrice Saunders* (1963) und *John Bowle* (1964). Lediglich *Lacey Baldwin Smith* bemühte sich um eine stärker psychologisierende Darstellung des Tudors als »Manipulator« und als Menschen mit »*private fears and inadequacies*« hinter der Maske der Macht (1971).[12]

Erst 1968 vermochte der Elton-»Schüler« *John Joseph Scarisbrick* eine Biographie Heinrichs vorzulegen, die einen deutlichen Erkenntnisfortschritt bewirkte und Maßstäbe für die weitere Tudor-Forschung setzte. Auf verbreiterter Quellenbasis und in Weiterführung der Studien Eltons setzte der Autor in biographischem Rahmen neue thematische Akzente. So wurden einerseits erneut die Leistungen des Königs u. a. in den Bereichen Verwaltungsreform (mit Würdigung Cromwells), Neustrukturierung der Herrschaftsorganisation, Reform der Kirche und auswärtige Beziehungen gewürdigt. Andererseits fällte Scarisbrick ein weitgehend negatives Urteil über die Person Heinrichs: Dieser war nicht nur egoistisch und brutal, sondern er ließ das englische Volk für seine dynastischen Interessen einen kaum zu verantwortenden hohen Preis bezahlen. Ferner waren die Ergebnisse seiner Außenpolitik dürftig, die finanz- und wirtschaftspolitischen Maßnahmen für die Ökonomie des Inselreiches verheerend und die *Henrician Reformation* zerstörerisch, da er ein zutiefst gespaltenes Land hinterließ. Trotz der scharfen Verdikte entwickelte sich diese Heinrich-Biographie zu einem Standardwerk der Tudor-Geschichte, das bis zum heutigen Tage Beachtung findet und das Bild Heinrichs auch in der kontinentalen Geschichtsschreibung für lange Zeit prägte.[13]

Die von Scarisbrick gebotene Interpretation wurde durch einige stärker populärwissenschaftliche Biographien des Tudors nicht nachhaltig verändert – etwa durch *Carolly Erickson* (1980) und durch das besonders in Deutschland verbreitete Werk von *Jasper Ridley* (1984).[14] Hingegen blieb die englische Tudor-Forschung bis zum Ende der 1980er Jahre wesentlich von den Auseinandersetzungen mit den Arbeiten Eltons geprägt. Hierbei beschäftigten sich zumeist »Schüler« aus seinem Umkreis mit ausgewählten Aspekten seiner komplexen Thesen, wobei der Focus der Betrachtung auf dem königlichen Hof und weniger auf der Person des Monarchen lag. In den folgenden Forschungsdiskussionen, die mitunter unschöne Formen persönlicher Konflikte aufwiesen, erlangte besonders *David Starkey* eine Führungsrolle. Zum einen wurde von ihm eine Neubewertung der Rolle der *Privy Chamber* als eigenständiger politischer Institution vorgenommen. Zum anderen setzten sich Zweifel an den Thesen von der Dominanz Cromwells bei der Durchführung der Verwaltungs- und Finanzreform durch. Schließlich erwies man dem königlichen Hof und insbesondere den konkurrierenden »Fraktionen« in der Forschung noch größere Beachtung.[15] Hinzu kamen materialreiche Studien über einzelne Protagonisten der königlichen Herrschaftsausübung (wie Thomas Wolsey, Thomas Cromwell, Thomas Cranmer) und über Ursachen bzw. Entwicklung der *Henrician Reformation* (vgl. Kapitel 6.2 und 7.1). Unverändert fehlten jedoch neue biographische Gesamtdarstellungen für den Tudor; stattdessen untersuchte man weiterhin intensiv die Regierungsstrukturen sowie die politischen Mechanismen der Herrschaftsausübung des Königs.

An dieser Situation änderte sich seit Beginn der 1990er Jahre wenig – auch nicht durch einige eher populärwissenschaftliche Darstellungen etwa von *Uwe Baumann* (1991) und *Alison Weir* (2002).[16] Erst im ersten Jahrzehnt des neuen Jahrtausends erschien eine Serie an biographischen Studien, wobei *David Starkey* mit einer Arbeit über den jungen Heinrich den Anfang machte (2008). Er betonte den tiefgreifenden Wandel in der Persönlichkeit des Königs von einem jungen *Prince Charming* zu einem alten, brutalen Tyrannen.[17] Ein ähnliches Bild von der Persönlichkeit des Monarchen entwarfen *Richard Rex* (2009), *Lucy Wooding* (2009) und *Robert Hutchinson* (2011), wobei die »traditionelle« negative Beurteilung seines Charakters als egoistisch und brutal weiter Bestand hatte. Den Versuch einer etwas ausgewogeneren Bewertung unternahmen schließlich *Eric Ives* (2007), *David Loades* (2011), *Peter Ackroyd* (2012) und *Sabine Appel* (2012).[18] In diesen Büchern wurde deutlich, dass es sich bei der oftmals als »Tyrannei« verurteilten Herrschaft Heinrichs nicht so sehr um »*the expression of a system of governance as the tone governing a web of personal relationships*« handelte.[19]

In Anbetracht der beschriebenen Forschungslage erscheint es insbesondere für einen deutschen Autor als wenig sinnvoll, eine weitere »traditionelle«, ausschließlich chronologisch gestaltete Lebensbeschreibung Heinrichs vorzulegen. Auch sollte in einer neuen Analyse die Konzentration der Betrachtung auf die Person des Monarchen bzw. sein Handeln und insbesondere – wie oftmals in deutschen Medien geschehen – auf sein problematisches Verhältnis zu Frauen bzw. zu den Gemahlinnen unterbleiben. Vielmehr ist im Folgenden ein *neuer metho-*

discher Ansatz zu wählen: Die Darstellung soll sowohl eine *biographische* als auch eine *systematische Dimension* besitzen und eine *Kombination von biographisch-thematischen Längs- und Querschnitten* aufweisen. So werden zum einen Grundzüge der Entwicklung der Tudor-Herrschaft mit stärker biographischen Bezügen in chronologischer Perspektive aufgezeigt. Zum anderen sollen – in Anbetracht der Komplexität des Quellenmaterials – einige wichtige Problembereiche der Tudor-Herrschaft in struktureller bzw. systematischer Perspektive behandelt werden.

So wird nach einer einleitenden Skizze zum Leben Heinrichs im *ersten Hauptteil* die Entwicklung seiner Herrschaft mit stärker biographischen Bezügen verdeutlicht. Hierbei wird von der Konstituierung der Tudor-Dynastie durch den Vater und von der Prägung des Sohnes durch ihn in seinem späteren Handeln ausgegangen (vgl. Kapitel 3). Hieran schließt sich eine Analyse des Spannungsverhältnisses von »Dynastie und Herrschaft im europäischen Kontext« unter besonderer Berücksichtigung der Ehepolitik Heinrichs an (vgl. Kapitel 4). Die europäische Perspektive der Betrachtung wird weiter verstärkt durch die folgende Untersuchung des Verhältnisses von »England und seinen europäischen Nachbarn«. Hierbei erfährt die Klärung der Frage nach der Entstehung des britischen Empire und nach den Beziehungen des englischen *regnum* zu den »keltischen Reichen« besondere Beachtung (vgl. Kapitel 5).

Im *zweiten Hauptteil* der Arbeit erfolgt die Behandlung ausgewählter Problembereiche der Tudor-Herrschaft in systematischer Perspektive. So wird zum einen die Rolle von »Nobilität und königlichen Beratern« für das politische Handeln des Monarchen analysiert (vgl. Kapitel 6). Zum anderen sind Grundzüge der innenpolitischen Entwicklung Englands zu verdeutlichen – u. a. bezüglich der Ausbildung einer eigenen *Anglicana ecclesia* und der Veränderungen in Gesellschaft und Wirtschaft des Inselreiches (vgl. Kapitel 7). Schließlich ist das Verhältnis von »Krone und Kultur« genauer zu untersuchen, indem sowohl die Bedeutung Heinrichs als

»Renaissance-Fürst« und Kunst-Mäzen als auch die Rolle geklärt wird, die »Propaganda und Historiographie« bei der Sicherung der Tudor-Herrschaft spielten (vgl. Kapitel 8).

Im *dritten Hauptteil* wird erneut in chronologischer Perspektive geklärt, in welcher Weise Heinrich seine Nachfolge sicherte und wie der Sohn bzw. der Regentschaftsrat mit den Verfügungen des toten Monarchen umgingen. Zugleich ist das Vermächtnis zu prüfen, das der König hinterließ und das den Fortbestand der Herrschaft des Hauses Tudor in England zu sichern hatte. Besondere Beachtung sollen schließlich das Nachleben des Tudors und die Veränderung des Bildes Heinrichs finden, wie es sich vor allem in TV- und Kino-Filmen des 20. und 21. Jahrhunderts entwickelte (vgl. Kapitel 9).

Im *vierten Hauptteil* wird der Versuch unternommen, Heinrich als »Mensch und Herrscher« zu würdigen. So ist zum einen zu klären, welche Bedeutung seine Herrschaft für das Inselreich und die Ausbildung eines modernen Nationalstaates besaß. Zum anderen ist zu untersuchen, welche Stellung bzw. Rolle England unter dem Tudor im Kreise der abendländischen Reiche einnahm und welches außenpolitische Vermächtnis er hinterließ. Hierbei soll in systematischer Perspektive verdeutlicht werden, wie der König in seinem Handeln Teil eines komplexen personellen Aktions- bzw. Kommunikationsgeflechtes war, das die innen- und außenpolitischen Entwicklungen seiner Herrschaft nachhaltig beeinflusste. Schließlich ist zu fragen, welche Elemente der Bilder von Heinrich, die heute in der Forschung und in der Öffentlichkeit existieren, im Blick auf die Ergebnisse vorliegender Studie noch als relevant erscheinen.

Abschließend ist vom Autor verschiedenen Personen und Institutionen zu danken, die zum Entstehen des vorliegenden Werkes beigetragen haben: So gebührt den Mitarbeiterinnen und Mitarbeitern in *The National Archives* (Kew) Dank für ihre Unterstützung. Gleiches gilt für die Mitarbeiterinnen und Mitarbeitern der *British Library* (London) und der *Universitätsbibliothek der Ruhr-Universität* (Bochum), die bei der Beschaffung großer Mengen an Spezialliteratur behilflich waren.

Schließlich ist der Verfasser *Herrn Dr. Daniel Kuhn* (Kohlhammer Verlag) für seine Betreuung zu großem Dank verpflichtet.

2 Biographische Skizze

Heinrich wurde am 28. Juni 1491 als drittes Kind und als zweiter Sohn von König Heinrich VII. und seiner Gemahlin Elisabeth von York in Greenwich geboren. Der Vater war – zumindest teilweise – walisischen Ursprungs (*Harri Tewdwr* oder *Tudur*) und hatte seine Thronansprüche gewaltsam gegen König Richard III. aus dem Hause York in der Schlacht bei Bosworth (1485) durchgesetzt. Die temporäre Instabilität seiner Herrschaft und verschiedene Versuche von Yorkisten, den Tudor zu stürzen und einen eigenen Prätendenten auf dem englischen Thron zu platzieren, prägten seine Regierung nachhaltig. Hinzu kam das Streben nach Legitimierung seines Königtums und nach Sicherung der Macht der Tudor-Dynastie. Das Bemühen, den Fortbestand des Hauses Tudor zu wahren und nach seinem Tode mögliche Bürgerkriege zu verhindern, bestimmte auch das Handeln Heinrichs VIII.

Sein Leben lässt sich in mindestens *vier aufeinander folgende Phasen* einteilen, deren *erste* die Jugend bis zur Thronbesteigung umfasst (1491–1509). Der Prinz stand längere Zeit im Schatten des älteren Bruders und Thronfolgers Arthur (1486–1502). Dennoch erhielt auch Heinrich eine gründliche Ausbildung, die durch bedeutende Renaissance-Gelehrte nach den humanistischen Bildungsvorstellungen der Zeit erfolgte. Hierdurch erwarb er solide Kenntnisse in zahlreichen Sprachen (insbesondere Latein und Französisch) sowie in Geschichte, Poesie und Musik, der später seine ganze Passion gelten sollte. Hinzu kam die übliche »ritterliche« Ausbildung im Reiten und in der Schulung an Waffen. Ferner betrieb Heinrich – auch in späteren Lebensjahren – zahlreiche Sportarten wie Tennis, Fußball und ging gerne zur Jagd. Schon bald wurde er vom

Vater in dessen Herrschaftssystem einbezogen, indem er nominell verschiedene Ämter und militärische Funktionen übertragen bekam, die zumeist durch Stellvertreter ausgeübt wurden. Hierbei lernte er schnell, sich angemessen in der Öffentlichkeit zu verhalten und standesgemäß bei Hofe zu agieren. Da der Königssohn gut aussah, elegant und selbstbewusst auftrat und bei Bedarf auch charmant sein konnte, betrachtete man ihn als *Prince Charming* (D. Starkey).

Eine Zäsur in seinem Leben trat durch den überraschenden Tod des Thronfolgers Arthur am 2. April 1502 ein, da Heinrich nun der einzige überlebende Sohn des Tudors und damit dessen designierter Nachfolger war. Den außenpolitischen Plänen des Vaters entsprechend sollte er die Witwe seines verstorbenen Bruders heiraten, Katharina von Aragón; den erforderlichen Dispens erteilte Papst Julius II. wunschgemäß. Infolge politischer Wirren in Spanien nach dem Tode der Brautmutter, Isabellas I. von Kastilien († 26. November 1504), unterblieb die Hochzeit jedoch vorerst. So konnte der junge Fürst seinen standesgemäßen Vergnügungen – wie Sport, Jagden, Turnieren – weiterhin nachgehen, während ihn der Vater bewusst nicht auf die bevorstehende Regierungstätigkeit vorbereitete. Nur mittelbar durch häufige Präsenz bei Hofe erhielt er einen gewissen Eindruck vom Lebens- und Herrschaftsstil des Monarchen. Gleichzeitig wurde der Thronfolger mit der magnaten-feindlichen Politik des Vaters konfrontiert, die das spätere Verhältnis seines Sohnes zu den Großen des Reiches nachhaltig beeinflussen sollte. Der Tod Heinrichs VII. am 21. April 1509 wurde daher in der englischen Oberschicht nicht allzu sehr betrauert.

Mit der Thronbesteigung Heinrichs VIII. (24. Juni 1509), der zuvor Prinzessin Katharina geheiratet hatte (11. Juni), begann die *zweite Phase* in seinem Leben (1509–1525), die von zahlreichen kriegerischen Aktivitäten geprägt war. Nach der Herrschaftsübernahme, die ohne Schwierigkeiten erfolgte, strebte der junge Monarch bald danach, chevaleresken Ruhm nicht nur in Turnieren, sondern auch auf dem Schlachtfeld zu erringen. Hauptziel hierbei war – nach dem Beispiel Heinrichs V. von England – die zumindest partielle Rückeroberung der englischen Festlandsbesitzungen. Militärische Interventionen in Spanien und Frankreich brachten dem Tudor zwar Teilerfolge; im gleichzeitigen diplomatischen Ringen war er aber seinem Schwiegervater Ferdinand II. und Maximilian I. unterlegen. Seit 1512 wurde Thomas Wolsey der wichtigste königliche Minister, der nicht nur die »politischen Alltagsgeschäfte« für Heinrich erledigte, sondern für fast zwei Jahrzehnte auch die englische Außenpolitik beeinflusste. Ihm gelang es, die Beziehungen zum schottischen und zum französischen Reich durch militärische Erfolge bzw. durch Heiratsbündnisse zu stabilisieren. Zudem vermochte er, in Verhandlungen Heinrich den konkurrierenden Herrschern in Frankreich (Franz I.) und in Deutschland (Karl V.) als geeigneten Bündnispartner und zeitweise sogar als Vermittler im Rahmen einer europäischen Friedensordnung (1519) erscheinen zu lassen. Trotz repräsentativer Treffen mit beiden Monarchen zögerte der Tudor nicht, während der französisch-habsburgischen Kriege in Italien mit dem Kaiser in Frankreich einzufallen (1523). Hierbei waren aber die Erfolge Heinrichs im Vergleich zu denen des Habsburgers (Gefangennahme von Franz I. in Pavia 1525) eher mäßig. Während Karl V. eine hegemoniale Stellung erlangte, geriet der Tudor zeitweise in eine außenpolitische Isolation, zumal sich auch die Beziehungen zu Schottland verschlechterten, das sich infolge der *Auld Alliance* mit Frankreich – eines immer wieder erneuten Beistandspaktes zwischen Frankreich und Schottland – feindlich gegenüber dem englischen Reich verhielt.

Eine weitere Zäsur im Leben Heinrichs entstand etwa 1526, da er trotz der Geburt von mindestens sechs Kindern, von denen fünf umgehend verstarben, »nur« eine Tochter (Maria) und keinen Sohn besaß. Die Sicherung der Thronfolge wurde im Blick auf das Lebensalter der Königin immer problematischer. Zudem hatte sich der Monarch, der nunmehr rechtliche bzw. theologische Bedenken bezüglich der Gültigkeit seiner Ehe mit der Witwe seines Bruders hegte, in eine Hofdame (Anna Boleyn) verliebt. Diese machte ihm – unter der Voraussetzung einer Eheschließung – Hoffnung, den ersehnten Nachfolger zu schenken. So wurde das folgende Jahrzehnt bzw. die *dritte Lebensphase* Heinrichs (1526–1536/37) weitgehend von *The King's Great Matter* bestimmt, d. h. von den Bemühungen um die Aufhebung der Ehe mit Katharina und von der tragischen Beziehung zu Boleyn. Der König sah sich für die Eheannullierung auf die Mitwirkung von Papst Clemens VII. angewiesen, der ein langwieriges kirchenrechtliches Prüfungsverfahren veranlasste. Hierbei stand er nach dem *Sacco di Roma* (1527) unter massivem Druck durch den Neffen von Königin Katharina (Karl V.), der auch auf deren Betreiben eine Eheauflösung zu verhindern suchte. So bemühten sich Heinrich und Wolsey jahrelang und auf unterschiedlichste Weise um die gewünschte päpstliche Annullierung, jedoch ohne Erfolg.

Nachdem der Lordkanzler über diesen Misserfolg gestürzt war (1530), entwickelte der neue *Chief Minister* des Königs, Thomas Cromwell, wahrscheinlich auch auf Betreiben Boleyns und mit englischen Kirchenreformern eine Doppelstrategie zur Lösung des Eheproblems: Einerseits wurde das Annullierungsverfahren am päpstlichen Hof weiter betrieben, andererseits suchte er eine landesinterne Entscheidung ohne päpstliches Einwirken aufgrund königlicher Suprematie und durch Maßnahmen der englischen Kirche sowie des Parlaments. Nachdem sich auch der König für diese Strategie entschieden hatte (1532/33), ließ er vom Parlament eine Serie an Statuten verabschieden, die das Verhältnis der Kirche zu Krone und Papsttum neu bestimmten. Zudem veranlasste der Tudor den Erzbischof von Canterbury, die Ehe mit Katharina zu annullieren, so dass Heinrich Boleyn heiraten konnte (1533). Nach dem Bruch mit Rom baute der König seine Herrschaft über die englische Kirche weiter aus (u. a. *Act of Supremacy* 1534) und begann mit der Zerschlagung angeblich »konservativer« kirchlicher Einrichtungen wie der Klöster, deren Vermögen er für die Krone einziehen ließ (1536, 1537–1539). Ungeachtet der Trennung von Rom hielt der Tudor selbst bis zum Lebensende an »altgläubigen« Vorstellungen fest. Für ihn war die Bewahrung der traditionellen Herrschaftsstrukturen der Kirche wichtig, an deren Spitze nunmehr der König und nicht länger der Papst stand.

Diese tiefgreifenden kirchenpolitischen Maßnahmen implizierten nicht nur ein erhebliches außenpolitisches Gefahrenpotential bezüglich möglicher Interventionen kontinentaler »katholischer« Mächte, sondern riefen auch erhebliche innenpolitische Widerstände hervor. So wurden einflussreiche Opponenten (wie More, Fisher) wegen ihrer Ablehnung der Supremats- und Sukzessionsgesetze hingerichtet (1536), während es in Lincolnshire und Yorkshire zu schweren Revolten gegen die Regierung kam (*Pilgrimage of Grace*). Hinzu kamen Unruhen in Irland, die ebenfalls mit der angeblich verfehlten Rom-Politik des Königs begründet wurden. Mögliche Konflikte mit den kontinentalen Mächten blieben Heinrich nur durch deren Italienkriege erspart, zumal er zumindest vordergründig seine außenpolitische Neutralität wahren konnte. Wenig günstig entwickelten sich auch seine Beziehungen zu Boleyn, da diese nicht wie erhofft einen Thronfolger, sondern die Tochter Elisabeth (I.) geboren hatte (* 1533). Zwar war Katharina von Aragón 1536 einem Krebsleiden erlegen, doch führten das selbstbewusste Auftreten Annas und ihre Versuche, sich in das politische Geschehen einzumischen, zu anhaltenden Konflikten mit dem König. Da er nach zahlreichen Fehlgeburten Boleyns (1534–1536) nicht mehr hoffte, den gewünschten Thronerben von ihr zu erhalten, begannen »Hof-Fraktionen«, eine neue Ehekandidatin (die Hofdame Jane Seymour) zu lancieren. Gerüchte über »Hexereien« Boleyns und ihre angebliche Untreue führten im Frühjahr 1536 zum Prozess und zur Verurteilung der Königin. Da sogar Heinrich von ihrer Untreue überzeugt gewesen zu sein scheint, wurde Anna mit ihren angeblichen Liebhabern hingerichtet († 1536). Nach Aufhebung auch dieser Ehe und nach der Heirat des Königs mit Seymour (20. Mai 1536) wurde endlich der ersehnte Thronfolger (Eduard VI.) geboren (* 12. Oktober 1537); doch starb die Monarchin am 24. Oktober im Kindbett.

Nach ihrem Tode begann für Heinrich der *vierte Abschnitt* seines Lebens (1538–1547), das von zunehmend autokratischer Herrschaftsausübung und -sicherung charakterisiert und von gesundheitlichen bzw. seelischen Problemen des Monarchen beeinflusst wurde. Bereits seit einem Turnierunfall (1536) mit tiefer Bewusstlosigkeit des Königs und einem sich danach ständig verschlechternden Gesundheitszustand scheint sich auch seine Psyche langsam verändert zu haben. Aufgrund der Erfahrungen mit der angeblich untreuen Boleyn und in anbetracht der ständigen Hofintrigen entwickelte Heinrich ein tiefes Misstrauen gegenüber seiner Umwelt und dem Hof, noch verstärkt durch die Sorge um den Erhalt der Tudor-Herrschaft nach seinem Tode. Bedrängt von Höflingen, entschloss er sich zu einer erneuten Ehe, die – auf Betreiben Cromwells – nunmehr außenpolitisch bestimmt war. Doch die Verbindung mit Anna von Kleve (1540) scheiterte und führte zum Untergang des Ministers. Auch die folgende Heirat mit Katharina Howard (1540) – forciert von der »konservativ-katholischen« Fraktion im *Council* – bewirkte wegen der erwiesenen Untreue der Gattin bei Heinrich eine noch größere persönliche Enttäuschung und verstärkte seine Verbitterung. Die letzte Ehe mit Katharina Parr (1543) war dagegen harmonischer, da ihm diese Partnerin offensichtlich die Zuneigung und Geborgenheit zu geben vermochte, die er wahrscheinlich ein Leben lang gesucht hatte. Keine der Herrscherinnen in dieser Lebensphase erfüllte den Wunsch des Königs nach weiteren Nachkommen.

Obwohl im Bewusstsein der Zeitgenossen die Frage der Eheschließungen Heinrichs eine bedeutende Rolle spielte, so waren die innen- und außenpolitischen Entwicklungen, die in der letzten Phase im Leben Heinrichs erfolgten, mindestens ebenso wichtig. Eine zentrale Rolle spielte hierbei Cromwell, der tiefgreifende Reformen im Finanz- und Verwaltungswesen des Landes beförderte, ohne dass jedoch von einer *Tudor revolution in government* (G. Elton) auszugehen wäre. Maßgeblich bestimmte er zudem die Beziehungen des Monarchen zum Parlament, das eine Schlüsselrolle bei der Durchsetzung des königlichen Souveränitätsanspruchs und des Bruchs mit Rom spielte. Trotz des – zumindest theoretischen – umfassenden Machtanspruchs des Königs blieb er bei der Legitimierung seiner herrschaftlichen Maßnahmen auf die Kooperationsbereitschaft des Parlaments angewiesen. Kontrovers waren hingegen die religionspolitischen Vorstellungen des Ministers und seines königlichen Herrn: Der Monarch wünschte unverändert eine lediglich organisationstechnische Trennung der *Anglicana ecclesia* von Rom mit neuer königlicher Spitze (*Political Reformation*) ohne eine radikale theologische Neuorientierung (*Religious Reformation*), wie sie die Reformer und wahrscheinlich auch Cromwell wünschten. So folgten auf die reformerischen *Ten Articles* (1536) und das *Bishops' Book* (1537) auf Betreiben der »Konservativen« und des Königs die *Six Articles* (1539), die weitgehend die traditionelle katholische Lehre bestätigten. Auch in der Frage einer volkssprachlichen Bibelübersetzung zeigte sich der Tudor im Gegensatz zu den Reformern und zu Cromwell zurückhaltend. Konsequent vermied Heinrich bis zum Ende seines Lebens eine dogmatisch-theologische Neuorientierung unter Einbeziehung der Lehren Luthers und Calvins; diese Entwicklung erfolgte erst unter seinem königlichen Sohn Eduard VI. So führten nicht nur der Fehlschlag des Heiratsprojektes mit Anna von Kleve, sondern vor allem religionspolitische Kontroversen zum Sturz und zur Hinrichtung Cromwells 1540.

Abgesehen von den erwähnten religionspolitischen Gegensätzen wurden die letzten Lebensjahre des Monarchen von neuen außenpolitischen Initiativen geprägt. So hatte noch Cromwell für eine intensivere politische Präsenz der englischen Krone im *Celtic Fringe* Sorge getragen, indem etwa durch die *Laws in Wales Acts* das Land seit 1536 verwaltungstechnisch stärker in das englische Reich eingegliedert wurde. Auch in Irland kam es zu politischen Initiativen der Krone, die nach der Kildare-Revolte (1534–1535) und verschiedenen ergebnislosen militärischen Interventionen seit 1540 eine neue Strategie der »Unterwerfung und Belehnung« gegenüber den gälischen Lords praktizierte. Langfristig zeitigte dieses Vorgehen Erfolge, zumal der Tudor vom Irischen Parlament im Juni 1541 zum König von Irland ausgerufen wurde. Dennoch blieb der Anspruch des englischen Monarchen, auch oberster Herr der Irischen Kirche zu sein, ein Quell andauernder Konflikte. Weniger erfolgreich waren die englischen Initiativen gegenüber Schottland, das nach dem Tode der Schwester Heinrichs, Königin Margaretes († 1541), und ihres Sohnes, Jakobs V. († 1542), die 6-jährige Maria Stuart als Monarchin sowie einen Regentschaftsrat besaß. Die Verwirklichung der Tudor-Pläne, ein Ehebündnis zwischen der schottischen Königin und dem englischen Thronfolger Eduard und damit möglicherweise eine Vereinigung beider Reiche herbeizuführen (Vertrag von Greenwich 1543), führte nicht nur zu lang anhaltenden englisch-schottischen Konflikten, sondern infolge der *Auld Alliance* auch zu Auseinandersetzungen Englands mit Frankreich.

Möglicherweise aus Sorge vor einer französischen Intervention in Schottland entschloss sich Heinrich zu einer letzten militärischen Offensive in Frankreich, indem er im Bündnis mit Karl V. den französischen Rivalen angriff und Boulogne eroberte (September 1544). Doch bald stagnierte das Unternehmen, zumal der Habsburger einen Separatfrieden mit König Franz schloss. Während der Tudor die Feindseligkeiten auf dem Kontinent fortsetzte, drohte eine französische Invasion des Inselreiches, so dass Heinrich schließlich einem Friedensschluss in Ardres zustimmen musste (Juni 1546). Abgesehen vom temporären Besitz von Boulogne brachte das Unternehmen für ihn keinerlei außenpolitischen Gewinn, während die ungeheuren Kosten des Feldzuges das englische Reich an den Rand des Staatsbankrotts brachten. Resigniert und geplagt von ständigen gesundheitlichen Beschwerden zog sich der König in den letzten Monaten seines Lebens immer stärker aus der Öffentlichkeit zurück. Bestehen blieb hingegen seine Liebe für die Musik, die er – wie die übrigen Schönen Künste – während seiner gesamten Regierungszeit als Patron gefördert hatte. Gleiches galt für die zahlreichen Prachtbauten, die Heinrich errichten ließ und die den Glanz seiner Hofhaltung verdeutlichen sollten. Bis in die letzten Lebenstage belastete den Tudor, der kaum mehr bewegungsfähig war und unter stinkenden Geschwüren an den Beinen litt, die Sicherung der Thronfolge seines 9-jährigen Sohnes. Versuche der Familie Howard, möglicherweise nach dem Tode Heinrichs selbst die Macht zu ergreifen, unterband der kranke Monarch konsequent, indem er den langjährigen Vertrauten Norfolk im Dezember 1546 inhaftieren und seinen Sohn Surrey im Januar darauf hinrichten ließ. Nach langem, qualvollen Leiden starb der König in der Nacht zum 28. Januar 1547 in *Whitehall Palace* (London). Seine letzte Ruhestätte fand er wunschgemäß in der *St. George's Chapel Windsor* in einem bescheidenen Grab neben der Mutter des Thronfolgers Eduard; das für Heinrich eigentlich vorgesehene, prachtvolle Grabmal wurde niemals vollendet.

Abb. 1: Jugendbildnis Heinrichs VIII.

I. Die Entwicklung der Tudor-Herrschaft bis ca. 1550 in chronologischer Perspektive

3 Frühe Tudor-Herrschaft und Jugend Heinrichs VIII. (1485–1509)

Bei der Geburt ihres zweiten Sohnes Heinrich (VIII.) 1491 befanden sich Heinrich VII. (Tudor)[1] und Elisabeth, Tochter König Eduards IV. († 1483), in einer politisch schwierigen Lage. Diese resultierte vor allem aus den Folgen der gewaltsamen Herrschaftsübernahme des Tudors in der Schlacht bei Bosworth und aus dem Tode König Richards III. († 22. August 1485). Der Sieg Heinrichs beendete die jahrzehntelangen Kämpfe zwischen rivalisierenden Seitenlinien des Herrscherhauses Plantagenet – Lancaster (mit roter Rose im Wappen) und York (mit weißer Wappenrose) – in den »Rosenkriegen« (1455–1485). Auch die Familie Heinrichs war von den Kämpfen betroffen, da der Vater Edmund Tudor († 1. November 1456) und der Großvater Owen Tudor († 2. Februar 1461) als Lancaster-Anhänger Opfer der Auseinandersetzungen wurden. Später war auch Heinrichs VII. Leben, der am 28. Januar 1457 in Pembroke Castle geboren wurde, von den Auswirkungen dieser Kriege geprägt. So musste der Adlige – von hohem, schlankem Wuchs, wohl gebaut und kräftig, mit schmalen, blauen oder grauen Augen, dünnem, braunem Haar und schlechten Zähnen[2] – nach dem Verlust von Titel und Besitzungen der Familie 1471 mit seinem Onkel Jasper in die Bretagne an den Hof von Herzog Franz II. fliehen, wo er fast 14 Jahre im Exil weilte. Die Erfahrungen von Armut und existenzieller Not, die der Tudor dort – gleichsam als Geisel französischer Fürsten – machen musste, sollten ihn nachhaltig prägen und die Neigung zu Misstrauen gegenüber der Umwelt verstärken.

Nach der Thronbesteigung Richards III. 1483 gab es Widerstände gegen seine Herrschaft; doch erst, nachdem Umsturzversuche von Heinrich Stafford, Herzog von Buckingham, und Heinrich Tudor fehlgeschlagen waren, begannen Lancaster-Anhänger um Gräfin Margarete Beaufort[3] und oppositionelle Yorkisten den mittellosen Tudor im Exil zum neuen Prätendenten aufzubauen. Um deren Unterstützung zu behalten, stellte Heinrich die Vereinigung beider Adelshäuser durch seine Ehe mit Elisabeth von York in Aussicht. Dennoch blieben seine Handicaps bestehen: So besaß er infolge des Exils keine hinreichenden Kenntnisse von Land und Leuten Englands, dessen Königswürde er anstrebte; zudem hatte er keine Herrschafts- und Kriegserfahrungen und verfügte über keinerlei Gefolgschaft oder territoriale Machtbasis auf der Insel. Hinzu kam, dass er auf die Hilfe auswärtiger Fürsten angewiesen blieb und sein Machtkampf mit Richard zunehmend außenpolitische Implikationen erhielt. Französische und schottische Große versuchten nämlich, durch ihre Hilfe für den Tudor zumindest indirekt Einfluss auf die politischen Entwicklungen in England zu nehmen. Dies galt besonders für Herzog Franz und später König Karl VIII. von Frankreich, die im September 1484 Pressionen von Seiten Richards III. wegen einer Auslieferung Tudors widerstanden und diesen weiter als Instrument für ihre außenpolitischen Interessen nutzten.

Nur die Unterstützung des französischen Königs sowie oppositioneller englischer Adliger und walisischer Anhänger des Hauses Lancaster mit Schiffen und Söldnern ermöglichte Heinrich im August 1485 einen erneuten, nunmehr erfolgreichen Invasionsversuch in England. Auch den Sieg in der Entscheidungsschlacht bei Bosworth verdankte der Tudor weniger eigenen Leistungen als Heerführer, sondern vielmehr dem Einsatz kriegserprobter Barone wie William und Thomas Stanley sowie dem Abfall ehemals königstreuer Großer im Kampf zugunsten Heinrichs. Somit gelangte Heinrich eher

»*wegen der Fehler und Schwächen anderer Männer als aufgrund irgendwelcher besonderer eigener Qualitäten*«[4] auf den englischen Thron. Auch die Praxis königlicher Herrschaftsausübung musste er infolge fehlender einschlägiger Ausbildung erst erlernen. So war für den Tudor in der Folgezeit vorrangig, sein Königtum zu legitimieren, die Macht durch die Schaffung einer loyalen Anhängerschaft im Reich zu stabilisieren und jegliche potentielle Opposition – insbesondere von Seiten der Yorkisten – auszuschalten.

Bereits unmittelbar nach dem Sieg bei Bosworth begann Heinrich, seine Gefolgsleute für ihren Einsatz mit Titeln, Ämtern und Besitzungen reich zu belohnen, wobei neue Peer-Würden selten verliehen wurden. Während er nur einigen mächtigen Yorkisten-Familien Titel und Besitzungen entzog, blieb für ihn die Legitimierung seiner königlichen Macht vorrangig. Hierfür bediente sich Heinrich des Parlamentes, das – nach der Krönung in der *Westminster Abbey* (30. Oktober 1485) – Anfang November zur konstituierenden Sitzung einberufen wurde. Wunschgemäß anerkannte dieses den Tudor als neuen König (von England und Frankreich), »*weil er sich de facto auf dem Thron*« befände.[5] Zusätzlich deklarierte Heinrich seinen Schlachtensieg als »Gottesurteil« und ließ den Beginn seiner Königsherrschaft auf den Tag vor der Schlacht datieren. Hierdurch konnten Richard und seine Anhänger nachträglich als »Rebellen« gegen den rechtmäßigen König parlamentarisch geächtet (*Act of Attainder*) und ihr Besitz eingezogen werden. Ergänzend bestätigte man das Thronfolgerecht für die Nachkommen Heinrichs (*Act of Settlement*), anerkannte die Legalität der Heirat Eduards IV. mit Elisabeth Woodville, d. h. der ehelichen Geburt der künftigen Gattin des Tudors, und gewährte dem König zahlreiche finanziell bedeutsame Rechte (*Act of Resumptions*).[6]

Nachdem Heinrich am 18. Januar 1486 vereinbarungsgemäß Elisabeth von York geheiratet hatte, strebte er die Schaffung funktionsfähiger Verwaltungs- und Herrschaftsstrukturen an. Hierbei war er um Kooperation mit der Aristokratie bemüht, auf deren Mitwirkung der Tudor bei der Herrschaftsausübung vor allem auf regionaler Ebene angewiesen blieb. Gleichzeitig zeigte er sich aufgrund der Erfahrungen aus den »Rosenkriegen« und mit dem »Bastard Feudalismus« entschlossen, den Einfluss übermächtiger Barone bzw. ihrer Familien zumindest einzuschränken. Hierfür veranlasste er eine Verkleinerung der territorialen Machtgrundlagen der Barone zugunsten der Krone und untersagte ihnen den Unterhalt von »Privatarmeen« (*Statute of Livery and Maintenance*). Hinzu kamen Strafmaßnahmen bzw. Prozesse gegen Große wegen Rechtsbrüchen u. a. am *Court of Star Chamber*. Gleichzeitig zog er Adlige konsequent an seinen Hof, um sie u. a. besser überwachen zu können; traditionsgemäß waren sie auch im Königlichen Rat (*Council*) vertreten. Im Verwaltungs- und Finanzwesen und bei der Erledigung der politischen »Alltagsarbeit« rekurrierte Heinrich einerseits auf einen engeren Kreis an Beratern aus dem *Council*; andererseits griff er auf Angehörige der *Gentry* bzw. des Bürgertums und selbst auf ehemalige York-Anhänger zurück, die über Verwaltungserfahrung und juristische Kenntnisse verfügten. Zeitweise übten einige Berater einen dominierenden Einfluss aus – wie Richard Fox (1485–1492) und Reynold Bray (1492–1503); später spielten Richard Empson und Edmund Dudley eine zentrale Rolle im Finanzwesen.

Trotz seiner Bemühungen um Ausgleich sah sich der Tudor von Beginn der Herrschaft an bis wenige Jahre vor seinem Tode mit zahlreichen Revolten konfrontiert. Diese hatten oftmals ihren Ausgangspunkt in den benachbarten »keltischen Reichen« (*Celtic fringe*). Als politisch stabil erwiesen sich für Heinrich die Strukturen in Wales, wo seine Familie großen Einfluss hatte; auch besaß er später über seinen Sohn Arthur als *Prince of Wales*[7] Zugriff auf die *Principality*. Schwieriger war die Situation in Schottland und Irland, wo die Einflussnahme der englischen Krone auch geographisch eng begrenzt blieb und ansonsten *Home Rule Lords* dominierten. Einzelne Versuche des Königs, stärkere Kontrolle auszuüben, scheiterten am Widerstand mächtiger Barone und führten stattdessen bei diesen zu Maßnahmen, ihrerseits die Herrschaft Tudors zu destabilisieren und Rebellionen durch York-Prätendenten in England zu fördern. Diese Revolten begannen unmittelbar nach dem Herrschaftsantritt Heinrichs, wobei die erste Art an Rebellion, die von Yorkisten ausging und auf den Sturz des Königs abzielte, weniger gefährlich war (z. B. Revolte von Francis Lovell und der Stafford-Brüder 1486). Als rasch beherrschbar für den Tudor erwies sich auch eine zweite Art an Rebellion, die regional begrenzt war, sich gegen einzelne königliche Verfügungen – zumeist Steuerforderungen – richtete und militärisch schnell niedergeworfen wurde (z. B. 1489 in Yorkshire, 1497 in Cornwall). Wesentlich gefährlicher war hingegen eine dritte Art von Revolte, die auf die Etablierung einer anderen Herrscherdynastie – nämlich des Hauses York – ausgerichtet blieb. Derartigen Rebellionen sah sich Heinrich zweimal ausgesetzt (1486/87, 1491–1499): Beide Revolten rekurrierten auf die anfechtbaren Thronansprüche des Tudors und lancierten angebliche Thronprätendenten aus dem Hause York – Lambert Simnel, einen 10-jährigen Bürgersohn aus Oxford, als (fiktiven) Earl Edward von Warwick, und Perkin Warbeck, einen 17-jährigen Zollaufseher-Sohn aus Tournai, als Herzog Richard von York, der unter Richard III. inhaftiert gewesen, jedoch geflohen wäre.[8]

Beide Hochstapler fungierten als Instrumente sowohl für einflussreiche englische Magnaten (wie John de la Pole, Earl von Lincoln), als auch für ausländische Unterstützer, wie etwa die Könige von Frankreich und Schottland, Kaiser Maximilian[9] sowie Große in Irland und Burgund. Diese Fürsten versuchten, potentielle Thronwirren in England zu fördern und den Tudor außenpolitisch zu schwächen, indem man die beiden Prätendenten sogar zu Königen – Eduard VI. bzw. Richard IV. – erklärte. Auch militärische Aktionen wurden unternommen, in beiden Fällen mit Invasionen von Irland nach England. Das erste Unternehmen für Simnel scheiterte rasch nach der Schlacht bei Stoke am 16. Juni 1487 und der Tötung zahlreicher Unterstützer, während der Prätendent von Heinrich geschont wurde. Langwieriger war der Kampf gegen Warbeck, dessen mehrfache Putschversuche den König lange Zeit in

Atem hielten. Erst im November 1499 konnte Warbeck mit verschiedenen Förderern ausgeschaltet werden; dennoch setzten andere York-Prätendenten wie Richard und Edmund de la Pole ihren Kampf vom Kontinent und mit Unterstützung von Flandern bzw. Burgund fort. Erst 1506 nach der Auslieferung und Inhaftierung von Earl Edmund konnte sich der Tudor seiner Herrschaft sicher sein. Trotz der erfolgreichen Unterdrückung der Revolten war deutlich geworden, in welchem Maße eine Einflussnahme auswärtiger Mächte auch auf die innenpolitischen Entwicklungen in England möglich blieb. Heinrich wurde bewusst, dass das Inselreich nicht nur geopolitisch eine Randexistenz führte, sondern auch hinsichtlich seiner finanziellen und militärischen Potenz eine eher »zweitrangige« Macht darstellte. In realistischer Einschätzung seiner Lage verzichtet er daher auf eine expansive Rückeroberungspolitik und beschränkte sich auf die Sicherung der eigenen Herrschaft bzw. seiner Dynastie und auf die Förderung von Wirtschaftsbeziehungen zum Kontinent.

Heinrichs oftmals »defensiven« außenpolitischen Aktionen spielten sich in mindestens fünf Phasen ab, deren erste von der Thronbesteigung bis zum Jahre 1487 reichte. Aufgrund der Instabilität seiner Herrschaft war er in dieser Zeit vor allem um Friedenssicherung bemüht: So schloss er 1485 einen – bis 1489 verlängerten – Waffenstillstand mit Frankreich, 1486 gefolgt von einer ähnlichen Vereinbarung mit Schottland (vgl. Kapitel 5.3.1). In der zweiten Phase von 1487 bis 1492 wurde sein außenpolitisches Handeln durch die Niederschlagung der innerenglischen Revolten sowie durch die Konflikte um die Unabhängigkeit der Bretagne geprägt. So suchte Heinrich 1487 sowohl den Ausgleich mit Maximilian I. als auch die politische Aufwertung der Tudor-Dynastie durch ein Heiratsbündnis mit dem spanischen Königshaus, 1489 gefolgt von dem Beistandsvertrag von Medina del Campo mit Zielrichtung gegen Frankreich.[10] Nach dem gewaltsamen Zugriff Karls VIII. von Frankreich auf das bretonische Herzogtum und nach Abschluss eines Beistandsvertrags für die Bretagne in Redon am 14. Februar 1489[11] sah sich Heinrich gezwungen, seine außenpolitische Zurückhaltung aus geopolitischen Gründen zeitweise aufzugeben. So führte er zwei militärische Interventionen gegen König Karl im April 1489 und Oktober 1492 durch; diese wirkten aber eher halbherzig und besaßen mehr den Charakter einer »*public-relations operation*«[12]. Bereits am 3. November 1492 schloss der Tudor, der den Anspruch auf den französischen Thron nicht prinzipiell aufgab, mit dem Valois den Frieden von Étaples, der u. a. finanzielle Konzessionen an Heinrich vorsah.

Die dritte Phase seiner Außenpolitik von 1492 bis 1502 ist einerseits durch die Konflikte um Perkin Warbeck bzw. seine auswärtigen Unterstützer, andererseits durch die Auswirkungen der Italienpolitik Karls VIII. auf das europäische Kräftegefüge gekennzeichnet. Während der Tudor den Kampf gegen den York-Prätendenten forcierte, vermied er bewusst eine Involvierung in die Auseinandersetzungen in Italien. Zwar akzeptierte er, 1496 der »Heiligen Liga« assoziiert zu werden, die auf Betreiben von Papst Alexander VI. u. a. gegen den französischen König konstituiert worden war. Gleichzeitig bemühte sich Heinrich aber um die Wahrung freundlicher Beziehungen zu Karl sowie um die Verbesserung der Handelsbeziehungen zu Frankreich und den Niederlanden. Hinzu kamen nach militärischen Konflikten mit Jakob IV. von Schottland (1496/97) die Vereinbarung eines »Immerwährenden Friedens« und ein Heiratsbündnis für die Tochter des Tudors, Margarete, und den Stewart (1502). Nachdem die Heirat Arthur Tudors mit Katharina von Aragón am 14. November 1501 erfolgt war und die Unterstützung auswärtiger Herrscher für Oppositionelle wie Warbeck ein Ende gefunden hatte, konnte Heinrich eine positive außenpolitische Zwischenbilanz ziehen.

Dies änderte sich in den beiden letzten Phasen auswärtiger Politik des Tudors von 1502 bis 1507 und von 1507 bis 1509, die für ihn von Rückschlägen gekennzeichnet waren. Die Krise begann mit dem Tode des Thronfolgers (1502) und der Königin (1503). Damit waren sowohl das Bündnis mit Spanien als auch potentiell der Fortbestand der Tudor-Dynastie gefährdet. Heinrich reagiert auf diese Entwicklungen durch Versuche, eine neue Ehe zu schließen und hierdurch eventuell weitere Nachkommen zu erhalten bzw. die Dynastie zu sichern. Doch diese Bestrebungen waren ebenso erfolglos wie neue Verhandlungen bezüglich des Eheprojektes mit Katharina. Nach hektischen Aktivitäten gelang es ihm lediglich, die Verlobung von Maria Tudor mit dem potentiellen Erben des habsburgisch-burgundischen Reiches, Erzherzog Karl [V.], zu bewerkstelligen (Dezember 1507)[13]. In der Schlussphase seiner Außenpolitik von 1507 bis 1509 strebte der Tudor danach, eine wichtigere Rolle auf der europäischen Bühne zu spielen und optimalen Gewinn aus seiner »Neutralität« gegenüber den führenden Kontinentalmächten zu ziehen. Obwohl diese Bemühungen – nach Konstituierung der Liga von Cambrai (1508)[14] – nur partiell erfolgreich waren, konnte er dennoch die »internationale Anerkennung« seiner Dynastie als gesichert betrachten.

Der Fortbestand der Tudor-Dynastie hing jedoch seit ca. 1502 ausschließlich von Prinz Heinrich ab, da nach den Prinzen Edmund (1499–1500) und Edward († unbekannt) am 2. April 1502 in *Ludlow Castle* auch der Thronfolger gestorben war. Heinrich (VIII.) wurde am 28. Juni 1491 im Greenwich Palast als drittes Kind des Königspaares geboren und vom Bischof von Exeter getauft. Als Nachgeborener stand Heinrich etwa ein Jahrzehnt im Schatten des Thronfolgers Arthur, woraus sich möglicherweise eine Art »Minderwertigkeitskomplex« entwickelte.[15] Hinzu kam bei dem Prinzen, der mit den Geschwistern in *Eltham Palace* aufwuchs, eine starke Prägung durch Erzieherinnen. Diese Tatsache könnte – nach Meinung von Psychologen – Auswirkungen auf seine spätere, problematische Haltung gegenüber Frauen gehabt haben. Dominant war auch die Großmutter Margarete, die seine ersten Lehrer ausgewählt haben soll. Seit Beginn der Ausbildung Heinrichs mit etwa fünf Jahren unterwiesen ihn außer dem bekannten Poeten John Skelton noch William Hone und der Französischlehrer Giles Dewes, so dass dem Prinzen eine gründliche humanistische Schulung zuteilwurde. Er erwarb nicht nur Sprachfertigkeiten in Latein, Französisch und später etwas in Italienisch sowie Kastilisch, sondern auch solide Kenntnisse in Geschichte, Historiographie (besonders antiker Autoren), Poesie und Musik. Hinzu kam eine »chevaleskere Ausbildung« im Reiten und an Waffen.[16] Heinrich entwickelte sich körperlich rasch, besaß eine imposante Größe von etwa 190 cm (bei einem Brustumfang von ca. 90 cm), kräftige Statur und breite Schultern. Der Venezianische Botschafter Peter Pasqualigo schwärmte 1515 von dem selbstbewusst auftretenden Prinzen:

> »Seine Majestät ist der hübscheste Herrscher, den ich jemals gesehen habe, [...] sein Teint ist hell und hübsch, sein rotbraunes Haar straff gekämmt und kurzgeschnitten nach französischer Art; er hat ein rundes Gesicht, das so schön ist, dass es einer hübschen Frau wohl anstehen würde; sein Hals ist ziemlich lang und dick«.[17]

Bereits als Kleinkind wurde Heinrich in das Herrschaftssystem des Vaters einbezogen: Schon 1493 erhielt er nominell militärische Ämter als *Constable* von Dover Castle bzw. *Warden* der fünf Häfen und bald als *Earl Marshal* von England mit zumeist zeremonialen Aufgaben. Im Folgejahr wurde er Statthalter (*Lieutenant*) von Irland, dann Ritter des Bath-Ordens und schließlich zum Herzog von York und damit auch zum Schutzherrn der Schottischen Marken ernannt. Mit knapp vier Jahren ließ der König dem Sohn den Hosenbandorden verleihen.[18] Die Wahrnehmung der Aufgaben, die mit diesen Ämtern verbunden waren, erfolgte wegen des Alters Heinrichs durch Stellvertreter. Nach dem Tode des Thronfolgers wurde er umgehend zum Herzog von Cornwall und am 18. Februar 1504 durch Parlamentsbeschuss zum *Prince of Wales* ernannt. Unklar blieb das Schicksal der jungen Witwe Arthurs, deren Heirat mit Heinrich den Katholischen Königen und dem Tudor politisch opportun zu sein schien; das künftige Paar wurde hierbei – wie in dieser Zeit üblich – nicht gefragt. So unterzeichnete man am 23. Juni 1503 einen Ehevertrag, dem zufolge Heinrich die Witwe Arthurs an seinem 14. Geburtstag und damit am Tage des Beginns seiner Geschäftsfähigkeit am

28. Juni 1505 heiraten sollte. Als Mitgift hatten die Katholischen Könige weitere 100 000 Kronen zu zahlen. Den notwendigen Dispens für eine Ehe zwischen Heinrich und seiner Schwägerin wollte man zuvor bei Papst Julius II. einholen. Über die Art des Dispens und seine Gültigkeit sollte es später im Rahmen der Ehekrise Heinrichs schwere Auseinandersetzungen geben (vgl. Kapitel 4.1). Dessen ungeachtet wurden die jungen Leute zwei Tage nach der Vertragsunterzeichnung öffentlich verlobt.

Als der Dispens im Herbst 1504 am englischen Hof eintraf, hatte sich die politische Interessenlage der Vertragsparteien zwischenzeitlich – insbesondere nach dem Tode Isabellas von Kastilien am 26. November 1504 – gravierend verändert. Da künftig Johanna, die Gattin Philipps des Schönen, mit ihrem Vater Ferdinand Kastilien regieren sollte, schwand die Bedeutung einer Ehe mit Katharina von Aragón für den Tudor rapide. Zudem stand die Zahlung der Mitgift für die Prinzessin weiter aus, so dass die geplante Heirat im Sommer 1505 nicht erfolgte. Stattdessen gab der *Prince of Wales* am Vorabend seines 14. Geburtstages (27. Juni 1505) – wahrscheinlich auf Veranlassung König Heinrichs – vor Bischof Fox eine Stellungnahme ab. Hiernach sei er (Heinrich) während der Minderjährigkeit vertraglich zur Ehe mit Katharina verpflichtet worden. Nun erkläre er als Mündiger, dass der Vertrag als nichtig zu betrachten sei und er die Prinzessin nicht heiraten wolle.[19] Zwar machte der Tudor die Stellungnahme vorerst nicht publik, konnte darauf aber jederzeit zurückgreifen. Unmittelbare Konsequenzen hatte die Verschlechterung in den spanisch-englischen Beziehungen für Katharina, die sich vom Königshof zurückziehen und mit wenigen Getreuen in *Durham House* unter immer unwürdigeren Umständen leben musste. Da der König den ihr zustehenden Unterhalt ständig kürzte und schließlich strich, sah sie sich sogar gezwungen, Teile ihres Besitzes zu verkaufen, um überleben zu können.[20] Während der Tudor bis zum Lebensende die Prinzessin gleichsam als Geisel behandelte, bemühte er sich gleichzeitig um ein

Heiratsbündnis mit den Habsburgern bzw. mit dem französischen Königshaus.

Der *Prince of Wales* hatte an diesen Vorgängen keinerlei Anteil. Er widmete sich vielmehr sportlichen Vergnügen – wie Bogenschießen, Tennisspielen und Ringen. Hinzu kam seine Begeisterung für Turniere und Tjoste, die auch als Vorbereitung und Übung für den Krieg betrachtet wurden. Keine Ausbildung bekam Heinrich – obwohl Thronfolger – in der Durchführung von Regierungsgeschäften, etwa durch Teilnahme an Sitzungen des *Council*. Lediglich eine »indirekte Unterweisung« erhielt der Prinz durch Präsenz am Hofe und durch das Beispiel des Vaters. Gleichzeitig zeigte sich der König um die Sicherheit des Sohnes besorgt, woraus sich bei diesem eine Haltung vollständiger Unterwerfung gegenüber Vater und Großmutter entwickelte. Heinrich wagte niemals in deren Anwesenheit den Mund zu öffnen, außer um eine Frage von ihnen zu beantworten.[21] Infolge der Präsenz am Königshof wird der Prinz auch Kenntnis vom zunehmend repressiven Herrschaftsstil seines Vaters erhalten haben. Ob der erste Tudor hierbei eine umfassende Modernisierung im Sinne der Schaffung einer *New Monarchy* anstrebte, ist zumindest fraglich; auch kreierte er keine bleibenden institutionellen Neuschöpfungen, sondern transformierte lediglich überkommene Herrschaftsformen. Prägend für den Thronfolger dürfte das Verhalten des Vaters gegenüber der Nobilität gewesen sein (*anti-noble policy*), die dieser durch politische und finanzielle Druckmittel (*bonds and recognisances*) unter Kontrolle zu halten und an Revolten zu hindern suchte. Besonders erfolgreich war der König bei den Bemühungen um eine Sanierung der Finanzen der Krone, deren Einkünfte während der »Rosenkriege« gelitten hatten. Auch in diesem Bereich veranlasste der Tudor – abgesehen vom verstärkten Einsatz der *Chamber* in Relation zum *Exchequer* – kaum institutionelle Innovationen. Im Streben nach finanzieller Unabhängigkeit griff er nur selten auf die Unterstützung durch das Parlament zurück, das er als willfähriges Instrument seiner Politik betrachtete und das er in der gesamten Herrschaftszeit nur sieben Mal einberief. Gleichzeitig sorgte er für den konsequenten Einzug von Abgaben und Steuern, die der Krone traditionell zustanden. Hinzu kamen Einkünfte aus Geldbußen sowie Einnahmen aus den *bonds and recognisances*. Statt kostspielige außenpolitische Aktionen zu unternehmen, beschränkte sich Heinrich auf die Förderung von Wirtschaft und Handel durch Abkommen mit Florenz und Dänemark; zudem unterstützte er den Bau der Flotte und finanzierte Entdeckungsreisen (vgl. Kapitel 7.2).

Obwohl im Rufe eines »Geizhalses« stehend, war sich der Tudor der Bedeutung von Repräsentation und Prunk für eine angemessene herrscherliche Selbstdarstellung in der Öffentlichkeit bewusst. Hieraus erklären sich die – nach burgundischem Vorbild gestalteten – aufwendigen Hof-Zeremonien und Feste sowie seine Baumassnahmen, wie etwa die Errichtung der Königspaläste in Greenwich und Richmond. Dennoch blieb der Tudor gegenüber seinen Untertanen unverändert misstrauisch: So baute er früh ein Informantensystem auf der Insel und auf dem Kontinent auf, das die Bevölkerung überwachen und den Hof vor potentiellen Unruhen oder Angriffen von Fremden warnen sollte. Aufgrund dieser repressiven Haltung verwundert es nicht, dass sich die Trauer über den Tod Heinrichs am 21. April 1509 in *Richmond Palace*[22] in der Öffentlichkeit in Grenzen hielt. Seine letzte Ruhestätte fand er in der eindrucksvollen, von ihm 1503 in Auftrag gegebenen *Blessed Virgin Chapel* in der *Westminster Abbey* neben seiner Gemahlin Elisabeth.

Abb. 2: Heinrich und seine Ehefrauen

4 Dynastie und Herrschaft im europäischen Kontext (1509–1547)

4.1 »The King's Great Matter« und Herrschaftssicherung: Katharina von Aragón und Anna Boleyn (1509–1536)

Die Proklamation Heinrichs als neuer Herrscher (am 22. April 1509) führte in der englischen Öffentlichkeit zu ungeheurem Jubel und zu dem Gefühl, dass ein »Goldenes Zeitalter« angebrochen sei. Zahlreiche Humanisten und auch Thomas More feierten die Thronbesteigung des Prinzen als »*Ende der Knechtschaft, [...] die Geburt der Freiheit, das Ende der Traurigkeit und Quelle der Fröhlichkeit*«.[1] Die anschließende Heirat des 18-jährigen Tudors mit der 23-jährigen Katharina von Aragón – wahrscheinlich nicht nur nach dem Willen des Vaters – erfolgte mit großem Pomp zur Begeisterung der Menge (11. Juni 1509).[2] Die Erwartungen der Öffentlichkeit an den jungen Monarchen waren hoch, der umgehend einer neuen Herrschaftsauffassung Ausdruck gab. So ließ er eine Amnestie verkünden, Gefangene befreien und die verhasste Fiskalpolitik des Vaters beenden. Deren wichtigsten Repräsentanten – wie die Räte Edmund Dudley und Richard Empson – wurden am 17. August 1510 wegen angeblichen Verrates verurteilt und hingerichtet. Diese Maßnahmen – zweifellos Justizmorde – stellten sicherlich eine Reaktion sowohl auf die öffentliche Stimmung als auch auf die Haltung einer einflussreichen Hof-Fraktion (um Bischof Fox und Thomas Howard, Earl von Surrey) dar. Zudem bewies Heinrich mit den Hinrichtungen, dass er bereits in der Jugend und nicht erst im Alter über große Skrupellosigkeit und Brutalität bei der Durchsetzung seiner

Interessen verfügte. Auch bezüglich des Herrschafts- und Lebensstils erstrebte Heinrich, der vor Lebensfreude und Vitalität zu bersten schien, einen Neuanfang. Er verstand sich vorrangig als Ritter und Krieger, orientiert an den großen englischen Kriegerkönigen wie den Eduards und Heinrich V. Das Streben nach einer ritterlichen Lebensform mit der Verherrlichung von Kampf und Krieg war – entgegen humanistischen Bildungsinhalten – für den Tudor lange Zeit maßgebend.

Das chevalereske Selbstverständnis des jungen Königs hatte auch eine veränderte Haltung zur adligen Oberschicht zur Folge (vgl. Kapitel 3). Der Vater hatte sich gegenüber der Nobilität zumeist repressiv – u. a. durch finanzpolitische Maßnahmen – verhalten und diese Gruppe an der Ausübung ihrer angestammten Tätigkeiten, Kampf und Krieg, weitgehend gehindert. Der Sohn hingegen suchte eine Kooperation mit der Oberschicht und war in seinem Streben nach ritterlichem Ruhm bemüht, junge, abenteuerfreudige Adlige für sich zu gewinnen. Binnen kurzem hatte er eine große Zahl von jungen Adligen um sich geschart, die eine ähnliche Lebensauffassung wie er besaßen und bald seinen Hof bevölkerten. Wichtig für Heinrich war in den frühen Herrschaftsjahren, einen möglichst prachtvollen Hof zu konstituieren und ein glanzvolles Leben zu führen. Hierzu gehörten vor allem zahllose Maskenspiele, aufwendige Jagdunternehmungen, sportliche Veranstaltungen und Turniere bzw. Tjoste. Hauptziele des Königs bei diesen Aktivitäten waren zum einen sein Bestreben, den englischen Hof als gleichwertig mit den Hofhaltungen der kontinentalen Monarchen, insbesondere des französischen Königs Franz I., erscheinen zu lassen; zum anderen wirkte Heinrich dauernd bemüht, seine Dominanz und körperliche Überlegenheit zu manifestieren. Dies zeigte er durch herrisches Auftreten sowie elegante Kleidung mit prachtvollem Schmuck. Letztlich waren diese Unternehmungen mit dem ständigen Bestreben, sich als »Sieger« beweisen zu müssen, vor allem Ausdruck einer großen Unsicherheit Heinrichs. Im fortgesetzten »Siegen-Müssen« manifestierte sich möglicherweise auch ein Hang zu existentieller Selbstrechtfertigung: Er sah sich als Nachgeborener dem – sicherlich subjektiven – Zwang ausgesetzt, fortgesetzt die »Berechtigung« und »Qualifikation« für die nach dem Tode Arthurs eher zufällig erlangte königliche Würde beweisen und durch »Erfolge« seine Existenzberechtigung als Monarch und Wahrer der Dynastie bestätigen zu müssen.

Um den Beginn einer »Neuen Zeit« im englischen Reich zu demonstrieren, führte der junge Monarch anfangs ein exzessives Leben, das von zahllosen Vergnügungen bestimmt war. Interesse am »politischen Alltagsgeschäft« schien Heinrich nicht zu besitzen, der nur ungern Texte aus der Verwaltung etc. las und diese Aufgaben seinen Beratern überließ (vgl. Kapitel 6.2). Diese stammten in den ersten Herrschaftsjahren zumeist aus dem Kreise der »alten Räte« seines Vaters, die bestrebt waren, ihre politischen Vorstellungen auch unter der Herrschaft Heinrichs zu realisieren. Bei all seinen höfischen und politischen Aktivitäten wurde er von seiner jungen Gemahlin nachhaltig unterstützt. Katharina von Aragón galt für längere Zeit neben dem Monarchen als Mittelpunkt des Hofes und als blendende Schönheit. Von kleiner Statur mit zarten Gliedern besaß sie ein etwas rundliches Haupt, goldbraune Haare, blaue Augen, einen blassen Teint, eine schlanke Figur sowie elegante Füße. Am spanischen Hof hatte sie eine vorzügliche höfische und humanistische Ausbildung erhalten: So besaß sie Fertigkeiten im Tanz, in der Musik, im Malen sowie in der Falknerei und der Jagd. Humanistische Erzieher vermittelten ihr gründliche Kenntnisse der spätantiken Literatur, der Bibel, der Kirchenväter sowie des zivilen bzw. kanonischen Rechtes. Hinzu kamen beachtliche Sprachfertigkeiten (insbesondere in Latein) sowie eine Gewandtheit in der argumentativen Auseinandersetzung, so dass Erasmus sie als eine der gebildetsten Frauen seiner Zeit bezeichnete. Zudem verfügte sie über beachtliches politisches und diplomatisches Geschick. Dennoch war sie gemäß ihrem Motto »*humble and loyal*« dem königlichen Gemahl ergeben und bemühte sich, ihm eine treue und loyale Gefährtin zu sein.

Das königliche Paar führte über ein Jahrzehnt eine harmonische und glückliche Ehe in gegenseitiger Achtung und in Respekt. Auch der König erwies sich – für die Verhältnisse des 16. Jahrhunderts – als treuer Gemahl. Obwohl die Existenz zahlreicher Liebschaften nicht auszuschließen ist, so lassen sich für ihn lediglich zwei Affären dokumentieren: Zum einen die Beziehung zu Elisabeth Blount (von ca. 1514/15 bis 1522/23), die 1519 einen illegitimen Sohn des Tudors – Heinrich Fitzroy – gebar und den Heinrich 1525 anerkannte. Zum anderen gab es eine Beziehung zu Maria Boleyn (von ca. 1522 bis ca. 1525), der älteren Schwester der späteren Königin Anna Boleyn. Maria war Hofdame bei den Valois, wurde wahrscheinlich Geliebte von Franz I., um 1520 nach England zurückzukehren und als Hofdame von Königin Katharina zu dienen. Hier wurde sie – ungeachtet der Ehe mit William Carey († 1528) – Mätresse von Heinrich und gebar die Tochter Katharina (1524) sowie den Sohn Heinrich (1525); der Tudor verweigerte aber die Anerkennung einer Vaterschaft. Nach dem Ende der Beziehung zum König und nach ihrer heimlichen Heirat mit William Stafford fiel Maria in Ungnade, wurde vom Hof entfernt und lebte in einfachen Verhältnissen in Essex bis zu ihrem Tode am 19. Juli 1543.[3] Die Königin ertrug diese Eskapaden des Gemahls mit Gleichmut und war bestrebt, ihrer Hauptaufgabe als Königin – Mutter zahlreicher, möglichst männlicher Nachkommen zu sein – gerecht zu werden. Nach der Totgeburt einer Tochter (31. Januar 1510) schenkte sie einem Sohn (Heinrich) das Leben (1. Januar 1511), der jedoch bald darauf verstarb († 22. Februar 1511). Nach zwei weiteren Geburten von Söhnen (1513–14) gebar sie nochmals eine Tochter (Maria ★ 18. Februar 1516), die überlebte und englische Königin werden sollte. Nachdem Katharina im November 1518 erneut von einer Tochter entbunden wurde, die binnen Wochenfrist verstarb, kam es in der Folgezeit zu keinen weiteren Schwangerschaften, so dass unverändert ein Thronfolger fehlte – ein Problem, das aber erst Mitte der 1520er Jahre virulent werden sollte.

Ungeachtet der Thronfolgerprobleme lebte das königliche Paar über ein Jahrzehnt in Eintracht, wobei Heinrich bemüht war, seinen chevaleresken Lebensentwurf zu realisieren. Hierbei konzentrierte er sich auf die Außenpolitik und insbesondere auf die Beziehungen zu Frankreich, wo er kriegerischen Ruhm durch die Rekuperation verlorener englischer Territorien zu erlangen hoffte (vgl. Kapitel 5.1). Doch stand er in den ersten Herrschaftsjahren sowohl unter dem Einfluss der kriegsmüden Räte des Vaters als auch seines spanischen Schwiegervaters, den Königin Katharina am englischen Hof unterstützte. Auf Ferdinands Intervention werden die Entscheidungen Heinrichs mit zurückzuführen sein, sich nicht nur mit einem Kontingent am Krieg gegen die Mauren zu beteiligen, sondern auch der »Heiligen Liga« im Kampf gegen den französischen König beizutreten. Erst nach einer vergeblichen militärischen Intervention im Baskenland konnte der Tudor u. a. im Bündnis mit dem Schwiegervater in Frankreich einfallen (Juni 1513). Hierbei vermochte Heinrich nur geringen Landgewinn zu erlangen; so fand der Heerzug schon nach wenigen Monaten ein Ende. Gleichzeitig bewies Katharina ihre herrscherlichen Qualitäten: Ihr gelang es, eine Invasion der Schotten abzuwehren und diesen eine vernichtende Niederlage bei Flodden beizubringen zu lassen (September 1513) (vgl. Kapitel 5.3.1). Die negativen Erfahrungen, die Heinrich bei seinen Unternehmungen bezüglich politischer Zuverlässigkeit und Vertragstreue der europäischen Aktionspartner machen musste, bestärkten sein Misstrauen und das Gefühl, mehrfach hintergangen und betrogen worden zu sein.

Die Aktivitäten des Tudors in Frankreich hatten innen- wie außenpolitische Konsequenzen: Im politischen Kräftegefüge Europas hatte er sich als ernst zu nehmender Akteur erwiesen, mit dem die kontinentalen Monarchen künftig zu rechnen hatten. Innenpolitisch ergaben sich Kräfteverschiebungen insbesondere im *Privy Council*, in dem sich der neue königliche Vertraute Thomas Wolsey gegen bislang vorherrschende Fraktionen durchsetzen konnte. Er verstand es intuitiv, die politischen Absichten seines königlichen Herrn zu erkennen und sie konkret umzusetzen. Zugleich befreite er Heinrich von der – ihm verhassten – Bevormundung durch die »alten Räte« Heinrichs VII. und damit indirekt auch durch den Vater. Mit großem Fleiß und Kompetenz übernahm der Lordkanzler die Erledigung der anfallenden Verwaltungsaufgaben sowie die Bewältigung des »politischen Alltagsgeschäftes«. Obwohl sich Heinrich weiterhin den Freuden des höfischen Lebens hingab, blieb er dennoch umfassend über die aktuellen politischen Entwicklungen informiert. Unverändert galt sein besonderes Interesse der Außenpolitik, deren Schwerpunkte sich zunehmend auf den oberitalienischen Raum mit den »dynastischen Kriegen« zwischen dem französischen König und dem römisch-deutschen Kaiser verlagerten. Der Tudor war klug genug, auf ein aktives kriegerisches Engagement in diesem geopolitischen Raum zu verzichten. Vielmehr konzentrierte er sich auf Bündnispolitik, wobei es Wolsey gelang, ihn zeitweise u. a. zu einem »Friedensstifter« im Rahmen einer europäischen Friedensvereinbarung zu machen (Londoner Vertrag 1518).

Auch in den folgenden Jahren dominierten die auswärtigen Beziehungen das politische Handeln des Tudors (vgl. Kapitel 5.1). Er pflegte sein »Image« als »Friedensfürst«, indem er weiterhin eine »Vermittlungspolitik« bezüglich der beiden dominierenden Mächte in Europa führte. Ziel war hierbei wahrscheinlich die Herstellung und Sicherung eines »politischen Gleichgewichtes« zwischen dem Valois und Karl V., gegen den Heinrich bald im Ringen um die römisch-deutsche Kaiserwürde unterlag. In Anbetracht der wachsenden Spannungen zwischen diesen Kontrahenten und nach Ausbruch des Ersten Italienischen Krieges (1521) versuchte der Tudor zwar eine zeitlang, weiter die Rolle eines Vermittlers bzw. eines »Schiedsrichters« in dem Konflikt zu spielen. Doch wurde eine Parteinahme Heinrichs schließlich unvermeidlich: Im Blick auf die unverändert relevanten Expansionsziele in Frankreich (*The Great Enterprise*) entschloss er sich 1523 zu einem Offensivbündnis mit dem Kaiser und zu einem gemeinsamen Angriff auf den Valois. Die englische Invasion war nur partiell erfolgreich, zumal die intendierte Kooperation mit dem kaiserlichen Heer infolge von Kommunikationsmängeln rasch scheiterte. Nach der Gefangennahme von Franz I. im Italienischen Krieg hoffte Heinrich zwar, den Valois mit Hilfe Karls V. absetzen und selbst den französischen Thron besteigen zu können. Doch verfolgte der Kaiser diesbezüglich andere Pläne, so dass er ohne Beteiligung des englischen Partners mit seinem Gefangenen einen Separatfrieden abschloss. Da Heinrich infolge innenpolitischer Widerstände nicht in der Lage war, den kontinentalen Krieg alleine fortzuführen, kam es 1525 zu einem Friedensschluss mit Franz I. Die negativen Erfahrungen des Tudors mit der Vertragstreue des Habsburgers und vor allem dessen hegemoniale Stellung in Europa führten schließlich dazu, dass Heinrich in der Folgezeit heimlich die politische Seite wechselte. Nun unterstützte er zumindest finanziell die Liga von Cognac, die sich um Papst Clemens VII. gebildet hatte und den Kampf des Valois gegen den Kaiser auf der Apenninhalbinsel förderte. Zwar verzichtet der Tudor auf ein militärisches Engagement in den Italienischen Kriegen, doch geriet er langsam in eine außenpolitische Isolation.

Diese Entwicklung resultierte nicht aus dem angeblichen diplomatischen Unvermögen des Hauptberaters Heinrichs, Wolseys, sondern stellte vor allem eine Konsequenz innenpolitischer Konflikte im englischen Reich dar. Auslöser hierfür waren Eheprobleme des Monarchen, der seine dynastischen Interessen gefährdet sah. Da Katharina nach sechs Geburten seit 1518 nicht mehr schwanger geworden war, verstärkten sich spätestens seit Mitte der 1520er Jahre die existentiellen Ängste des Königs wegen des Fehlens eines Thronfolgers. Um den Bestand der Dynastie zu retten, verfestigte sich bei dem Tudor die Einsicht, dass eine Trennung von Katharina und eine Verbindung mit einer jungen, gebärfähigen Partnerin unumgänglich waren. Auch die konkurrierenden Hof-Fraktionen bestärkten ihn in den Plänen, die Ehe mit Katharina annullieren zu lassen und eine neue Verbindung einzugehen. Daher waren sie seit ca. 1527 bemüht, eigene Kandidatinnen für die

Ehe mit Heinrich zu lancieren und hierdurch zugleich ihren Einfluss bei Hofe zu verstärken.

Schon bald erlangte hierbei Thomas Boleyn ein Schlüsselrolle, der dem König seit 1512 in verschiedenen Funktionen gedient hatte und u. a. zeitweise als Mitglied im *Privy Council* sowie in der *Privy Chamber* fungierte. Der ehrgeizige Höfling sorgte dafür, dass zuerst seine Tochter Maria Geliebte des Königs wurde; nach dem Ende dieser Beziehung war er bestrebt, eine Verbindung seiner zweiten Tochter Anna mit Heinrich zu forcieren. Diese scheint – wahrscheinlich 1501 in *Blickling Hall* (Norfolk) geboren – im Gegensatz zu ihrer Schwester nach den Maßstäben der Zeit keine Schönheit gewesen zu sein. Sie war von zierlicher Gestalt, mit schwarzem Haar und dunklen Augen, ovalem Gesicht, blassem Teint und flachbrüstig; ob sie Missbildungen an Hand und Nacken besaß, wie später behauptet wurde, ist unklar.[4] Dennoch vermochte die junge Dame die angeblichen körperlichen Mängel durch elegante Kleidung, selbstbewusstes Auftreten, scharfen Verstand und rhetorische Begabung mehr als auszugleichen. Hinzu kamen ihre sprachlichen Fähigkeiten, da sie dank langjähriger Aufenthalte am habsburgischen bzw. französischen Hof perfekt französisch sprach. Zudem hatte sie bei den Valois höfische Lebens- und Verhaltensformen erlernt, die bald auch in England Mode wurden.

Nach der Rückkehr Annas aus Frankreich nach England (1522) kam sie in den Dienst am Hof Königin Katharinas, wo französische Mode und Lebensweise gerade »chic« waren. Dank ihrer französischen Kleidung und ihrer höfischen Lebensformen stieg Boleyn dort geradezu zum »Star« auf. Zwangsläufig stellten sich bald Verehrer am Hof ein – u. a. Henry Percy, der 6. Earl von Northumberland, und der Dichter Thomas Wyatt. Doch keine der Beziehungen, die u. a. durch Intervention Wolseys beendet wurden, führte für Anna zu einer Heirat. Die Situation änderte sich schlagartig, nachdem der König auf sie aufmerksam geworden war. Ihr großes Kommunikationstalent, ihr Widerspruchsgeist und Intellekt sowie ihre scharfe Zunge werden Heinrich beeindruckt haben. So wird es – in der psychischen Ausnahmesituation, in der sich der Monarch wegen der Eheprobleme befand – nicht lange gedauert haben, bis sich der Herrscher in Boleyn in einer Intensität verliebt hatte, die auch für die damalige Zeit ungewöhnlich war. Zahlreiche Liebesbriefe, die Heinrich an Anna in englischer und französischer Sprache schrieb, verdeutlichen, wie ernsthaft und tief seine Liebe zu ihr gewesen sein dürfte.[5] Boleyn wird durch das Verhalten des Königs nicht nur geschmeichelt gewesen sein, sondern ihm auch ihre Zuneigung in koketten, höfischen Formen gezeigt haben. Doch sie behielt trotz der Gefühlswirren einen klaren Kopf und verfolgte ehrgeizig ein exaktes Ziel: Im Blick auf das Schicksal ihrer Schwester und der übrigen abgeschobenen Mätressen war sie nicht bereit, als bloße Geliebte des Monarchen zu enden. Vielmehr zeigte sie sich entschlossen, einer Verbindung mit Heinrich bzw. sexuellen Kontakten mit ihm erst im Zusammenhang mit einer Heirat zuzustimmen. Nur in einer Ehe konnte der König ans Ziel seiner Wünsche gelangen, während Boleyn hierdurch Macht und Sicherheit zu erlangen erhoffte. Um das Begehren des Herrschers zu steigern, entfernte sie sich häufiger vom Hofe und zog sich auf das Familienschloss *Hever Castle* zurück.

So zeigte sich der König spätestens seit April 1527 entschlossen, angesichts der Hinhaltetaktik Annas eine endgültige Lösung der Eheprobleme herbeizuführen (vgl. Kapitel 7.1). Gleichzeitig intensivierten sich die Machtkämpfe zwischen rivalisierenden Fraktionen in der *Privy Chamber*, die unterschiedliche Positionen in der Ehefrage vertraten. Unterstützung fand Boleyn bei einer Gruppierung um ihren Bruder George sowie Francis Bryan, während die »Aragonesische Fraktion« um Nicholas Carew und Henry Courtenay, 1. Marquess von Exeter, Katharina unterstützte.[6] Wolsey hatte zwar Bedenken gegen die geplante Verbindung des Königs, entschloss sich jedoch aus Loyalität, ihn zu unterstützen und eine Aufhebung der Ehe anzustreben. Da der Kardinal eine kanonistische Lösung des Problems u. a. durch päpstlichen Dispens anstrebte, folgten monatelange Verhandlungen mit der Kurie, ohne hingegen zu einem befriedigenden Ergebnis für den Tudor zu führen. Da sich auch Karl V. in die Auseinandersetzungen zugunsten seiner Tante Katharina einmischte und einen päpstlichen Dispens verhinderte, führten die Misserfolge Wolseys in der Ehefrage und seine Konflikte mit der Boleyn-Fraktion zu seinem Sturz im November 1529.

Während sich der Nachfolger Wolseys als Lordkanzler, Thomas More, einer Involvierung in die Eheangelegenheit zu entziehen versuchte, engagierte sich Thomas Cromwell als *Chief Minister* und Führer einer *Privy Chamber*-Fraktion zugunsten Boleyns. Er entwarf eine Doppelstrategie, indem er einerseits die Verhandlungen mit der Kurie wegen eines Ehedispenses fortführen ließ. Andererseits entwickelte Cromwell mit Juristen und Kirchenreformern eine Konzeption, die eine Aufhebung der Ehe des Königs im Lande – d. h. durch Kirche und Parlament – ermöglichen sollte. Nachdem sich der Tudor sechs Jahre lang vergeblich um den Dispens bemüht hatte, sollten nun eine Neuordnung der Beziehungen der englischen Krone zum Papsttum und eine Trennung von Rom mit der umfassenden Herrschaft des Königs als Haupt der neuen *Anglicana ecclesia* erfolgen. Nachdem sich Heinrich im Sommer 1531 faktisch von Katharina getrennt hatte, entschied er sich im folgenden Jahr, offen mit Boleyn zusammenzuleben. Auch war er bemüht, internationale Anerkennung für seine neue Beziehung zu erhalten, indem er Anna u. a. im Oktober/November 1532 dem französischen König auf Treffen in Frankreich vorstellte. Boleyn sah sich nun am Ziel ihrer Wünsche: Überzeugt von der bevorstehenden Eheannullierung entschied sie sich, sexuellen Beziehungen mit dem Tudor zuzustimmen.

Da umgehend die gewünschte Schwangerschaft im Januar 1533 eintrat, geriet der König in seinem Bemühen, einen legitimen Erben zu erhalten, unter Zeitdruck. Bereits am 25. Januar 1533 heiratete er heimlich Boleyn, woraufhin der neue Erzbischof von Canterbury, Cranmer, in einem kirchlichen Prozess die Ehe des Tudors mit Katharina für ungültig und die Heirat Heinrichs mit Anna im Mai 1533 für gültig erklären ließ.[7] Die folgende Krönung Annas am 1. Juni beantwortete der Papst mit der – nicht veröffentlichten – Exkommunikation des englischen Monarchen, während das Ehe-Gerichtsverfahren in Rom fortgesetzt wurde. Auch das Parlament unterstützte in der Folgezeit den Tudor durch verschiedene Gesetze zur Trennung der englischen Kirche von Rom. Da sich Königin Katharina weiterhin nicht bereit zeigte, die Aufhebung ihrer Ehe zu akzeptieren, vertrieb man sie vom Hofe und versuchte, sie durch ständige Schikanen physisch und psychisch zu brechen. Getrennt von ihrer Tochter, die für illegitim erklärt wurde, stieß man sie in abgelegenen Schlössern herum, isoliert und überwacht von einer immer kleineren Dienerschaft, in wachsender materieller Not – schließlich verweigerte man ihr sogar den Königin-Titel. Hinzu kam die ständige Sorge, vergiftet zu werden. Lichtblicke in ihrer tristen Existenz waren zum einen die Unterstützung, die sie von einigen Getreuen wie Thomas More und John Fisher erhielt; zum anderen die Entscheidung des päpstlichen Gerichts, dass die Ehe mit Heinrich rechtmäßig wäre. Mit ungeheurem Mut und im Bewusstsein, in der Ehefrage im Recht zu sein, widerstand die Herrscherin allen Pressionen, die möglicherweise durch ihre Widersacherin Boleyn forciert wurden.

Diese musste jedoch bald eine Schwächung ihrer Position bei Hofe hinnehmen, da sie am 7. September 1533 nicht wie erwartet, einen Thronfolger, sondern ihre Tochter Elisabeth gebar. Trotz der Enttäuschung setzte der König seine Maßnahmen zur Herrschaftssicherung und zur Separierung von Rom in einer Serie an Gesetzen fort, wobei dem Parlament wachsende Bedeutung zukam. Mit großer Härte und strengen Hochverratsgesetzen ging der Tudor gegen alle Kritiker in England (wie More und Fisher) und in Irland vor (vgl. Kapitel 5.3.2 und 6.2). Konsequent widerstand er sowohl päpstlichen Versuchen, ihn mit Hilfe der abendländischen Könige abzusetzen, als auch deren Maßnahmen, ihn außenpolitisch zu isolieren. Die junge Königin nutzte ihrerseits die neue Stellung, um das Leben bei Hofe so weit wie möglich nach eigenen Vorstellungen umzugestalten. So wurde eine noch prachtvollere Hofhaltung als unter Katharina entfaltet, gemäß dem Motto Boleyns: »*Glücklichste der Frauen*« (*The Most Happy*). Ihr Hofstaat wurde nicht – wie von späteren Boleyn-Bewunderern behauptet – von sittlich strengen, evangelikal geprägten Lebensformen geprägt, sondern durch kokette, erotisierende Verhaltensformen der Hofleute dominiert. Der König akzeptierte auch die Patronage-Maßnahmen Annas, die bereits vor der Heirat begonnen hatte, Mitglieder ihrer Familie zu begünstigen. So förderte sie die Ernennung ihres Vaters zum Earl von Wiltshire und Ormond und die diplomatische Karriere des Bruders; zudem verschaffte sie ihrer Schwester Maria Carey, der früheren Geliebten Heinrichs, eine jährliche Pension. Auch für eine Vielzahl an Gefolgsleuten setzte sich Anna als Patronin ein und besorgte ihnen reiche Zuwendungen oder einträgliche Posten.[8]

Umstritten ist ihre Bedeutung für die Entwicklung der *English Reformation* (vgl. Kapitel 7.1). Als wahrscheinlich erscheint ein großes Interesse Boleyns für Probleme der Reform der englischen Kirche sowie der reformatorischen Bewegung allgemein. Hierzu gehörte ihr Eintreten für die Förderung volkssprachlicher Bibelübersetzungen sowie die Einfuhr (aus Frankreich) und der Besitz angeblich »häretischer« reformerischer Schriften. Auch protegierte sie Theologen wie Cranmer, die reformiertem Ideengut nahe standen, und nahm Einfluss auf die Neubesetzung vakanter Bischofsstühle. Obwohl Boleyn die Bedeutung des Ausbaus einer autonomen *Anglicana ecclesia* für die Stabilität ihrer Ehe bewusst gewesen sein dürfte, fungierte sie aber sicher nicht als »Architektin der Reformation« in England. Ebenso wichtig war die Rolle, die Anna seit der Heirat innen- wie außenpolitisch spielte. Im Kontext ihrer religiösen Überzeugungen geriet sie spätestens wegen der Auflösung der Klöster in Gegensatz zu Cromwell. Außenpolitisch präferierte sie eine Allianz mit Frankreich, obwohl ihr Heiratsprojekt für Tochter Elisabeth an der Ablehnung durch den französischen König Franz I. gescheitert war. Im Gegensatz zu Boleyn und infolge des außenpolitischen

Wandels (seit Frühjahr 1536) favorisierte der König jedoch ein Bündnis mit dem Kaiser, wobei Anna zweifellos ein Hindernis darstellte.

Als noch problematischer erwiesen sich die allmählichen Veränderungen in den persönlichen Beziehungen des Königs zu Boleyn. Sie wird hierzu wahrscheinlich selbst beigetragen haben, da Heinrich sich bald an ihrem hochmütigen Auftreten, dem Widerspruchsgeist und der Scharfzüngigkeit gestört haben dürfte – Verhaltensweisen, die anfangs für den Tudor attraktiv gewesen sein mochten, auf die Dauer aber den höfischen Normen hinsichtlich der Ergebenheit einer Königin gegenüber dem Herrscher widersprachen bzw. als inakzeptabel erschienen. Gleiches gilt für ihre arrogante Behandlung mächtiger Großer – wie des Herzogs von Norfolk – sowie des französischen Botschafters. Besonders enervierend werden für den Tudor Boleyns Klagen über seine eheliche Untreue bzw. Eifersuchtsszenen gewesen sein. Während der König Beziehungen zu Mätressen für selbstverständlich hielt, forderte Anna eheliche Treue und kritisierte öffentlich die außerehelichen Liebesbeziehungen Heinrichs, die sie zu unterbinden suchte. Mit dem Auftauchen Seymours, die ihre Familie sowie Gegner Boleyns am Hof als neue Partnerin Heinrichs zu lancieren versuchten, gelang ihr dies nicht mehr. Ihre Position verbesserte sich auch nicht mit dem Hinscheiden Katharinas, die am 7. Januar 1536 in *Kimbolton Castle* an Krebs starb. Welche hohe Würde, aber auch welche Liebe die Spanierin bis zum Tode gegenüber Heinrich zeigte, verdeutlicht ihr letztes, anrührendes Schreiben an den Gatten am Todestag:

> »Doch ich vergebe Euch alles und bitte Gott, das gleiche zu tun. [...] Endlich spreche ich diesen Wunsch aus, dass meine Augen Euch über alles zu sehen wünschen. Lebt wohl.«[9]

Dennoch verweigerte ihr der Tudor eine Beisetzung nach königlichem Ritus und ließ sie lediglich als Prinzessin-Witwe von Wales in der Kathedrale von Peterborough bestatten. Das Andenken an diese bemerkenswerte Monarchin blieb am Hof und in der Bevölkerung lange erhalten, während die öffentliche Ablehnung Boleyns ständig wuchs.

Auch nach dem Tode Katharinas stand die Dynastie-Frage weiterhin im Zentrum der Beziehungsprobleme Heinrichs zu Anna. Diese erfüllte nach seiner Auffassung nicht ihre Hauptaufgabe – nämlich Söhne zu gebären. Wahrscheinlich wurde Boleyn mehrfach schwanger, erlitt jedoch 1534, vielleicht auch 1535 und 1536 Fehlgeburten.[10] Da der Monarch dies als »Versagen« Annas betrachtete, geriet sie unter immer stärkeren psychischen Druck. Spätestens nach der Fehlgeburt eines Sohnes zu Beginn des Jahres 1536 begann der Tudor, an eine göttliche Bestrafung wegen der problematischen Heirat mit Boleyn und an Zauberei zu glauben. So reifte bei ihm der Entschluss, sich von Boleyn zu trennen und eine Verbindung mit einer neuen Partnerin einzugehen. Die Pläne des Königs werden wahrscheinlich seit Mitte 1535 am Hof bekannt gewesen sein und zu entsprechenden Aktivitäten der Seymour-Familie sowie der Feinde von Boleyn geführt haben. Diese Gruppierungen waren um rasche »Entscheidungshilfe« für den Monarchen bemüht, den man wahrscheinlich Mitte des Jahres 1535 mit Jane Seymour bekannt gemacht haben dürfte. Erwartungsgemäß begann der Monarch, um die junge Frau zu werben, die – auf Anraten der Familie – gegenüber Heinrich eine ähnliche Hinhalte-Taktik anwendete, wie dies bereits Boleyn erfolgreich getan hatte. Den entscheidenden Impuls erhielt das neue Eheprojekt Tudors im Frühjahr 1536: Nun entschloss man sich zu einer radikalen Lösung des Eheproblems, das durch einen Strafprozess gegen Anna wegen Hochverrats geklärt werden sollte.

Ausgelöst wurde die Affäre um die angebliche Untreue Boleyns durch einen Streit unter Mitgliedern ihres Haushalts.[11] Anschließende Untersuchungen über die Lebensführung der Monarchin und Berichte über deren dubiose Kontakte (u. a. zum Lautenspieler Mark Smeaton und zum *Groom of the Stool* [dem obersten Kammerherrn] Henry Norris) führten zu schwerwiegenden Anschuldigungen gegenüber Boleyn. Nun unterstellte man ihr nicht nur vielfachen Ehebruch, sondern auch ein Mordkomplott gegen den Gemahl mit dem Ziel einer Heirat Annas mit Norris und einer folgenden Regentschaft Boleyns für Elisabeth. Nachdem der König von den Untersuchungsergebnissen informiert worden war, begann man mit dem Verfahren gegen die Beschuldigten, die sämtlich inhaftiert wurden. Im folgenden ersten Strafprozess, der seit dem 12. Mai verhandelt wurde, bekannte lediglich der Lautenspieler, mit Anna Ehebruch begangen zu haben, während alle anderen Angeklagten ihre Unschuld beteuerten. Dennoch wurden Smeaton und die Kammerherren für schuldig befunden[12] und daher zum Tode verurteilt. In einem zweiten Verfahren beschuldigte man Anna und ihren Bruder George in einem *Peers*-Gericht unter Vorsitz des Herzogs von Norfolk u. a. des Inzestes; hinzu kam für die Monarchin der Vorwurf der Hexerei. Nachdem sogar die Ehefrau George Boleyns, Lady Rochford, die Anklage durch ihre Aussage gestützt hatte, verurteilte man die Beklagten trotz Unschuldsbeteuerungen zum Tode. Die männlichen Verurteilten wurden am 17. Mai im *Tower* hingerichtet, während man die Urteilsvollstreckung für Anna zwei Tage aufschob. In dieser Zeit entschied Erzbischof Cranmer über eine Scheidungsklage des Herrschers, der er wunschgemäß stattgab, indem er die Ehe Heinrichs mit Boleyn für null und nichtig erklärte. Am 19. Mai wurde die Königin auf dem *Tower Green* mit dem Schwert durch einen französischen Scharfrichter enthauptet; ihre Leiche beerdigte man umgehend in *St. Peter ad Vincula* im *Tower*.

Die Frage, welche Rolle König und Hof in den Verfahren spielten, lässt sich nicht klar beantworten. Auszugehen ist von der Tatsache, dass Heinrich von Boleyn nicht nur weitgehend entfremdet, sondern auch von ihrer angeblichen Untreue überzeugt war. Hinzu kam, dass der Tudor Beschuldigungen glaubte, Boleyn wolle ihn verschwörerisch töten lassen. Schließlich wurde Heinrich u. a. durch angebliche höhnische Äußerungen Annas über seine dürftigen »sexuellen Leistungen«, d. h. temporäre Impotenz, seelisch schwer verletzt. Sein Zorn auf Boleyn wegen der öffentlichen Demütigung als »gehörnter Ehemann« und impotenter Liebhaber wird mit dazu beigetragen haben, dass er während des Prozesses demonstrativ Feste (auch mit Seymour) feierte und hierbei Anna als »Hure« titulierte – wahrscheinlich in der Hoffnung, deren Existenz rasch vergessen zu lassen. Politischer »Nutznießer« des Todes Annas war weniger der König, sondern Cromwell, der eine gefährliche Feindin verloren und künftig weniger hofinternen Widerstand gegen seine Kirchen- und Außenpolitik zu gewärtigen hatte. Zudem wurde der Einfluss der Boleyn-Gefolgsleute in der *Privy Chamber* geschwächt, so dass sich für Cromwell neue Kooperationsmöglichkeiten mit der erstarkenden Seymour-Fraktion eröffneten. Während die Boleyn-Familie zu den »Verlierern« des Umbruchs zählte, waren es nun die »Seymour-Gruppierung« und »konservative« Räte (wie Nicholas Carew), die eine neue Königin zu lancieren und hierdurch Einflussnahme bei Hofe auszuüben versuchten.

4.2 Dynastie und europäische Politik: Jane Seymour und Anna von Kleve (1537–1540)

Die Geschehnisse des Jahres 1536 bewirkten wahrscheinlich im Leben Heinrichs und in seiner Herrschaft eine tiefgehende Zäsur. Diese setzte mit einem schweren Turnierunfall ein, den er am 24. Januar erlitt. Hierbei wurde nicht nur ein altes Beingeschwür des Königs aufgerissen, sondern der Tudor auch vom Pferd geworfen; er blieb für zwei Stunden bewusstlos. Nur mühsam erlangte er das Bewusstsein wieder, war jedoch weiterhin geschwächt und auf Dauer nicht mehr in der Lage, intensive körperliche Betätigung auszuüben. Dieser Vorfall hatte insofern gravierende Konsequenzen, als Heinrich in der Folgezeit immer unbeweglicher wurde, stark an Gewicht zunahm und weitere gesundheitliche Probleme bekam. Möglicherweise erlitt er zudem Hirnschäden, die zu Veränderungen seiner Persönlichkeit geführt haben können. Diese Schäden könnten eine Erklärung dafür sein, dass der Monarch in der Folgezeit immer häufiger zu unkontrollierten Wutausbrüchen, verstärkter Rücksichtslosigkeit bei der Herrschaftsausübung, Brutalität im Umgang mit Untergebenen und mitunter geradezu sadistischer Freude beim Kampf gegen angebliche oder tatsächliche Feinde neigte. Hinzu kamen zunehmend paranoide Ängste vor Verschwörungen und Intrigen, die er von machtlüsternen Höflingen und Baronen sowie Familienmitgliedern befürchtete.

Zudem sah sich der Tudor im »Drei-Königinnen-Jahr« (1536) verstärkt mit Todesfällen konfrontiert: So starben außer den Königinnen Katharina (7. Januar) und Anna (19. Mai) auch der 17-jährige illegitime Sohn Heinrich Fitzroy (22. Juli). Einen Lichtblick stellte lediglich die Ehe mit Jane Seymour dar, die der König aufgrund persönlicher Präferenzen und weniger unter politisch-diplomatischen Gesichtspunkten ausgewählt hatte. Nach den negativen Erfahrungen mit der selbstbewussten Boleyn schien Jane für Heinrich die passendere Partnerin zu sein: Nach Aussagen des geschwätzigen Chapuys war die frühere *Maid of Honour* schlank, von mittlerer Größe, mit jugendlichem Gesicht und hellem Teint sowie von angenehmen Umgangsformen. Zudem wirkte sie mit ihren 25 Lebensjahren sehr bescheiden, geradezu demütig und vielleicht etwas jungfernhaft.[13] So verlobte sich der König einen Tag nach der Tötung Boleyns mit Seymour, um diese bald darauf am 30. Mai in *York Place* zu heiraten. Eine Krönung unterblieb vorerst, weil Heinrich wahrscheinlich erst die Geburt eines Kindes, möglichst eines Sohnes, abwarten wollte.

Jane blieb auch als Monarchin sehr zurückhaltend und ihrem Gatten ergeben – getreu ihrem Motto: »*Bestimmt zu gehorchen und zu dienen*«. Zugleich war sie bestrebt, ihre Vorstellungen von einem Leben bei Hofe zu realisieren und sich hierdurch deutlich von ihrer Vorgängerin zu unterscheiden. Sie gerierte sich sehr förmlich bzw. sittenstreng und untersagte die mitunter frivolen Verhaltensformen der jungen Höflinge. Zudem reglementierte Jane die Kleiderordnung für die Hofdamen, indem sie die von Boleyn geförderte französische Mode verbot und »bodenständigere«, englische Bekleidung am Hof bevorzugte. Gegenüber dem König zeigte sie sich – im Gegensatz zu Boleyn – nicht rechthaberisch und verzichtete darauf, sich unmittelbar in politische Entscheidungsprozesse einzumischen. Dennoch wird man sie nicht als unpolitisch betrachten dürfen; vielmehr versuchte sie, zumindest indirekt auf religionspolitische Entwicklungen Einfluss zu nehmen. Hierbei bemühte sie sich erfolgreich um eine Versöhnung Heinrichs mit der streng katholischen Prinzessin Maria, die sich dennoch ihrem Vater unterwerfen musste. Weitergehende Vorstöße Janes zugunsten katholischer Kräfte verhinderte der Tudor hingegen, indem er sie für den Fall künftiger Einmischungen in seine Angelegenheiten drohend auf das Schicksal Boleyns hinwies. Gleichzeitig war Heinrich bestrebt, die Stellung der neuen Königin rechtlich zu stärken: So ließ er Opponenten, die die Rechtmäßigkeit seiner Ehe mit Seymour in Frage stellten, mit Hochverratsanklagen bedrohen. Zudem hatte das Parlament in einem neuen *Act of Succession* nicht nur die Prinzessinnen Maria und Elisabeth bastardisiert; vielmehr erhielt Heinrich das Recht, im Falle der Erbenlosigkeit seinen Nachfolger allein durch Testament oder *Letters Patent* zu bestimmen, d.h. Nachfolgeregelungen ohne das Parlament zu treffen.

Schon bald erfüllte die Königin alle Hoffnungen, die ihre Förderer[14] und der Tudor in sie gesetzt hatten. Nachdem er Jane mit umfangreichem Landbesitz, beträchtlichen Einnahmen und wertvollen Geschenken ausgestattet hatte, übte der Königin die erwartete Patronage gegenüber ihrer Familie aus. So wurden die Brüder Edward und Thomas auf ihr Betreiben nicht nur nobilitiert und u.a. in den *Privy Council* berufen; zudem stattete Heinrich sie mit reichem Landbesitz aus und betraute u.a. Thomas mit einträglichen diplomatischen Missionen. Überaus ehrgeizig, machten die Seymour-Brüder in der Folgezeit weiter Karriere, entwickelten hierbei jedoch eine solch intensive Rivalität, dass ihnen diese nach dem Tode Heinrichs zum Verhängnis werden sollte. Ihre Schwester erfüllte auch in biologischer Hinsicht die Erwartungen, die der König und der gesamte Hof in sie gesetzt hatten: Seit Frühjahr 1537 schwanger, gebar sie am 12. Oktober 1537 in *Hampton Court* einen Sohn, den man Eduard nannte und in Anwesenheit der Stiefschwestern am 15. Oktober taufte (vgl. Kapitel 9.2). Nach 29 Jahren als Herrscher Englands besaß Heinrich endlich den sehnlichst erwarteten Thronfolger. Seine Gattin hingegen erkrankte bald schwer und verstarb zwölf Tage nach der Geburt des Sohnes wahrscheinlich an Kindbettfieber oder Blutvergiftung am 24. Oktober 1537. Der König war von dem Verlust tief getroffen und trauerte aufrichtig um seine Gemahlin. Als einzige seiner Ehefrauen ließ er die Leiche Janes in einer langen Prozession nach Schloss Windsor überführen und in dem für ihn bestimmten Grab beisetzen. Später, gegen Ende seines eigenen Lebens wurde Heinrich bewusst, dass Seymour die einzige Gattin war, mit der er wirklich glücklich gewesen war und die ihm das Eheleben in Ruhe und Harmonie schenkte, das er sich gewünscht hatte.

Die Trauer über den Verlust der geliebten Gemahlin hinderte den Tudor nicht, mit Cromwell den Aufbau der *Anglicana ecclesia* weiter gemeinsam zu betreiben. Zwangsläufig hatten die zahlreichen *Acts* bzw. Gesetze des Königs und des Parlaments zur Durchsetzung der Suprematie und zur Trennung von Rom tiefgreifende Veränderungen im geistlichen Leben des Inselreiches zur Folge und riefen in Teilen der Bevölkerung oppositionelle Reaktionen hervor. So kam es insbesondere in den Nordprovinzen Englands seit dem Herbst 1536 zu etwa fünf Rebellionen, die sieben Grafschaften betrafen und fälschlicherweise alle zusammen in der Literatur als *Pilgrimage of Grace* bezeichnet wurden.[15] Die erste, größere Revolte brach in Louth (Lincolnshire) am 2. Oktober 1536 aus, als königliche Kommissionäre versuchten, neue Subsidien und Klosterbesitz einzuziehen. Innerhalb kürzester Zeit rottete sich die einfache Bevölkerung unter Führung u. a. des Schuhmachers Nicholas Melton (gen. »Captain Cobbler«) zusammen, zwang die örtlichen Mitglieder der *Gentry* zur Unterstützung und marschierte in wachsender Zahl unter Beteiligung zahlreicher Kleriker und Mönche nach Lincoln (ca. 20 000 Personen).

Nachdem Tötungen von Herrschaftsträgern erfolgt waren und sich auch *Commons* in Horncastle erhoben hatten, beschränkte man sich darauf, eine Petition mit einem umfangreichen Forderungskatalog zu formulieren und dem König überbringen zu lassen.

Die Liste mit den Postulaten[16] der Oppositionellen verdeutlichte, dass es sich um königstreue Untertanen handelte, die dem Monarchen ergeben, jedoch unzufrieden mit dessen Ratgebern – insbesondere Cromwell – und seinen kirchenpolitischen Maßnahmen waren. Sie forderten u. a. die Fortsetzung kirchlichen Lebens nach katholischem Ritus, die Wiedereröffnung der Klöster mit Restituierung ihres Besitzes und die Bekämpfung von »Häretikern« und ihrer Schriften; zudem erhoben sie finanzielle Postulate wie die Beendigung der Einziehung königlicher Subsidien sowie die Aufhebung des *Statute of Uses* (1535). Insgesamt waren die Forderungen der Insurgenten konservativ bzw. restaurativ und stellten keine Institutionen des henrizianischen Herrschaftssystems in Frage. Der Tudor und sein Hofstaat schienen von der Revolte völlig überrascht gewesen zu sein, zumal auch die königlichen Funktionsträger in Lincolnshire sowie die regionale *Gentry* bei Ausbruch der Unruhen weitgehend inaktiv blieben. Widerstrebend sah sich Heinrich zur Kontaktaufnahme mit den *Commons* in Lincoln gezwungen; gleichzeitig ließ er militärische Maßnahmen durch den Herzog von Suffolk vorbereiten. Schon bald führten ein dilatorisches Schreiben des Monarchen an die Oppositionellen in Lincoln sowie die militärische Präsenz Suffolks dazu, dass die Oppositionellen – u. a. wegen fehlender Führung – nach Gewährung von Straffreiheit auf weitere Aktivitäten verzichteten und in ihre Dörfer zurückkehrten. Nachdem verschiedene Akteure inhaftiert und einige Anführer des Unternehmens gehenkt worden waren, schien der Aufstand Ende November beendet zu sein.

Trotz der Repressionen hatten die Unruhen bald Auswirkungen auf benachbarte Grafschaften, insbesondere im East Riding von Yorkshire. Hier war es ebenfalls Anfang Oktober 1536 zu einer (zweiten) Revolte gekommen, wobei ein Anwalt aus der Region, Robert Aske, angeblich gezwungen worden war, die Führung des Unternehmens zu übernehmen.[17] Als *Chief Captain* versuchte er, die Bewegung zu disziplinieren und ihr einen restaurativ-religiösen Bezug zu geben, indem er sie als *Pilgrimage of Grace for the Commonweal* bezeichnete. Zudem ließ er alle Teilnehmer einen Eid zum Schutz des Königs sowie für die Aufrechterhaltung des (rechten) Glaubens schwören und unter Fahnen mit den fünf Wundmalen Christi marschieren. Der Zulauf für Aske – insbesondere von Seiten der Welt- und Ordensgeistlichen – war beträchtlich, so dass er binnen weniger Tage über ca. 10 000 Gefolgsleute verfügte und strategisch wichtige Orte wie York und Doncaster kontrollieren konnte. Erneut standen Aristokratie bzw. *Gentry* der Bewegung weitgehend tatenlos gegenüber, u. a. mächtige Magnaten der Region wie der 6. Earl von Northumberland, Henry Percy, und der 1. Earl von Cumberland, Henry Clifford. Auch erklärten zahlreiche Angehörige der Oberschicht ihre Machtlosigkeit gegenüber den »Pilgermassen«; angeblich seien sie durch Gewaltandrohung zum nominellen Anschluss an die »Pilgerschaft« gezwungen worden.

Wie in Lincolnshire, so befanden sich der Tudor und sein Hof auch bei den Yorkshire-Unruhen in der Defensive, zumal der König nur über die Unterstützung durch den 4. Earl von Shrewsbury, George Talbot, und den 3. Herzog von Norfolk, Thomas Howard, verfügen konnte. Zudem breitete sich die *Pilgrimage* rasch in den nördlichen Grafschaften aus, wo sie Zulauf in County Durham, Westmorland, Cumberland und Northumberland erhielt. Da die Truppen Norfolks den Pilgern deutlich unterlegen waren, entschloss er sich zu Verhandlungen mit den Insurgenten in Doncaster. Man kam überein, dem König – wie in Lincolnshire – durch Beauftragte die Hauptanliegen der Pilger zu unterbreiten und dessen Entscheidung zu erbitten; bis zur Rückkehr der Gesandten Ralph Ellerker und Robert Bowes sollte Waffenstillstand herrschen. Damit hatten Heinrich und Norfolk einen wichtigen Zeitgewinn erlangt, zumal die Pilger zunehmend unter Versorgungsschwierigkeiten litten. Dennoch drohte dem Tudor unverändert die Gefahr einer Intervention auswärtiger Mächte, da der Papst Kardinal Reginald Pole mit dem Auftrag nach Flandern geschickt hatte, in einem günstigen Moment auf die Insel überzusetzen und die Führung der Aufständischen zu übernehmen.

So spielte der Monarch weiter auf Zeit, indem er zwar die »Pilger«-Gesandten empfing, sie aber bald wieder mit dem Auftrag entließ, ihre Forderungen zu präzisieren und neu vorzulegen. Gehorsam entsprachen die »Pilger« dem königlichen Postulat und formulierten Anfang Dezember 1536 auf einer Versammlung in Pontefract 24 Artikel zur Vorlage beim König. Der Haupttenor dieser Artikel war – wie bereits in den Lincoln Artikeln – weitgehend restaurativ und betraf u. a. die Anerkennung der päpstlichen Suprematie, die Abschaffung der Klosteraufhebungen, den Kampf gegen die »Häresie« im Lande, die Bestrafung von »Häretikern« wie Cromwell, die Anerkennung von Prinzessin Maria als legitimer Erbin des Königs sowie die Beachtung zahlreicher finanziell relevanter Monita.[18] Nachdem Aske die Artikel am 6. Dezember Norfolk präsentiert und dieser im Auftrage des Königs einen Generalpardon sowie die Einberufung eines Parlamentes in York in Aussicht gestellt hatte, betrieb der Anwalt die Beendigung der *Pilgrimage*. Im Vertrauen auf die königlichen Zusagen löste sich die Bewegung bald auf, während Aske Mitte Dezember zu Gesprächen an den Hof geladen wurde. Heinrich hingegen spielte weiter auf Zeit und unterließ alle, den »Pilgern« versprochenen Maßnahmen. Erwartungsgemäß wurden zahlreiche »Pilger« ungeduldig, so dass in Cumberland und Westmorland im Januar 1537 erneut Unruhen – u. a. unter Führung von Francis Bigod – ausbrachen. Diese Entwicklungen lieferten dem Tudor den Vorwand, seine Zusagen an Aske und die »Pilger« als hinfällig zu betrachten und nunmehr durch Norfolk gewaltsam gegen die Rebellen vorzugehen. Binnen kurzem brach der Herzog jeden Widerstand und führte besonders in Lincolnshire und Cumberland systematisch Strafgerichte durch. Die Anführer der Pilgerschaft brachte man zu Verhör und Prozess nach London, wo fast alle wegen Hochverrats verurteilt und im Juli hingerichtet wurden; Aske ließ man zur Abschreckung in York hängen. Insgesamt fielen den Strafmaßnahmen ca. 210 Personen zum Opfer, unter ihnen etwa 60 Geistliche und Mönche sowie zahlreiche Angehörige der sozialen Oberschicht.

Fragt man nach den Ursachen und Wirkungen der *Pilgrimage*, die eine der schwersten Krisen in der Herrschaftszeit Heinrichs darstellte, so ist zuerst eine Beteiligung fast aller sozialen Gruppen im Norden Englands an den Unternehmungen zu konstatieren. Sicherlich handelte es sich nicht um einen »Klassenkampf« von unterdrückten Angehörigen der sozialen Unterschicht und auch nicht um »Bauernkriege«, da oftmals Landbesitzer beteiligt waren. Fraglich ist auch die Existenz einer »*aristocratic conspiracy of inaction*« gegen den König und Cromwell.[19] Ob die Unternehmungen – wie von einigen Teilnehmern behauptet – spontan entstanden bzw. durchgeführt wurden, erscheint in Anbetracht der Komplexität der einzelnen Aktionen, der Größe der Truppenteile und deren koordinierten Einsatz als wenig plausibel. Wahrscheinlicher ist, dass es sich bei der *Pilgrimage* vor allem um den Widerstand von Oppositionellen aus unterschiedlichen sozialen Gruppen gegen die Zentralisierung der königlichen Herrschaft zu Lasten der Regionen (hier Nordengland), gegen die königliche Suprematie, gegen die Scheidung und gegen Veränderungen des religiösen Lebens sowie den Bruch mit Rom gehandelt haben dürfte. Regional bezogene Einzelprobleme des sozialen und wirtschaftlichen Lebens werden hinzu gekommen sein. Dabei richtete sich die Opposition nicht gegen den König, sondern gegen angeblich »schlechte Ratgeber« wie Cromwell, aber auch gegen Repräsentanten der »Neuen Lehre« wie Cranmer. Zugleich strebte man indirekt eine Stärkung der »konservativen Fraktion« am Hofe um Prinzessin Maria an, deren Thronrechte ebenso gefördert werden sollten wie die traditionelle katholische Lehre. Schließlich musste eine Schwächung etablierter Familien der Region (wie der Percys) zugunsten neuer Herrschaftsstrukturen (*Council of the North*) hingenommen werden, so dass Heinrich – wenn auch wortbrüchig und zunehmend unglaubwürdig – politisch gestärkt aus der Krise hervorging.

Trotz des Erfolges bei der Unterdrückung der *Pilgrimage* wuchs bei dem Tudor die Sorge vor möglichen weiteren Versuchen von Oppositionellen, ihn zu stürzen oder auswärtige Mächte wegen der *Henrician Reformation* zur Intervention zu veranlassen. Diesbezüglich verdächtig waren Heinrich vor allem die Familien Pole und Courtenay, wobei sein Cousin Henry Courtenay, 1. Marquess von Exeter, neben Kardinal Reginald Pole über gesicherte erbrechtliche Thronansprüche verfügte. Beide Persönlichkeiten besaßen gute Beziehungen zur »konservativen Fraktion« und zeigten Sympathien für die »katholische Sache« sowie für Prinzessin Maria, während sie tiefe Abneigung gegen Cromwell hegten. So war es kein Zufall, dass der Minister seit 1537 Untersuchungen gegen Courtenay und andere einflussreiche Mitglieder der *Privy Chamber* vornehmen ließ. Trotz dürftigen Belastungsmaterials gelang es Cromwell, die Umsturzängste seines Herrn zu schüren und diesen zur Verhaftung der langjährigen Vertrauten u. a. wegen angeblicher Putschversuche zu veranlassen. Wunschgemäß wurden alle Beteiligten der sog. Exeter-Verschwörung von der Jury des Hochverrats schuldig gesprochen und hingerichtet. Weitere Mitglieder der Familien Pole und Courtenay blieben in Haft und erlangten zumeist erst nach dem Tode Heinrichs die Freiheit. Während der König wichtige Vertraute und Ratgeber verlor, konnte Cromwell seine Macht u. a. durch eine Schwächung der »konservativen Fraktion« und durch die Neubesetzung der *Privy Chamber* mit eigenen Gefolgsleuten ausbauen. Zugleich schien er nach der Ernennung zum *Lord Great Chamberlain of England* (1540) auf dem Gipfel der Macht zu stehen.

Cromwell und Mitglieder des *Privy Council* waren es auch, die unmittelbar nach dem Tode von Königin Jane die Notwendigkeit erkannten, eine neue Gemahlin für Heinrich zu suchen und damit zugleich die Chancen zur Geburt eines weiteren Sohnes zu verbessern. Schon bald begann der Minister, nach geeigneten Kandidatinnen Ausschau zu halten, wobei ihm im Blick auf die aktuelle politische Gesamtlage bewusst war, dass eine erneute Verbindung mit einer englischen Adligen wenig opportun zu sein schien. Dies war eine Perspektive, die den Wünschen Heinrichs sicherlich nicht entsprach, da er wieder möglichst eine Partnerin wünschte, die er seit längerem kannte und die ihm vertraut war. Dennoch war der Tudor nach einigem Zögern bereit, »zum Wohle des Reiches« eine neue Ehe einzugehen. Vorbedingung war jedoch, dass die künftige Gattin schön sein und seinen Weiblichkeitsvorstellungen entsprechen müsse. Zudem sollte die geplante Ehe vor allem außenpolitisch nützlich sein, wobei eine Verbindung entweder mit dem französischen Königshaus oder mit den Habsburgern Vorrang besitzen sollte.

Die Aussichten für ein solches Heiratsprojekt erschienen im Herbst 1537 als günstig, da die militärischen Konflikte zwischen Franz I. und Karl V. u. a. in Oberitalien, im Piemont und in der Provence anhielten und sich beide Kontrahenten für den englischen König als Bündnispartner interessierten (vgl. Kapitel 5.2). So begannen englische Gesandte vor allem in Paris und Brüssel nach geeigneten Ehekandidatinnen Ausschau zu halten. Die Suche sollte über zwei Jahre dauern, wobei die Eignung von mindestens neun Kandidatinnen genauer geprüft wurde und Hans Holbein (d. J.) Porträts von fünf Damen zur Begutachtung durch Heinrich anfertigte.[20] König Franz und Kaiser Karl beteiligten sich bereitwillig an der Brautsuche, wobei der Habsburger seine Nichte Christina »offerierte« – die 16-jährige Witwe des Herzogs von Mailand, Francesco II. Sforza. Der französische Monarch ging weiter, indem er dem Tudor anbieten ließ, er könne jede französische Dame haben – ausgenommen Maria von Guise, die den schottischen König Jakob V. ehelichen sollte. Trotz des Insistierens von Heinrich beharrte Franz auf der Heirat Marias mit Jakob, die im Mai 1538 stattfand. Der Tudor war zwar enttäuscht, konnte sich aber nicht anderweitig entscheiden. So verlangte er von Franz, dieser möge mit einer Schar von jungen Damen nach Calais kommen, damit er die Kandidatinnen dort ausführlich »inspizieren« könne. Dieses Ansinnen ging dem Valois doch zu weit, indem er darauf hinwies, dass es nicht französischen Gepflogenheiten entspräche, junge Damen aus gutem Hause wie auf einer Pferdeauktion vorzuführen. Und der französische Botschafter Louis de Perreau fragte den Tudor süffisant, ob er nicht die Damen in Calais »*eine nach der anderen ausprobieren* [wolle], *um anschließend die zu behalten, die* [ihm] *am angenehmsten*« erschiene.[21]

Allgemein erwies sich die Brautsuche wegen des zweifelhaften Rufes Heinrichs in der europäischen Öffentlichkeit als schwierig: So lehnte etwa die junge Christina von Dänemark nach längeren Verhandlungen im Blick auf die Schicksale seiner bisherigen Gemahlinnen mit der Begründung ab, sie verfüge nur über einen Kopf, den sie gerne behalten wollte; wenn sie zwei Häupter hätte, stünde eines dem Tudor aber gerne zur Verfügung.[22] Erschwerend kam hinzu, dass der Tudor in den Eheverhandlungen hohe politische bzw. kirchenpolitische Forderungen erheben ließ und sich diese als weitgehend unerfüllbar erwiesen. So zogen sich die Gespräche hin, die zahllose Varianten von Ehebündnissen unter Einbeziehung weiterer Heiratskandidatinnen berücksichtigten, ohne zu einem Erfolg zu führen. Zudem verschlechterte sich die politische Lage Heinrichs, nachdem Franz und Karl im Juni 1538 in Nizza einen Waffenstillstand vereinbart hatten und auch Papst Paul die Bemühungen zur Absetzung des englischen »Schismatikers« verstärkte. Da hierdurch der Druck auf den König bezüglich einer bündnisstrategischen Neuorientierung wuchs, kam es im Januar 1539 zur Aufnahme von Gesprächen mit dem Schmalkaldischen Bund; dessen Vertreter zeigten sich aus religionspolitischen wie innenpolitischen Gründen an einem Bündnis mit Heinrich interessiert. Nach zähen Verhandlungen konnten sich die Gesandten – besonders infolge konträrer theologischer Positionen – aber nicht einigen. Trotz dieses Misserfolges gelang es Cromwell, einen neuen potentiellen Bündnispartner unter den deutschen Fürsten zu gewinnen – Herzog Wilhelm V. von Jülich-Kleve-Berg.[23] Dieser besaß zwei heiratsfähige Schwestern – Anna und Amelia – und schien aufgrund seiner Gegnerschaft zum Kaiser wegen Geldern an einem Heiratsbündnis mit England interessiert zu sein. Nach längeren Gesprächen und nach Begutachtung von Holbein-Porträts der beiden Kandidatinnen im August 1539 entschied sich der Tudor für Anna. Diese war 24 Jahre alt, ebenso schön wie ihre Vorgängerin Jane Seymour, groß, sehr schlank, mit langem, blondem Haar, jedoch mit etwas schweren Augenlidern. Sie besaß hohe Intelligenz und hatte die übliche Ausbildung an einem deutschen Fürstenhof bekommen, d. h. Fertigkeiten in Handarbeit und Kenntnisse im Haushaltswesen erworben. Zudem gab sie sich sittsam streng, war schüchtern und wenig provokant gekleidet.[24]

Im September 1539 reiste eine Kleve-Delegation nach London zu Verhandlungen, die am 6. Oktober zur Unterzeichnung eines Heiratsvertrages führten.[25] Im Dezember reiste Anna mit einem Gefolge von 263 Personen und 228 Pferden nach Calais, wo sie vom 11. bis 26. Dezember auf günstiges Wetter für die Überfahrt warten musste; diese erfolgte am 27. Dezember. Nach chevaleresker Art reiste ihr Heinrich nach Rochester entgegen, um am 1. Januar in höfischer Manier seine Aufwartung zu machen; am 3. Januar erfolgte dann die offizielle Begrüßung in Begleitung von ca. 5000 Reitern und zahlreichen Höflingen. Die Begegnung des Monarchen mit der Braut scheint ein Schock für ihn (und für sie) gewesen zu sein: Anna entsprach in keiner Weise seinen Vorstellungen, erschien unattraktiv, besaß keine guten Umgangsformen, war schlecht gekleidet und konnte sich mit ihm nicht verständigen. Zudem stellte sich heraus, dass sie keinerlei Kenntnisse in Gesang und Tanz besaß und unfähig war, eine höfische Lebensweise nach dem Geschmack des Tudors zu führen. Seinen Klagen, die »flämische Mähre« nicht heiraten zu wollen, konnte auch Cromwell nicht entsprechen. Er verwies stattdessen auf die Rechtmäßigkeit des Ehevertrages und auf die negativen Auswirkungen auf die auswärtigen Beziehungen zu den deutschen lutherischen Fürsten. So kam es trotz des Widerwillens Heinrichs am 6. Januar 1540 zur Hochzeit im königlichen Palast in Greenwich.[26] Sogar die folgenden Nächte des frisch vermählten Paares verliefen wenig glücklich, da Heinrich – angeblich aus Widerwillen gegen die äußere Erscheinung Annas – nicht in der Lage war, die Ehe zu vollziehen. Diese Tatsache änderte sich auch in den folgenden Wochen nicht, zumal die sexuell völlig unerfahrene Gemahlin ihrerseits keinen gesteigerten Wert darauf legte, die Angelegenheit zu intensivieren.

Für den König, der erneut Gerüchten bei Hofe über seine (angebliche) Impotenz ausgesetzt war, besaß die Aufhebung der neuen Ehe höchste Priorität. Da Heinrich für das Ehefiasko wie üblich »Sündenböcke« suchte, glaubte er sie in Holbein und Cromwell gefunden zu haben, die ihm angeblich eine unzutreffende Schilderung seiner künftigen Braut gegeben hätten. Hinzu kamen wachsende Hofintrigen, da »konservative Kräfte« im *Privy Council* gegen den Minister agitierten und reformfeindliche Personen wie Gardiner versuchten, eine Rekatholisierung Englands zu befördern.[27] Zugleich begann die Gruppierung um Norfolk, die Position der jungen Monarchin weiter zu schwächen und dem König eine neue Ehekandidatin zu offerieren – die 20-jährige Katharina Howard, die Tochter des Bruders von Norfolk, Edmund Howard, und gegenwärtig Hofdame von Königin Anna. Insofern verbanden sich Wünsche Heinrichs nach Aufhebung der Ehe mit Bemühungen von Höflingen, Cromwell zu entmachten und gleichzeitig eine neue Ehepartnerin aus dem Umfeld von Norfolk zu lancieren. Die Königin scheint sich schnell mit ihrer fragwürdigen Rolle abgefunden zu haben, zumal sie – im Gegensatz zu Boleyn – keinerlei Versuche machte, Einfluss auf politische bzw. kirchenpolitische Entwicklungen im Lande zu nehmen. Während der Tudor in Selbstmitleid das Opfer beklagte, das er mit der aktuellen Ehe für sein Reich brächte, wurden die Bemühungen um eine Annullierung der Ehe forciert. Schließlich einigte man sich darauf, die Existenz zweier Ehehindernisse zu konstatieren, die eine Aufhebung rechtfertigen würden: Zum einen die Unfähigkeit Heinrichs, aus Widerwillen gegen die Braut die Ehe zu vollziehen, und zum anderen die Existenz eines älteren Ehevertrages für eine Verbindung Annas mit Franz I., dem späteren Herzog von Lothringen; diese

Vereinbarung würde angeblich die Heirat Heinrichs mit der Kleverin ungültig machen.

Wunschgemäß folgte die *Convocation* dieser Argumentation und erklärte die Ehe am 9. Juli 1540 für ungültig; anschließend bestätigte das Parlament die Entscheidung.[28] Anna, die man am 24. Juni vom Hof entfernt hatte, stimmte in realistischer Einschätzung ihrer Lage der Annullierung zu; zweifellos hätte sie sich im Weigerungsfalle in großer Lebensgefahr befunden. Auch war sie bereit, weiter im Inselreich zu bleiben und nicht an den Hof ihres Bruders – gewissermaßen als »Verliererin« – zurückzukehren. Heinrich seinerseits zeigte sich großzügig, ließ die ehemalige Gemahlin künftig als »*the King's beloved Sister*« titulieren und stattete sie reichlich mit Besitz und Einkünften aus.[29] Die Ex-Königin blühte unmittelbar nach der Eheauflösung auf, genoss ihr Leben sowie die neue Freiheit und pflegte freundliche Beziehungen zu den Stieftöchtern sowie zu dem ehemaligen Gatten. Dieser besuchte sie häufiger auf ihren Besitzungen, wo er sie auch konsultierte. Zudem entwickelte sich Anna zu einer wirtschaftlich erfolgreichen Fürstin, die zu einer der reichsten Frauen Englands aufstieg und sich kostspielige Extravaganzen leisten konnte. Hinzu kamen großzügige wohltätige Aktivitäten, die ihr in der Bevölkerung hohes Ansehen verschafften. Zeitweise hegte die Ex-Königin nach dem Tode von Katharina Howard die Hoffnung, als neue Herrscherin zu Heinrich zurückkehren zu können, doch dieser entwickelte bald andere Präferenzen. Hauptleidtragender des Ehefiaskos war jedoch Cromwell, gegen den die erwähnte Gruppe von »Konservativen« um Norfolk und Gardiner im *Council* beim König agitierte. Im Streben, ein Zeichen gegen die Reformer im Reich zu setzen, aber auch zur Bestrafung eines angeblichen »Sündenbocks« für das Scheitern der Ehe mit Anna von Kleve ließ der Tudor Cromwell – einen der fähigsten und loyalsten Räte, den er je besessen hatte – wegen angeblicher »Häresie« und Verschwörung zum Sturz des Monarchen ohne Gerichtsverfahren aufgrund eines parlamentarischen *Act of Attainder*[30] am 28. Juli 1540 hinrichten.

4.3 Dynastische Politik und englischer Adel: Katharina Howard und Katharina Parr (1540–1547)

Das Desaster der Ehe Heinrichs mit Anna von Kleve erleichterte es der »konservativen«, katholischen Hof-Fraktion, den König bei der Wahl einer neuen Heiratskandidatin in ihrem Sinne zu beeinflussen. Insbesondere Norfolk war bestrebt, seine Nichte Katharina, die als Hofdame bereits das Interesse des Tudors erlangt hatte, als neue Monarchin zu lancieren. Hierdurch hoffte der Herzog, seine Heiratspolitik zu krönen, nachdem er die Heirat seiner Tochter Maria mit dem unehelichen Königssohn Heinrich Fitzroy erreicht hatte; gescheitert waren hingegen Norfolks Bemühungen um die Heirat seines Erben Henry, Earl von Surrey, mit der (noch) illegitimen Königstochter Maria.[31] Katharina Howard wurde zwischen 1518 und 1525 vielleicht in Wingate (County Durham) als eines von zehn Kindern Lord Edmund Howards geboren,[32] der auf Betreiben Boleyns als *Controller* in Calais wirkte (1531–1539) und am 19. März 1539 starb. Die Tochter entwickelte sich zu einer ansprechenden jungen Frau von »mittelmäßiger Schönheit«, von kleiner, gedrungener Gestalt, wohlproportioniert, mit braunem Haar, dunklen Augen und mit fröhlichem Wesen sowie ungebrochener Lebensfreude. Zudem bewegte sie sich anmutig, besaß eine angenehme Ausdrucksweise und kleidete sich gemäß französischer Mode.[33] Die wohlhabende Stiefmutter Edmunds und Witwe des 2. Herzogs von Norfolk, Agnes Tilney, zeigte sich bereit, die junge Katharina in ihren Haushalt zuerst in *Chesworth House* (bei Hosham), später in *Norfolk House* (Lambeth) zur Erziehung aufzunehmen. Diese Entscheidung sollte sich als problematisch erweisen: Im Haushalt der häufig abwesenden Tilney pflegten die dort tätigen, jungen Verwandten und Bediensteten – insbesondere in sexueller Hinsicht – ausschweifende Lebensformen. Katharina sah sich bald in dieses Treiben involviert, so dass sie hier nicht nur die übliche Ausbildung in Lesen,

Schreiben und Handarbeit, sondern auch elementare Kenntnisse bezüglich der (körperlichen) Beziehungen zwischen den Geschlechtern erhielt.[34]

Dieses Wissen wurde ca. 1536 durch Henry Manox intensiviert, der die Unterweisung der etwa 14-jährigen Howard in Spinett und Laute mit sexuellen Spielereien verband. Nachdem die Herzogin von diesen Aktivitäten Kenntnis erhalten hatte, ließ sie den vielseitigen Lehrer entfernen. Unverdrossen setzte er aber seine Beziehungen zu Katharina auch nach deren Umzug nach Lambeth fort. Die Affäre endete erst 1538, als sich Howard einem neuen, deutlich älteren Verehrer zuwandte – Francis Dereham. Der *Gentleman* aus niederem Adel war als Sekretär im Haushalt von Agnes tätig und hoffte, durch eine Liebesbeziehung mit der jungen Frau seine Chancen für einen sozialen Aufstieg verbessern zu können. Bald stimmte Katharina sexuellen Kontakten mit ihm zu und trat mit ihrem Geliebten gleichsam als Ehefrau auf; ob zuvor eine Art von »Ehevorvertrag« vereinbart wurde, ist unklar. Wieder griff die Herzogin ein und ließ Dereham nach Irland schicken, während Katharina im Dezember 1539 als Hofdame in den Haushalt der neuen Königin Anna von Kleve berufen wurde. Gleichzeitig forcierte Norfolk die Bemühungen, seine Nichte beim König als neue Partnerin zu lancieren, der sich erwartungsgemäß bald in sie verliebte. Nun wurde Agnes aktiv, indem sie die junge Frau im richtigen Verhalten gegenüber dem König unterwies und ihr zudem zur bewährten Hinhaltestrategie gegenüber Heinrich riet. Katharina hingegen war entschlossen, ihre eigenen Interessen zu realisieren und umgehend die Geliebte des Tudors zu werden. Diesbezüglich hatte sie bald Erfolg: Seit Frühjahr 1540 beschenkte der Tudor die neue Sexualpartnerin nicht nur wie üblich reich mit Schmuck und Landbesitz, sondern zeigte sich auch zur Heirat bereit. Nachdem die Ehe mit Anna am 9. Juli 1540 für ungültig erklärt worden war, konnte Heinrich seine neue Liebe am 28. Juli in *Oatlands Palace* (Surrey) heiraten – am selben Tag, an dem Cromwell hingerichtet wurde. Wie bei Seymour, unterblieb eine Krönung bis zur erhofften Geburt eines Sohnes, zumal man bereits bei der Hochzeit Katharina irrtümlich für schwanger hielt.

Der König glaubte, mit ihr eine Art »zweiten Frühling« zu erleben. Er zeigte sich verliebt, umschmeichelte die junge Frau und liebkoste sie ständig, sogar in der Öffentlichkeit. Wie üblich überschüttete er Katharina mit Geschenken und Wohltaten, die diese sichtlich genoss. Mit ihrer Natürlichkeit und ihrem freundlichem Wesen gab sie Heinrich neue Lebensfreude. Auch in sexueller Hinsicht erwies sie sich als attraktiv für den König, der meinte, ein »erotisches Naturtalent« entdeckt zu haben. Sie war für ihn sein Juwel und »die Rose ohne Dorn«, die dem Lebensmotto zu genügen schien: »*Kein anderer Wille als seiner*«.[35] Welche Motive Katharina für die Eheschließung mit dem fast 50-jährigen Tudor besaß, lässt sich nur vermuten. Zweifellos besaß ein Leben als Königin mit allem Prunk und den zahllosen Festen für den Twen großen Reiz. Sie liebte das höfische Leben, während sich ihr leicht ermüdender Gatte oft erschöpft zurückzog und seine körperlichen Leiden pflegte. Vielleicht hoffte die Königin auf den baldigen Tod des Gemahls, um dann ihr Leben richtig genießen zu können. Für die Howard-Familie stellte das Verhalten Katharinas hingegen eine Enttäuschung dar, da sie keinerlei Interesse für politische oder religiöse Angelegenheiten zeigte und Norfolk über seine Verwandte diesbezüglich kaum Einfluss nehmen konnte. Zudem zeigte die junge Frau nur Neigungen für schöne Kleider, Schmuck etc. und besaß kaum geistige Interessen. Daher betrieb sie keinerlei Förderung von Dichtung und den Bildenden Künsten. Auch die erhofften Patronage-Maßnahmen für die Familie fielen eher dürftig aus. So profitierten lediglich William und Charles Howard in ihrer Karriere, während andere Familien-Mitglieder in den Haushalt Katharinas aufgenommen wurden.

Schon bald begann die Königin, sich in ihrer Existenz zu langweilen, obwohl sie zum Mittelpunkt eines Kreises von attraktiven Höflingen wurde, die sie verehrten und zum Gegenstand chevaleresken Werbens machten. Phasenweise zeigte sie sich launisch und eifersüchtig gegenüber dem Gatten wegen seiner fortbestehenden Kontakte zu Anna von Kleve; doch dies tolerierte Heinrich ebenso wie die Tatsache, dass Katharina nicht schwanger wurde. Entscheidende Veränderungen traten hingegen ein, nachdem zuerst der von Katharina schon lange verehrte Thomas Culpeper und danach Francis Dereham bei Hofe auftauchten. Der frühere Liebhaber Howards fand Verwendung als Privatsekretär der Königin, vielleicht um sein Schweigen über die frühere Beziehung zu erkaufen und ihn unter Kontrolle zu halten. Auch Culpeper kam seit Frühjahr 1541 in engeren Kontakt zur Monarchin, die er um Gunsterweise ersuchte.[36] Diese scheint sich umgehend in den etwa 27 Jahre alten, attraktiven Höfling verliebt zu haben und einer erotischen Beziehung nicht abgeneigt gewesen zu sein. Bei den folgenden häufigen Treffen des Paares zeigte sich die berüchtigte Lady Rochford behilflich.[37] Sie beschaffte die erforderlichen Räumlichkeiten und sorgte durch ihre persönliche Präsenz dafür, dass das Paar ungestört blieb. Obwohl die Beteiligten später Sexualkontakte bestritten, ist aufgrund der Aussagen von Ohrenzeugen davon auszugehen, dass es mehrfach zu Geschlechtsverkehr kam. Vielleicht hoffte die Königin, von ihrem Liebhaber schwanger zu werden und das von Culpeper gezeugte Kind dem König als dessen Nachkommenschaft präsentieren zu können. Culpeper selbst wird nicht nur sexuelle Abenteuer intendiert haben, sondern wahrscheinlich auch bestrebt gewesen sein, geeignete Voraussetzungen für eine Erpressung der Königin und für eine Karriere nach dem Tode Heinrichs zu schaffen. Zweifellos gingen beide Partner mit ihren Aktivitäten ein hohes Risiko ein, da es in der Entourage der Monarchin von Informanten und Spionen nur so wimmelte.

Dennoch scheint der König nicht gewillt gewesen zu sein, den Gerüchten zu glauben, die über seine Gattin und ihre Lebensweise bei Hofe kursiert haben dürften. Zudem sah er sich – abgesehen von den anhaltenden außenpolitischen Spannungen zu Karl V. und Franz I. (vgl. Kapitel 5.2) – mit wachsenden innenpolitischen Problemen konfrontiert. Seit der Hinrichtung Cromwells war es zu einem Erstarken »konservativer« Kräfte um Norfolk und Gardiner gekommen, die um eine Rekatholisierung Englands und die Ausschaltung der Reformer bemüht waren. Der König hingegen strebte weiter nach Einhaltung eines religionspolitischen »mittleren Weges«, indem er gleichermaßen repressiv gegen Katholiken wie Reformer vorging. Dieses Verhalten Heinrichs führte sowohl zu einer weiteren Verschlechterung der Beziehungen zu deutschen Protestanten als auch zu erneuten Revolten auf der Insel. So beschloss im April 1541 in Yorkshire eine Gruppe von »Altgläubigen« um John Neville, das weitere Vordringen der »Häresie« zu verhindern und die tyrannische Herrschaft Heinrichs zu beenden. Die unzureichende Vorbereitung des Unternehmens und der Verrat von Beteiligten ließen die Revolte binnen kurzem scheitern. Deren Anführer wurden ebenso wie angebliche Sympathisanten (u. a. Margarete Pole, Gräfin von Salisbury) am 27. Mai hingerichtet. Gleichzeitig beschloss der Tudor, in den unruhigen Nordprovinzen, die er bislang nie besucht hatte, die königliche Macht persönlich stärker zur Geltung zu bringen.

So brach Heinrich im Juli 1541 in den Norden des Reiches auf,[38] wobei er auch ein Treffen mit dem schottischen König plante (vgl. Kapitel 5.3.1). Die Reise verlief geruhsam über Lincoln, Pontefract und Hull nach York, wo der König zu seinem großen Ärger vergeblich auf Jakob V. wartete. Auf der Rückreise über Hull suchte er den Kontakt zu den Großen der Region, um seine königliche Macht zu demonstrieren. Zwar betrachtete der Monarch die Reise nach der Rückkehr nach *Hampton Court* am 29. Oktober als Erfolg; doch zwischenzeitlich hatten sich bei Hofe gravierende Vorfälle ereignet, die das weitere Schicksal des Königspaares nachhaltig bestimmen sollten: Zum einen war es während der Reise mehrfach zu vertraulichen Begegnungen der Königin mit Culpeper gekommen, der den Tudor mit zahlreichen Höflingen begleitete. Während Heinrich im gemeinsamen Quartier in seinen Räumen politischen Verpflichtungen nachkam und später schlief, traf sich die Monarchin mit Hilfe von Jane Boleyn in ihren Gemächern stundenlang mit dem Höfling. Ob hierbei lediglich ein harmloser »Gedankenaustausch« erfolgte, wie das Paar später behauptete, oder ob es nicht doch mehrfach zu Geschlechtsverkehr kam, ist umstritten. Selbstverständlich blieben die Treffen von den zahllosen Bediensteten nicht unbemerkt.

Zum anderen war es während der Reise in London zu weiteren Konflikten zwischen den Hof-Fraktionen gekommen. In deren Verlauf waren Gegner Norfolks (Thomas Cranmer, Edward Seymour u. a.) in den Besitz von Informationen von Seiten früherer Bediensteter des Haushaltes von Agnes Howard bezüglich des vorehelichen Lebens der Königin gelangt. Nach Überprüfung der Angaben über ihre angeblich moralisch bedenklichen Beziehungen zu Manox und Dereham entschloss sich Cranmer, den König hierüber schriftlich zu informieren. So kam es, dass der Tudor, der in *Hampton Court* zu Allerheiligen in einem öffentlichen Gebet Gott u. a. für seine glückliche Ehe dankte, am folgenden Tage (2. November) bei der Messe ein Schreiben des Primas mit einer detaillierten Darstellung des vorehelichen Verhaltens Katharinas erhielt – eine geradezu tragische Verkettung von Ereignissen. Während Heinrich im Falle Boleyns sofort bereit gewesen war, deren Untreue anzunehmen, zeigte er sich von der Schuld Howards nicht überzeugt und befahl eine Überprüfung der Anschuldigungen. Doch die inhaftierten und verhörten Manox und Dereham gestanden umgehend; zugleich tauchten infolge eines angeblichen »Ehevorvertrages« Katharinas mit Dereham rechtliche Zweifel an ihrer Ehe mit dem König auf. Da die Beweise gegen Katharina erdrückend zu sein schienen, war nun auch der Gemahl von ihrer Schuld überzeugt. Er war am Boden zerstört und verzweifelt:[39] Zuerst verlangte er – nach dem Bericht Marillacs – in unbändigem Zorn nach einem Schwert, um die Ungetreue zu töten, dann brach er weinend zusammen und zeigte sich untröstlich. Schließlich machte er die Mitglieder des *Council* verantwortlich für sein Unglück, dass er ständig an solch üble Frauen geriete. Danach handelte er jedoch rational, indem er Cranmer, Norfolk u. a. mit der Befragung der Königin beauftragte, während er selbst am 5. November zu Schiff nach Whitehall reiste; Katharina sollte ihn nie mehr wiedersehen.

Diese reagierte auf die Fragen der Räte zuerst ablehnend und dann schreiend-hysterisch, räumte aber nach weiterer Befragung Kontakte zu Manox und Dereham ein; hingegen bestritt sie irgendwelche sexuellen Beziehungen. Die Äußerungen reichten dem König, um seine Gattin in das aufgehobene Kloster in Syon mit reduziertem Haushalt bringen und sie quasi unter Hausarrest stellen zu lassen. Nach weiteren Verhören Derehams stieß man auf die Spur Culpepers, der umgehend inhaftiert und verhört wurde. Er gab zwar Kontakte zur Königin zu, leugnete aber sexuelle Beziehungen zu ihr. Nachdem man andere Mitglieder des Haushaltes befragt sowie einen Liebesbrief Katharinas entdeckt hatte, belastete auch Lady Rochford ihre Herrin schwer und sprach sogar von einer Konspiration gegen den König. Im folgenden Prozess zeigten sich die Mitglieder der Jury von der Schuld der Angeklagten überzeugt. Daher wurden Dereham und Culpeper wegen Unzucht mit der Königin zum Tode verurteilt und am 10. Dezember hingerichtet. Katharina transportierte man am 10. Februar 1542 trotz heftigen Widerstands zu Schiff zum *Tower*. Am folgenden Tag erließ das Parlament einen *Act of Attainder* gegen die Inhaftierten – Katharina und Rochford – mit der Todesstrafe wegen Hochverrat. Nachdem die Monarchin die Aussichtslosigkeit ihrer Lage eingesehen hatte, ließ sie in der Nacht vor der Exekution den Hinrichtungsblock in ihre Zelle transportieren, um dort die angemessene Platzierung des Kopfes auf dem Gerät zu üben. Am folgenden Tag (13. Februar) wurde zuerst die Königin enthauptet und anschließend Rochford neben der blutigen Leiche Katharinas geköpft. Diese setzte man – wie Anna und George Boleyn – in der Kirche *St. Peter ad Vincula* im *Tower* bei.[40]

Die Auswirkungen dieser Geschehnisse waren beträchtlich: Zu allererst waren Mitglieder der Howard-Familie betroffen; ihnen wurde – wie William und Henry Howard, Agnes Tilney u. a. – der Prozess gemacht, in dem man sie zu dauernder Haft im *Tower* und zum Verlust ihres Besitzes sowie ihrer Würden verurteilte (22. Dezember). Während fast alle inhaftierten Howards bald wieder frei kamen, blieb der Hauptdrahtzieher des königlichen Heiratsprojekts, Thomas Howard, ungeschoren. Ihm kam zugute, dass er sich rechtzeitig von den Aktivitäten seiner Familie distanziert hatte und dem König für politische und militärische Aufgaben unentbehrlich zu sein schien. Der »Hauptverlierer« in den Auseinandersetzungen um Katharina war hingegen der König: Zum einen war er persönlich tief verletzt und gekränkt, da er seine Gemahlin aufrichtig geliebt zu haben scheint und sich nun betrogen sah. Zum anderen wurde Heinrich erneut als »Gehörnter« und als impotenter Ehegatte nicht nur am Hof bzw. in der englischen Öffentlichkeit verlacht; vielmehr fand seine »Blamage« sogar Beachtung auf dem Kontinent, wo man sich über den betrogenen Monarchen lustig machte und über diesen Spottlieder sang bzw. verhöhnende Dramen verfasste.[41] Zwar bemühte sich der Tudor um »Schadensbegrenzung«, indem er vom Parlament einen *Act* verabschieden ließ, wonach als Hochverrat zu gelten habe, dem Hof bei künftigen königlichen Ehekandidatinnen Informationen über das Vorleben der Aspirantin vorzuenthalten. Für den Fall Katharinas bedeutete dies aber nur, dass der *Act »die Stalltür verschloss, nachdem das Pferd gestohlen worden war«.*[42]

Die Bedeutung der Krise um Howard für die Geschichte Heinrichs und des Tudor-Reiches ist umstritten: Zwar dürfte die junge Frau dem alternden und kranken Herrscher in ihrer Beziehung zweifellos einige glückliche Wochen verschafft haben. Doch später fügte sie ihm und seinem Ego durch ihre – wie der König glaubte – Untreue seelische Verletzungen in solcher Intensität zu, dass er diese bis ans Ende seiner Tage nie wirklich zu überwinden vermochte. Ob sie ihrem Gatten wirklich untreu wurde und außereheliche Sexualkontakte pflegte, ist nicht nachweisbar, zumindest aber wahrscheinlich. Urteile der Forschung, die Königin sei promiskuitiv gewesen und sie habe sich wie eine Hure verhalten, sind aber völlig überzogen.[43] Vielmehr erscheint sie lediglich als eine etwas oberflächliche junge Frau, die das Leben als Herrscherin genoss und in den Beziehungen zu Höflingen und Verehrern erotische Kontakte gepflegt haben dürfte. Diese besaßen fast hasardeurhafte Züge und zeigten die Neigung Katharinas zu gefährlichem, weil gesellschaftlich verbotenem Spiel. Ansonsten vermittelte ihre herrscherliche Existenz in erster Linie den Eindruck von Banalität und Unbedeutendheit.

Die Konflikte um seine letzte Gemahlin hatten den Tudor derartig verstört, dass er bis auf weiteres auf die Suche nach einer neuen Gefährtin verzichtete. So konzentrierte er sich einerseits auf außenpolitische Initiativen, andererseits auf die Klärung innenpolitischer Probleme, insbesondere auf den anhaltenden kirchenpolitischen Konflikt zwischen katholischen »Konservativen« und Reformern. Da seine letzten Regierungsjahre durch »*factionalism, war and religious ambiguity*« charakterisiert zu sein schienen, bemühte er sich um die Förderung der *national unity*.[44] Dessen ungeachtet fasste er nach ca. 18-monatiger Ehelosigkeit den Entschluss, erneut zu heiraten – nunmehr die 31-jährige, zweifach verwitwete Katharina Parr.[45] Nach Äußerungen von Zeitgenossen war sie von zierlicher Gestalt, besaß kastanienbraunes Haar, blassen Teint und war insgesamt eine hübsche Erscheinung. Zudem hatte sie einen scharfen Intellekt und zeigte sich als intelligente, anregende Gesprächspartnerin. Wahrscheinlich war sie 1512 als älteste Tochter von Thomas Parr, *Controller* im königlichen Haushalt, in Blackfriars (London) geboren worden. Nach dem Tode des Vaters 1517 wurde sie von ihrer Mutter Maud Green erzogen, einer engen Vertrauten von Königin Katharina von Aragón. Die Tochter erhielt eine gründliche, standesgemäße Ausbildung, wobei sie sich gute Kenntnisse in Latein, Französisch und Italienisch erwarb; Desinteresse zeigte sie an »traditionellen Fertigkeiten« von Damen ihres Standes wie Handarbeit etc.

Mit etwa 16 Jahren wurde Katharina 1529 mit dem ca. 20-jährigen Edward Borough verheiratet, dem ältesten Sohn von Sir Thomas, 3. Baron Borough von Gainsborough. Während der Vater zum *Chamberlain* der neuen Königin Boleyn avancierte, wirkte Sohn Edward als Gutsverwalter und Friedensrichter. Seine junge Gemahlin widmete sich wie üblich der Organisation des Haushaltes, zuerst in *Old Hall* (Lincolnshire) und später in *Kirton-in-Lindsey*. Spätestens im Frühjahr 1533 starb Edward, so dass Katharina, ca. 21 Jahre alt, erstmals Witwe wurde. Mit etwas Besitz ausgestattet, verließ Parr Lincolnshire und begab sich wahrscheinlich zu Verwandten nach Westmorland, wo sie den etwa 40-jährigen, verwitweten John Neville, 3. Baron Latimer, kennenlernte und im Sommer 1534 heiratete.[46] Wieder widmete sich Katharina dem Haushalt in ihrem neuen Heim (*Snape Castle* – Yorkshire) und der Erziehung ihrer beiden Stiefkinder. Hinzu kamen häufige Reisen an den königlichen Hof nach London, wo ihr Gatte als Mitglied des *Council of the North* und des Parlaments tätig war. In politische Schwierigkeiten geriet das Paar während der *Pilgrimage of Grace*, als sich Latimer – angeblich gezwungen – der Bewegung anschließen musste und Katharina zeitweise in die Gewalt der katholischen Rebellen geriet. Die Eheleute überstanden zwar die Revolte, jedoch blieb der Baron infolge seines undurchsichtigen Verhaltens – insbesondere bei Cromwell – mit dem Makel eines potentiellen Aufrührers behaftet. Zwar konnte Latimer während der Konflikte mit den Schotten im Sommer 1542 seine Loyalität gegenüber der Krone beweisen; doch starb er am 2. März 1543 in London. Finanziell wohl versorgt war die immer noch kinderlose Katharina mit ca. 31 Jahren erneut Witwe geworden.

Bereits gegen Ende des Lebens von Latimer hatte der König Interesse an Lady Katharina gezeigt, indem er ihr – ungewöhnlich genug – im Februar 1543 Präsente zukommen ließ, die sie nicht zurückweisen konnte. Auch nach dem Tode des Barons blieben die Kontakte Heinrichs zu der jungen Witwe bestehen, die seit Frühjahr 1543 als Mitglied des Haushaltes von Prinzessin Maria fungierte. Wie es zu näheren Kontakten Katharinas zum König kam, ist unklar. Zumindest scheinen die dominierenden Familien bei Hofe – wie die Howards oder Seymours – in diesem Falle die neue potentielle Partnerin Heinrichs nicht lanciert zu haben. Gravierender war hingegen, dass sich Katharina zu dieser Zeit in den attraktiven Höfling

Thomas Seymour verliebte und diesen zu heiraten gedachte. Da der König entschlossen war, sein Ziel bei Parr zu erreichen, unterband er die Beziehung, indem er Seymour auf eine diplomatische Mission in die Niederlande schickte und seinerseits um Katharina warb. Obwohl diese zweifellos den Höfling dem kranken König vorgezogen hätte, fügte sie sich – u. a. im Blick auf mögliche negative Konsequenzen für die Familie – in ihr Schicksal. In einem Akt des »Gehorsams gegenüber Gottes Fügung« heiratete sie den Tudor am 12. Juli 1543 in *Hampton Court* in kleinem Kreise, u. a. in Anwesenheit der Prinzessinnen Elisabeth und Maria. Die neue Königin, die nie gekrönt wurde, verpflichtete sich gegenüber ihrem Gatten: »*ich will heiter und gehorsam sein im Bett und am Tisch, und dazu gelobe ich dir Treue*«.[47]

Schon bald nach der Hochzeit erwarb sich Katharina durch ihr freundliches und bescheidenes Auftreten Anerkennung bei Hofe; zudem erfüllte sie in beinahe vollkommener Weise ihre Aufgaben als Partnerin des alternden Monarchen. Wahrscheinlich wird sie auch Heinrichs Versuche hingenommen haben, sexuelle Beziehungen zu seiner jungen Frau zu pflegen. Doch blieb eine Schwangerschaft aus, woraus aber keine Belastungen der ehelichen Beziehungen erwuchsen. Der Tudor scheint zumindest in den ersten Ehemonaten überaus glücklich gewesen zu sein, so dass er die Gattin wie üblich mit Präsenten überhäufte. Diese entwickelte bald eine Vorliebe für prächtige Kleidung und Schmuck; hinzu kam ein Neigung zum Kauf wertvoller Schuhe: So ließ die Königin allein im ersten Jahr ihrer Herrschaft 117 Paar anschaffen.[48] Zudem stattete der Herrscher Katharina materiell großzügig mit Besitz aus, den sie effizient mehrte und hierdurch zu einer der reichsten Frauen Englands aufstieg. Wie üblich nahm die neue Herrscherin bald Patronage-Maßnahmen gegenüber Vertrauten, insbesondere für Mitglieder der Familien Parr und Latimer, vor.[49] So fanden die Schwester der Königin, Anne Herbert, und Angehörige der Familie Latimer Aufnahme im Haushalt der Monarchin, während ihr Onkel, William Parr, das Amt des *Lord Chamberlain* erhielt und später – wie der Bruder Katharinas, William –

standesmäßig erhoben wurde. Intensiv wirkte Katharina als Patronin der Schönen Künste, indem sie zahlreiche Maler und Miniaturisten am Hofe beschäftigte. Hinzu kamen viele Musiker vom Kontinent, die Aufnahme und Förderung durch die Königin erhielten. Zudem pflegte sie ihre geistigen Interessen durch den Aufbau einer Bibliothek sowie durch die Konstituierung eines Gesprächskreises. Gemäß ihrem Motto: »*nützlich sein in allem, was ich tue*«, sammelte Katharina einen Kreis von gebildeten Damen um sich, zu denen u. a. Anne Stanhope (Gräfin von Hertford), Jane Champernowne und Catherine Willoughby (Herzogin von Suffolk) gehörten. In diesem Zirkel wurden theologische Probleme diskutiert und wahrscheinlich auch Bücher gelesen, die im englischen Reich verboten waren. Grundsätzlich verzichtete Parr jedoch – im Gegensatz zu Boleyn – klugerweise auf jegliche Einflussnahme bezüglich innen- und außenpolitischer Entscheidungen des Königs.

In seinem fortgeschrittenen Alter wünschte Heinrich nun als Gemahlin eine intelligente und kluge Gesprächspartnerin, der er vertrauen konnte und die ihm half, die immer schwerer werdende Last der königlichen Verantwortung besser tragen zu können. Wie schon Seymour, so gelang es Parr, durch Demut und Ergebenheit die wechselnden Launen des kranken Königs zu ertragen, in Konflikten bei Hofe zu vermitteln und ein möglichst harmonisches Familienleben zu schaffen. Hierzu gehörte auch ein Ausgleich Heinrichs mit den Töchtern, den die Königin anstrebte. Ein besonders herzliches Verhältnis entwickelte sie zum Thronfolger, der Katharina gleichsam als Mutter-Ersatz betrachtete (vgl. Kapitel 8.2). Sie sorgte gemäß ihren eigenen humanistischen Vorstellungen für seine gründliche Ausbildung durch bedeutende Gelehrte (Richard Cox, John Cheke, Roger Ascham, Anthony Cooke u. a.). Da die Tutoren überzeugte Protestanten waren, könnte bei der Ausbildung eine Beeinflussung Eduards im Sinne der »Neuen Lehre« erfolgt sein. Auch gegenüber Heinrich stabilisierte Parr erfolgreich ein Vertrauensverhältnis, so dass er sie während seines Frankreich-Feldzuges 1544 als Regentin einsetzte, unterstützt von einem Regentschaftsrat (vgl. Kapitel 5.2).

Die folgenden Ehejahre des königlichen Paares waren belastet von schweren innen- und außenpolitischen Wirren. Während die Kämpfe mit Schottland und Frankreich 1543 bzw. 1546 ein vorläufiges Ende fanden, eskalierten die innen- bzw. kirchenpolitischen Konflikte im Inselreich. Hier tobten unverändert Auseinandersetzungen zwischen katholisch-konservativen und reformerischen Gruppierungen, wobei Cranmer eines der Hauptziele von Angriffen der »Traditionalisten« um Gardiner bildete. Nachdem sich der Erzbischof erfolgreich gegen Vorwürfe wegen angeblicher »Häresie« zur Wehr gesetzt hatte, versuchten die »Konservativen«, potentielle Förderer der »Neuen Lehre« am Hof und später sogar die Königin der »Ketzerei« zu überführen. Bei diesen Unternehmungen ging es nicht nur um Fragen der Religion, sondern vor allem um Macht und Einflussnahme auf den König. Eine Gruppe von Konspirateuren (Gardiner, Paget, Rich u. a.) war seit Beginn des Jahres 1546 bestrebt, in einer mindestens dreistufigen Kampagne gegen angebliche »Ketzer« in England vorzugehen. In den ersten beiden Phasen beschuldigte man wichtige Persönlichkeiten aus dem Umfeld des Hofes der »Häresie«. Hierzu gehörte auch die Affäre um Anne Askew, die trotz schwerer Folter standhaft bei ihrem Glauben blieb und auch keine Namen von Gesinnungsgenossen verriet; am 16. Juli 1546 wurde sie wegen »Ketzerei« verbrannt.

Anschließend beschlossen Gardiner u. a. in der dritten Phase der Kampagne, direkt gegen Katharina und ihre Vertrauten vorzugehen. Einen Ansatzpunkt für ihre Intrige sahen die Verschwörer in Parrs Affinität zu reformerischem Ideengut, das sich angeblich auch in ihren theologischen Schriften zeigte. Sie hatte – mit Erlaubnis des Königs – 1545 die kontemplativen *Prayers or Meditations* unter starker Rezeption von Texten Thomas von Kempens veröffentlicht. Ihr Werk fand sogar an den Universitäten Oxford und Cambridge Anerkennung und wurde zu einem der erfolgreichsten Bücher im 16. Jahrhundert mit zehn Auflagen. Damit war Parr eine der ersten Frauen in England, die unter eigenem Namen in englischer Sprache publizierte. Der Tudor war zwar stolz auf seine gebildete Frau, gleichzeitig aber auch eifersüchtig auf ihren Erfolg. In kluger Zurückhaltung und aus Sorge vor möglichen »Häresie«-Vorwürfen veröffentlichte die Königin ihr zweites Werk *The Lamentation or Complaint of a Sinner*, das stärker von protestantischen Ideen geprägt war, erst nach dem Tode des Gatten.[50]

Spätestens im Sommer 1546 sahen die Verschwörer ihre Chance zum Angriff auf die Königin, deren Gemächer angeblich zum *»royal clubhouse of the new religion«* geworden waren.[51] Hierbei machte sich Gardiner die beginnende Entfremdung des königlichen Paares zu nutze. Nachdem Heinrich wieder einmal von Katharina in theologische Diskussionen verwickelt worden war und sie sich hierbei in Anwesenheit von Gardiner – wie so oft – argumentativ als überlegen erwies, zeigte sich der König schwer gekränkt. Der Bischof nutzte dessen Verstimmung, um bei ihm Zweifel an der Rechtgläubigkeit der Gattin zu wecken. Auf Drängen Gardiners stimmte er nicht nur der Inhaftierung der verdächtigen Ladies des königlichen Diskussionskreises, sondern auch einer Prüfung der »Häresie«-Vorwürfe gegen Katharina zu, die ebenfalls in den *Tower* geworfen werden sollte. Ob Heinrich wirklich bereit war, seine Gemahlin einer Befragung wegen angeblicher »Ketzerei« auszusetzen, ist fraglich. Dennoch befand sich die Königin in höchster Gefahr. Nachdem sie durch einen Vertrauten von den Plänen in Kenntnis gesetzt worden war, reagierte sie nach einer kurzen Phase berechtigter Todesangst überaus klug. Sie entschloss sich, das Gespräch mit dem Gemahl zu suchen, um sich ihm – unter Betonung ihrer geistigen Unterlegenheit – vollständig zu unterwerfen. Die Strategie Katharinas erwies sich als wirkungsvoll, da Heinrich von diesen devoten Ausführungen geschmeichelt und nur zu gerne bereit war, seiner Gattin zu glauben bzw. zu verzeihen. Als der Lordkanzler bald darauf mit Soldaten versuchte, in den königlichen Gärten den Inhaftierungsbefehl gegen die Königin in Anwesenheit des Tudors zu vollstrecken, wurde er von diesem rüde abgewiesen.

Damit war auch der letzte Versuch der »Traditionalisten« gescheitert, die Königin zu stürzen und eine potentielle

Einflussnahme der Reformer auf den Monarchen zu verhindern. Dieser hatte seiner Gemahlin Todesangst bereitet, den Kanzler gedemütigt und hierdurch den konkurrierenden Fraktionen im *Privy Council* die Überlegenheit seiner Macht verdeutlicht. Dennoch musste auch dem Tudor bewusst gewesen sein, dass die Angriffe der »Konservativen« auf Katharina zugleich indirekte Attacken auf ihn selbst und auf seine herrscherliche Gewalt darstellten. Daher zeigte sich Heinrich gegen Lebensende entschlossen, den Machtbestrebungen der »Traditionalisten« entgegen zu treten. Binnen weniger Wochen wurden Gardiner entmachtet und Thomas und Henry Howard gestürzt bzw. inhaftiert (vgl. Kapitel 9.1). In den letzten Lebensmonaten des Königs bemühte sich Parr aufopfernd um dessen angemessene Versorgung und Pflege. Dieser zog sich jedoch zunehmend in seine Gemächer zurück und entschied, die Königin nicht mit der Regentschaft für den unmündigen Stiefsohn zu befassen. Da auch die führenden Mitglieder des *Privy Council* Katharina weitgehend isolierten, erhielt sie keinen Zugang zum sterbenden König; auch an dessen Beisetzung konnte sie nur phasenweise teilnehmen.

5 England und Europa

5.1 England im europäischen Machtgefüge (1500–1529)

Die außenpolitische Situation, die Heinrich VIII. bei der Thronbesteigung vorfand, entsprach in keiner Weise seinen Vorstellungen von der gewünschten Führungsrolle Englands in Europa. Unverändert befand sich englische *regnum* geopolitisch in einer Randlage und war weit entfernt von den aktuellen politischen Konflikträumen, die von den französischen und habsburgischen Monarchen dominiert wurden. Auch demographisch blieb England (mit ca. 2,5 Millionen Einwohnern) in Relation zu Frankreich (mit 16 Millionen) und zum spanischen Reich (mit 7,5 Millionen [ohne Kolonien]) vergleichsweise schwach. Gleiches galt hinsichtlich der Einkünfte, über die Heinrich jährlich verfügen konnte: Seinen ca. 110 000 £ (in den 1520er Jahren) standen ca. 350 000 £ von Franz I. und ca. 560 000 £ von Karl V. gegenüber.[1] Da auch die militärische Potenz des Inselreiches vergleichsweise schwach blieb, fungierte dieses im Vergleich zu Frankreich und zum riesigen habsburgischen Herrschaftsbereich als eher »zweitrangige Macht«.

Aus diesen Gegebenheiten resultierten für Heinrich VIII. – wie schon für seinen Vater – zwei außenpolitische Zielsetzungen, die sein gesamtes Handeln bestimmten: Zum einen sah er sich ständig der Gefahr einer politischen Isolation durch die kontinentalen Mächte ausgesetzt, die sich gegebenenfalls gegen England verbünden bzw. Vereinbarungen gegen die Interessen Heinrichs treffen konnten. Derartige Entwicklungen waren für ihn existentiell gefährlich und unbedingt zu verhindern. Zum anderen resultierte für den Tudor hieraus die Notwendigkeit, sich gegenüber den Kontinentalmächten als ernst zu nehmender Handlungs- und Bündnispartner zu erweisen. Um eine politische Isolation zu vermeiden, musste Heinrich beharrlich bemüht sein, kontinentale Bündnispartner zu gewinnen. Trotz seines chevaleresken Strebens nach *honor* und Ruhm in kriegerischer Bewährung blieb er aber hinsichtlich militärischer Konflikte – insbesondere mit Frankreich – sehr vorsichtig. Krieg war ihm nicht Selbstzweck, sondern ein notwendiges Instrument, um trotz seiner machtpolitischen »Zweitrangigkeit« von den weit überlegenen kontinentalen Monarchen als Handlungspartner akzeptiert zu werden.

Infolge dieser Machtkonstellationen zeigte sich Heinrich – im Gegensatz zum Vater – seit dem Herrschaftsantritt entschlossen, eine bedeutendere Rolle im europäischen politischen Geschehen zu spielen und eine offensivere Außenpolitik zu führen. In seinem außenpolitischen Handeln lassen sich mindestens *drei Phasen* unterscheiden, deren *erste* von seiner Thronbesteigung bis zum Sturz Wolseys reichte (1509–1529), gefolgt von einer *zweiten Phase* mit verstärkter Einflussnahme Cromwells (1529–1540) und einer *dritten Phase* mit einer offensiveren Außenpolitik, die intensiver vom Monarchen selbst geprägt wurde (1540–1547). Bereits zu Beginn der *ersten Handlungsphase* traf der Tudor durch seinen Entschluss zur Heirat mit Katharina von Aragón eine wichtige außenpolitische Entscheidung: Die Verbindung mit den Trastámaras gab ihm die Möglichkeiten, sich dem kontinentalen Allianzsystem anzunähern und mit Ferdinand II. Rekuperationspläne auf dem Kontinent zu verfolgen. Zwar ließ Heinrich zuerst die Friedensverträge bestätigen, die der Vater mit Frankreich und Schottland geschlossen hatte. Doch bald wurde er in die außenpolitischen Pläne des Schwiegervaters einbezogen. Dieser drängte ihn, sich mit einem Kontinent unter Führung von Thomas Darcy an einem »Kreuzzug« gegen die Mauren zu beteiligen (Mai 1511). Die Intervention der Engländer war ebenso wenig erfolgreich wie die folgende Entsendung eines englischen Hilfskontingents, das Margarete von Savoyen zum Kampf gegen Herzog Karl von Geldern zur Verfügung gestellt wurde (Juli 1511).

Mit dem Beitritt Heinrichs zur »Heiligen Liga«, die von Papst Julius II. mit Venedig und Ferdinand zum Kampf gegen den »Schismatiker« Ludwig XII. von Frankreich[2] im Oktober 1511 gegründet worden war, wurde die englische Außenpolitik offensiver. Auf erneutes Drängen des Schwiegervaters schloss der Tudor mit diesem einen Bündnisvertrag (von Westminster)[3], der einen gemeinsamen Angriff auf Frankreich bis zum April 1512 vorsah. Hiernach war geplant, dass spanische und päpstliche Truppen französische Besitzungen in Italien anzugreifen hatten, während ein englisches Kontingent in Aquitanien landen und dort mit spanischen Truppen kooperieren sollte.[4] Nachdem Frankreich offiziell im April der Krieg erklärt worden war und ein englisches Heer mit ca. 10 000 Mann unter Führung von Thomas Grey, 2. Marquis von Dorset, im Juni in San Sebastian gelandet war, kam es umgehend zu Konflikten zwischen den Partnern. Da Ferdinand keine Neigung zeigte, die Engländer bei einer Eroberung der Guyenne zu unterstützen und stattdessen erfolgreich die Unterwerfung Navarras betrieb, verharrten die englischen Truppen wochenlang tatenlos vor Bayonne, um schließlich im Oktober 1512 – dezimiert durch Krankheiten – deprimiert nach England zurückzukehren. Der Spanier bestritt jegliche Verantwortung für das Desaster und bemühte sich stattdessen um einen baldigen Ausgleich mit den Franzosen.

Ungeachtet dieser Rückschläge verfolgte der Tudor seine kriegerischen Pläne weiter, indem er u. a. die längst überfällige Modernisierung von Armee und Flotte mit Hilfe seines Beraters Wolsey in Angriff nahm. Zudem schaltete Heinrich jegliche mögliche innenpolitische Opposition durch Yorkisten aus, die von König Ludwig gefördert wurden. Zur Abschreckung ließ er Richards Bruder Edmund, den 6. Earl von Suffolk, der im *Tower* inhaftiert war, hinrichten. Nach Abschluss eines weiteren Bündnisses mit dem neuen Papst Leo X., Maximilian I.[5] und Ferdinand II. im April 1513 wurde eine erneute Invasion Frankreichs geplant. Hierbei sollten der Tudor von Norden, Ferdinand von Süden, der Kaiser in einer Region eigener Wahl und der Papst durch die Provence und das Dauphiné angreifen. Für den Fall eines englischen Sieges war Heinrich von Leo X. die französische Königswürde sowie der Besitz Frankreichs in Aussicht gestellt worden. Doch erneut sah sich der Tudor mit mangelndem Engagement der Vertragspartner konfrontiert, da u.a. Ferdinand umgehend einen geheimen, 1-jährigen Waffenstillstand mit Frankreich schloss. So ruhte die Hauptlast der Kämpfe auf den Truppen Heinrichs,[6] der am 30. Juni 1513 mit großem Heer in Calais gelandet war. Da die Franzosen offene Schlachten vermieden, blieben ihm die gewünschten Erfolge in spektakulären ritterlichen Kämpfen versagt. Lediglich in einigen Scharmützeln – etwa in der sog. »Sporenschlacht« bei Guinegate am 16. August – konnten die Engländer Erfolge erringen, die auch propagandistisch ausgeschlachtet wurden. Bei dem vorläufigen Ende der Kämpfe konnte Heinrich lediglich die Eroberung von Thérouanne im August, das jedoch vertragsgemäß dem Kaiser übergeben werden musste, und von Tournai im September verzeichnen. Nach der jahreszeitlich bedingten Beendigung des Feldzuges kehrte der Tudor sichtlich enttäuscht nach England zurück.

Obwohl sich 1513 die Kräfteverhältnisse in Italien zu Lasten der »Heiligen Liga« verschoben hatten, plante Heinrich für das kommende Jahr mit Maximilian und Ferdinand eine Fortsetzung des Krieges in Frankreich; zuvor musste er sich jedoch mit dessen Auswirkungen auf das englische *regnum* beschäftigen. Der schottische Herrscher Jakob IV. hatte gemäß des traditionellen Beistandspaktes mit Frankreich (*Auld Alliance*) Entlastungsangriffe auf englische Territorien durchgeführt. Die Regentin, Königin Katharina, hatte mit dem Grafen von Surrey nicht nur erfolgreich die Verteidigung ihres Landes organisiert; vielmehr war es den Engländern gelungen, das schottische Heer bei Flodden vernichtend zu schlagen und – infolge des Schlachtentodes von Jakob – das schottische Reich auf Dauer zu schwächen (vgl. Kapitel 5.3.1). Gleichzeitig schwanden für den Tudor die Hoffnungen, weitere kriegerische Erfolge in Frankreich zu erringen, da seine Bündnispartner bereits im März 1514 einen Waffenstillstand mit Ludwig vereinbart hatten. Trotz vereinzelter Scharmützel strebte nun auch der Tudor einen Ausgleich mit den Franzosen an, so dass im Juli 1514 ein Friedensvertrag abgeschlossen werden konnte. Dieser sicherte Heinrich sowohl den Besitz von Tournai als auch beachtliche finanzielle Entschädigungen (u. a. *Tributes* in Höhe von 1 Million Écus). Zudem wurde die Heirat des 52-jährigen, gebrechlichen Ludwig XII. mit der 18-jährigen Prinzessin Maria vereinbart. Um diese Verbindung für sie erträglicher zu gestalten, sagte man ihr für den Tod des Ehemanns zu, einen möglichen zweiten Gatten selbst wählen zu können – eine Konzession, die Heinrich trotz der großen Zuneigung zu seiner Schwester bald bereuen sollte. Die Ehe wurde am 9. Oktober 1514 in Abbeville geschlossen und dauerte für Maria 83 lange Tage; am 1. Januar 1515 war sie Königinwitwe, nachdem sie ihren kranken Mann – wie Zeitgenossen behaupteten – »ins Grab getanzt hatte«.

Weitere Veränderungen im politischen Beziehungsgefüge Europas erfolgten zu Beginn des Jahres 1515 mit der Thronbesteigung des Herzogs von Angoulême. Dieser wurde als Franz I. neuer französischer König und am 25. Januar in Reims gekrönt.[7] Der 20-jährige Monarch ähnelte in vielem dem Tudor: Wie Heinrich war er gut aussehend, sehr sportlich, begeisterter Jäger und begierig, chevaleresken Ruhm auf dem Schlachtfeld zu erringen. In seiner Neugier auf den jungen Konkurrenten befragte der Tudor den venezianischen Gesandten Piero Pasqualigo im Mai 1515 ausführlich über das Aussehen von Franz, über dessen Körpergröße bzw. physische Stärke und sogar über die Dicke der Waden, um gleichzeitig die angebliche eigene Überlegenheit zu betonen. Da er auch modisch nicht übertrumpft werden wollte, ließ sich Heinrich, nachdem er von der Barttracht des Valois erfahren hatte, ebenfalls einen stattlichen Bart wachsen. Die mitunter befremdliche Rivalität des Tudors zum französischen Kontrahenten sollte während der gesamten Herrschaftszeit bestehen bleiben und sein Handeln gegenüber Franz nachhaltig beeinflussen.

Welch gefährlicher politischer Gegner Heinrich mit diesem erwachsen war, wurde rasch deutlich: Binnen weniger Monate bemühte sich der Valois, dem politischen Beziehungsgefüge in Europa eine bipolare Struktur zu verleihen, die von Frankreich und dem Imperium geprägt werden und in dem England nur eine periphere Bedeutung zukommen sollte. Seit dem Frühjahr 1515 griff Franz in das außenpolitische Geschehen ein, indem er ohne Konsultation des Tudors die Heirat der französischen Königinwitwe Maria mit dem Herzog von Suffolk, Charles Brandon, förderte. Zudem intervenierte der Valois in Schottland, wo er die Königinwitwe Margarete mit Hilfe seines Vertrauten John Stewart, Herzog von Albany, vertreiben und durch diesen die Regentschaft für den unmündigen Jakob V. übernehmen ließ. Schließlich begann Franz mit »dynastischen Kriegen« in Oberitalien, nachdem er sich am 5. April 1515 in einem Vertrag mit England des Friedens versichert hatte. Binnen kurzem konnte er Erfolge in der Lombardei – u. a. durch die Rückgewinnung Mailands – verzeichnen und Papst Leo X. am 19. Dezember 1516 zum Abschluss eines Konkordates in Bologna zwingen. Dem Tudor musste die Machtentfaltung des französischen Konkurrenten bedrohlich erscheinen, so dass er versuchte, Ferdinand II., den Kaiser und später Karl (V.), den Herzog von Burgund,[8] für einen gemeinsamen Angriff auf Frankreich zu gewinnen. Trotz hohen finanziellen Engagements Heinrichs für seine Bündnispartner unterblieb jedoch die geplante Invasion. Stattdessen zogen es Maximilian und Karl nach dem Tode Ferdinands am 23. Januar 1516 trotz englischer Pressionen vor, sich mit dem Valois zu arrangieren und mit ihm am 4. Dezember 1516 einen Friedensvertrag zu schließen. Bezeichnenderweise wurden diese Vereinbarung und folgende Besitzneuregelungen in Italien durch Maximilian, Karl und Franz (u. a. in Cambrai März 1517) ohne Konsultation des englischen Herrschers vorgenommen.

Da der Tudor die drohende außenpolitische Isolation erkannte, ließ er nunmehr Lordkanzler Wolsey diplomatisch aktiv werden. Dieser konzentrierte seine Bemühungen nicht nur auf den Abschluss eines Friedens- bzw. Bündnisvertrages mit Frankreich, sondern auch auf eine Neukonstituierung des politischen Beziehungsgefüges in Europa. Hierbei fand er die Unterstützung von Papst Leo X., der im Blick auf die Gefahr einer weiteren osmanischen Expansion die Schaffung einer europäischen Friedensordnung befürwortete. So gelang es Wolsey seit dem Sommer 1518, zuerst Frankreich und danach rund 20 weitere Länder sowie den Papst für die Vereinbarung eines europäischen Friedenspaktes zu gewinnen, der am 2. Oktober 1518 in London fixiert wurde. In diesem Vertrag vereinbarten die Unterzeichner nicht nur einen dauerhaften Frieden durch einen Nicht-Angriffspakt, sondern übernahmen auch eine Beistands- und Interventionsverpflichtung für den Fall einer Aggression gegenüber einem Vertragspartner – eine Regelung mit beachtlichem Konfliktpotential.[9] Unter Verwendung von Konzeptionen Leos X. hatte sich Heinrich – und mit ihm Wolsey – als europäischer »Friedensstifter« profiliert, dem die Realisierung einer bislang nicht gekannten abendländischen Friedensordnung gelungen zu sein schien.

Diese erfuhr schon bald ihre erste Belastungsprobe nach dem Tode Maximilians am 12. Januar 1519 und nach Beginn des Ringens um seine Nachfolge. Hauptprätendenten waren dessen Enkel Karl von Spanien und König Franz; nominell bewarb sich auch der Tudor, jedoch ohne ernsthaftes Engagement. Nach intensivem Wettbewerb zwischen Franz und Karl bei der Bestechung der Kurfürsten gelang es dem Habsburger dank der Finanzierung durch das Haus Fugger, am 28. Juni 1519 seine Wahl zum römischen König und künftigen Kaiser in Frankfurt zu erreichen. Da die Habsburger – nach der Heirat Philipps des Schönen mit Johanna Trastámara (»die Wahnsinnige«) – außer den Besitzungen in der Neuen Welt gewaltige Territorien vom Deutschen Reich über Unteritalien bis nach Spanien beherrschten, kam es zu einer geopolitischen Umklammerung Frankreichs. Diese war für König Franz überaus bedrohlich und sollte die politischen Entwicklungen in Europa in den folgenden Jahrzehnten wesentlich beeinflussen.

Trotz der Niederlage im Ringen um die Kaiserwürde pflegte der Tudor in der Folgezeit gute Kontakte zu Karl und Franz. Obwohl beide bestrebt waren, Heinrich als Bündnispartner zu gewinnen, zeigte sich dieser bemüht, als »Friedensfürst« eine »Vermittlungspolitik« bei diesen Herrschern zu realisieren. So traf der Tudor zuerst mit dem Habsburger in Canterbury und in Calais bzw. Gravelines zusammen (Mai, Juli 1520). Dann stimmte Heinrich – um des »politischen Gleichgewichtes« willen – einem Treffen mit König Franz zwischen Guînes und Ardres auf dem *»Field-of-Cloth-of-Gold«* vom 7. bis zum 23. Juni 1520 zu.[10] Bei dieser Begegnung kam es zu einer ungeheuren gegenseitigen Macht- und Prachtentfaltung: Die Monarchen, von Eskorten mit über 5000 Personen begleitet, wetteiferten in nicht enden wollenden Gelagen und Turnieren im Rahmen künstlicher Paläste etc. darum, der prächtigere und freigebigere Fürst zu sein. Zugleich manifestierte sich erneut die Rivalität beider Herrscher, die bei den Begegnungen u. a. nicht nur Form und Größe ihrer Bärte verglichen, sondern auch ihre Geschicklichkeit im Ringkampf maßen, wobei Heinrich unterlag. Während die politischen Auswirkungen des Treffens gering blieben, erwiesen sich die propagandistischen Wirkungen – insbesondere als herrschaftssymbolische Demonstrationen – für beide Könige als umso wichtiger.

In der Folgezeit intensivierte sich die Rivalität zwischen dem Valois und dem Habsburger, da Karl die Expansionspolitik Maximilians fortsetzte und den habsburgischen Einfluss in Böhmen und in Ungarn durch geschickte Heiratspolitik verstärkte.[11] Hierdurch wurde der Machtbereich Habsburgs beträchtlich nach (Ost-)Mitteleuropa erweitert; gleichzeitig zeichnete sich aber eine Konfrontation mit dem expandierenden Osmanenreich ab. Zusätzliches Konfliktpotential entwickelte sich seit dem Frühjahr 1521, da Karl bestrebt war, eine »territoriale Brücke« zwischen den habsburgischen Besitzungen im Deutschen Reich, Italien und Spanien zu schaffen. Zugleich war er bemüht, effizientere Herrschaftsstrukturen in seinem Riesenreich zu konstituieren, zumal Unruhen – wie die Revolte der Comuneros in Kastilien – seit 1520 die

Stabilität seiner Macht in einzelnen Reichsteilen in Frage stellten. Der Valois nutzte die Situation und begann im Frühjahr 1521 in drei geopolitischen Räumen mit Offensiven gegen Karl – in den burgundischen Niederlanden, in Navarra und im Herzogtum Mailand.[12]

Der Tudor, der unverändert keine politischen Interessen in diesen Konflikträumen besaß, sah sich erneut – auch gemäß des Londoner Vertrags – auf die Rolle eines »Schiedsrichters« verwiesen. So offerierte er seine Vermittlerdienste, stieß hierbei aber auf Ablehnung bei den Konfliktparteien. Da deutlich wurde, dass die Wahrung von Neutralität in den aktuellen Auseinandersetzungen auf Dauer kaum realisierbar erschien und zu außenpolitischer Isolation führen konnte, entschied sich Heinrich für eine Parteinahme zugunsten des Habsburgers. Eine Verbindung mit Karl bot nicht nur hinsichtlich der ökonomischen wie dynastischen Interessen des Tudors die günstigste Perspektive. Vielmehr hoffte Heinrich, mit Hilfe des Habsburgers doch noch seine Pläne bezüglich einer Invasion Frankreichs bzw. einer Aufteilung des französischen *regnum* realisieren zu können (*The Great Enterprise*). Möglicherweise kam es bezüglich dieser Pläne zu einem Dissens zwischen dem Monarchen und dem Lord Chancellor, der pragmatisch eher eine Fortsetzung der »Friedenspolitik« bevorzugte.

Trotz der Kriegspläne ließ Heinrich im August 1521 in Calais eine »Friedenskonferenz« für die Konfliktparteien einberufen. Gleichzeitig beauftragte er Wolsey, geheime Verhandlungen mit dem kaiserlichen Großkanzler Mercurino Arborio di Gattinara bezüglich eines Bündnisses mit Karl gegen Frankreich zu führen. Diese Doppelstrategie hatte zur Folge, dass einerseits die Friedensverhandlungen fortgeführt wurden, andererseits Wolsey in Brügge geheim mit dem Habsburger am 25. August einen Bündnisvertrag schloss. Dieser sah u. a. eine spätere Kriegserklärung des Tudors an Franz und einen gemeinsamen Angriff auf Frankreich bis spätestens 15. Mai 1523 vor; bereits 1522 sollte eine kleinere Attacke der englischen Flotte auf französisches Gebiet erfolgen. Ungeachtet dieses Vertrages bemühte sich der Kardinal in der Folgezeit zumindest um den Abschluss eines Waffenstillstandes der kriegführenden Parteien, um hierdurch auch den Frieden für England zu retten. Doch scheiterte Wolsey mit seinen pazifizierenden Bemühungen am Widerstand der Habsburger, so dass am 24. November 1521 der Brügge-Vertrag ratifiziert wurde; diesem schloss sich Papst Leo an.[13] Gesundheitlich belastet kehrte der Kardinal nach dem Ende der Verhandlungen in Calais auf die Insel zurück – im Bewusstsein, am Kriegswillen Heinrichs und Karls gescheitert zu sein.

Außer den außenpolitischen Spannungen hatte der Tudor seit ca. 1520 verstärkt innen- und kirchenpolitische Probleme zu bewältigen. Diese resultierten u. a. aus den Auswirkungen der Lutherischen Reformation auf das Inselreich, dessen politische Stabilität der König hierdurch gefährdet sah. Intensive Repressionsmaßnahmen Heinrichs, der dem Ideengut der Reformation ablehnend gegenüber stand, waren ebenso die Folge wie dessen öffentlich geäußerte Ergebenheit gegenüber dem Papst. Hinzu kam für den Tudor die Bekämpfung angeblich umstürzlerischer Bestrebungen englischer Adliger, wobei Heinrich – wie sein Vater – geradezu traumatisch von der Angst vor einem Putsch durch Angehörige des Hauses York (die »Weiße Rose«) geplagt wurde. Durch politisch instrumentalisierte Hochverratsprozesse und Hinrichtungen angeblich oppositioneller Adliger bemühte sich der König, seine Herrschaft auf der Insel zu stabilisieren. Außenpolitisch spielte er in dieser Zeit in Europa weiterhin eine eher periphere Rolle, zumal die Auseinandersetzungen zwischen dem Valois und dem Habsburger in den genannten drei Konflikträumen unvermindert weitergingen. Während die Kaiserlichen Erfolge im Luxemburgischen und in Frankreich verzeichnen konnte, vermochten französische Truppen ins Baskenland und weiter nach Spanien vorzudringen; in Oberitalien hingegen musste Franz im Mai 1522 militärische Niederlagen und den Verlust der Herrschaft über die Lombardei hinnehmen.

Diese Entwicklungen veranlassten den Habsburger, mit dem Tudor auf der Basis der Vereinbarung von Brügge im Juni 1522 den Vertrag von Windsor abzuschließen. Dieser sah erneut einen gemeinsamen Angriff auf Frankreich, finanzielle Entschädigungen für Heinrich und ein Ehebündnis bezüglich der Prinzessin Maria vor. Weitergehende Regelungen – etwa hinsichtlich einer Etablierung des Tudors als französischem König – unterblieben bezeichnenderweise. Vereinbarungsgemäß erklärte Heinrich im Mai 1522 dem Valois den Krieg und ließ im Juli den Earl von Surrey Teile der bretonischen Küste verheeren.[14] Die folgenden Invasionsversuche zuerst von Surrey mit einem Verwüstungszug in die Picardie (im August 1522) und erneut von Suffolk (im August 1523) schlugen ebenso fehl wie die Kooperation mit dem Habsburger und dem gegen Franz revoltierenden Herzog Karl von Bourbon. Wieder waren die Bündnispartner infolge von Kommunikationsmängeln und militärischen Misserfolgen zu konzertierten Operationen nicht in der Lage. Schließlich musste Suffolk den – strategisch problematischen – Versuch, Paris statt Boulogne zu erobern, rund 110 Kilometer vor der Hauptstadt abbrechen und nach sechs Wochen Krieg erneut ohne Landgewinn im Dezember nach Calais zurückkehren.

Diese Geschehnisse verstärkten das Misstrauen des englischen Hofes gegenüber Karl, dessen politische Interessenschwerpunkte unverändert in Spanien sowie in Oberitalien lagen und der keinerlei Neigung zur Eroberung Frankreichs zeigte. Hinzu kamen Belastungen im Rahmen der *Auld Alliance* durch neuerliche schottische Angriffe, die jedoch durch das Eingreifen Surreys abgewiesen werden konnten. Auch infolge der schwierigen finanziellen Lage, in welche die englische Krone durch die kontinentalen Heerzüge geraten war, hielt sich die Begeisterung am englischen Hof und bei Wolsey für Heinrichs *Great Enterprise* seit Ende 1523 in Grenzen. Die Bedenken des Tudors gegenüber dem Kaiser wuchsen nach dessen Erfolgen in Oberitalien, so dass Wolsey im Frühjahr 1524 beauftragt wurde, geheime Friedensgespräche mit französischen Gesandten zu führen. Die Lage änderte sich aber erneut, nachdem Franz bei Kämpfen um Pavia gefangengenommen und Richard de la Pole (aus dem Hause York) hierbei am 24. Februar 1525 getötet worden war.

Umgehend griff der Tudor seine alten Pläne wieder auf – nämlich in Frankreich einzufallen, den Valois abzusetzen und selbst den französischen Thron zu besteigen. Wolsey beauftragte er mit den entsprechenden Vorbereitungen, insbesondere mit der Finanzierung des Unternehmens. Dieser scheiterte jedoch im März 1525 mit dem Versuch, im Inselreich ohne parlamentarische Zustimmung eine »Freundschaftshilfe« einfordern, die sog. *Amicable Grant* (ein Drittel der Güter von Klerikern, ein Sechstel von Laien).[15] Nach den Anleihen (*loans*) in den Jahren 1522/1523 und den – noch nicht realisierten – Steuerfestsetzungen des Parlaments von 1523 überschritten die erneuten Abgabenforderungen die Leistungsbereitschaft der englischen Bevölkerung bei weitem. Steuerzahlungsverweigerung und Rebellionen in Suffolk und Kent waren die Folge, so dass der Kardinal nach Weisung des Königs auf eine Durchsetzung seiner Steuerpläne und damit auch auf die Finanzierung des Frankreich-Feldzuges verzichten musste.

Selbst die angestrebte Kooperation mit dem Kaiser verlief für Heinrich nicht wunschgemäß, da dieser dem Tudor bezüglich der Frankreich-Pläne nur kühl mitteilen ließ, er führe keinen Krieg gegen einen Gefangenen. Auch die Verhandlungen Karls mit Franz erfolgten ohne Konsultation des englischen Monarchen. Sogar im Zusammenhang mit dem Friedensvertrag von Madrid vom 14. Januar 1526, der für den Valois mit beachtlichen territorialen Einbußen verbunden war,[16] musste Heinrich einen weiteren Affront hinnehmen; Karl entschied sich am 10. März 1526 nämlich für eine Ehe mit Isabella von Portugal und nicht für die Heirat mit Prinzessin Maria. So sah sich der Tudor veranlasst, einen Ausgleich mit dem Valois zu suchen, ohne den sofortigen Bruch mit dem Habsburger zu riskieren. Nach zähen Verhandlungen mit der französischen Regentin und Königinmutter Luise von Savoyen kam es im Hause Wolseys (*The Manor of the More*) am 30. August 1525 zum Friedensschluss. Hierbei konnte der Kardinal zwar beachtliche Kriegsentschädigungen sowie hohe Ausgleichs- bzw. Pensions-Zahlungen ereichen, doch blieb der von Heinrich gehegte Wunsch nach Territorialgewinnen unerfüllt.[17]

Die hegemoniale Stellung, die Karl nach dem Frieden von Madrid erlangt hatte, förderte das Erstarken anti-habsburgischer Kräfte auf dem Kontinent. So war es für Franz nach der Freilassung ein Leichtes, die Gültigkeit des Madrid-Vertrages wegen Gewaltandrohung zu bestreiten und mit diversen Kaisergegnern (Papst Clemens VII., Venedig und Mailand) am 22. Mai 1526 die Liga von Cognac zu konstituieren. Das Bündnis diente offiziell der gesamteuropäischen Friedenssicherung, faktisch sollte es hingegen den Kampf des Valois gegen die Habsburger in Oberitalien fördern (Zweiter Italienischer Krieg). Der Tudor war klug genug, sich – mit Rücksicht auf ökonomische Interessen – nicht offen der Liga anzuschließen; dennoch förderte er sie finanziell verdeckt als deren *Protector*. Die Situation in Italien spitzte sich in der Folgezeit weiter zu, da habsburgische Söldner zeitweise militärische Erfolge erringen und sogar Clemens VII. nach der Verwüstung Roms (*Sacco di Roma*) faktisch als Gefangenen des Kaisers in der Engelsburg festsetzen konnten. Da die Kämpfe der Liga in Italien 1528–1529 weitergingen, war der Tudor erneut bemüht, eine Involvierung zu vermeiden. Zugleich strebte er einen Ausgleich mit dem Valois an, mit dem zuerst am 30. April in Westminster und dann am 18. August 1527 in Amiens ein »Ewiger Friede« sowie finanzielle Unterstützung vereinbart wurden.[18]

Dennoch sahen sich nach zahlreichen militärischen Erfolgen der Kaiserlichen in Italien verschiedene Mitglieder der Liga zu einer Kooperation mit dem Habsburger gezwungen. So kam es zuerst zum Friedensschluss des Papstes mit dem Kaiser in Barcelona, dann zum sog. »Damenfrieden« von Cambrai am 5. August 1529. Da Franz und Karl nicht direkt miteinander verhandeln wollten, vereinbarten Margarete von Österreich und Luise von Savoyen stellvertretend für diese einen Frieden, der in großen Teilen den Vertrag von Madrid wiederholte und erneut territoriale Konzessionen des Valois beinhaltete. Der Tudor war an den Hauptverhandlungen nicht beteiligt; erst in letzter Minute trat eine englische Delegation mit Thomas More auf und konnte finanzielle Kompensationszahlungen zur

Begleichung von Schulden Karls gegenüber Heinrich erreichen. Irgendwelche weitergehenden Forderungen der Engländer – etwa territorialer Art – standen nicht zur Diskussion.

Trotz dieser misslichen Situation konnten Wolsey und Heinrich Ende der 1520er Jahre außenpolitisch gewisse Erfolge aufweisen, da der König mindestens drei Ziele erreicht hatte: Zum einen vermochte er Ruhm und Ehre im Kampf gegen die mächtigen Franzosen zu erringen. Zum anderen konnte der Tudor die Partizipation am europäischen Bündnisgeflecht erreichen und hierdurch eine außenpolitische Isolation verhindern. Schließlich hatte er seine Akzeptanz als ernst zu nehmender Partner für die europäischen Monarchen und für den Papst erreicht. Diese Errungenschaften waren zweifellos wichtiger als territoriale Gewinne, die gegebenenfalls nur Verhandlungsobjekte bei weiteren politischen Konflikten darstellten. Unbestreitbar waren hingegen die negativen Erfahrungen des Tudors bezüglich der Aufrichtigkeit und der Vertragstreue seiner außenpolitischen Handlungspartner, von denen er sich nicht zu Unrecht mehrfach hintergangen und betrogen fühlte. Diese politischen Erfolge Heinrichs wurden jedoch schlagartig durch seine Eheprobleme gefährdet. Die Entscheidung für eine Trennung von Katharina schränkte vor allem den außenpolitischen Handlungsspielraum ein, da sich der König durch seine Haltung in der Ehefrage in Abhängigkeit vom Papst, vom Kaiser und vom französischen König brachte. Hauptbetroffener dieser Entwicklung war Wolsey: Er hatte den Tudor zeitweise zu einem geachteten »Friedensstifter« und zu einem »fairen Vermittler« bei der Schaffung einer europäischen Friedensordnung gemacht. Nun wurde dieses Ansehen binnen kurzem durch das Verhalten Heinrichs in der Ehefrage beeinträchtigt. Hiermit verbunden war das persönliche Schicksal Wolseys, dessen Existenz nicht mehr von der Erlangung politischen Ruhms für den König, sondern vom Erfolg bzw. Misserfolg in der Ehekrise abhing – mit tödlichen Konsequenzen für den Minister.

5.2 England und die europäischen Mächte (1530–1550)

Auch nach dem Tode Wolseys und nach Beginn der *zweiten Phase* im außenpolitischen Handeln Heinrichs (1530–1540) blieb dieses – im Vergleich zu den kontinentalen Handlungspartnern – eher kleinräumig und stark von seinen Eheproblemen bestimmt. Unverändert konzentrierte er sich auf die Annullierung der Ehe mit Katharina, so dass seine außenpolitischen Aktivitäten (1529–1532) als konzeptionell einseitig erscheinen. Unverändert bestanden die Gegensätze zu Karl V. und zu Papst Clemens VII. bzw. Paul III. bis zum Tode der Königin 1536 und schränkten den außenpolitischen Handlungsspielraum Heinrichs nachhaltig ein. Infolge dieser Konstellation musste für ihn der französische König der wichtigste Bündnispartner sein. Dieser schien seinerseits an einer Kooperation mit dem Tudor interessiert, um hierdurch ein politisches »Gegengewicht« zu den hegemonialen Bestrebungen Karls zu schaffen. Um die Kooperationsbereitschaft des Valois zu fördern, nutzte Heinrich dessen finanzielle Notlage nach dem Frieden von Cambrai, indem er ihm – in Erwartung einer Unterstützung in der Ehefrage – im August 1530 großzügige monetäre Zuwendungen zukommen ließ.

Der Habsburger hingegen sah sich nach der Kaiserkrönung in Bologna am 24. Februar 1530 weiterhin mit vier politischen Problembereichen konfrontiert – außer der Befriedung Italiens die Verteidigung des Abendlandes gegen die Osmanen, die Sicherung der Einheit des Glaubens und die Entwicklungen in der Neuen Welt.[19] Unverändert besaßen die Auseinandersetzungen im Deutschen Reich für ihn eine eher nachgeordnete Bedeutung. So strebte er zwar auf dem Reichstag in Augsburg (mit der Verabschiedung der *Confessio Augustana* am 25. Juni 1530) ebenso wie durch die Wahl seines Bruders Ferdinand zum römisch-deutschen König am 5. Januar 1531 eine Beilegung des Religionskonfliktes an. Doch zahlreiche protestantische Fürsten und Reichsstädte opponierten und organisierten ihre Abwehr im Schmalkaldischen bzw. im Saalfelder Bund (Februar/Oktober 1531), so dass sich die Spannungen weiter verschärften. Während sich Ferdinand der Beilegung des Konfliktes widmete (u. a. durch den »Nürnberger Religionsfrieden« vom 23. Juli 1532), waren für den Kaiser – in deutlicher Fehleinschätzung der Lage – der Kampf gegen Süleyman[20] bei Wien (September/Oktober 1532) und die Entwicklungen in Spanien wichtiger. Dort hielt er sich bis 1535 auf und war von den Entwicklungen im Reich mehr oder weniger abgeschnitten.

Die westeuropäischen Monarchen und insbesondere Franz I. erkannten deutlicher als die Habsburger das außenpolitisch nutzbare Konfliktpotential, das die religionspolitischen Auseinandersetzungen im Deutschen Reich boten. Vor allem der Valois zeigte sich entschlossen, im Rahmen einer außenpolitischen Offensive – u. a. zur Revision des Vertrags von Cambrai – den Widerstand deutscher Fürsten gegen die Habsburger für eigene Zwecke zu nutzen. So nahm er nach der Freilassung seiner Söhne aus der Geiselhaft am 1. Juli 1530 Kontakt zu Mitgliedern der deutschen Fürstenopposition auf und trat nach längeren Verhandlungen in Scheyern am 26. Mai 1532 einem Bündnis von Bayern, Hessen und Sachsen gegen Karl V. bei. Zudem traf Franz mit dem Tudor am 23. Juni eine Vereinbarung bezüglich gegenseitiger militärischer Hilfe, insbesondere für den Fall eines kaiserlichen Angriffs auf England – eine Zusage, die den aktuellen Bedrohungsängsten Heinrichs Rechnung trug. Dieser suchte seinerseits Kontakt zu deutschen Fürsten bzw. zum Rat von Lübeck, der 1534 versprach, den Tudor nicht nur gegen den Papst zu unterstützen, sondern auch dessen Kandidatur für den dänischen Thron zu fördern (Vertrag vom 2. August 1534). Nachdem dieses Projekt fehlgeschlagen war, bemühte sich Heinrich erfolgreich um Einvernehmen mit dem neuen dänischen Monarchen Christian III.[21] Ansonsten blieb der Tudor seit Mitte der 1530er Jahre weitgehend isoliert und hatte keinerlei Anteil an den politischen Entwicklungen auf dem Kontinent bzw. im Mittelmeerraum.

Im Gegensatz zu Heinrich forcierte der Valois in dieser Zeit seine außenpolitischen Aktivitäten. So erreichte er zum einen die Annäherung an Papst Clemens u. a. durch ein Treffen in Marseille sowie durch die Heirat der Papst-Nichte Katharina von Medici mit dem zweiten Königssohn Heinrich im Oktober 1533. Zum anderen verstärkte Franz die Kontakte zu deutschen Fürsten, indem er am 20. Januar 1534 in Bar-le-Duc einen Vertrag mit dem protestantischen Landgrafen Philipp von Hessen bezüglich der Unterstützung für einen Krieg gegen den römisch-deutschen König vereinbarte. Schließlich nahm der Valois Verbindung zu Kair ad-Din Barbarossa auf, dem Herrscher von Algier und Großadmiral des Osmanischen Reiches. Während Franz mit den Osmanen gemeinsame Flottenangriffe auf italienische bzw. spanische Küsten plante und weitreichende Vereinbarungen über Handel und Rechtsschutz vorbereiten ließ (*Capitulations* 1536), konnte sich Ferdinand I. nur mühsam Angriffen der Türken in Österreich erwehren. Hauptziel der Bündnispolitik des Valois war die Wiedergewinnung verlorenen Territorialbesitzes in Frankreich und in Italien. In der Hoffnung auf englische Unterstützung entschloss sich Franz nach dem Tode des Herzogs von Mailand, Francesco II. Sforza, am 24. Oktober 1535 zum offenen Konflikt mit dem Kaiser.[22] Die folgenden kriegerischen Auseinandersetzungen wurden u. a. in der Provence, in Savoyen, im Piemont, in Oberitalien (Dritter Italienischer Krieg) und in den Niederlanden mit wechselndem Erfolg der Kriegsparteien geführt. Doch brachten Angriffe der Osmanen, deren Hilfe der Valois ohne religiöse Bedenken annahm, in Italien keine Entscheidung. Da keiner der Konfliktgegner die Kraft zu einer siegreichen Beendigung des Krieges besaß, entschloss man sich unter Vermittlung von Paul III. und unter weitgehender Wahrung des Status Quo zum Abschluss eines 10-jährigen Waffenstillstandes in Nizza am 17./18. Juni 1538. Die folgende, von Königin Eleonore vermittelte Begegnung von Franz und Karl in Aigues-Mortes (vom 14. bis zum 16. Juli), bedeutete nicht nur das Ende der kriegerischen Auseinandersetzungen, sondern eröffnete aufgrund der neu entstandenen freundschaftlichen Beziehungen zwischen den Monarchen eine längere Friedensperiode in deren Beziehungen.

Der Tudor hatte eine Involvierung in diese Kriege trotz des Beistandsvertrages von 1532 vermieden, so dass Franz ihn des Rechtsbruchs beschuldigte und die jährlichen Pensionszahlungen einstellte. Heinrichs Lage verschlechterte sich weiter, obwohl nach dem Tode der Königinnen Katharina und Anna die Ehefrage geklärt zu sein schien. Dessen ungeachtet hatten Karl und Franz bei ihrem Treffen vereinbart, nicht mehr mit dem Tudor zu verhandeln und ihre Botschafter in England abzuberufen. Zudem wurden spanische und französische Schiffe in Boulogne und Antwerpen zusammengezogen, wodurch der Eindruck eines bevorstehenden Landungsunternehmens in England entstehen musste. Hinzu kam, dass Papst Paul durch seinen Beauftragten, Kardinal Pole, an den europäischen Königshöfen für eine Absetzung des »Häretikers« Heinrich warb. Dieser reagiert umgehend, indem er bis Mitte 1539 ein umfangreiches Verteidigungsprogramm für das Inselreich realisieren ließ (vgl. Kapitel 7.2). Zudem war er mit Hilfe Cromwells bestrebt, den Verteidigungswillen der Bevölkerung durch massive Propaganda und durch Förderung einer »nationalistischen Stimmung« zu stärken. So feierten die Tudor-Propagandisten – und später auch die Whig-Historiographen des 19. Jahrhunderts – Heinrich als den Monarchen, der angeblich die »*national sovereign independence*« gesichert und als Schöpfer eines »*United Kingdom of Greater Britain*«[23] gewirkt habe.

Obwohl die akute Invasionsgefahr seit Mitte des Jahres 1539 geschwunden war, versuchte der Tudor dennoch, seine außenpolitische Isolation nach dem Tode Seymours durch eine neue, politisch vorteilhafte Heirat mit einer Prinzessin aus einem der kontinentalen Reiche zu beenden. Hierfür bot sich eine Verbindung zu Kaisergegnern bzw. protestantischen Fürsten im Deutschen Reich an. Nach Gesprächen Cranmers mit deutschen Protestanten in London seit Mai 1538 schickte Heinrich im Januar 1539 eine Delegation (mit Christopher Mont und später Robert Barnes) zu Landgraf Philipp von

Hessen und Kurfürst Johann Friedrich I. von Sachsen, um Möglichkeiten eines Bündnisses mit dem Schmalkaldischen Bund zu prüfen. Nachdem die Gespräche ergebnislos verlaufen waren, sahen die Fürsten nach der Verkündung der *Six Articles* in England (vgl. Kapitel 7.1) keine Möglichkeiten für eine Kooperation mit dem Tudor, so dass die Verhandlungen scheiterten. Heinrich und Cromwell ließen sich hierdurch jedoch nicht entmutigen und suchten nach kurzer Zeit Gespräche mit anderen protestantischen Fürsten im Reich, wobei von dem Minister erfolgreich eine Verbindung zum Herzoghaus Jülich-Kleve-Berg ins Spiel gebracht wurde (vgl. Kapitel 4.2). Herzog Wilhelm V. nahm in Glaubensfragen auf der Basis erasmianischen Denkens eine eher vermittelnde Position ein; insofern bestanden keine gravierenden Gegensätze in theologischen Anschauungen. Obwohl selbst kein Lutheraner und kein Mitglied des Schmalkaldischen Bundes, verfügte Wilhelm dennoch über gute Kontakte zu führenden deutschen Protestanten und war mit dem Kurfürsten von Sachsen verschwägert. Zudem bestand ein Interessengegensatz zum Kaiser wegen des Herzogtums Geldern, dessen Besitz nach dem Tode Karls von Egmond am 30. Juni 1538 zwischen Herzog Anton von Lothringen, dem Habsburger Karl und Wilhelm V. strittig war. Um endgültig über das geostrategisch wichtige Herzogtum verfügen zu können, das eine »Landbrücke« für die verschiedenen Territorien im Besitz Wilhelms darstellte, suchte dieser Verbündete für den drohenden Kampf gegen den Kaiser.

Während der Tudor zögerte, forcierte Cromwell die Kontakte zum Jülicher Herzogshaus. Eine englische Delegation unter Leitung von Edward Carne konnte im Frühjahr 1539 Verhandlungen mit Herzog Wilhelm aufnehmen, die mit der Unterzeichnung eines Heiratsvertrages und schließlich mit der Hochzeit der Herzogsschwester Anna mit Heinrich endeten. Nachdem die Ehe wegen unüberwindlichen Widerwillens des Königs gegen seine Gemahlin gescheitert war, wurden zugleich sämtliche außenpolitischen Bündnisperspektiven, die von Cromwell und Wilhelm mühsam entwickelt worden waren, dauerhaft zerstört. So erfolgte einerseits eine nachhaltige Beeinträchtigung der Beziehungen des Tudor-Hofes zu deutschen Oppositionellen des Kaisers, so dass Cromwell außenpolitisch gescheitert war und hierfür mit dem Leben zahlen musste. Andererseits verlor der Herzog einen wichtigen außenpolitischen Bündnispartner im bevorstehenden Kampf gegen den Habsburger. Hieran konnte auch die neue Verbindung Wilhelms mit dem französischen Herrscherhaus durch seine Heirat mit der Nichte des französischen Königs, Jeanne d'Albret, wenig ändern.

Trotz der Eheprobleme Heinrichs verbesserte sich in der *dritten Phase* (seit 1540) seines außenpolitischen Handelns, die stärker von ihm selbst und weniger von einzelnen Beratern geprägt wurde, seine politische Situation kontinuierlich. Unverändert beeinflussten die Spannungen zwischen Karl V. und Franz I. wegen der italienischen Besitzungen die politische Lage in Europa. Hinzu kamen die sich verschärfenden Konflikte der Habsburger mit den Osmanen, die bis nach Buda gelangt waren und große Teile Ungarns unterworfen hatten. Ein Entlastungsangriff des Kaisers auf Algier im Oktober und November 1541 brachte auch keinen dauerhaften Erfolg. Ungeachtet des kaiserlichen Kampfes gegen die Osmanen intensivierte der Valois seine Bündnisbestrebungen bezüglich der Hohen Pforte, um deren Unterstützung im geplanten Angriff auf Italien zu erhalten. Dem Tudor musste in dieser angespannten Lage die Rolle eines umworbenen potentiellen Verbündeten zukommen, die dieser in intensiven Verhandlungen mit den Kriegsparteien zu nutzen suchte. Zugleich versuchten konkurrierende Fraktionen am Tudor-Hof Einfluss zu nehmen, die jeweils für den Habsburger bzw. den Valois agierten. Nach monatelangen, jedoch ergebnislosen Verhandlungen von Norfolk und Gardiner mit dem französischen Hof – auch wegen ausstehender Entschädigungszahlungen – neigte Heinrich allmählich einem Bündnis mit dem Kaiser zu. Die diesbezüglichen Gespräche wurden seit dem Frühjahr 1542 von Gardiner u. a. geführt, zogen sich aber etwa ein Jahr lang hin. Ehe Heinrich zu einem Eingreifen auf dem Kontinent bereit war, strebte er eine Stabilisierung seiner Beziehungen zu den »keltischen Reichen« an.

Erst nach dem Sieg über die Schotten war der Tudor willens, sich erneut auf dem Kontinent militärisch zu engagieren – nunmehr auf Seiten des Kaisers und nach 18 Jahren des Friedens mit dem Valois. Nach langem Ringen kam es am 11. Februar 1543 in Whitehall zur Unterzeichnung eines Vertrages zwischen Karl und Heinrich:[24] Zum einen vereinbarten die Partner eine gegenseitige Verpflichtung zur Verteidigung ihrer jeweiligen Territorialbesitzungen. Zum anderen sollte dem Valois ein Ultimatum – mit faktisch für diesen unannehmbaren Bedingungen – mit einer Frist von 20 Tagen gestellt werden. Für den Fall der (erwarteten) Nicht-Akzeptanz der Forderungen durch Franz wollten die Partner diesem den Krieg erklären. Beide Monarchen sollten binnen zwei Jahren Frankreich angreifen und keinen Separatfrieden mit dem Valois schließen, sofern dieser nicht zu territorialen Abtretungen bereit war. Hiernach wünschte der Tudor Ardres, Boulogne, Montreuil, Ponthieu und Thérouanne, der Habsburger Burgund zu erhalten; hinzu kamen diverse Entschädigungszahlungen, die Franz zu leisten hatte. Erneut waren konzertierte militärische Operationen der Verbündeten vorgesehen, die gemeinsam in Frankreich einfallen und insbesondere einen Angriff auf Paris durchführen wollten.

Der Valois konnte diesem Bündnis außenpolitisch vergleichsweise wenig entgegensetzen: Er hatte lediglich die Könige Christian III. von Dänemark (1541) und Gustav I. Wasa von Schweden (1542) als Partner gewonnen; hinzu kam ein Beistandsbündnis mit Herzog Wilhelm V. von Jülich-Kleve-Berg. Gleichzeitig strebte Franz eine Kooperation mit den Osmanen an, die ihn mit ihrer Flotte im Mittelmeer unterstützen sollten. So scheint Franz einen Zwei-Frontenkrieg gegen den Habsburger im Pyrenäenbereich und an der niederländisch-französischen Grenze geplant zu haben. Hinzu kam später die Fortsetzung des Krieges gegen die Kaiserlichen in Oberitalien (Vierter Italienischer Krieg). Noch vor der offiziellen Kriegserklärung am 12. Juli 1542 eröffneten verschiedene französische Heere in den Niederlanden, Luxemburg, im Roussillon und in Piemont die Offensive, während Herzog Wilhelm in den Niederlanden einmarschierte und bis nach Brabant vordringen konnte.[25] Die folgenden Kämpfe auf den zahlreichen Schlachtfeldern brachten zwar wechselnde Erfolge für die Parteien, jedoch keine Entscheidung. Nach dem Ende der winterlichen Gefechtsruhe entschloss sich der Kaiser, der in Spanien weilte, im Mai 1543 zum persönlichen Eingreifen. Trotz des Bündnisses mit dem Tudor, der mit Karl vereinbarungsgemäß Franz am 22. Juni ein Ultimatum gestellt hatte, suchte der Kaiser zuerst eine Entscheidung im Kampf gegen den Valois im Mittelmeerraum. Hier hatte die osmanische Flotte unter Kair ad-Din Barbarossa vereinbarungsgemäß nicht nur die Küsten von Sizilien und Teilen Italiens verwüstet, sondern danach auch Nizza angegriffen. Dem Kaiser gelang es jedoch, die Stadt mit eigenen Truppen entsetzen zu lassen, so dass sich die Osmanen nach Überwinterung in Toulon und erneuten Plünderungszügen in Italien in die Heimat zurückzogen.

Nach dem Erfolg bei Nizza begannen kaiserliche Truppen, den Valois auf dem zweiten Konfliktfeld – in Oberitalien – zu bekämpfen. Sie versuchten, von der Lombardei aus sowohl nach Turin vorzudringen als auch französische Festungen im Piemont anzugreifen. Wieder kam es zu längeren Kämpfen, ohne dass einer der Kombattanten einen entscheidenden Erfolg erringen konnte. Nach neuerlichen militärischen Auseinandersetzungen, die erneut keine Entscheidung brachten, beschlossen beide Herrscher, infolge fehlender militärischer Kräfte den territorialen Status Quo anzuerkennen und sich auf die Kämpfe nördlich der Alpen zu konzentrieren. Hier war es zu schweren Gefechten im Artois, Hennegau und in Brabant mit Erfolgen Franz I. gekommen. Eine Wende trat erst durch das persönliche Eingreifen des Kaisers ein. Dieser brachte zuerst Herzog Wilhelm eine vernichtende Niederlage bei Düren bei und zwang ihn im Vertrag von Venlo vom 7. September 1543, Gebietsabtretungen zu akzeptieren, das Bündnis mit dem Valois zu beenden und sich wieder zum katholischen

Glauben zu bekennen.[26] Danach griff Karl den französischen König bei Landrecies an, vermied jedoch wie dieser eine Entscheidungsschlacht.

Erst in dieser Kriegsphase griff der Tudor in die Auseinandersetzungen ein. Bislang hatte er sich darauf beschränkt, nach der Kriegserklärung an Franz im Juni 1543 ein Korps mit 5000 Mann unter Führung von John Wallop nach Calais und ins Boulonnais zu entsenden. Das Kontingent sollte die Kaiserlichen in Flandern unterstützen, beteiligte sich aber nur an der Belagerung von Landrecies, um danach ins Winterquartier zurückzukehren. Abgesehen von Scharmützeln zur See im Sommer kam es im Jahr 1543 zu keinen weiteren militärischen Aktionen des Tudors. Ende Dezember 1543 präzisierten die Koalitionäre ihre Invasionspläne: Nun wurde vereinbart, dass die Monarchen persönlich die Operationen zu leiten hatten – sehr zum Leidwesen der englischen Räte sowie des Habsburgers, die eine Teilnahme Heinrichs nur als Belastung des Unternehmens betrachteten. Dieses sollte vor dem 20. Juni 1544 stattfinden, wobei Karl über die Champagne und der Tudor über die Picardie mit jeweils 35 000 Mann sowie 7000 Pferden vorzudringen hatten; gemeinsames Eroberungsziel blieb Paris.[27]

Trotz dieser grundsätzlichen strategischen Übereinkunft kam es schon bald zu einem Dissens zwischen den Verbündeten, da der Tudor vorrangig Territorialgewinne anstrebte, die er nicht in Paris, sondern u. a. im Boulonnais zu erlangen suchte. Auch nach Beginn der Kampfhandlungen in Frankreich verfolgten Heinrich und Karl ihre unterschiedlichen Zielvorstellungen weiter, wobei der Habsburger auf dem Angriff auf Paris beharrte. Im Mai 1544 ließ er daher eine Armee unter Ferrante Gonzaga, Vizekönig von Sizilien, nördlich von Luxemburg angreifen, während Karl selbst Truppen von der Pfalzgrafschaft nach Frankreich führte. Zügig konnte der Kaiser u. a. die Champagne durchqueren, an der Marne vorrücken und im September über Soissons hinaus Richtung Paris vordringen. Extremer Mangel an Nahrungsmitteln und Munition sowie ausbleibender Sold bei den

Kaiserlichen machten aber eine Belagerung der Hauptstadt unmöglich, so dass sich der Habsburger mit seinen durch Desertion und Krankheiten dezimierten Truppen zuerst wieder nach Soissons und später in die Niederlande zurückziehen musste.

Als wenig hilfreich für den Feldzug Karls hatten sich die gleichzeitigen Aktivitäten des Tudors erwiesen.[28] So entsandte er im Juni 1544 eine beachtliche Armee unter Führung der Herzöge von Suffolk und Norfolk nach Calais, die anschließend ostwärts in französisches Territorium eindrangen, ohne jedoch konkrete strategische Ziele zu verfolgen. Den englischen Heerführern blieb unklar, ob sie nur nahe liegende Ziele wie Montreuil oder Ardres angreifen oder nicht doch nach Paris marschieren sollten. Erst nach der Ankunft des Tudors auf dem Kontinent am 14. Juli wurde entschieden, das englische Heer aufzuteilen, wobei Norfolk Montreuil attackieren und Suffolk, unterstützt vom König, sich der Belagerung von Boulogne widmen sollte. Von dem geplanten Marsch auf Paris war keine Rede mehr. Da sich die Garnison von Boulogne zäh verteidigte, konnte der Tudor erst am 18. September in die eroberte Stadt einmarschieren. Unmittelbar darauf erfuhr er vom Abschluss des Friedens, den der Kaiser mit dem Valois – ebenfalls am 18. September – in Crépy-en-Laonnais hatte unterzeichnen lassen. Enttäuscht beschloss Heinrich daraufhin, am 30. September von Boulogne nach England zurückzukehren.

Der Valois hatte schon bald nach Beginn des Krieges mit beiden Koalitionären gesandtschaftlichen Kontakt bezüglich eines Friedensschlusses aufgenommen; hierbei war er lediglich bei Karl erfolgreich, während der Tudor einen Abbruch des Heerzuges rundweg ablehnte. Nach langen Verhandlungen und nach vergeblicher Konsultation Heinrichs entschloss sich der Kaiser schließlich, dem Friedensangebot des Valois zu entsprechen. In Crépy-en-Laonnais kam es im Wesentlichen zu einer Bestätigung des Friedens von Cambrai:[29] Franz verzichtete auf seine territorialen Forderungen bzw. Gewinne in Italien, insbesondere auf Mailand und das Königreich

Neapel, während Karl seine Ansprüche auf Burgund und die Eroberungen im französischen *regnum* aufgab. Hinzu kamen Zusagen des Valois bezüglich einer militärischen Unterstützung des Habsburgers im Kampf gegen die Osmanen und die Protestanten. Ferner vereinbarte man ein Heiratsbündnis, wonach der Herzog von Orléans entweder die älteste Tochter Karls, Maria, oder eine der Töchter Ferdinands bei entsprechender territorialer Mitgift ehelichen sollte. Der englische König wurde in die Friedensvereinbarungen nicht einbezogen.

Während für den Habsburger der verlustreiche Heerzug in Frankreich beendet war und er sich nunmehr mit ganzer Kraft wieder den religionspolitischen Problemen widmen konnte, sah sich der Tudor außenpolitisch isoliert. Karl und Heinrich fühlten sich gleichermaßen von ihrem Partner hintergangen – der Kaiser reklamierte einen Vertragsbruch des Tudors, da dieser sich auf die Eroberung von Boulogne beschränkt hatte und nicht nach Paris marschiert war; Heinrich hingegen beklagte einen Rechtsbruch des Kaisers, da dieser einen Separatfrieden mit den Franzosen ohne seine Einbeziehung geschlossen hatte. Diese Einschätzungen der beiden Herrscher führten in der Folgezeit zu erheblichen Spannungen zwischen ihnen, verstärkt durch die gegenseitige Beschlagnahme von Handelsschiffen. Zwar gerierte sich Karl schon bald als Vermittler zwischen seinem bisherigen Partner und Franz; gleichzeitig musste Heinrich aber befürchten, dass sich der Kaiser und der Valois im Falle weiterer englisch-habsburgischer Konflikte zu einem Bündnis gegen England zusammenfänden. Dessen ungeachtet beharrte der Tudor in den folgenden Friedensgesprächen mit französischen Gesandten auf dem Besitz von Boulogne sowie auf der Beendigung der *Auld Alliance*. Da dies für den Valois inakzeptabel war, gingen die englisch-französischen Auseinandersetzungen auch nach dem Frieden von Crépy-en-Laonnais weiter. Schon bald mussten Norfolk und Suffolk dem militärischen Druck durch den Dauphin, insbesondere bei Montreuil, weichen und sich zuerst nach Boulogne, dann nach Calais zurückziehen. Nach schweren französischen Angriffen auf Boulogne drohte im Spätherbst 1544 sogar der Rest des spärlichen englischen Landgewinns verloren zu gehen.

Die Lage des Tudors verschlechterte sich zu Beginn des Jahres 1545 weiter, indem er zum einen wegen seiner kostspieligen kriegerischen Unternehmungen in finanzielle Schwierigkeiten geriet; diesen suchte er durch verstärkte Kreditaufnahme sowie Münzverschlechterung zu begegnen (vgl. Kapitel 7.2). Zum anderen hatte der Valois zwischenzeitlich einen Strategie-Wechsel vorgenommen und am 3. Januar einen Angriff auf das Inselreich für den Sommer 1545 angekündigt. Ergänzend wurde eine Offensive der Schotten an der englischen Nordgrenze geplant; hierzu landete ein französisches Korps am 31. Mai in Schottland. Heinrich reagierte hierauf mit hektischen Verteidigungsmaßnahmen im Norden und Süden Englands sowie mit einer Verstärkung der Garnison in Boulogne. Zur selben Zeit zog Franz große Truppenmassen in der Normandie und Picardie zusammen, die mit einer Flotte von über 200 Schiffen von Le Havre aus das Inselreich angreifen sollten.[30] Nachdem es Anfang Juli einige kleinere Seegefechte gegeben hatte, segelte die französische Flotte am 16. Juli von Le Havre aus Richtung England. Im Solent kam es zu einer Konfrontation mit Teilen der englischen Flotte, deren modernstes Schiff, die Mary Rose, vor den Augen des Königs am 19. Juli sank. Anschließend betrieben die Franzosen Landungsunternehmen auf der Isle of Wight sowie in Seaford, ohne auf größeren Widerstand zu stoßen. Erst nach einem Seegefecht bei Beachy Head zog sich die französische Flotte nach Le Havre zurück (28. Juli), ohne ernsthafte Versuche einer Invasion des Inselreiches unternommen zu haben. Gleiches galt für die Aktivitäten der französischen und schottischen Truppen an der englischen Nordgrenze; auch hier zogen sich die Kontingente der Verbündeten bald wieder zurück, ohne in größere Kampfhandlungen verwickelt worden zu sein. Spätestens im September konnte die aktuelle Bedrohung durch kombinierte Invasionsunternehmungen im Norden und Süden der Insel als gebannt betrachtet werden.

Dennoch blieb die außenpolitische Lage des Tudors schwierig, da die Friedensgespräche mit dem Valois stagnierten und auch der Kaiser infolge seines innenpolitischen Engagements kein gesteigertes Interesse an einer Unterstützung Heinrichs zeigte. Versuche der Schmalkaldener, entweder einen Frieden zwischen Heinrich und Franz zu vermitteln oder den Tudor für ein Bündnis gegen Karl zu gewinnen, scheiterten ebenfalls. Zudem verschlechterte sich die militärische Lage der Engländer auf dem Kontinent weiter, nachdem der Befehlshaber von Boulogne, Henry Howard, bei St. Etienne eine schwere Niederlage hatte hinnehmen müssen. Erst durch das Eingreifen von Edward Seymour als neuer Kommandant der englischen Festlandsbesitzungen konnte die Lage stabilisiert und Boulogne weiter verteidigt werden. So wuchs auch bei Heinrich die Bereitschaft zum Abschluss eines Friedensvertrages, der am 7. Juni in Ardres zustande kam.[31] Hiernach durfte der englische König bis 1554 über Boulogne verfügen, das dann nach Zahlung von 2 Millionen Écus wieder in französischen Besitz übergehen sollte. Zudem erklärte sich der Valois zur Zahlung der ausstehenden Entschädigungs- bzw. Pensions-Gelder an den Tudor bereit. Dieser versprach seinerseits, Schottland nicht anzugreifen, sofern kein schottischer Friedensbruch erfolgte.

Damit hatten zumindest die englisch-französischen Auseinandersetzungen zu Lebzeiten Heinrichs ein Ende gefunden. Zwar kam es in den folgenden Monaten noch zu vereinzelten regionalen Konflikten um Festungsanlagen bei Boulogne, doch waren weder der Tudor noch der Valois – insbesondere im Blick auf ihre desaströse finanzielle Lage – an neuen militärischen Konflikten interessiert. Nachdem Heinrich erneut einen Eroberungskrieg gegen Frankreich begonnen hatte, um möglicherweise doch noch den französischen Thron zu besteigen, musste er resignierend ein Scheitern seiner Pläne konstatieren und sich mit dem zeitweiligen Besitz von Boulogne begnügen. Finanziell und politisch zu schwach war der Tudor auch für eine Intervention im Heiligen Römischen Reich, obwohl ihn protestantische Gesandte hierfür zu gewinnen suchten. So konnte der Kaiser seine Repressionen gegen die Schmalkaldener intensivieren, die am 24. April 1547 bei Mühlberg eine vernichtende Niederlage hinnehmen mussten. Auf dem Höhepunkt seiner Macht stehend, war der Habsburger seinerseits an Aktionen gegen den englischen »Schismatiker« nicht interessiert. Vielmehr besaß er völlig andere Prioritäten – wie die Wiederherstellung der religiösen Einheit, eine Reform der Kirche durch das in Trient bzw. Bologna tagende Konzil und einen Waffenstillstand mit den Osmanen (in Adrianopel 1547). Dem englischen Monarchen kam im Rahmen der habsburgischen Konzeption von einer kaiserlichen *Monarchia universalis* unverändert eine völlig untergeordnete Bedeutung zu (vgl. Kapitel 8.2).

5.3 Die englische Krone und die »keltischen Reiche« (1500–1550)

5.3.1 England und Schottland

Bereits seit der Zeit Eduards IV. und Richards III. waren deren Beziehungen zum schottischen König Jakob III. (1460–1488) belastet, da die englischen Herrscher versuchten, Einfluss auf die innenpolitischen Entwicklungen in Schottland zu nehmen. Zwar waren exilierte Anhänger des Hauses York nach der Thronbesteigung Heinrichs VII. bestrebt, dessen Herrschaft zu destabilisieren; doch blieb der schottische König aus dem Hause Stewart dessen ungeachtet um eine Friedenspolitik gegenüber England bemüht. Jedoch kam er bei dem Versuch, den Widerstand rebellischer Großer zu brechen, in oder nach der Schlacht von Sauchieburn am 11. Juni 1488 ums Leben. Der 15-jährige Thronfolger, der als »Galionsfigur« der baronialen Revolte fungiert hatte, wurde am 26. Juni in Scone als Jakob IV. zum König gekrönt.[32] Da der neue Monarch noch unmündig war, wurden alle politischen Entscheidungen bis Anfang der 1490er Jahre faktisch sowohl von den Inhabern der »Großen Staatsämter« als auch von den Mitgliedern des *Secret*

Council und des Parlaments getroffen. Jakob erhielt eine gründliche humanistische und chevareske Ausbildung, so dass er sich als »moderner Renaissance-Fürst« verstand. Hierzu gehörte, dass er sich besonders der Bedeutung von Repräsentation und königlicher Machtdemonstration bewusst war und eine besondere Vorliebe für prunkvolle Feste und Turniere entwickelte. Hinzu kamen außer zahlreichen Repräsentationsbauten Maßnahmen zur Förderung der Schönen Künste, der Poesie und der Bildungseinrichtungen des Landes; auch zeigte er großes Interesse an Naturwissenschaften und Technik. Zudem versammelte er zahlreiche Poeten und Gelehrte am Hof, wobei er seine beachtliche Fremdsprachenkompetenz pflegte. Schließlich erkannte Jakob auch die Relevanz eines geordneten Verwaltungs- und Rechtswesens für die innenpolitische Stabilität, so dass er diesbezügliche Reformmaßnahmen veranlasste – ergänzt durch beständige persönliche Präsenz in großen Teilen des Reiches.

Wie der Tudor, so sah sich auch der Stewart seit Beginn der Herrschaft starken Pressionen von Seiten oppositioneller Barone ausgesetzt. Nur mühsam konnte er eine Revolte feindlicher Großer um John Darnley, Earl von Lennox, im Norden des Landes unterdrücken. Hinzu kamen Destabilisierungsbemühungen schottischer Gefolgsleute Heinrichs VII. und anhaltende Scharmützel zu See, die die Beziehungen zum englischen Monarchen belasteten. Um dessen Aktivitäten zu begegnen, begann Jakob eine »offensive Außenpolitik« und strebte Bündnisse mit den Herrschern in Dänemark, im Heiligen Römischen Reich und in Spanien an. Während diese Initiativen keine sofortigen Erfolge zeitigten, erneuerte der König bzw. der *Council* am 4. März 1492 die *Auld Alliance* mit Frankreich. Zuvor hatte sich Jakob – wenn auch widerstrebend – zum Abschluss einer 3-jährigen Waffenruhe mit Heinrich VII. veranlasst gesehen. Doch hinderten innenpolitische Probleme – insbesondere in den *Highlands* und den *Western Isles* – den Stewart daran, eine konsistente Außenpolitik zu führen.[33] Um den ständigen Konflikten verfeindeter Clans sowie den Machtkämpfen innerhalb der Clans ein Ende zu setzen, entschloss sich Jakob zu persönlichem Eingreifen. Die königliche Intervention, der 1494 und 1495 weitere folgten, hatte aber nur eine Verschiebung der Kräfteverhältnisse unter den Clans und keine Stärkung des Einflusses der Zentralgewalt zur Folge. Unverändert blieb der Stewart zur Wahrung seiner Interessen auf die Mitwirkung der einflussreichen Clans und Earls angewiesen, die zumeist die ihnen übertragene Macht zum Ausbau der eigenen Herrschaft nutzten und so neue Konflikte verursachten.

Nach Erreichen der Volljährigkeit war Jakob IV. bestrebt, die Bedeutung seines Königtums auch im Rahmen der außenpolitischen Beziehungen zu den führenden Herrschern Europas zu demonstrieren. Hierfür nutzte er die Wirren um den von Yorkisten unterstützten Thronprätendenten Warbeck. Um sein Ansehen europaweit zu steigern, entschloss er sich, Perkin in Schottland bis 1497 Aufnahme zu gewähren, ihn als »wahren Richard« (und Herzog von York) anzuerkennen und mit einer Verwandten zu verheiraten. Zudem suchte er die offene Konfrontation mit dem Tudor nach dessen Beitritt zur »Heiligen Liga«, indem er Invasionsversuche Warbecks in dieser Zeit in England unterstützte (vgl. Kapitel 3). Nachdem diese gescheitert waren, verzichtete er auf dessen weitere Förderung und akzeptierte im September 1497 einen Waffenstillstand auf sieben Jahre. Obwohl es in der Folgezeit zahlreiche Scharmützel in den Grenzgebieten sowie auf See gab, entschloss sich der Stewart zu einer dauerhaften Friedensregelung. Diese erfolgte im Januar 1502 im *Perpetual Peace*,[34] dem ersten englisch-schottischen Friedensvertrag seit 1328. Hiermit war ein Heiratsbündnis verbunden, das die Ehe der Tochter Heinrichs, Margarete, mit dem schottischen König vorsah. Die Hochzeit erfolgte am 8. August 1503 mit großem Prunk – vom schottischen Poeten William Dunbar als Verbindung von *The Thrissil and the Rois* gefeiert. Ungeachtet erneuter Unruhen in den *Highlands* und den *Western Isles* setzte Jakob seine außenpolitischen Aktivitäten fort. Da die Beziehungen zum englischen König friedlich blieben, intensivierte der Stewart u. a. die Kontakte zu König Johann (Hans) I. von Dänemark und entsandte sogar Flottenkontingente zu dessen Unterstützung im Kampf gegen Schweden und Lübeck.

Nach der Thronbesteigung Heinrichs VIII. änderten sich die friedlichen anglo-schottischen Beziehungen nicht sofort, zumal der englische Monarch umgehend die Friedensvereinbarungen mit Schottland und Frankreich bestätigte. Dennoch mussten das Streben des Tudors nach chevalereskem Ruhm und seine Kriegsvorbereitungen gegen Frankreich bei Jakob Besorgnis hervorrufen, da Schottland bei einem englisch-französischen Konflikt infolge der *Auld Alliance* involviert sein würde. Hinzu kamen Bedenken wegen anhaltender anglo-schottischer Kämpfe zu See, der Bündnisaktivitäten des Tudors seit dem Frühjahr 1511 und des Suzeränitätsanspruchs (also der Forderung nach Oberherrschaft über Schottland), den das englische Parlament erhoben hatte (Januar 1512). Der Stewart reagierte hierauf – im Bewusstsein der eigenen militärischen und politischen Schwäche – mit einer intensivierten Bündnispolitik. So suchte er die Flottenunterstützung durch Johann I. von Dänemark, kooperierte mit Hugh O'Donnell von Ulster und erneuerte im Juli 1512 die *Auld Alliance* mit Ludwig XII., der reiche finanzielle Förderung in Aussicht gestellt hatte. Zudem begann Jakob, bei abendländischen Fürsten für einen Kreuzzug gegen die Türken zu werben – ein unrealistisches Projekt, das umgehend scheiterte.

Nachdem der Tudor dem Valois den Krieg erklärt hatte und im Juni 1513 persönlich in Calais mit Truppenmacht gelandet war, geriet der Stewart in politischen Zugzwang. Um seine Glaubwürdigkeit und Vertragstreue zu demonstrieren, griff er in den Krieg ein, wobei er eine Doppelstrategie verfolgte: Zum einen entsandte er ein Flottenkontinent zur Unterstützung Ludwigs u. a. in die Normandie; zum anderen bemühte sich Jakob um den Aufbau einer zweiten Front, nunmehr in Northumberland.[35] Hier überschritt er Ende August 1513 an der Spitze eines beachtlichen Heeres die Grenze. Zwar gelang es dem König, einige englische Plätze wie *Norham Castle* einzunehmen; in der entscheidenden Schlacht gegen Thomas

Howard, 1. Earl von Surrey, unterlag Jakob hingegen am 9. September bei Flodden. Rund 12 000 Gefallene waren auf schottischer Seite zu beklagen, außer dem König zahlreiche Geistliche und Äbte, elf Earls und 15 Lords.

Auch politisch war die Niederlage von Flodden für Schottland ein Desaster: In den Kämpfen waren mit dem König nicht nur viele Angehörige der sozialen Oberschicht getötet worden, sondern das Reich hatte eine erneute Regentschaft zu gewärtigen. Der Thronfolger, Jakob V.,[36] war erst 17 Monate alt und stand unter der Vormundschaft seiner Mutter Margarete. Der schottische Adel hegte jedoch gegenüber der Schwester des englischen Königs erhebliche Vorbehalte hinsichtlich ihrer Loyalität gegenüber Schottland. Die hieraus resultierenden Spannungen und die Entscheidung Margaretes, sich zur Stärkung ihrer Position dem Hause Douglas anzunähern, bescherten dem Land über ein Jahrzehnt innenpolitischer Wirren.[37] Diese begannen bereits mit der heimlichen Heirat der Königinwitwe mit dem 19-jährigen Archibald Douglas, dem 6. Earl von Angus, am 6. August 1514 in Kinnoull. Durch diese stark emotional geprägte Entscheidung verlor Margarete nicht nur die Vormundschaft über Jakob und den kurz zuvor geborenen Alexander (* 30. April), sondern sie wurde auch in anhaltende Fraktionskämpfe unter den schottischen Adligen verwickelt. Diese riefen den 2. Herzog von Albany, John Stewart, zu Hilfe, der in Frankreich lebte und selbst Thronansprüche erheben konnte.

Nach dessen Ankunft mit kleiner Flotte in Dumbarton am 26. Mai 1515 begann eine neue Phase innerschottischer Auseinandersetzungen, die anfangs zwischen pro-englischen und pro-französischen Adelsgruppierungen, später zusätzlich im Herrscherhaus zwischen Margarete und ihren Ehemännern mit großer Härte geführt wurden. Hauptstreitobjekt blieb der junge Monarch, über den konkurrierende Kräfte Gewalt auszuüben suchten und der von diesen Machtkämpfen existentiell geprägt wurde. Die Konflikte erschwerten die Ausbildung und Erziehung Jakobs, der eine Unterweisung in Latein und Französisch sowie in Musik und Tanz erhielt; hinzu kam eine zeittypische chevareleske Ausbildung. Dennoch blieb die humanistische Erziehung des jungen Monarchen infolge seines Desinteresses fragmentarisch. Zudem unterlag er konkurrierenden Einflüssen bei Hofe, da der neue Regent versuchte, die Macht der Königin über die Söhne zu reduzieren und deren Zugang zu den Kindern einzuschränken. Albany gelang es rasch, Margarete als Regentin auszuschalten. Sie musste ihm die Söhne übergeben, während sie selber hochschwanger zu ihrem Bruder nach England floh. In *Harbottle Castle* gebar sie im Oktober eine Tochter, Margarete Douglas, während ihr Gemahl in Schottland blieb und auf Kosten der Gattin das Leben und seine Geliebte genoss.

Albany hingegen versuchte in der Folgezeit, die innenpolitische Lage zu stabilisieren, indem er verschiedene Adelsrebellionen unterdrückte und gegen einige renitente Familien militärisch vorging. Erschwert wurde sein Lage durch die Aktivitäten des Tudors, mit Hilfe oppositioneller Großer in Schottland politisch destabilisierend zu wirken und u. a. durch den *Lord oft the North* Thomas Dacre kontinuierliche Verwüstungszüge im schottischen Grenzgebiet durchführen zu lassen. Nicht nur bei seinen Gegenmaßnahmen erwies sich Albany als sehr erfolgreich, sondern er konnte sich auch nach Frankreich begeben und im Vertrag von Rouen 1517 sowohl eine Erneuerung der *Auld Alliance* als auch ein Heiratsbündnis für Jakob und eine der Töchter von König Franz vereinbaren. Dennoch blieben in den frühen 1520er Jahren innenpolitische Probleme in Schottland dominierend.[38] So kam es sowohl zu Revolten und Konflikten zwischen adligen Fraktionen als auch zu Auseinandersetzungen der Königinwitwe mit ihrem Gatten Angus und mit James Hamilton, 1. Earl von Arran. Der Tudor versuchte, diese Auseinandersetzungen zu nutzen und einflussreiche Magnaten zu gewinnen, die englische Interessen in Schottland realisieren und weitere schottische Angriffe auf englische Grenzgebiete verhindern konnten. Der Earl von Angus schien hierfür die richtige Persönlichkeit zu sein, doch machte sein turbulentes Eheleben Probleme, da Margarete die Scheidung von ihm betrieb. Nach einem Hochverratsprozess sah sich der Earl gezwungen, ins Exil nach Frankreich zu gehen. Der Regent beschloss daraufhin nach dem englischen Angriff auf die Picardie im Sommer 1522 gemäß der *Auld Alliance* eine zusätzliche Front aufzubauen und England anzugreifen. So kam es – trotz erheblichen Widerstands im schottischen Adel – zu einem Angriff auf Carlisle, der jedoch bald abgebrochen bzw. mit einem Waffenstillstand im September beendet wurde. Auch ein weiterer schottischer Invasionsversuch – nunmehr mit französischer Truppenhilfe – scheiterte im Herbst 1523 und verstärkte den Eindruck mangelnder Kampfbereitschaft des schottischen Adels (*Flodden Complex*).

Eine Wende in den politischen Entwicklungen Schottlands trat im Jahre 1524 ein, nachdem Margarete mit Unterstützung von Hamilton und Arran den Regenten entmachtet und zur Flucht an den französischen Hof gezwungen hatte, wo er in der Folgezeit blieb. Zudem gelang der Königinwitwe und Arran ein *coup d'état*, indem sie Ende Juli 1524 den König nominell für volljährig erklären ließen, ihn faktisch aber weiter unter Kontrolle behielten. In dem neu eingesetzten Regentschaftsrat erlangte Angus, der aus dem französischen Exil nach London geflohen und mit Unterstützung des Tudors nach Edinburgh zurückgekehrt war, eine dominante Stellung; zudem konnte er sich im November 1525 des Königs bemächtigen. Diesen behielt er für drei Jahre gleichsam als Gefangenen in seiner Gewalt und übte nominell für ihn die Herrschaft aus. Hierbei stand er in engem Kontakt mit dem Tudor, der von ihm die Wahrung englischer Interessen erwartete. Dennoch blieben oppositionelle Große weiter aktiv, die sogar versuchten, sich des jungen Königs zu bemächtigen. Erst die Intervention Margaretes, die im März 1528 die Scheidung von Angus erreicht und umgehend ihren neuen Liebhaber (Henry Stewart) geheiratet hatte, verschaffte Jakob IV. die Freiheit. Ihm gelang Ende Mai 1528 die Flucht aus dem Gewahrsam nach Stirling zur Mutter, die gemeinsam mit oppositionellen Großen für die sofortige Thronbesteigung des Sohnes sorgte.

Während auf dem Kontinent gravierende machtpolitische Veränderungen erfolgten, spielte das schottische *regnum* in diesen Zusammenhängen keine Rolle (vgl. Kapitel 5.1). Unverändert dominierten innenpolitische Probleme das Geschehen,[39] wobei für den jungen Monarchen die Stabilisierung seiner Herrschaft gegenüber den mächtigen baronialen Familien, insbesondere den Douglases, vorrangig blieb. Nach langen Kämpfen und mit Hilfe des Parlaments gelang es Jakob, Angus und wichtige Mitglieder seiner Familie zu entmachten bzw. im Mai 1529 ins englische Exil zu treiben. Doch auch von hier setzte Angus die Intrigen fort und führte mit Hilfe des Tudors Verwüstungszüge in das schottische Grenzgebiet durch. So musste der Schotte weiterhin für innenpolitische Stabilität sorgen, indem er *law-and-order raids* gegen renitente Familien (wie die Armstrongs, Humes, Johnstons) im Grenzland und in den *Highlands* unternehmen ließ. Zudem versuchte er (wie sein Vater), durch Interventionen u. a. in den *Northern Isles*, zumindest zeitweise gegen lokale Clan-Chefs seine königliche Macht zu demonstrieren. Doch auch er musste bald erkennen, dass eine dauerhafte Stärkung der königlichen Zentralgewalt in diesen Regionen gegen die lokalen Clans unmöglich war und er zur Ausübung seiner Herrschaft unverändert auf die Mitwirkung der lokal mächtigen Familien angewiesen blieb.

Gleichzeitig bemühte sich Jakob zur besseren Herrschaftsmanifestation um den Aufbau einer angemessenen Hofhaltung, die er gemäß seines Selbstverständnisses als »moderner Renaissance-Monarch« zu führen gedachte.[40] Wie Heinrich VIII., so begann der Stewart, glänzende Feste zu feiern, junge Adlige an seinen Hof zu ziehen und Dichtung bzw. die Schönen Künste zu fördern. Eine besondere Vorliebe besaß der König für Musik, Gesang und Tanz, zumal er selbst Flöte spielte. Zudem boten die Gelage bei Hofe ihm günstige Gelegenheiten, seinen Neigungen zu außerehelichen Sexualbeziehungen zu frönen, die ihm mindestens neun illegitime Nachkommen bescherten. Jakob und seine adlige Entourage zeigten sich in Kleidung und Habitus äußerst modebewusst, wobei man sich an der französischen Mode orientierte. Ferner sah er sich zur Demonstration seiner königlichen Macht veranlasst, aufwendige Baumaßnahmen in Angriff zu nehmen.

Hierzu verpflichtete er hoch qualifizierte Architekten (wie James Hamilton von Finnart), Baumeister und Handwerker aus ganz Europa, die in den 1530er Jahren zahlreiche königliche Paläste und Schlösser umbauten bzw. neu erbauten – etwa in Falkland, Holyrood, Linlithgow und Stirling.[41] Weniger engagiert zeigte er sich hingegen beim Ausbau der Flotte – mit gravierenden negativen Konsequenzen für den schottischen Schiffsbau und den Seehandel.

All diese Repräsentationsmaßnahmen erforderten beträchtliche Geldmittel, so dass sich Jakob entschloss, Reformen der Verwaltung und des Finanzwesens vorzunehmen. Hierbei bemühte er sich, Fachleute (*middle-class men*) zu gewinnen, die ihm Sachkompetenz zur Verfügung stellten; hingegen zog er seltener Mitglieder der »alten« Adelsfamilien als Berater heran. Besonders rekurrierte er auf Kleriker, die als Räte fungierten, Schlüsselpositionen in der Verwaltung sowie im *Council* besetzten und für Herrschaftsstabilität sorgten. Hinzu kamen Maßnahmen, um die Einkünfte der Krone zu verbessern. Hierfür veranlasste der Stewart sowohl eine bessere Verwaltung der Krongüter und den konsequenteren Einzug feudaler Abgaben der baronialen Gefolgsleute als auch Reformen des Gerichtswesens. Schließlich betrachtete der König die schottische Kirche als wichtige Geldquelle: Nachdem die *Henrician Reformation* begonnen hatte, erkannte Jakob schnell die Chance, aus seiner Haltung zur reformatorischen Bewegung Kapital schlagen zu können. Seine Entscheidung für den »rechten Glauben«, den zu wahren ihn der Papst und die »altgläubigen« Könige auf dem Kontinent drängten, ließ er sich reich honorieren; immer neue finanzielle Forderungen gegenüber der schottischen Kirche waren die Folge. Da er die reformatorische Bewegung – wie Heinrich VIII. – als potentiell destabilisierend für die bestehende Gesellschafts- und Herrschaftsordnung in Schottland betrachtete, war er gerne geneigt, mit Unterstützung durch den späteren Kardinal David Beaton mit großer Härte gegen angebliche »Ketzer« vorzugehen. So blieb das schottische Reich, in dem die Kirche in finanzieller wie politischer Hinsicht eine wesentliche Stütze der Krone darstellte, für einige Zeit ein »Bollwerk« gegen den Protestantismus.[42]

Eine weitere Chance, die finanzielle Lage der Krone zu verbessern, sah der Stewart in der Heirat mit einer reich alimentierten Ehepartnerin, die ihm den dringend benötigten Thronfolger schenken sollte. Daher begaben sich zahlreiche Beauftragte des Königs seit 1536 auf die Suche nach geeigneten Kandidatinnen, wobei 18 Damen aus zahlreichen Ländern einer genaueren Prüfung unterzogen wurden. Da die außenpolitische Bedeutung des Schotten nach Ausbruch des Dritten Italienischen Krieges zwischen Karl V. und Franz I. gewachsen war, konnte er unter zahlreichen Heiratsofferten aus allen wichtigen Königshäusern – einschließlich des englischen – wählen. Gegen eine Verbindung mit dem Hause Tudor sprachen die Unternehmungen exilierter, englischer Oppositioneller in Schottland und die Aktivitäten der Königin-Mutter, die mit ihrer Launenhaftigkeit und neuerlichen ehelichen Auseinandersetzungen – nun mit Henry Stewart, dem 1. Lord Methven – einen Unruheherd bei Hofe darstellte. Der Monarch musste der Mutter sogar verbieten, beim Papst schon wieder eine Scheidung von ihrem Ehemann zu erreichen, der sich – wie sein Vorgänger – auf Kosten der Gemahlin ein schönes Leben mit Geliebten machte. Pikanterweise zeigte sich ausgerechnet Heinrich VIII. bezüglich der Liebeshändel seiner Schwester überaus indigniert, da diese hierdurch angeblich den »Ruf des englischen Königshauses« in Europa schädigte.

Die Entscheidung Jakobs für eine französische Braut kam nicht überraschend, verschlechterte hingegen die Beziehungen zum Tudor-Hof. Dessen ungeachtet und trotz bestehender innen- und außenpolitischer Spannungen begab sich der Stewart im September 1536 auf eine 9-monatige Brautschau-Reise nach Frankreich. Während Regenten (Stellvertreter des Königs) für die Durchführung der Regierungsgeschäfte sorgten, reiste er zu Ehe- und Bündnisverhandlungen an den französischen Königshof. Nach Verlobung und Heirat mit der Königstochter Madeleine am 1. Januar 1537 in Paris[43] setzte Jakob seine ausgedehnte Rundreise durch Frankreich fort. Bald nach der

Rückkehr des Paares in das schottische Reich am 19. Mai erkrankte die 16-jährige Monarchin jedoch und starb am 7. Juli in Edinburgh. Der junge Witwer entschloss sich daraufhin, erneut eine Ehepartnerin in Frankreich zu suchen, wobei er sich der Konkurrenz mit seinem neuerlich verwitweten Onkel Heinrich VIII. ausgesetzt sah. Nach Intervention von König Franz und der Zusage reicher Mitgift kam es zu einer Verbindung mit einer französischen Fürstin, nunmehr mit der verwitweten Marie von Guise (1515–1560).[44] Nachdem am 18. Mai 1538 in Nôtre-Dame zu Paris eine Stellvertreter-Hochzeit stattgefunden hatte, reiste die Braut mit Flotteneskorte nach Schottland, wo sie am 10. Juni in Fife landete. Nach der Krönung am 22. Februar 1540 in *Holyrood Abbey* schenkte die Monarchin ihrem Gatten schon bald die ersehnten Söhne Jakob und Arthur (1540/41), die jedoch beide bereits im April 1541 starben.

Damit sah sich der Stewart mit einem ähnlichen Problem der dynastischen Herrschaftssicherung konfrontiert, wie dies sein englischer Onkel fast in der gesamten Regierungszeit zu lösen versuchte. Zwar wurde die Königin bald nach dem Tode der Söhne wieder schwanger, doch blieb die Thronfolgesicherung ungewiss. Hinzu kamen nach dem Tode Margaretes am 18. Oktober 1541 wachsende Spannungen zu Heinrich, der Jakob zum Bruch mit Rom drängte und mit ihm ein persönliches Treffen im September des Jahres in York forderte. Der schottische König vermied hingegen die Begegnung auf Betreiben geistlicher Berater und aufgrund der – nicht unbegründeten – Sorge, vom Onkel gefangen genommen zu werden. Nach diesem Affront und aufgrund der Entscheidung des Tudors, in den sich anbahnenden Konflikten zwischen den Habsburgern und den Valois auf Seiten des Kaisers einzugreifen, forderte Heinrich von seinem Neffen für diesen Fall, auf einen Angriff auf England zu verzichten. Da Jakob aus Vertragstreue gegenüber Franz I. diese Zusage verweigerte, beschloss der Tudor umgehend ein gewaltsames Vorgehen gegen den Stewart. Wie üblich wurden Verheerungszüge im Grenzland durchgeführt, rechtlich begründet mit dem neuerlich erhobenen englischen Suzeränitätspostulat gegenüber Schottland. Doch hatten diese Aktionen nicht den gewünschten Erfolg. Nachdem die Engländer bei Haddon Rig am 24. August 1542 sogar eine Niederlage hinnehmen mussten, brachte erst die Schlacht bei Solway Moss am 24. November 1542 die Wende. Die Schotten unter Führung des Königsgünstlings Oliver Sinclair de Pitcairn erlitten – wieder infolge mangelnder Kampfbereitschaft – eine schwere Niederlage. Eine beträchtliche Zahl schottischer Großer zog hierbei die ehrenvolle Gefangenschaft in England einem Tod auf dem Schlachtfeld vor. Dieses Verhalten versetzte Jakob, der selbst nicht in die Kämpfe eingreifen konnte, in solch tiefe Depressionen, dass er schwer erkrankte und – wenige Tage nach der Geburt der Tochter Maria (*7./8. Dezember 1542) – in großer Sorge um den Fortbestand der Dynastie am 14. Dezember 1542 in *Falkland Palace* (Fife) 30-jährig, wahrscheinlich an Cholera oder Ruhr, starb. Da die kleine Prinzessin, die am 9. September 1543 in *Stirling Castle* zur Königin gekrönt wurde, unmündig war, musste das Reich – wie schon bei der Thronfolge ihres Vaters – von Regenten geführt werden.

Unmittelbar nach dem Tode Jakobs, der sicherlich zu Unrecht als brutal, habgierig und als »*the most unpleasant of all the Stewarts*« bezeichnet wurde, begannen Auseinandersetzungen um seine Nachfolge, d. h. um die Verfügungsgewalt über die kleine Tochter und um die erforderliche Regentschaft.[45] In dem folgenden Machtkampf setzte sich der bislang exilierte Arran – u. a. gegen Beaton – als Regent durch und ließ den Kardinal inhaftieren. Gleichzeitig intervenierte der Tudor, indem er eine große Zahl schottischer Großer nach Schottland sandte, die bei Solway Moss gefangen genommen worden waren und für die Gewährung ihrer Freiheit Heinrich Treue geschworen hatten (*Assured Lords*). Diese »fünfte Kolonne« sollte im schottischen Reich englische Interessen durchsetzen und insbesondere ein englisch-schottisches Heiratsbündnis bezüglich der Königin Maria befördern. Hierbei stießen die Engländer auf Konkurrenz, da auch der französische König – u. a. durch Bestechung – Einfluss auf die schottischen Verbündeten zu nehmen versuchte. Dennoch gelang es der baronialen Gruppe, am 13. März 1543 die Einberufung eines Parlamentes zu veranlassen. Dieses anerkannte Arran als zweiten Mann im Reich und beschloss wegen eines Heiratsbündnisses Verhandlungen mit England, die umgehend aufgenommen wurden. Gleichzeitig verschärften sich die innenpolitischen Gegensätze, wobei sich außenpolitische mit religionspolitischen Interessen verbanden. So bildete sich eine pro-englische Gruppierung mit Arran, Angus und später auch Lennox heraus, die volkssprachlich-evangelikale Predigten und die Einführung der Tyndale-Bibel befürwortete. Diesen stand eine pro-französische Gruppe mit der Königinwitwe und dem wieder in Freiheit befindlichen Beaton gegenüber, die streng katholisch war und Repressionen gegen die »Ketzer« befürwortete. Dennoch kam es am 1. Juli 1543 zur Unterzeichnung der Verträge von Greenwich: Diese umfassten sowohl einen Friedensvertrag zwischen den beiden *regna* als auch eine Ehe-Vereinbarung, der gemäß Prinz Eduard (VI.) und Königin Maria (I.) zu heiraten hatten. Die Fürstin sollte sich in englische Obhut begeben und nach dem 10. Lebensjahr in England erzogen werden.[46] Damit schien der Tudor, der kurz zuvor mit kriegerischen Aktionen gegen den Valois in Frankreich begonnen hatte, seine weit reichenden dynastischen Planungen bezüglich Schottlands verwirklichen zu können.

Überraschenderweise verhinderten innerschottische Auseinandersetzungen einen raschen Erfolg Heinrichs: Während er sich unverändert den Entwicklungen auf dem Kontinent widmete, erfolgte in Schottland ein »politischer Seitenwechsel« Arrans. Dieser verbündete sich nun mit Beaton und der Königinwitwe, die pro-französisch agierten und die Verträge von Greenwich ablehnten. Ihrer Gruppierung gelang es, im Dezember 1543 das Parlament zur Aufkündigung dieser Vereinbarungen und zur Erneuerung der *Auld Alliance* zu veranlassen. Hinzu kam eine Intensivierung der Verfolgung sog. »Ketzer«, die besonders Beaton zu vernichten suchte. Auf diesen Erfolg des französischen Königs, der große Geldmittel zur Beeinflussung der schottischen »Entscheidungsfindung«

investiert hatte, reagierte der Tudor umgehend. Er ließ bereits am 20. Dezember 1543 durch Henry Ray den Schotten den Krieg erklären und begann im Frühjahr 1544 mit einer Serie von Heerzügen, die euphemistisch als »unsanfte Brautwerbung« (*Rough Wooing*) bezeichnet wurden.[47] In Wirklichkeit handelte es sich um eine Folge von Verwüstungszügen, die noch über den Tod des Tudors hinaus anhielten. Das Ziel der Unternehmungen bestand darin, das Reich durch systematischen Terror und die rücksichtslose Verwendung von »Feuer und Schwert« gegen die Bevölkerung gewaltsam zur Erfüllung der englischen Machtansprüche und insbesondere zu dem Heiratsbündnis zu zwingen.

Bereits im Mai 1544 begann der Earl von Hertford mit Vernichtungszügen u. a. gegen Edinburgh, das niedergebrannt wurde. Hierauf folgten zahllose Marodierungen, bei denen man systematisch sowohl Felder bzw. Korn als auch Bauten einschließlich kirchlicher Gebäude vernichtete und Schiffe requirierte. Auch versuchte der Tudor, schottische Barone in den Grenzregionen abzuwerben und zu destabilisierenden Aktionen gegen den Regenten zu veranlassen. In der Folgezeit kam es zu mehrfachen Parteiwechseln schottischer Großer und zu wachsenden Spannungen zwischen pro-englischen bzw. protestantischen Gruppen und pro-französischen bzw. katholischen Gruppierungen. Zudem brachen erneute Machtkämpfe zwischen rivalisierenden *Highland Clans* aus, während auf den Hebriden Bestrebungen zu einer Erneuerung der *Lordship of the Isles* wirksam wurden. Eskalierend wirkten ferner die sich intensivierenden religionspolitischen Gegensätze, da Beaton mit Marie von Guise die Regierung weitgehend dominierte und mit Härte gegen evangelikale Prediger (u. a. George Wishart – † 1. März 1546) vorging. Die Konflikte verschärften sich nach der Ermordung des Kardinals am 29. Mai 1546 durch Anhänger Wisharts, die sich anschließend für 14 Monate im Schloss zu St. Andrews verschanzten und erst im Juli 1547 durch ein französisches Expeditionskorps überwältigt werden konnten.

Der Tudor hatte an diesen Entwicklungen in Schottland nur geringen Anteil, zumal sich seine kriegerischen Aktivitäten bei der »schottischen Brautwerbung« als wenig erfolgreich erwiesen. Einerseits mussten englischen Truppen in der Schlacht bei Ancrum Moor am 27. Februar 1545 eine Niederlage hinnehmen; andererseits waren die Terrormaßnahmen (»*English beastliness*«) psychologisch unklug und politisch kontraproduktiv. Obwohl die englische Führung selbst nach dem Tode Heinrichs weitere Versuche des *Rough Wooing* unternahm, blieb ein dauerhafter Erfolg in Schottland aus. Wie so oft in der Geschichte, so konnte Terror – hier der englischen Okkupanten – den Widerstand der Opfer – hier der Schotten – nicht brechen. Vielmehr wurden hierdurch Regierung und Bevölkerung in ihrem Widerstand und in dem gemeinsamen Kampf für Schottland nur noch enger miteinander verbunden. Auch die Bemühungen Heinrichs um Aufhebung der religionspolitischen Gegensätze zwischen beiden Reichen waren nur bedingt erfolgreich. Erst viele Jahre später, d. h. infolge der Unterstützung durch Königin Elisabeth sowie mächtiger Prediger wie John Knox, konnte sich unter Einfluss Calvins die presbyterianisch geprägte Reformbewegung in Schottland nach dem *Reformation Parliament* (1560) allmählich durchsetzen. Auch das Streben des Tudors nach Schaffung einer Reichsunion durch die Heirat von Eduard und Maria blieb erfolglos. Bereits am 7. Juli 1548 stimmte das schottische Parlament einem französisch-schottischen Heiratsvertrag für Maria, Königin der Schotten, und dem neuen französischen König Heinrich II. zu. Erst nach dem Ende der Tudordynastie, also nach dem Tode Elisabeths I., kam es 1603 durch den Sohn Marias, Jakob VI. von Schottland, zu einer Union beider Reiche, nunmehr unter Führung des Hauses Stuart.

5.3.2 England und Irland

Die Grüne Insel hatte in der Politik der englischen Monarchen seit dem Hohen Mittealter eine eher untergeordnete Rolle gespielt.[48] Die englische Herrschaft wurde durch Heinrich II.

auf Veranlassung des Papsttums und unter dessen Oberherrschaft als *Lordship of Ireland* konstituiert. Die folgenden englischen Könige zeigten aber nur geringes Interesse am Schicksal der Insel, so dass gälische Herrscher (Hochkönige) wie angloirische Große vor allem in Mittel- und West-Irland ohne intensivere englische Einflussnahme eigene Machtbereiche auf- bzw. ausbauen und nahezu autonom herrschen konnten. So entwickelten sich – infolge langjähriger *Gaelicisation* – bis zum 15. Jahrhundert mindestens drei unterschiedliche Herrschaftsbereiche auf der Insel:[49] Den ersten bildete der sog. Pale, ein schmaler Küstenstreifen um die Metropole Dublin, der um 1500 von Dundalk bis Dalkey reichte. Dieses kleine Territorium war das Machtzentrum der englischen Krone, wurde zumeist von englischen bzw. schottischen Siedlern bewohnt und vom Statthalter des Königs (*King's Lieutenant*) bzw. dessen Stellvertreter (*Lord Deputy*) regiert. Eine zweite Herrschaftszone stellten die Besitzungen der anglo-irischen Barone westlich des Pales und in Südirland dar; diese waren zwar mit ihren Untergebenen nominell Vasallen des englischen Königs, agierten jedoch faktisch weitgehend selbstständig. Die dritte Herrschaftszone mit den restlichen Territorien vor allem im Norden und Westen der Insel wurde von gälischen Häuptlingen (*Chieftains*) geleitet. Diese pflegten in ihren Machtbereichen gälische Sprache und Recht, wahrten eine eigenständige Sozial- und Herrschaftsordnung und agierten nahezu autonom.

Zahllose Versuche der englischen Krone, ihren Machtbereich – gegebenenfalls gewaltsam – zu erweitern, waren kläglich gescheitert. Auch der Wirkungsbereich des seit 1297 bestehenden irischen Parlaments blieb auf den Pale beschränkt. Zudem wirkten sich der Hundertjährige Krieg sowie die »Rosenkriege« auf die Grüne Insel aus, da die Konfliktparteien auch hier Verbündete zu gewinnen versuchten. Hinzu kamen seit den 1460er Jahren Machtkämpfe zwischen gälischen und anglo-irischen Großen, wobei die Familie Fitzgerald eine Führungsrolle errang. Deren Mitglieder besaßen als Earls von Kildare viele Besitzungen in Leinster, fungierten lange

Zeit als *Lords Deputy of Ireland* und besaßen großen Einfluss sowohl auf den *Council* in Dublin als auch in der Administration.[50] Während der »Rosenkriege« pflegten die Fitzgeralds gute Beziehungen zu den Yorkisten, während die rivalisierenden Butlers von Ormond zu den Lancaster-Anhängern zählten. Richard III. und Heinrich VII. sahen sich in Anbetracht der Machtverhältnisse daher gezwungen, Gerald Mór Fitzgerald, den 8. Earl von Kildare, im Amt des *Lord Deputy* zu bestätigen. Dieser bemühte sich seinerseits, Eigenständigkeit zu demonstrieren, indem er auch unter Heinrich VII. gute Beziehungen zu den Yorkisten pflegte und den Prätendenten Simnel und Warbeck (1487, 1491) Unterstützung gewährte. Erst nach neuen Machtkämpfen zwischen Butler- und Fitzgerald-Anhängern sowie wachsenden Autonomiebestrebungen entschloss sich der Tudor, gegen Gerald vorzugehen, ihn im *Tower* unter Hochverratsanklage zu inhaftieren und im Herbst 1494 einen neuen Statthalter – Edward Poynings – mit Truppen und englischen Verwaltungsfachleuten zu entsenden.

Diesem gelang es, sowohl wirkungsvolle Reformen im Finanzwesen der Insel vorzunehmen als auch die Rolle des irischen Parlamentes neu zu definieren. Im berühmten *Poynings' Law* wurde festgesetzt, dass alle Gesetzentwürfe etc. vor Einberufung des Parlamentes dem König und seinem Rat zur Billigung vorgelegt werden mussten.[51] Da das Parlament sich erst danach versammeln bzw. Beschlüsse fassen konnte, wurde es faktisch der englischen Zentralgewalt unterstellt. Doch dieser neue Versuch der Krone, mit Hilfe eines englischen *Lord Deputy* direkte Herrschaft in Irland ohne intensivere Beteiligung regionaler Großer, insbesondere der Geraldines, auszuüben, scheiterte bald am Selbstbewusstsein gälischer und anglo-irischer Großer. Nach deren erfolgreichen Destabilisierungsbemühungen resigniert der Tudor, berief Poynings ab und griff widerstrebend auf die Geraldines zurück. Der Earl von Kildare wurde daher aus dem *Tower* entlassen und am 6. August 1496 wieder als *Deputy-Lieutenant* eingesetzt. In dieser Funktion erwies er sich in der Folgezeit als loyal gegenüber der Krone und versuchte, deren Einflussbereich nach Westen und Norden in gälische Territorien zu erweitern. Nach längeren Kämpfen gelang es dem Earl, den Widerstand gälischer Fürsten zu brechen und eine wirksame Kooperation mit anglo-irischen Großen zu entwickeln.

Nach der Thronbesteigung Heinrichs VIII. änderte sich die politische Lage auf der Grünen Insel nicht grundsätzlich, zumal dieser kein größeres Interesse an deren Schicksal zeigte.[52] Da die starke Position Kildares auch weiterhin eine stabile englische Herrschaft ohne größeres finanzielles Engagement der Krone wahrscheinlich machte, wurde Gerald am 8. November 1510 als *Lord Deputy* bestätigt. Wie üblich, konzertierte er sich in der Folgezeit auf den Kampf gegen innenpolitische Gegner; im Verlauf der Kämpfe wurde er jedoch schwer verletzt und starb am 3. September 1513. Wie selbstverständlich folgte ihm sein Sohn Gerald Óg als 9. Earl von Kildare nach. Dieser war ein semi-anglisierter Fürst, der seit 1496 seine Jugend als Geisel am Tudor-Hof verbracht hatte und dort gemeinsam mit jungen englischen Adligen erzogen worden war. Er kannte somit den Hof und zahlreiche Höflinge, denen er auch nach der Rückkehr auf die Grüne Insel (1503) freundschaftlich verbunden blieb. Durch seine Ehen – im gleichen Jahr mit Elizabeth Zouche († 1517) und danach mit Elizabeth Grey – stand er in verwandtschaftlicher Beziehung zum englischen Königshaus. Insofern lag die Ernennung Kildares zum *Lord Deputy* durch Heinrich nahe (26. November 1513). Schon bald stieß der Earl jedoch auf Widerstand bei gälischen Großen, mit denen er in ständige Auseinandersetzungen verwickelt wurde. Nachdem die Kritik an seinen Aktivitäten sogar bis zum Tudor-Hof vorgedrungen war und der neue *Lord Chancellor* Wolsey größeres Interessen an Irland zeigte, begann eine neue Phase englischer Irland-Politik.[53] Diese wurde für rund zwei Jahrzehnte von einem ständigen, geradezu ermüdenden Wechsel von Versuchen direkter königlicher Herrschaftsausübung und vom selbstständigen Einsatz lokaler *Deputies* bestimmt. Englische und lokale *Deputies* lösten sich fortwährend ab, ohne dass die Krone in der Lage war, unmittelbare Machtausübung ohne Mitwirkung regionaler Großer zu realisieren. Dieses

Wechselspiel eskalierte im Jahre 1519, als Fitzgerald infolge wachsender Opposition in Irland nach England zitiert, als Stellvertreter abgesetzt und durch Thomas Howard, 2. Earl von Surrey, als *Lord Lieutenant* ersetzt wurde. Mit dessen Einsatz hoffte der Tudor, nicht nur den Widerstand Oppositioneller zu brechen, sondern sogar die Unterwerfung der gesamten Insel zu realisieren. Wie üblich scheiterte Surrey schon bald am Widerstand lokaler *Chieftains*, woraufhin Heinrich im Frühjahr 1523 wieder abberief und einen der Hauptkonkurrenten Kildares, Piers Butler, den 8. Earl von Ormond, zum *Lord Deputy* (6. März 1522) ernannte. Infolge der starken Stellung der Geraldines musste der Tudor schon nach wenigen Monaten seine Entscheidung revidieren und Kildare, der sich bislang am Königshof aufgehalten hatte, nochmals zum Stellvertreter ernennen (1. Januar 1523). Erneut begann dieser mit Kämpfen gegen renitente Große, die jedoch ihre Position durch außenpolitische Kontakte zu Tudor-Gegnern, wie Franz I., zu stärken versuchten.

Ohne aus den bisherigen politischen Entwicklungen auf der Grünen Insel zu lernen, entschloss sich Heinrich, die dortigen ständigen Spannungen durch den Einsatz von *Commissioners* zu mildern. Gleichzeitig war der König bestrebt, den *Lord Deputy* nicht übermächtig werden zu lassen, weshalb er bis zum Beginn der 1540er Jahre einen raschen Wechsel in diesem Amt betrieb.[54] Die Lage wurde seit 1526 weiter kompliziert, als der Tudor Gerald an den Hof vorladen und – auch auf Betreiben Wolseys – für vier Jahre in London festhalten ließ. Die Lage in Irland verschlechterte sich unter den Stellvertretern des *Deputy* weiter, zumal Oppositionelle ihre gesandtschaftlichen Kontakte u. a. zu Karl V. pflegten, der zeitweise die Möglichkeit einer Intervention gegen den Tudor von der Grünen Insel aus prüfte. Schon bald musste Heinrich wieder erkennen, dass eine Herrschaft ohne Kildare kaum realisierbar erschien; so wurde dieser erneut nach Irland geschickt, nun mit William Skeffington als *Lord Deputy*. Wieder flammten die Machtkämpfe – u. a. mit den Butlers, O'Tooles und O'Donnels – auf, so dass Skeffington bald scheiterte und Kildare nochmals mit seinem alten Amt betraut wurde. Nachdem er einen weiteren Versuch zu einer stärkeren Zentralisierung – u. a. durch Abschaffung verschiedener feudaler Praktiken (insbesondere von *coyne and livery*[55]) und durch die Einschränkung feudaler Herrschaftsrechte – unternommen hatte, kam es zum endgültigen Bruch. Wahrscheinlich auf Betreiben der Butlers, die Kontakte zu Königin Anna Boleyn pflegten, wurde Gerald abberufen, im *Tower* inhaftiert und mit schweren Anklagen inhaftiert; krank und gebrochen starb er dort am 2. September 1534.

Sein Sohn Silken Thomas, vom Vater zu seinem Stellvertreter ernannt, entschloss sich im Juni 1534 nach Gerüchten über den angeblichen Tod des Vaters zur Rebellion.[56] Er kündigte dem König öffentlich die Treue auf, beschuldigte ihn als »Häretiker« und versuchte, sein weiteres Vorgehen als »Kreuzzug zur Verteidigung des wahren Glaubens« darzustellen. Letztlich ging es um ein Aufbegehren regionaler Großer gegen Zentralisierungsbestrebungen, die vor allem von Cromwell auf der Insel betrieben wurden. Bald nach Beginn der Offensive Silkens blieb aber der erwartete allgemeine Aufstand gegen die englische Obrigkeit aus. Nachdem er infolge der Tötung von Gegnern – u. a. des Erzbischofs von Dublin, John Alen – jegliche Unterstützung durch die Kirche verloren hatte, musste er sich auf den Stammsitz der Familie nach Maynooth zurückziehen. Während der Earl durch Gesandte im Sommer 1533 eine Intervention des Kaisers gegen den »Ketzer« erbat, landete der *Lord Deputy* Skeffington am 24. Oktober mit rund 2300 Mann in Dublin. Nachdem dieser einige Burgen der Opponenten und schließlich *Maynooth Castel* erobert hatte, brachte die Intervention durch den *Marshal of the Army*, Leonard Grey, im Sommer 1535 die Wende. Da Kildare die Unterstützung durch Gesinnungsgenossen eingebüsst hatte und auch auswärtige Hilfe ausblieb, musste er sich am 24. August – angeblich gegen Zusicherung persönlicher Unversehrtheit – Grey ergeben. Dieser ließ den Earl nach London bringen, wo er entgegen den Zusagen inhaftiert, später mit fünf Onkeln des Hochverrates angeklagt und am 3. Februar 1537 in Tyburn hingerichtet wurde.

Die Kildare-Revolte und ihre politischen Konsequenzen bewirkten eine Zäsur in der sozio-politischen Entwicklung des Landes. Zahlreiche gälische und anglo-irische Große betrachteten die Auseinandersetzungen um Silken als Manifestation eines Grundsatzkonfliktes, in dem die traditionellen Rechte und Freiheiten irischer Großer durch Maßnahmen der königlichen Zentralgewalt beeinträchtigt bzw. prinzipiell in Frage gestellt wurden. Die Barone waren nicht bereit, diese (angeblich ungerechtfertigten) Eingriffe kampflos hinzunehmen, so dass sich eine Widerstandsgruppe bildete – die Geraldinische Liga.[57] Diese wurde von Con O'Neill, später 1. Earl von Tyrone, und Manus O'Donnell, Lord von Tyrconnell, geleitet und verfolgte restaurative Ziele (wie die Restitution des 11. Earls von Kildare, die Sicherung baronialer Feudalrechte etc.); hinzu kam die Ablehnung der Herrschaftsansprüche der englischen Krone und später ihres Suprematsanspruchs. Zugleich wurde versucht, den schottischen Monarchen als Schutzherrn Irlands zu gewinnen, während man O'Neill zum König von Irland zu proklamieren gedachte. Da diese Unternehmungen keinen Erfolg zeitigten, beschränkten sich die Verschwörer – u. a. mit Unterstützung durch Söldner aus den *Highlands* (*Redshanks*) – auf die üblichen Verwüstungszüge und Angriffe auf den Pale. Im Gegenzug unternahm der englische *Lord Deputy*, Leonard Grey, nicht nur Strafmaßnahmen im Pale und in gälischen Territorien, sondern er konnte den Opponenten auch eine schwere Niederlage bei Bellahoe beibringen (August 1539). Nach diesem Erfolg war der Widerstand der Barone weitgehend gebrochen, so dass sie sich nacheinander mit den englischen Machthabern zu arrangieren versuchten. Grey hingegen konnte sich nur kurz seines Erfolges freuen: Nachdem man ihm vorgeworfen hatte, das Machtvakuum nach dem Sturz der Kildares zum Aufbau eigener Herrschaftspositionen genutzt zu haben, ließ ihn der misstrauisch gewordene König im April 1540 an den Hof zurückberufen, einem Hochverratsprozess unterziehen und am 28. Juli 1541 hinrichten.

Die repressiven Aktivitäten Greys waren jedoch nicht die einzigen Maßnahmen, mit denen die Krone versuchte, in

Irland direkte Herrschaft – möglichst ohne Mitwirkung regionaler Großer – auszuüben.[58] Hierzu entsandte man 1537 zum einen *Commissioners* unter Leitung von Anthony St. Leger, die Untersuchungen zur Verbesserung der Einkünfte der Krone durchführen sollten. Zum anderen war der Tudor auch in Irland bestrebt, seine Macht über die Kirche auszudehnen. Hierzu ließ er im Mai 1536 das irische Parlament einberufen, das bis Dezember 1537 tagte und die Grundlagen für die Entstehung einer irischen Staatskirche legte. Wunschgemäß wurden die Beschlüsse des englischen *Reformation Parliament* rezipiert und der englische König 1536 als oberstes Haupt der Irischen Kirche auf Erden anerkannt. Zugleich übernahm man die Regelungen zur Thronfolge in England sowie Verfügungen zur Ablehnung päpstlicher Machtansprüche.[59] Auf Widerstand in der Dritten Kammer des Parlamentes (*Proctors*) stieß hingegen die Verfügung zur Aufhebung von Klöstern 1537. Den Schlusspunkt in dieser Entwicklung stellte der Entscheid des irischen Parlamentes von 1541 dar, den *Lordship of Ireland* in ein Königreich umzuwandeln, so dass der Tudor nunmehr in Personalunion auch Herrscher des *Kingdom of Ireland* war. Hierdurch wurde der letzte Rest möglicher päpstlicher Suzeränität beseitigt und der Anspruch Heinrichs auf souveräne Herrschaft über die gesamte Insel, d. h. auch über die gälischen Territorien, manifestiert. Selbstverständlich lehnten die katholischen Monarchen auf dem Kontinent die Anerkennung der neuen königlichen Würde des Tudors in der Folgezeit ab.

Nach der Ablösung Greys und dem Sturz seines Mentors Cromwell kam es unter dem neuen *Lord Deputy* zu einer tiefgreifenden Änderung der Handlungsstrategie in Irland. Anthony St. Leger trat sein Amt im Juli 1540 mit einer doppelten Zielsetzung an:[60] Zum einen wollte er die Administration im Pale fast ausschließlich mit Engländern besetzen, die dem König loyal ergeben waren und seine Herrschaft unabhängig von den anglo-irischen Großen machen sollten. Hinzu kam die Konstituierung eines stehenden Heeres, das dem *Deputy* zur Verfügung stand und vom Hof finanziert wurde.

Zum anderen strebte St. Leger die Befriedung der gälischen Territorien am Rande des Pales sowie im Norden und Westen Irlands mit friedlichen Mitteln an. Er entwickelte eine Strategie der »Unterwerfung und Belehnung« (*Surrender and Regrant*)[61] gegenüber den gälischen *Lords*, die er gewaltfrei für eine Akzeptanz der englischen Herrschaft gewinnen wollte. In einer Art »Versöhnung« bemühte er sich, die Großen in langwierigen Verhandlungen zu bewegen, sich dem englischen Monarchen zu unterwerfen und diesem ihren Besitz zu übereignen. Nach der Unterwerfung sollten die *Lords* ihr Land als erblichen Besitz von der Krone zurückerhalten; hinzu kam die Verleihung eines englischen Adelstitels als Ausweis der Tatsache, dass der gälische Fürst nunmehr englischer Lehnsmann war, der sein Land nach englischem Recht besaß, hierfür Abgaben und Dienste leisten musste und den Besitz – entgegen *Brehon Law* – nach Erstgeburtsrecht vererben konnte. Ferner musste der neue irische Vasall die Wirksamkeit englischen Rechtes in seinem Territorium ebenso gewährleisten wie die Treue seiner Vasallen und Clan-Mitglieder gegenüber der Krone. Hinzu kamen die Anerkennung des königlichen Supremats sowie der irischen Staatskirche und die Ablehnung jeglicher päpstlicher Macht- bzw. Rechtsansprüche. Schließlich mussten die *Lords* Beschränkungen von Handelsfreiheiten mit benachbarten Territorien hinnehmen, auf gälische Sprache und Kultur zugunsten englischer Lebensweise verzichten und ihre Söhne nach England zur Erziehung schicken.

Hauptziel der *Surrender and Regrant*-Strategie St. Legers war, nicht nur die gälischen *Lords* friedlich für die englische Herrschaft zu gewinnen, sondern auch die Voraussetzungen für die kontinuierliche Ausdehnung der englischen Herrschaft auf bislang gälische Machtbereiche mit möglichst weit reichender Anglisierung der Bevölkerung zu schaffen. Fernziel war die völlige Unterwerfung der gesamten Insel unter die Macht der englischen Krone: So sollte ein zentralistischer, »moderner Staat« mit einheitlichem Untertanenverband geschaffen werden, dessen Mitglieder gleiche Rechte besaßen und die sich nicht mehr nach ihrer gentilen Herkunft unterschieden. Der englische König sollte gleichermaßen über Kirche und Staat in Irland herrschen, wobei das *Common Law* die Rechtsgrundlage bildete. Gravierende Auswirkungen dieser Maßnahmen auf die Macht- und Herrschaftsstrukturen innerhalb der gälischen Clans wurden in Kauf genommen. Vor allem die aktuell an der Macht befindlichen gälischen Großen erkannten die Vorteile des englischen Rechts zur Ausschaltung konkurrierender Clan-Angehöriger.

Anfänglich zeitigte das Vorgehen St. Legers Erfolge, da sich etwa 40 gälische und anglo-irische Große dem Tudor unterwarfen und nach Verleihung von Adelstiteln als Mitglieder des englischen Lehnsverbandes bzw. der *Nobility* aufgenommen wurden – u. a. die O'Neills, O'Briens und O'Donnells. Zugleich konnte der Einflussbereich der englischen Krone erweitert werden, so dass sogar irische Soldaten für die Kriege des Tudors in Frankreich und Schottland (1544/45) eingesetzt wurden. Gegen Ende der Herrschaft Heinrichs waren somit zumindest Teilerfolge seiner Irlandpolitik und erste Fortschritte hinsichtlich der Schaffung eines »modernen« irischen Staates zu verzeichnen. Dieser war aber nur bedingt selbstständig, da er in Personalunion vom englischen Monarchen regiert wurde, der außerhalb des irischen *regnum* lebte. Während Heinrich bis zum Ende seines Lebens eine diplomatisch-friedliche Umsetzung der *Surrender and Regrant*- Strategie bevorzugte, änderte sich dies unter seinen königlichen Nachfolgern: Eduard VI. und Elisabeth I. entschlossen sich, eine konsequente Einführung des Protestantismus und eine gewaltsame Erweiterung des englischen Machtbereichs auf der Insel (durch Kolonien englischer Siedler in *Plantations*) zu betreiben, womit blutige Kämpfe verbunden waren, die noch weit über die Tudor-Zeit hinaus die Grüne Insel bedrücken sollten.

5.3.3 England und Wales

Spätestens nach der Eroberung von Wales durch Eduard I. und nach der Konstituierung der *Royal Principality of Wales* im Statut von Rhuddlan 1284 trat das Land in eine besondere Beziehung zur englischen Krone.⁶² Nominell wurde das Fürstentum als Teil des englischen Kronbesitzes betrachtet, so dass seit 1301 der englische Thronfolger den Titel eines *Prince of Wales* führen konnte. Die übrigen Territorien des Landes standen unter der Herrschaft zahlreicher *Marcher Lords*, die ihren Besitz weitgehend selbstständig verwalteten und lediglich der Krone unterworfen waren. Die walisischen Einwohner wurden systematisch – auch rechtlich – benachteiligt, und ihnen untersagte man u. a. die Wahrnehmung öffentlicher Ämter in den englischen *boroughs* in Wales. Gegen die Unterdrückung wehrten sich Generationen von Walisern in zahllosen Rebellionen, die jedoch alle niedergeschlagen wurden. Zusätzlich belastend wirkten Machtkämpfe walisischer Großer, die viele Regionen mit Kriegen überzogen, so dass der Eindruck von dauerhafter Gesetzlosigkeit und Zerrissenheit im Lande entstand. Hinzu kam, dass Wales in innenpolitische Auseinandersetzungen Englands hineingezogen wurde, insbesondere in die »Rosenkriege«.⁶³ Daher bildeten sich auch in den walisischen Gemeinden konkurrierende Gruppierungen, wobei die Lancaster-Anhänger unter Führung Jasper Tudors ihre Machtbasis im Fürstentum und in Pembroke besaßen, während die Yorkisten unter William Herbert über Machtzentren im *Earldom of the March* und in Glamorgan verfügten.

Diese Machtkonstellation änderte sich auch nicht während des Kampfes zwischen Richard III. und Heinrich Tudor, der in *Pembroke Castle* geboren worden war (vgl. Kapitel 3). Im Gegensatz zu den Yorkisten konnte er aber die walisische Herkunft des Hauses Tudor (walisisch: *Tewdwr*) betonen und auf eine Familientradition verweisen, die angeblich bis auf Rhys, den Prinzen von Süd Wales, und sogar auf Cadwaladr, den König von Gwynedd, zurückreichte. Die walisischen Wurzeln ermöglichten es Heinrich auch, seine Invasion ab 1485 propagandistisch als Griff eines walisischen Fürsten nach der Krone Englands feiern zu lassen. Zudem rekurrierten Poeten auf bekannte mythologisch-prophetische Traditionen, wonach der Tudor als ein »Sohn der Prophezeiung« (*Y Mab Darogan*) und als »messianische Figur« erschien, der die Unterdrückung der Waliser beenden, die Macht in Wales und in England übernehmen, dem walisischen Volk Würde und Selbstvertrauen zurückgeben und den Gefolgsleuten die ihnen zustehenden Ämter und Würden verschaffen würde. Seine Herrschaftsübernahme könnte – wie etwa der Poet Dafydd Llwyd behauptete – das Kommen eines »langen, goldenen Sommers« für Wales und seine Bewohner bedeuten.[64]

In Anbetracht dieser Propaganda war es nur konsequent, den Sieg Tudors bei Bosworth als Erfolg eines walisischen Herrscherhauses zu feiern, zumal er in der Schlacht unter einem Banner mit dem roten walisischen Drachen gekämpft und ein Teil seines Heeres aus Walisern bestanden hatte. Auch als König rekurrierte Heinrich anfangs auf walisische Traditionen, indem er bei der Krönung den Titel eines *Prince of Wales* annahm und später seinen erstgeborenen Sohn Arthur nannte. Klugerweise förderte er seine walisischen Gefährten, die – wie Jasper Tudor und Rhys ap Thomas – Führungsämter im Land erhielten, während »einfachere« Gefolgsleute zu *Bailiffs*, *Coroners* und *Stewarts* ernannt wurden.[65] Einfluss nahm der König zudem auf die Besetzung der Bistümer des Landes, die er mit treuen Anhängern besetzte. Damit fand sein Engagement für Wales aber ein rasches Ende, zumal er nach der Krönung sein angebliches »Heimatland« kein einziges Mal betrat. Vielmehr überließ er als einer der größten Grundherrn im Lande – mit Besitz des Fürstentums und rund 50 *Marcher Lordships* – die Wahrnehmung der Herrschaft lokalen Großen bzw. Vertrauensleuten. Zusätzlich traf er mit *Lords* der *Marches* Vereinbarungen (*Indentures*), in denen sich diese zur Aufrechterhaltung von Recht und Ordnung in ihren Herrschaftsbereichen verpflichten mussten. Ferner ließ er ein *Council of Wales and the Marches* einrichten, der für Arthur, *Prince of Wales*, vor und nach dessen Übersiedlung nach Ludlow Castle Herrschafts- und Verwaltungsaufgaben wahrnahm. All diese Maßnahmen ließen die Waliser zweifeln, ob unter dem Tudor der erhoffte »Goldene Sommer« angebrochen sei. Nachdem königliche Beauftragte weitere Maßnahmen zur Herrschaftsintensivierung veranlasst hatten, kam es 1498 sogar zum Ausbruch von Revolten.

Diese konnten zwar rasch niedergeschlagen werde, veranlassten Heinrich aber zur Gewährung von vereinzelten Konzessionen bzw. rechtlichen Erleichterungen. Dennoch wurde der Tod des Tudors in Wales in besonderem Maße betrauert, obwohl er für das Land während seiner Herrschaft nur geringes Engagement gezeigt hatte.

Der neue englische Monarch wurde von walisischen Dichtern ebenfalls herzlich begrüßt, doch zeigte er gegenüber walisischen Traditionen eine deutlich geringere Affinität als sein Vater.[66] Aus pragmatischen Gründen beließ er alle wichtigen Herrschaftsträger in Wales in ihren Ämtern und sicherte auch den Bestand des *Council of Wales*. Doch bald schwand das herrscherliche Interesse für das Land, da der Tudor in der *ersten Phase* seiner Wales-Politik bis 1525 andere innen- und außenpolitischen Prioritäten besaß. Als nahezu zwangsläufige Konsequenz erfolgte dort eine Zunahme an Auseinandersetzungen zwischen rivalisierenden Großen und ein Überhandnehmen von Mord, Raub und Viehdiebstählen. Zugleich waren einige *Marcher Lords* bemüht, durch Gewalttaten ihren Machtbereich zu vergrößern und den Einfluss der Zentralgewalt kontinuierlich zu verringern. Nachdem einige Magnaten übermächtig zu werden drohten, ging der Tudor wie üblich gegen diese mit exemplarischen Strafmaßnahmen bzw. Hinrichtungen vor. Doch konnten solch vereinzelte Aktionen keine strukturelle Verbesserung der Lage in Wales herbeiführen. So versuchte der König (in der *zweiten Phase* seiner Wales-Politik bis 1534), durch den Einsatz neuen Personals eine Wende herbeizuführen. Daher ernannte er zuverlässige Gefolgsleute (etwa Walter Devereux zum *Chamberlain of South Wales*), die intensiv gegen Gewalttäter vorgehen sollten. Zudem versuchte man, durch Verträge die Inhaber von *Marcher Lordships* zur Aufrechterhaltung von Recht und Ordnung zu veranlassen, doch waren die Wirkungen dieser Maßnahmen eher gering. Vielmehr setzten sich die Gewalttaten, Viehdiebstähle und Unrechtmäßigkeiten im Fürstentum und in den Marken fort. Eine Verschärfung der Lage trat seit Mitte der 1520er Jahre durch die verstärkte Einwanderung von Anglo-Iren vor allem nach Pembrokeshire ein, die für den englischen Hof ein hohes Bedrohungspotential besaßen. Ähnlich wirkten sich seit etwa 1530 die religionspolitischen Entwicklungen in England aus, die zu Sorgen bei Hofe führten. Man fürchtete, dass die kontinentalen katholischen Mächte über Irland einen Invasionsversuch in Wales unternehmen könnten, dessen lange Küsten nur schwer zu schützen waren.

So spitzte sich die Lage in Wales weiter zu, zumal die Zahl der Gewalttaten, Diebstähle etc. kontinuierlich zunahm. Dies führte dazu, dass sich nun auch der englische Hof und insbesondere Thomas Cromwell gezwungen sahen, den walisischen Verhältnissen größere Aufmerksamkeit zu schenken und Reformmaßnahmen zu initiieren. So wurde zum einen im Mai 1534 Rowland Lee, Bischof von Coventry und Lichfield, zum neuen Leiter des *Council of Wales* mit umfassenden Kompetenzen ernannt. Zum anderen erließ das Parlament zahlreiche *Acts*, mit deren Hilfe Straftaten in Wales besser verfolgt sowie Recht und Ordnung wiederhergestellt werden sollten.[67] Bischof Lee, der den Walisern mit weitgehender Verachtung gegenüber stand, war in der Folgezeit weisungsgemäß bemüht, die Bevölkerung zu »zivilisieren« sowie »inakzeptable Gebräuche und Gewohnheiten« abzuschaffen. In den nächsten acht Jahren reiste der Bischof mit einigen Vertrauten unablässig durch alle wichtigen Regionen des Landes und ging unnachsichtig gegen Rechtsbrecher vor. Angeblich ließ er binnen sechs Jahren über 5000 Personen hängen, unter ihnen auch Angehörige der *Gentry*. Sicherlich wurden seine Aktivitäten mitunter als *reign of terror* empfunden; dennoch zeitigte sein hartes Vorgehen unbestreitbare Erfolge, da große Teile des Landes zumindest zeitweise befriedet waren.

Ergänzt wurden diese Pazifizierungsmaßnahmen zu Beginn der *dritten Phase* der Wales-Politik Tudors (seit 1536) mit Parlamentsbeschlüssen, durch die »Eintracht und Einheit« zwischen den englischen und walisischen Untertanen geschaffen werden sollten. Die Krone war seit Februar 1536 mit den *Laws in Wales Acts* bestrebt, das Land, das man seit Eduard I. als »*incorporated annexed and subject to and under the Imperial Crown of this Realm*« betrachtete, von allen »sinistren Gewohnheiten und Gebräuchen« zu befreien; zudem sollten alle Bewohner unter englischem Recht stehen. Verwaltungsmäßig wurden die *Marcher Lordships* abgeschafft und das gesamte Land in 13 Grafschaften aufgeteilt.[68] Ferner erhielten Waliser erstmals Sitz und Stimme im Parlament zu Westminster, wo bislang ausschließlich Engländer über walisische Angelegenheiten entschieden. Schließlich dekretierte man, dass alle Verwaltungs- und Rechtsverfahren im Lande ausschließlich in englischer Sprache zu führen seien – eine Entscheidung, die seit dem 19. Jahrhundert besonders von walisischen Nationalisten als Versuch der Krone betrachtet wurde, die walisische Sprache und Kultur zu zerstören.

Mit dem *Wales Act* wollte Heinrich eine enge Verbindung zwischen Wales und England herbeiführen. Doch erreichte man weniger eine Union beider Länder als eine Vereinigung des Fürstentums mit den übrigen walisischen Territorien. Lediglich in rechtlicher und verwaltungstechnischer Hinsicht kam es in der Folgezeit zu einer Verschmelzung beider Länder mit dem fernen Ziel der Schaffung eines zentralistischen Nationalstaates. Zusätzliche Probleme entstanden im Zuge der Einführung der Reformation, da die diesbezüglichen Beschlüsse des *Reformation Parliament* auch Gültigkeit für Wales besitzen sollten.[69] Daher war der Hof gezwungen, insbesondere die Anerkennung der königlichen Suprematie und Souveränität bei den Walisern durchzusetzen. Seit Sommer 1535 prüften Beauftragte Cromwells die Lage, der sich im Frühjahr 1536 für ein Eingreifen in Wales entschied. Trotz sich entwickelnder Revolten in England bzw. in Irland und ungeachtet möglicher Widerstände in Wales entschlossen sich Cromwell und Heinrich sowohl zur Einsetzung engagierter Reformer (wie William Barlow) in walisischen Bistümern als auch zur Auflösung der Klöster in Wales. Dank des geschickten Vorgehens königlicher Beauftragter wie Richard Ingworth, Bischof von Dover, gelang es, seit Mai 1536 fast sämtliche Klöster im Lande ohne größere Widerstände aufzulösen. Hauptnutznießer dieses Unternehmens war – wie in England

– nicht die Krone, sondern vor allem die *Gentry*. Ihren Mitgliedern war es möglich, Besitz und Reichtum durch ehemals klösterliches Eigentum beträchtlich zu vergrößern. Dieser Personenkreis entwickelte sich zu einem einflussreichen Stand im Lande bzw. im Parlament und zeichnete sich durch Treue zum Königshaus aus.

Einen vorläufigen Abschluss erfuhr die Entwicklung mit dem Erlass eines weiteren *Act of Wales* 1542, der Modifikationen und Ergänzungen bezüglich des – teilweise überhastet formulierten – *Act* von 1536 vornehmen sollte.[70] Nun unternahm man Veränderungen bezüglich der territorialen Aufteilung, ergänzte die Ämterverfassung durch die Einsetzung von *Sheriffs* und führte das Amt des *Justice of the Peace* sowie neue Gerichtsbezirke ein. Hinzu kam ein *Court of Great Sessions* in Wales, der schwerere Vergehen ahnden sollte. Auch wurde der *Council of Wales* auf eine rechtliche Basis gestellt. Der gesellschaftlichen Führungsschicht im Lande kam man durch die Einführung des Primogenitur-Rechts entgegen. Insgesamt wurde der Prozess der Assimilation und Integration von Wales in das englische Reich durch beide *Acts* nachhaltig gefördert, obwohl einige englische Große – wie Bischof Lee – diese als zu weitreichende Konzessionen an die »renitenten Waliser« ablehnten. Hauptträger der Reformentwicklungen waren nicht die *Marcher Lords*, deren obsolete Herrschaft beendet war, sondern die walisische *Gentry*. Ihre Mitglieder akzeptierten bereitwillig die Anglisierung ihres Lebens, sie schickten ihre Söhne zur Ausbildung auf Schulen und Universitäten in England und nahmen maßgeblichen Einfluss sowohl auf das politische Leben (u. a. als Parlamentarier) als auch auf die kirchlichen Entwicklungen im Lande. Erstaunlicherweise gab es bezüglich der Einführung der Reformation in Wales zu Lebzeiten Heinrichs keine größeren Widerstände, obwohl der Klerus überaus »konservativ« war und reformatorische Ideen nur mühsam Fuß fassen konnten. Zu schärferen Konflikten kam es erst unter den königlichen Nachfolgern des Tudors, die nachdrücklicher reformatorische Lehren durchzusetzen und volkssprachliche Bibelübersetzungen in Wales einzuführen suchten. Trotz aller Bemühungen Heinrichs, Wales in ein entstehendes zentralistisches britisches Reich einzubeziehen, konnte das Land – u. a. durch die Pflege der walisischen Sprache und durch die Existenz des *Prince of Wales* mit eigenem Verwaltungsstab in Wales – zumindest partiell seine Eigenständigkeit wahren.

II. Die Entwicklung der Tudor-Herrschaft in struktureller und systematischer Perspektive

6 Krone und Nobilität in England

6.1 Krone und Adel: Heinrich und die englische Nobilität

Nach dem Sieg des Tudors bei Bosworth waren die Grundlagen seiner königlichen Herrschaft überaus fragil (vgl. Kapitel 3). Hierbei musste der Nobilität[1] und dem Adel eine Schlüsselrolle zukommen. Gegliedert in eine *nobilitas major* und in eine *nobilitas minor* sowie in die Angehörigen des Hohen Klerus, machte diese Gruppierung etwa 1,2 % der Gesamtbevölkerung aus.[2] Wie seine königlichen Vorgänger blieb Heinrich auf die Kooperation mit dieser beherrschenden sozialen Gruppe angewiesen. Sie alleine machte es möglich, Weisungen des Monarchen auf regionaler bzw. lokaler Ebene durchzusetzen, die Aufrechterhaltung von *law and order* im Lande zu gewährleisten und im Bedarfsfall Truppen für den Herrscher zu rekrutieren. Im Gegenzug erwarteten die Adligen, eine Partizipation an Herrschaft auf allen Ebenen des Reiches zu erhalten und als »geborene Berater« des Königs an dessen Entscheidungen mitzuwirken. Diesen Erwartungen wurde der Tudor nur teilweise gerecht: Zwar berief er die wichtigsten Repräsentanten der Nobilität in den *Council*, dem nominell 227 Mitglieder mit 43 Peers angehörten. Auch waren Adlige in großer Zahl bei Hofe präsent und hatten standesgemäß hohe »Staatsämter« inne. Sogar Barone, die ihm früher feindlich gegenüber gestanden hatten, erhielten Ämter, sofern sie sich als loyal erwiesen.

Ansonsten war bei der Auswahl der Berater für Heinrich weniger die ständische Herkunft als Loyalität und Qualifikation für herrschaftliche Aufgaben entscheidend. So zog er Fachleute mit Verwaltungskenntnissen aus einer neuen *middle class* heran, ergänzt durch Geistliche und Juristen. Mit Angehörigen des Haushaltes bildeten diese Personen bald einen »Inneren Kreis« im *Council*, der in engem, ständigem Kontakt zum Monarchen die »politische Alltags- und Verwaltungsarbeit« erledigte – woraus sich der einflussreiche *Privy Council* entwickelte. Hinzu kamen der *Council in Star Chamber* (später *Court of Star Chamber*) und der *Council Learned in the Law*, die wie die *Justices of the Peace* für eine intensivere Herrschaftsausübung sorgen und – außer den *Royal Servants* – ein Gegengewicht zu den Magnaten auf regionaler Ebene bilden sollten.[3] Eine Schlüsselfunktion kam schließlich der *Chamber* zu, die sich zum Zentrum der politischen Macht entwickelte.

Indem sich diese zunehmend in der Person des Königs manifestierte, wurden die Präsenz bei Hofe und der persönliche Zugang zum König auch für Magnaten wichtig. Da der Tudor nur selten Krieg führte, konnten die Barone ihren »traditionellen Dienst« für die Krone kaum leisten. Dieser bestand nunmehr verstärkt in Aktivitäten als »Höflinge«, womit allmähliche Veränderungen im baronialen Selbstverständnis verbunden gewesen sein dürften.[4] Gleichzeitig mussten Große, die zumeist auf ihren Gütern lebten, sich vom Hofe fern hielten und kaum persönlichen Kontakt zum Monarchen besaßen, an Einfluss und Macht verlieren – mit gravierenden Konsequenzen für die Strukturen des Herrschaftssystems im Inselreich. Hinzu kam, dass der Tudor die Nobilität ständiger Kontrolle unterwarf und u.a. die Machtgrundlagen einflussreicher Familien (wie Clarence, Gloucester, Warwick etc.) durch Einzug von Territorialbesitz schmälerte. Zudem versuchte er, die Aufstellung von adligen Privatarmeen (*retaining*) zu verhindern, die in den »Rosenkriegen« verheerend gewirkt hatten. Finanzielle Druckmittel (*bonds and recognisances*) kamen hinzu, um das Wohlverhalten der Großen zu sichern; ob der Tudor deshalb eine dezidierte *anti-noble policy* betrieb, ist fraglich.

Heinrich VIII. entwickelte bereits unmittelbar nach der Thronbesteigung ein völlig anderes Verhältnis zu Nobilität und Adel.[5] So verzichtete er auf eine Fortführung der finanziellen Repressionsmaßnahmen des Vaters; zudem suchte er den Ausgleich mit potentiell oppositionellen Familien (wie Pole bzw. De la Pole, Courtenay, Grey). Auch sein Selbstverständnis war ein anderes, da er sich vorrangig als Ritter und Krieger sah, dessen Lebensziel im Streben nach Ruhm und Ehre bestand. Seiner chevaleresken Lebensform entsprechend suchte er Gleichgesinnte, die er bevorzugt im Kreise der jüngeren Angehörigen des Adels fand. Diese erkannten die Chance, ihren Dienst für die Krone endlich in »traditionellen Formen« – d. h. im Krieg – leisten zu können. Nur zu gerne begaben sie sich an den Hof, wo der Tudor als großzügiger Gönner auftrat und ein prunkvolles Leben führte.[6] Selbstverständlich war für ihn die tragende Rolle, die Nobilität und Adel bei der Durchsetzung königlicher Macht im Lande spielten. Gleiches galt für die Verpflichtung der Großen, dem Monarchen als Berater zu dienen und *consilium et auxilium* (Rat und Hilfe) zu leisten. So konnte dieser Personenkreis in den »Großen Staatsämtern« sowie in *Council* und *Chamber* maßgeblichen politischen Einfluss nehmen. Doch war dessen Intensität in verschiedenen Phasen der Regierung Heinrichs höchst unterschiedlich. Sicherlich am mächtigsten waren Mitglieder dieser Gesellschaftsgruppe im ersten und im letzten Jahrzehnt seiner Herrschaft, während in der »Zwischenzeit« (1515–1540) die Minister Thomas Wolsey und Thomas Cromwell politisch dominierten (vgl. Kapitel 6.2). Beeinträchtigt wurde die Einflussnahme von Nobilität und Adel besonders durch die Tatsache, dass diese Personen keine homogene, geschlossene Gruppierung bildeten, sondern sich »Fraktionen« entwickelten, die miteinander konkurrierten und daher vom König gegeneinander ausgespielt werden konnten. Trotz der Einflussnahme der verschiedenen Fraktionen, die Heinrich konsultierte, traf er schließlich allein und unabhängig die endgültigen Entscheidungen.

Zumindest in seinen ersten Regierungsjahren blieb die Nobilität im *Council* dominant, wobei verschiedene Große besondere Bedeutung erlangten (etwa Thomas Howard, Thomas Grey, George Talbot u. a.); einige dieser Barone gelangten auch in den *Privy Council*.[7] Eine Machtverschiebung trat mit dem Eingreifen Wolseys ein, der nicht nur eigene Gefolgsleute in der *Privy Chamber* platzierte, sondern auch durch die *Eltham Ordinance* (1526) eine Reform des *Council* mit einer Schwächung des Einflusses von *Peers* durchzusetzen suchte. Nachdem der Kardinal Gleiches mit Hilfe der *Star Chamber* versucht hatte, kam sein Sturz, den einflussreiche Große im *Council* betrieben, nicht überraschend. In der Folgezeit konnten die Vertreter der *Old Nobility* zwar temporär – etwa im *Privy Council* – ihre Macht sichern, doch bald schwächten sie selbst ihre Position durch anhaltende »Fraktionskämpfe« im Zusammenhang mit dem Auftreten Anna Boleyns. Unter dem neuen Minister Cromwell kam es daher zu einer weiteren Schwächung der Position der Barone in der *Privy Chamber*. So suchten die Adligen seit Beginn der königlichen Ehekrise ein anderes Aktionsfeld, das sie im *House of Lords* bzw. im sog. *Reformation Parliament* fanden. Dieses Gremium ebnete dem Tudor nicht nur den Weg, die gewünschte Eheauflösung und umfassende Gewalt über die englische Kirche zu erlangen; vielmehr half das Parlament auch, den Anspruch Heinrichs zu realisieren, Herrscher in einem englischen *imperium* zu sein. So konnten die Großen im Parlament ihre machtpolitische Position gegenüber einem *King-in-Parliament* stärken und – nach dem Sturz Cromwells – maßgeblichen Einfluss auf die religionspolitischen Entwicklungen im Lande ausüben.

Da der Hof in der gesamten Regierungszeit des Tudors das beherrschende Zentrum politischer Macht war, strebten insbesondere jüngere *noblemen* sowie Angehörige der *Gentry* danach, dort Karriere zu machen bzw. in den persönlichen Dienst des Königs gelangen. Hierzu gehörte auch die Teilnahme an höfischen Veranstaltungen und besonders an Turnieren bzw. Tjosten. Junge Adlige bildeten den eindrucksvollen Rahmen bei Empfängen für auswärtige Gäste am Tudor-Hof; Gleiches galt für Besuche Heinrichs bei ausländischen Monarchen. So repräsentierten z. B. zahllose englische Adlige bei seinem Treffen mit Franz I. auf dem sog. *Field-of-Cloth-of-Gold* (1520) die Pracht des Tudor-Königtums und die enge Verbindung der Krone mit dem englischen Adel. Angehörige der Nobilität wurden auch für diplomatische Missionen eingesetzt, die vielfach repräsentative bzw. zeremonielle Aufgaben besaßen. Während gesandtschaftliche Tätigkeit an ausländischen Fürstenhöfen zunehmend von residenten Botschaftern (*noblemen* und Geistliche) geleistet wurde, agierten Hochadlige oftmals als Sondergesandte. Sie hatten seltener außenpolitische Verhandlungen zu führen oder Bündnisvereinbarungen vorzubereiten; diese wurden verstärkt durch »Fachdiplomaten« mit juristischen Kenntnissen getroffen.[8]

Heinrich war seinerseits bemüht, ein positives Verhältnis zur Nobilität und zum Adel zu wahren. Dies zeigte sich u. a. in zahlreichen Standeserhöhungen bzw. Nobilitierungen, die der König vornahm.[9] Sowohl verdiente Amtsinhaber aus den Bereichen von Justiz und Verwaltung als auch erfolgreiche Militärs wurden in großem Maße belohnt. Hinzu kamen Standeserhebungen für persönliche Freunde des Monarchen sowie für Persönlichkeiten, die – wie Heinrich Fitzroy und Charles Brandon – einer dynastischen Herrschaftssicherung dienlich sein konnten. Da sich Heinrich im Gegensatz zum Vater hinsichtlich der Nobilitierungen großzügig zeigte, hatte sich bei seinem Tode die Gesamtzahl der Angehörigen der Nobilität auf 51 erhöht, neun mehr als bei seiner Thronbesteigung; 16 Barone und 17 *Peers* (von *Duke* bis *Viscount*) verdankten die Rangerhöhung diesem König. Insgesamt waren die Veränderungen in der adligen Oberschicht während seiner Herrschaft beträchtlich, da die *Old Nobility* um 33 % reduziert wurde und 41 % der adligen Familien von Heinrich neu geschaffen worden waren. Einen erheblichen Anteil an diesen Veränderungen hatten die Besitzverschiebungen im Zusammenhang mit der Aufhebung der Klöster und die

Entstehung einer *New Tudor Aristocray*, die sich zumeist aus Mitgliedern der *Gentry* und des reichen Bürgertums rekrutierte. Vor allem diese neue soziale Gruppierung sollte unter den späteren Tudor-Herrschern die einflussreichen Höflinge, Politiker und Juristen stellen.

Unverändert große Bedeutung besaßen Nobilität und Adel im Bereich des Kriegswesens, zumal der Tudor überzeugt war, dass dieser Personenkreis die militärische Elite darstellte. Die adlige Oberschicht war ihrerseits bereit, ihren standesgemäßen Dienst für die Krone im Kampf zu erfüllen; dieser bot auch die Gelegenheit, den Glanz ihrer gesellschaftlichen Stellung zu betonen und sich kriegerischen Ruhm zu verschaffen. So fungierten Angehörige der Nobilität bei den drei Feldzügen in Frankreich als Heerführer (Stafford, Bourchier, Talbot u.a.). Gleiches galt für die Kriege gegen die Schotten, gegen die erfahrene Militärs wie Howard, Seymour und Grey eingesetzt wurden. Unverändert gehörte die Verteidigung der englischen Grenzprovinzen zu den wesentlichen Aufgaben der Nobilität in diesen Regionen. Eine Intensivierung des englischen militärischen Engagements erfolgte schließlich im Zusammenhang mit den Aktionen des *Rough Wooing* (vgl. Kapitel 5.3.1). Ein weiteres Betätigungsfeld von Adligen eröffnete sich bei der Niederschlagung innenpolitischer Unruhen (wie der *Pilgrimage of Grace*). Dennoch waren die militärischen Erfolge der adligen Truppenführer überschaubar, deren Leistungen vom König zweifellos überbewertet wurden. Realistischer waren hingegen ausländische Beobachter, die auf die Überalterung dieses Personenkreises, auf deren begrenzte strategische wie taktische Kompetenz und auf die veralteten Waffen der Truppen hinwiesen. Im Blick auf die wachsende Rolle von Söldnern und ihrer Führer erschien die englische Armee als »altmodisch« und wenig effizient; nur langsam setzte sich bei Heinrich die Erkenntnis durch, dass die Ausstattung der Truppen dringend modernisiert und eine verstärkte Beschaffung von Feuerwaffen realisiert werden müsste.

Als besonders schwierig im Verhältnis Heinrichs zur Nobilität erwies sich das Problem einer Repression realer oder putativer Tudor-Gegner. Obwohl es – im Gegensatz zur Regierung des Vaters – keine intensiveren Versuche gab, den Herrscher durch einen Putsch zu stürzen, so wuchs bei ihm dennoch das Gefühl einer ständigen Bedrohung durch Personen mit »königlichem Blut« und insbesondere durch Angehörige des Kreises der *White Rose Party* (York). Nachdem Edmund de la Pole 1513 exekutiert worden war, ließ Heinrich seit 1520 wichtige Mitglieder der Nobilität überwachen und mögliche Thronrivalen (wie Buckingham) ausschalten. In den 1530er Jahren eskalierten im Zusammenhang mit der Ehekrise und der Suprematsfrage die Repressionsmaßnahmen und richteten sich vor allem gegen Mitglieder der Familien Pole und Courtenay. Im letzten Lebensjahrzehnt des Königs verstärkte sich dessen Angst vor Verrätern und Putschisten weiter, so dass mit Hilfe eines Spitzelwesens und durch den Einsatz von Hochverratsgesetzen ein Regime der Angst und der Repression etabliert wurde. Während vor allem Angehörige der Mittelschicht Opfer der Hochverratsgesetze wurden, stand die Nobilität unverändert wegen möglicher Thronansprüche bei Heinrich unter Beobachtung. Gegen mögliche Oppositionelle im Kreise des Adels agierte Heinrich »legalistisch«, indem er formal korrekte Gerichtsverfahren durch die *Peers* sowie den Erlass parlamentarischer *Attainder* veranlasste; in keinem Fall weigerten sich die *Peers*, den Repressionswünschen des Monarchen durch Gerichtsbeschluss zu entsprechen.

Das sehr komplexe und sich verändernde Verhältnis Heinrichs zu Adel und Nobilität, deren Mitglieder vielfach Opportunismus und Komplizenschaft mit dem König bei politischen Morden etc. zeigten, wurde treffend von Jasper Ridley charakterisiert:

> »[Adlige] und Höflinge änderten ihre religiösen Ansichten, wie es ihnen opportun erschien, billigten eine Heirat und erklärten sie hernach wieder für ungültig, machten sich bei Heinrichs Ministern lieb Kind, um sie später als Verräter zu diffamieren, und ließen ihre engsten Freunde und Verwandte hinrichten, bis sie selbst in den Tower geworfen und zum Richtplatz geführt wurden. Und wenn sie dann auf dem Schafott oder Scheiterhaufen auf den Tod

warteten, galten ihre letzten Worte dem König, den sie über alle Maßen priesen«.[10]

6.2 Krone und Hof: Heinrich und die königlichen Berater

Die Grundstrukturen des politischen Systems in England blieben auch nach dem Tode Heinrichs VII. weitgehend erhalten.[11] Unverändert bestanden die wichtigsten Institutionen wie der Große Rat (*Royal Council*) oder die Einrichtungen des Haushaltes (*Household*) und der Finanzverwaltung (mit *Chamber* und *Exchequer*) fort. Doch gab es schon bald unter dem neuen, jungen Monarchen einige wichtige Veränderungen. Diese betrafen einmal den *Council*, dem der *Lord Chancellor* vorstand und in dem wie bisher Magnaten, Bischöfe sowie Repräsentanten anderer gesellschaftlicher Gruppen vertreten waren. Da der Rat zu groß und zu unbeweglich war, hatte bereits Heinrich VII. zur Bewältigung aktueller Probleme des politischen Lebens die Gründung eines Engeren oder Geheimen Rats (*Privy Council*) veranlasst. Dieser war kleiner, bestand aus vertrauten Beratern des Monarchen und konnte bei Bedarf täglich tagen. Unter dem Sohn wurde der Engere Rat zur wichtigsten, ständig agierenden Herrschaftsinstitution, dessen Mitglieder den König in allen Fragen des politischen Lebens sowie der administrativen Führung des Reiches und der Rechtspflege berieten.

Weitere Veränderungen von Gremien unter dem jungen König betrafen die *Privy Chamber*, die bereits unter dem Vater einen wichtigen Teil des königlichen Haushaltes gebildet hatte. Dieser war – den Erfordernissen des höfischen Lebens gemäß – in zwei räumlich getrennte Organisationsbereiche gegliedert worden: Die *domus providentiae* zur Sicherung der materiellen Ressourcen für den Hof und die *domus magnificentiae* mit dem engeren Lebensbereich des Herrschers. Diese Aufteilung bestimmte auch die architektonischen Strukturen der Residenzen. So war der Gesamtbereich der *Chamber* im jeweiligen Gebäudeteil wiederum gegliedert in die *Great Chamber* für Zeremonien, gefolgt von der *Presence Chamber* zum Empfang von Besuchern etc. und schließlich die *Privy Chamber* bzw. *Bedchamber* mit den Privaträumen des Königs.

Ebenfalls die *Chamber* betrafen weitere Veränderungen, die Heinrich bald nach Herrschaftsbeginn vornehmen ließ und die den Zugang zur Person des Monarchen betrafen. Infolge der Personalisierung von Herrschaft besaßen die persönlichen Begegnungen mit dem König für seine Untertanen – auch hinsichtlich der Erlangung »königlicher Huld« – entscheidende Bedeutung. Der Tudor entschied nun, bevorzugt junge Adlige und Männer aus der *Gentry* für den Hof zu gewinnen, die ähnliche Interessen wie er besaßen und mit denen er gemeinsam höfischen Vergnügungen nachgehen konnte. Obwohl bis etwa 1515 keine Institutionalisierung der Funktionen der neuen Bediensteten der *Privy Chamber* erfolgte, wurden die jungen Gefährten des Monarchen rasch zu wichtigen Vertrauten. Diese hatten anfangs vor allem für das körperliche Wohlbefinden Heinrichs zu sorgen (insbesondere der *Groom of the Stool*)[12]; später fungierten sie als Sekretäre, regelten Verwaltungsangelegenheiten und besaßen andere Schlüsselpositionen am Hof. Da die Mitglieder der *Privy Chamber* zu wichtigen Funktionsträgern im Reich aufstiegen, waren in der Folgezeit Machtkämpfe u. a. mit den Angehörigen des *Privy Council* fast unvermeidlich. Hierbei bildeten sich Fraktionen heraus, die eigene Interessen verfolgten und mit anderen Gruppierungen konkurrierten.[13]

Die Räte des Königs und die erwähnten Fraktionen beeinflussten – wenn auch zu verschiedenen Zeiten und in unterschiedlicher Intensität – bald das politische Geschehen am Hofe. Hinsichtlich der Tätigkeit königlicher Berater lassen sich mindestens *sechs Phasen* unterscheiden, zumeist mit einer jeweils dominierenden Persönlichkeit. Eine *erste Phase* (1509–1512) erscheint geprägt vom hohen Konsultationsbedürfnis des jungen und unerfahrenen Monarchen, der Unterstützung bei den »alten Räten« Heinrichs VII. im *Council* suchte. Hierbei dominierten Richard Fox, Bischof von Winchester und Siegelbewahrer (*Keeper of the Privy Seal*), William Warham, Erzbischof von Canterbury, und Thomas Howard, Earl von Surrey. Sie waren wahrscheinlich nicht nur an der Fortführung der Administration zumeist mit denselben Funktionsträgern, sondern auch an politischer Handlungskontinuität interessiert. Daher bestärkten sie den König darin, sich auf höfisches Leben und diesbezügliche Vergnügungen zu konzentrieren, während sie selbst weitgehend »freie Hand« in der Administration und im »politischen Tagesgeschäft« zu erlangen suchten.

Doch seit der Thronbesteigung Heinrichs VIII. war der *Council* insbesondere hinsichtlich des künftigen außenpolitischen Kurses und der Haltung zu Frankreich tief zerstritten. Zwar konnte eine »geistliche Fraktion« um Fox und Warham gegen eine »adlig-weltliche Fraktion« um Howard und Talbot größere kriegerische Aktionen des Königs bis ca. 1511/12 hinauszögern. Eine Wende trat mit der Berufung von Thomas Wolsey in den Rat ein. Der Sprössling einer Metzger-Familie aus Ipswich hatte – wie zahlreiche andere Söhne aus »niederen Familien« – den Weg sozialen Aufstiegs über die Universität mit einem Theologie-Studium in Oxford und anschließendem Eintritt in die kirchliche Hierarchie gewählt. Dank hoher Begabung, großer Arbeitsamkeit und beachtlicher rhetorischer Fähigkeiten erwarb er mit 15 Jahren den *baccalaureus artium*, gefolgt von einem theologischen Doktorat (1510). Früh fand Wolsey nach der Priesterweihe (1498) weltliche und geistliche Förderer und machte rasch Karriere. Einflussreiche Fürsprecher empfahlen den begabten Kleriker Heinrich VII., der ihn zum Kaplan machte und mit diplomatischen Aufgaben in Frankreich und Schottland beauftragte. Die Erfolge Wolseys ließen auch Heinrich VIII. aufmerksam werden, der ihn u. a. zum königlichen *Almosenier* ernannte, gefolgt von der Aufnahme in den *Privy Council* (1510).[14]

Schon bald erwies sich der neue *Councillor* als idealer Partner für den Tudor. Mit immensem Fleiß und großer Sachkenntnis widmete sich Wolsey fast täglich von 4 Uhr am Morgen bis spät in die Nacht der Erledigung der »politischen Alltagsgeschäfte« und des Schriftverkehrs. Hierdurch entlastete er Heinrich, der dennoch über die wesentlichen politischen Entwicklungen informiert war. Dank seines bemerkenswerten Einfühlungsvermögens konnte Wolsey ein Vertrauensverhältnis zum König aufbauen, dessen politische Vorstellungen er kongenial umzusetzen verstand. Zugleich kam es zu einer schleichenden Entmachtung der »alten Räte«. So begann ab etwa 1512 eine *zweite Phase* der Tätigkeit königlicher Berater, wobei Wolsey eine dominante Stellung erlangte und ständig seine Macht vergrößerte. Hinzu kam ein rascher Aufstieg in der kirchlichen Hierarchie, indem er u. a. Bischof von Tournai (1513) und Lincoln sowie Erzbischof von York (1514) wurde, gefolgt von diversen anderen Bischofswürden (1518–1529); schließlich erfolgte die Ernennung zum Kardinal (1515) und zum *Legatus a latere* auf Lebenszeit (1524). All diese Ämter kumulierte Wolsey und zog deren Einkünfte ein, die zeitweise die Höhe der königlichen Einnahmen erreichten. Sie ermöglichten ihm eine fürstengleiche Lebensführung; zudem besaß er – ungeachtet seines geistlichen Standes – diverse Geliebte und uneheliche Kinder. Besonderen Neid der Zeitgenossen erweckte das renaissancehafte Repräsentationsbedürfnis Wolseys, der Pomp und Prunk schätzte, eine aufwendige Patronage von Kunst und Wissenschaft (Gründung des *Cardinal College* in Oxford, später *Christ Church*) pflegte und kostspielige Prachtbauten in bzw. bei London (*York Place/Whitehall, Hampton Court*) errichten ließ. Bis 1529 verfügte er durch die Kombination seiner weltlichen und geistlichen Ämter über eine Machtfülle in Kirche und Staat, wie sie kein anderer weltlicher oder geistlicher Großer der Zeit im englischen *regnum* besaß.

Mit der Ernennung Wolseys zum *Lord Chancellor* (1515) begann die *dritte Phase* der Tätigkeit königlicher Berater, die bis zum Sturz des Kardinals (1529) dauerte. Zweifellos dominierte der Lordkanzler das politische Geschehen; doch erscheint die These, der König sei nur williges Werkzeug für Wolsey bzw. für eine bestimmte Fraktion bei Hofe gewesen, als nicht mehr haltbar.[15] Vielmehr war der Minister unverändert bemüht, die politischen Vorstellungen seines Herrn zu erkennen und sie entsprechend umzusetzen, wobei ihm der Tudor hinsichtlich konkreter Aktionen weitgehend freie Hand gelassen haben dürfte. Dem Streben Heinrichs nach chevaleresken Ruhm entsprechend konzentrierte sich Wolsey in den ersten Jahren als Lordkanzler auf außenpolitische Probleme, insbesondere auf die Beziehungen zu Frankreich (vgl. Kapitel 5.1). Hierbei gelang es ihm, ein Ehebündnis zwischen Ludwig XII. und Heinrichs Schwester Maria zu schaffen (1514) und eine temporäre Friedensordnung mit dem Tudor als »europäischem Schiedsrichter« zu konstituieren (1518). Hinzu kamen weitere außenpolitische Aktivitäten wie die Invasion Frankreichs (1523) und Bemühungen um eine Teilung des französischen *regnum* nach der Gefangennahme von Franz I. (1525). Hieran schlossen sich Unternehmungen des Kardinals zur Sicherung eines »politischen Gleichgewichtssystems« in Europa und zur Förderung einer »abendländischen Friedenspolitik« in Kooperation mit dem Papst an. Diese Maßnahmen fanden jedoch nach dem Entschluss Heinrichs zur Trennung von Katharina ihr rasches Ende. Seit etwa 1527 wurden auch die außenpolitischen Entwicklungen maßgeblich von den königlichen Entscheidungen bezüglich der Eheannullierung und nicht mehr von Wolsey beeinflusst.

Doch beschränkte sich der Lordkanzler seit der Ernennung nicht auf außenpolitische Unternehmungen. Vielmehr standen diese in engem Zusammenhang mit seinen Bemühungen um tiefgreifende innenpolitische Reformen. Diese betrafen nicht nur das Justiz- und Finanzwesen, sondern auch die Wirtschaft des Landes sowie kirchliche Angelegenheiten, die Wolsey in seiner Funktion als Legat zu regeln suchte. Er strebte besonders eine Strukturreform der Herrschaftsorganisation im Tudor-Reich an: Bislang wurde eine Vielzahl an weitgehend selbstständigen Institutionen in ihrem Handeln nur vom Monarchen überwacht und koordiniert, jedoch fehlte ein übergeordnetes weltliches Amt im königlichen Herrschaftsapparat. Nun erstrebte der Lordkanzler eine Zentralisierung und Effizienzsteigerung, womit er jedoch scheiterte. Widerstand erfuhr er auch bei seiner Justizreform, die eine Gleichbehandlung der Untertanen vor Gericht ohne Bevorzugung der Höheren Stände intendierte. Wenig Zustimmung durch die Großen erfuhren zudem die Aktivitäten des *Court of Star Chamber*, in dem auf Betreiben Wolseys zahlreiche Adlige wegen Machtmissbrauch angeklagt und verurteilt wurden. Der König förderte diese Institution, um mögliche Revolten der Magnaten wegen angeblicher Einschränkungen ihrer »angestammten Rechte« im Keim zu ersticken.[16] Ebenfalls auf baroniale Kritik stießen die Maßnahmen des Lordkanzlers für eine Neuordnung des Abgaben- und Steuersystems, in dem künftig Reiche stärker belastet werden sollten; hinzu kamen zahlreiche *forced loans* und *benevolences*, die Wohlhabende an die Krone zu zahlen hatten. Völlig scheiterte der Kardinal 1525 mit dem Versuch, ohne Billigung durch das Parlament gewaltige Geldmengen mithilfe weiterer Abgaben (*Amicable Grant*) für kriegerische Maßnahmen Heinrichs in Frankreich zu beschaffen.

Auch in der Kirche strebte Wolsey – in seiner Funktion als päpstlicher Legat – Reformen an, etwa bezüglich einer Neuordnung der Organisation der englischen Diözesen und einer Revision monastischer Statuten. Seine Auflösung von etwa 30 Klöstern wirkte im Rückblick als ein erster – sicherlich unwillentlicher – Schritt auf dem Wege zu einer umfassenden Herrschaft des Monarchen über die englische Kirche. Dennoch kam es 1527 seit der Eröffnung des Eheannullierungsverfahrens zu einer allmählichen Entfremdung des Kardinals zum Monarchen, der von ihm vergeblich eine umgehende Lösung der Eheprobleme forderte. Als Wolsey in dieser Frage scheiterte und sich auch eine außenpolitische Isolation Englands abzeichnete, kam es zum Bruch mit Heinrich. Sicherlich auch auf Betreiben der Boleyn-Fraktion entzog der König seinem Lordkanzler das Vertrauen, der im Herbst 1529 wegen angeblichen Verstoßes gegen das Statut *Praemunire* und wegen Hochverrat angeklagt wurde. Nur der frühzeitige Tod am 29. November 1530 bewahrte ihn vor einem Prozess mit möglicherweise tödlichem Ausgang. Ungeachtet dieser Vorwürfe sowie seiner Eitelkeit und seines Machtstrebens wird man dennoch Wolsey als eine Persönlichkeit betrachten dürfen, die bis ans Lebensende ein loyaler und ergebener Diener seines Königs war.

Mit dem Sturz des Kardinals und der Ernennung Thomas Mores zum *Lord Chancellor* (25./26. Oktober 1529) begann die *vierte Phase* der Tätigkeit königlicher Berater am Hofe Tudors; diese Phase war nur kurz und dauerte bis zur Niederlegung des Amtes durch More am 16. Mai 1532. Dem König war dieser kein Unbekannter:[17] Als Sohn eines Richters wahrscheinlich am 7. Februar 1478 in London geboren, absolvierte er nach kurzen humanistischen Studien in Oxford bis 1502 eine juristische Ausbildung in London, um sich anschließend als Anwalt niederzulassen. 1504 wurde er Parlamentsmitglied und begann eine steile politische Karriere, die ihn – nach der Tätigkeit als *Under-Sheriff* von London (1510) – 1517 an den Hof König Heinrichs führte, der ihn zum *Personal Servant* und Mitglied des *Privy Council* machte. Verschiedene erfolgreiche diplomatische Missionen ließen More weiter in der Gunst des Monarchen steigen, der enge Beziehungen zu ihm pflegte und diesen als wichtigen Ratgeber betrachtete. More, der 1521 zum Ritter geschlagen wurde, setzte seine Karriere zügig fort, indem er *Under-Treasurer* (1521), Sprecher des Unterhauses (1523) und *(High-)Steward* der Universitäten Oxford und Cambridge wurde (1524/25). Hinzu kamen gelehrte Arbeiten – außer der berühmten »Utopia« von 1516 zahlreiche polemische Schriften gegen Luther, die Protestanten und Willliam Tyndales Bibelübersetzungen. Der *Councillor* betrachtete derartige Werke wie die gesamte reformatorische Bewegung als gefährlich sowohl für den katholischen Glauben als auch für den Bestand der Gesellschaft. Beim Sturz Wolseys lag es daher für den Monarchen nahe, einen seiner engsten Vertrauten als neuen *Lord Chancellor* zu berufen, der mit allen laufenden Geschäften vertraut, jedoch erstmals kein Kleriker war.

Unklar ist, welche Handlungsmotive More für die Annahme dieses Amtes besaß. Möglicherweise war er aufgrund der Abhängigkeit vom König gar nicht in der Lage abzulehnen. Unwahrscheinlich ist hingegen die Annahme, dass More die neue Würde annahm, um besser gegen die Ehepläne Heinrichs agieren zu können. Ob ihm der Monarch bei Amtsantritt versprochen hatte, ihn nicht mit Angelegenheiten der Annullierung zu befassen und keinerlei Amtshandlungen ausführen zu lassen, die er nicht mit dem Gewissen in Einklang zu bringen vermochte, ist ungeklärt. Als abwegig erscheint hingegen die Behauptung, More habe im *Council* eine Gruppe von Bischöfen und Anhängern Katharinas im Kampf gegen die Eheaufhebung des Königs angeführt. Vielmehr vermied es der Lordkanzler, öffentlich zu den diesbezüglichen Wünschen des Tudors Stellung zu nehmen, so dass für die Amtszeit Mores in der Eheangelegenheit eine Stagnation zu konstatieren ist. Dennoch war der *Lord Chancellor* bestrebt, den Wünschen des Königs so weit wie möglich zu entsprechen, indem er etwa im Parlament seinen früheren Mentor Wolsey angriff und dessen angeblich betrügerisches Verhalten gegenüber Heinrich anprangerte. Ansonsten beschränkte sich More auf die Erledigung der »Alltagsgeschäfte«, wobei er vor allem als Richter und weniger als politischer königlicher Rat agierte. Seine Kanzlerschaft wies keinerlei innovatorischen Perspektiven auf – etwa bezüglich einer Reform des Rechts- oder Verwaltungswesens. Auffällig war hingegen sein Engagement als Laie bezüglich einer Repression von »Ketzern« bzw. »Häretikern«, die er erbarmungslos verfolgte. Ungeachtet seines humanistischen Menschenbildes hatte er keinerlei Bedenken gegen die Verbrennung von sechs angeblichen »Häretikern«.[18]

Charakteristisch für die vorsichtige, nicht offen oppositionelle Haltung Mores gegenüber dem König ist die Tatsache, dass der Kanzler keinerlei öffentlichen Protest bezüglich der antiklerikalen Maßnahmen Heinrichs äußerte – etwa hinsichtlich seiner Pressionen gegenüber den *Convocations* von Canterbury und York (1531) sowie der klerusfeindlichen Petitionen des Unterhauses, in dem Cromwell im März 1532 erfolgreich agierte. Erst die Verkündigung der »Unterwerfung des Klerus« unter die königliche Gewalt (*Submission of the Clergy* am 15. Mai 1532) führte zum Rücktritt Mores als Lordkanzler, der seinen Schritt mit Gesundheitsproblemen begründete. Somit waren es

Fragen der *libertas ecclesiae* (Freiheit der Kirche) und nicht etwa Probleme bezüglich der königlichen Scheidung, die zum Rückzug Mores vom Hofe führten. Erst spätere Konflikte um das Sukzessionsgesetz und die Suprematsakte hatten den Prozess und die Hinrichtung Mores am 6. Juli 1535 zur Folge.[19]

Mit dem Amtsverzicht Mores begann die *fünfte Phase* der Tätigkeit königlicher Berater (1532/33–1540): Nun wurde Thomas Audley zum *Lord Chancellor* ernannt, der bis 1544 amtierte, während Thomas Cromwell in unterschiedlichen Funktionen und Ämtern bis zu seiner Hinrichtung 1540 als eigentlicher *Chief Minister* des Tudors fungierte. Dennoch kam Audley bei den folgenden Konflikten, u. a. in der Scheidungsfrage, als Jurist eine Schlüsselrolle zu:[20] Seit 1527 im Haushalt Wolseys tätig, wurde er nach dessen Sturz 1529 *Speaker of the House of Commons*, 1531 *King's Serjeant* und als Nachfolger Mores 1532 *Keeper of the Great Seal* bzw. 1533 *Lord Chancellor*. In dieser Funktion stellte sich Audley vorbehaltlos in den Dienst des Königs, indem er nicht nur in den Prozessen gegen Fisher präsidierte (1535), sondern auch in den Verfahren gegen Anna Boleyn und ihre angeblichen »Liebhaber« (1536) eine zentrale Rolle spielte. 1537 ließ er Beteiligte der Rebellion *Pilgrimage of Grace* hinrichten, 1538 gefolgt von der Tätigkeit als *Lord Steward* in den Hochverrats-Verfahren gegen Henry Pole. 1540 zögerte er nicht, das *Attainder*-Verfahren gegen seinen früheren Förderer Cromwell durchzuführen, um sich schließlich nach Bemühungen um Auflösung der Ehe Heinrichs mit Anna von Kleve – reich versorgt mit Gütern aus aufgelösten Klöstern – 1544 ins Privatleben zurückzuziehen.

Während die Tätigkeit Audleys als *Lord Chancellor* von einer blutigen Kette von zahlreichen Hinrichtungen angeblicher »Verräter« des Königs gekennzeichnet zu sein scheint, weisen die Aktivitäten Cromwells in seinen unterschiedlichen Funktionen am königlichen Hof völlig andere Schwerpunkte auf. Als Sohn eines Brauers aus Putney von niederer Herkunft (* ca. 1485),[21] war er seit den 1520er Jahren für den Tudor kein Unbekannter. Nach längerem Aufenthalt in Italien, wo Cromwell als Söldner und Tuchhändler lebte, hatte er in England

Rechtswissenschaft studiert, war 1523 Mitglied im *House of Commons* geworden und 1524 in die Dienste Wolseys getreten. Dank seiner Qualitäten gewann Cromwell rasch das Vertrauen des Kardinals, der ihn 1526 zum Mitglied seines *Council* machte. Nach Wolseys Sturz und während der Kanzlerschaft Mores wurde er zu einem wichtigen Vertrauten des Königs. Dieser übertrug ihm nach dem Rücktritt Mores (1532) zwar Schlüsselpositionen im königlichen Haushalt und in der Verwaltung (1533 *Chancellor of the Exchequer*), jedoch kein hohes »Staatsamt«. 1534 folgte seine Ernennung zum königlichen *Chief Secretary* bzw. *Master of the Rolls*. Damit wurde Cromwell zum *Chief Minister* Heinrichs, der aber zu ihm – im Gegensatz zu Wolsey – niemals freundschaftliche Beziehungen entwickelte. Schließlich wurde der Minister 1535 *Vicar General* des Königs *in spiritualibus* (»in Kirchendingen«), wodurch nach Erlass des *Act of Supremacy* (1534) die Herrschaft des Monarchen über die Kirche konkretisiert werden sollte.

Die Aktivitäten des wichtigsten Beraters des Tudors nach der Ernennung Audleys konzentrierten sich – abgesehen von vereinzelten Reformmaßnahmen im sozio-ökonomischen Bereich – auf mindestens fünf Tätigkeitsfelder: Die Eheaufhebung des Königs, die Neuordnung der Beziehungen zum Papsttum bzw. die Haltung zur reformatorischen Bewegung, die Entwicklung eines neuen Herrschafts- und Staatsverständnisses bei Heinrich, die Anbahnung einer neuen Ehe für den Monarchen und die Reform des Rechts- und Verwaltungswesens mit dem Ziel einer Stärkung der königlichen Zentralgewalt. Bei dem ersten Problembereich – der Ehefrage – zog Cromwell Konsequenzen aus den negativen Erfahrungen Wolseys bezüglich einer Eheannullierung durch den Nachfolger Petri (vgl. Kapitel 4.1 und 7.1). Gemeinsam mit führenden Reformern erkannte der Minister die Notwendigkeit einer Lösung des Eheproblems ohne Einbeziehung Roms, d. h. ausschließlich durch Instanzen im englischen *regnum*. Aus dieser Erkenntnis resultierte – im zweiten Handlungsfeld Cromwells – sein Bestreben, eine Neuordnung der Beziehungen zum Heiligen Stuhl anzustreben. In der Kombination der beiden genannten Problembereiche kam es seit 1533 zu einer Serie an parlamentarisch gebilligten Verfügungen, die sowohl die Scheidung Heinrichs ermöglichten als auch – etwa im *Act of Supremacy* (1534) – alle weltliche wie geistliche Macht in den Händen des Souveräns vereinigten. Die gewandelte Stellung des Monarchen im englischen *regnum* führte – im dritten Handlungsfeld Cromwells – zu Veränderungen im herrscherlichen Selbstverständnis und zur allmählichen Ausbildung einer neuen königlichen »Herrschaftsideologie« (*imperial kingship*) (vgl. Kapitel 8.2).

Der vierte Handlungsbereich Cromwells – die erneute Eheschließung des Monarchen – wurde ihm zum Verhängnis. Im Streben nach einer außenpolitischen Verbindung zu protestantischen Fürsten im Deutschen Reich und zur Förderung der kirchlichen Reformtendenzen in England drängte Cromwell seinen Herrn dazu, erstmals aus diplomatischen Gründen eine Ehe einzugehen. Nachdem sich diese Verbindung als Desaster erwiesen hatte und an den Emotionen Heinrichs gescheitert war, musste der Tudor seine Fehlentscheidung – auch im Blick auf veränderte außenpolitische Gegebenheiten – revidieren. Als »Sündenbock« diente dem König, aber auch einer oppositionellen Hof-Fraktion Cromwell, der seine fehlgeschlagenen Aktivitäten mit dem Tode büssen musste.

Der fünfte Handlungsbereich Cromwells – die Reform der Herrschafts- und Verwaltungsstrukturen in England – ist hinsichtlich seiner Bedeutung unverändert umstritten (*Tudor revolution in government*).[22] Gesichert erscheint die Tatsache, dass der Minister durch die Neuorganisation des *Privy Council*, durch tiefgreifende Reformen im Verwaltungswesen und die Verbesserung der Methoden der Steuereinziehung das Herrschaftssystem effizienter gestaltete. Hinzu kam eine Umgestaltung des Finanzwesens, das bislang von persönlichen *Servants* des königlichen Haushalts betrieben wurde, in ein »bürokratisches System« mit qualifizierten Fachleuten auf »staatlicher Ebene«. Mit dem Bedeutungszuwachs des *Privy Council* und der Konstituierung von Finanzeinrichtungen auf »nationaler Ebene« wurde zugleich der Führungsanspruch der

»alten«, aristokratischen Eliten weiter eingeschränkt. Ob die Vielzahl von Einzelmaßnahmen des Ministers jedoch Teil eines großen »Master-Plans« waren, den Cromwell angeblich frühzeitig entworfen und dann konsequent – gegebenenfalls gegen den König – realisiert hatte, bleibt umstritten. Zweifellos förderten die Aktivitäten Cromwells die Stärkung der königlichen Gewalt im Reich und dessen Zentralisierung. Der Sturz und die Hinrichtung des Ministers am 28. Juli 1540 dürften hingegen nicht nur auf Widerstände gegen seine Reformen oder allein auf Intrigen der »alten Eliten« zurückzuführen sein. Vielmehr werden vorrangig angeblich »häretische«, d. h. reformatorische, Anschauungen Cromwells dazu geführt haben, dass der König an der Loyalität des Ministers zweifelte und ihn als zu beseitigende Gefahr betrachtete – Vorstellungen, die Heinrich bald nach der Tötung seines Beraters öffentlich bedauerte.

Nach dem Tode Cromwells begann die *sechste und letzte Phase* hinsichtlich der Tätigkeit königlicher Berater, die bis zum Ende der Herrschaft Heinrichs dauerte (1540–1547). In dieser Zeit ist keine Wirksamkeit einer dominierenden Beraterpersönlichkeit – wie Thomas Wolsey oder Thomas Cromwell – zu konstatieren. Zwar ernannte der Tudor nach dem Rücktritt von Thomas Audley (1544) auch weiterhin *Lord Chancellor* wie Thomas Wriothesley (1544–1547), doch spielte dieser eine eher untergeordnete Rolle.[23] Heinrich entschied vielmehr, selbst verstärkt das politische Geschehen zu bestimmen und hierbei akzidentiell einzelne Berater aus dem *Council* heranzuziehen. Ansonsten pflegte der Monarch nach 1540 einen *»corporate style of government«* und stützte sich bei seinem *conciliar government* weniger auf dominierende Persönlichkeiten im Kreise der Berater.[24] Keiner der Räte war in den letzten Lebensjahren Heinrichs infolge dessen wachsenden Misstrauens gegenüber dem Hof und infolge seiner Unberechenbarkeit in der Lage, auch nur ansatzweise ein Vertrauensverhältnis zum Tudor aufzubauen. Insofern sind die letzten Herrscherjahre von zumeist einsamen Entscheidungen des Königs geprägt, ohne dass irgendein Berater nachhaltigen Einfluss auf ihn hätte ausüben können.

Zusammenfassend ist zu konstatieren, dass sich hinsichtlich der Tätigkeit königlicher Berater während der Herrschaft Heinrichs große Unterschiede in den erwähnten sechs Phasen feststellen lassen. Hierbei wechselten Zeiten eines *conciliar government* mit Phasen eines verstärkt *ministerial government*, jeweils abhängig vom Wirken dominierender Beraterpersönlichkeiten. Diese agierten nicht isoliert am Hofe, vielmehr bildeten sich Gruppen von Gefolgsleuten um die einflussreichen Räte. So konstituierten sich zumindest zeitweise Fraktionen, die am Hofe miteinander rivalisierten und politische oder personelle Entscheidungen des Monarchen zu beeinflussen suchten. Sicherlich hörte der König auf die unterschiedlichen Stellungnahmen der Räte und zeigte sich wahrscheinlich auch als beeinflussbar; dennoch blieb er in der gesamten Herrschaftszeit »Herr des Verfahrens«. Als solcher bestimmte Heinrich die Grundlinien seiner Politik, deren Ausführung er – bei gleichzeitiger eigener Oberaufsicht – geeigneten Beratern oder dem *Chief Minister* überließ, die oftmals über einen beträchtlichen Handlungsspielraum verfügten. Doch blieben sie in ihrem Wirken auf die Gunst des Monarchen angewiesen, der bei Vertrauensverlust sowohl ihre politische Tätigkeit als auch ihr Leben unvermittelt beenden lassen konnte – wie Wolsey, More und Cromwell leidvoll erfahren mussten.

7 Die Krone und die innenpolitische Entwicklung Englands

7.1 Krone und Religion: Die Entwicklung der *Anglicana ecclesia* und das religiöse Leben in Tudor-England

Bereits Heinrich VII. hatte sich mit Phänomenen einer nonkonformistischen Bewegung von Anhängern Wyclifs (den Lollarden) auseinanderzusetzen, die trotz Verfolgungen durch die weltliche wie geistliche Gewalt an kirchenkritischen Lehren festhielten.[1] Zwar entwickelten die Lollarden kein eigenständiges theologisches System, doch strebten sie u. a. in den *Twelve Conclusions* (1395) sowie in Parlamentspetitionen eine tiefgreifende Reform der Kirche an – z. B. eine Reform der Lebensweise des Klerus, die Aufhebung der geistlichen Privilegien und den Verzicht des Klerus auf weltliche Macht. Hinzu kam eine Rückbesinnung auf den Wortlaut der Bibel, auf die Abkehr vom Exegese- bzw. Lehr-Monopol der Kirche sowie auf die Forderung nach einer Übersetzung der Bibel in die Volkssprache (Wyclif-Bibel 1380–1388). Nachdem auch scharfe Kritik am Ritus der Kirche, an den Pilgerfahrten, den Messen für Verstorbene und der Lehre vom Höllenfeuer geübt worden war, schienen entscheidende Grundlagen katholischer Lehre, aber auch kirchlicher Existenz in der Gesellschaft in Frage gestellt zu sein. Da einzelne Lollarden-Anhänger der Oberschicht (wie John Oldcastle) den Versuch unternommen hatten, ihre Reformvorstellungen gewaltsam durchzusetzen, betrachteten der englische Königshof und der Hohe Klerus seit Beginn des 15. Jahrhunderts die Lollarden-Bewegung als »Häresie« und als potentiell sozial-revolutionäre Strömung, die mit aller Kraft verfolgt werden musste.[2]

Die anschließenden Verfolgungen der Lollarden als »Ketzer« – u. a. nach dem *Act De heretico comburendo* (1401) – vernichteten die Gruppierung zwar weitgehend; dennoch blieben einige Lollarden-Gemeinschaften ebenso wie lollardisches Schrifttum bis ca. 1500 in England und Schottland erhalten. Vergeblich versuchte Heinrich VII. nach der Thronbesteigung, dieser Bewegung durch weitere Repressionen und Hinrichtungen Herr zu werden. Sein Sohn setzte die Verfolgungen phasenweise in verschiedenen Diözesen fort (1511/12, 1521); doch das Problem wurde durch die allmähliche Verbreitung lutherischer Lehren seit den 1520er Jahren verschärft. Umstritten ist, ob bzw. in welchem Maße die lollardischen Traditionen die Rezeption lutherischer Lehren im Inselreich beeinflusst oder gar befördert haben. Unklar ist zudem, ob es zu einer »Amalgamierung« lollardischer Anschauungen mit Elementen der »Neuen Lehre« kam. Anzunehmen ist jedoch, dass lollardische Kirchen- und Sozialllehren seit Anfang des 16. Jahrhunderts in bestimmten gesellschaftlichen Kreisen ein geistiges Klima der Kritik bereitet hatten, das einer Verbreitung der »Neuen Lehre« förderlich sein konnte. Gleiches galt für Einflüsse englischer Humanisten wie Desiderius Erasmus, John Colet, William Grocyn und Thomas More, von denen einige aber am »Alten Glauben« festhielten. Somit speiste sich die *English Reformation* nicht nur aus dem »Import« lutherischen Ideengutes vom Kontinent, sondern auch aus tief verwurzelten insularen Traditionen oftmals lollardischer Provenienz.

Die Rezeption der Schriften des deutschen Reformators im Inselreich erfolgte kontinuierlich, da diese seit 1518 heimlich importiert und u. a. von John Dorne seit 1520 in Oxford verkauft wurden.[3] Als hinderlich erwies sich – abgesehen von den lateinischen Werken Luthers – das Problem der Übersetzung ins Englische, so dass die frühe Luther-Rezeption vor allem in akademisch-universitären Kreisen erfolgte. Dagegen richteten sich seit 1520 Repressionsmaßnahmen von Wolsey, der gegen »ketzerische« Schriften und Anhänger des Reformators vorging. Dennoch wurde der Import von Luther-Schriften fortgesetzt. Auch beschäftigten sich vermehrt Intellektuelle mit lutherischem Ideengut – wie z. B. der Gelehrtenzirkel von Barnes, Cranmer, Latimer, Parker u. a. in der *White Horse Tavern* in Cambridge. Zahlreiche Luther-Anhänger sahen sich hingegen zur Flucht auf den Kontinent gezwungen (u. a. Robert Barnes, George Joye, Simon Fish). Insbesondere Wittenberg entwickelte sich zu einem Refugium englischer Lutheraner. Zugleich erstarkte die reformatorische Bewegung im Inselreich weiter, der sich zahlreiche Gebildete anschlossen. Geradezu einen »Schub« erhielt die Bewegung durch die englische Übersetzung des Neuen Testamentes von William Tyndale (1524, 1534–1536), die Dominanz der Lutheraner im Bereich der volkssprachlichen Literatur und schließlich durch die Auseinandersetzungen um die Eheprobleme des Tudors mit Rom. Seit den 1530 Jahren schwand jedoch die Bedeutung der lutherischen Lehren zugunsten des Einflusses oberdeutscher bzw. schweizerischer Reformer wie Bucer, Zwingli und Calvin – Tendenzen, die während der Herrschaft von Eduard VI. und Elisabeth I. noch verstärkt wurden.[4]

Heinrich VIII. hielt bis zum Lebensende am »Alten Glauben« fest, obwohl er – vielleicht unter dem Einfluss von Erasmus von Rotterdam – von der Notwendigkeit einer Reform der zeitgenössischen Kirche bzw. des geistlichen Lebens überzeugt war. In großer Frömmigkeit besuchte er lange Zeit mehrmals pro Tag die Messe, akzeptierte die Lehre der Transsubstantiation, unternahm Wallfahrten und eignete sich durch konsequentes Studium beachtliche theologische Kenntnisse an, die ihn zu Disputationen mit Geistlichen befähigten.[5] Lollardisches wie reformatorisches Ideengut stellten für ihn unverändert »häretische« Phänomene dar, die das Herrschaftssystem zu bedrohen vermochten und daher mit allen Mitteln zu unterdrücken waren. Um öffentlich gegen diese verderblichen Kräfte vorzugehen und um seine Rechtgläubigkeit zu dokumentieren, entschloss er sich 1521, mit

Hilfe von Gelehrten die Anti-Luther-Schrift *Assertio septem Sacramentorum* zu veröffentlichen und dem Papst zu widmen.[6] Obwohl Heinrich – vom Papst als *Defensor Fidei* geehrt – auch in der Folgezeit bis 1536 den Reformern feindlich gesinnt blieb, erwiesen sich seine kirchenpolitischen Maßnahmen als widersprüchlich und inkonsistent.[7] Im Streben nach einer *via media* zwischen den konkurrierenden religiösen Gruppierungen des Landes schien der König von wechselnden Hof-Fraktionen beeinflusst. Dennoch wurde er nicht zu einem »Spielball« der rivalisierenden Gruppierungen; vielmehr traf er nach Konsultation der Berater und in Reaktion auf die sich wandelnden gesellschaftlichen und politischen Rahmenbedingungen eigenständig seine kirchenpolitischen Entscheidungen. So kam es 1537–1538 aus außenpolitischen Gründen zu einer temporären Annäherung an protestantische deutsche Fürsten, gefolgt von einer weiteren Phase repressiver Maßnahmen gegenüber englischen Protestanten (1539–1543). Doch erst gegen Ende seines Lebens (nach 1543) bewies er zeitweise größeres Verständnis gegenüber der reformatorischen Bewegung.[8]

Während der Tudor bis Mitte der 1520er Jahre uneingeschränkte Ergebenheit gegenüber der katholischen Kirche zeigte, wurden für ihn die Probleme der Herrschaftssicherung, d.h. die Erlangung eines legitimen Thronfolgers, immer drängender. Dies schien in der Ehe mit Katharina schon aus biologischen Gründen nicht mehr möglich. Zudem verstärkten sich bei Heinrich die seit längerem bestehenden Zweifel an der Rechtmäßigkeit der Heirat mit der Witwe seines Bruders. Die diesbezüglichen Bedenken leitete er aus Bibeltexten ab, vor allem aus Levitikus-Passagen (Lev. 20,21 und Lev. 18,16). Hiernach wäre eine Ehe zwischen einem Bruder und der Witwe seines Bruders rechtswidrig und würde mit der göttlichen Strafe der Kinderlosigkeit (hier: Söhnelosigkeit) sanktioniert – eine Strafe, die Heinrich in seiner Ehe vollzogen sah. Da es sich hier um Gottes Gesetz handelte, könnte auch kein Papst einen Dispens (wegen »Schwägerschaft ersten Grades«) erteilen. Die erlangte Dispensierung durch Papst Julius II. wäre daher nicht nur unwirksam, sondern dokumentierte – ungeachtet seiner postulierten *plenitudo potestatis* – eine klare Kompetenz-Überschreitung des Nachfolgers Petri. Insofern erschien dem Tudor seine Ehe als widerrechtlich, deren Aufhebung geboten zu sein schien. Es ist anzunehmen, dass Heinrich hierbei nicht nur aus »taktischen Gründen« Bedenken hegte, sondern ernsthafte Gewissensprobleme besaß.[9]

In der Folgezeit konzentrierte sich der König darauf, durch Verhandlungen und zahllose Gesandtschaften Clemens VII. zu einer Eheauflösung zu veranlassen.[10] Doch weder ein englisches geistliches Gericht noch ein Legaten-Gericht – mit Wolsey und Lorenzo Campeggio in Blackfriars 1529 – waren in der Lage, eine Entscheidung herbeizuführen. Das dilatorische Verhalten des Papstes konnte auch nicht durch das persönliche Engagement des Tudors geändert werden. Er hatte bezüglich der Ungültigkeit seiner Ehe (besonders unter Rekurs auf die Levitikus-Passagen) mit Hilfe eines Teams an Fachleuten zwischen 1527 und 1531/32 eine Vielzahl an Schriften (u. a. *Henricus octavus*, *Glasse of Truthe*) verfasst, die dem Papst und später auch dem Legaten-Gericht in London vorgelegt wurden,[11] jedoch die gewünschte Wirkung verfehlten. Nachdem Clemens VII. – nach dem *Sacco di Roma* (1527) in der Gewalt Karls V. befindlich – auf einem Eheprozess in Rom bestanden hatte, kam es zum Sturz Wolseys (Oktober-November 1529), dem der König mangelndes Engagement in der Annullierungsfrage unterstellte.

Während der neue Lordkanzler More eine Involvierung in die Eheangelegenheit zu vermeiden suchte, zeigte Thomas Cromwell als *Chief Minister* diesbezüglich besonderes Engagement. Er entwickelte eine Doppelstrategie, indem er einerseits – den Wünschen Heinrichs folgend – weiterhin auf dem Verhandlungswege eine päpstliche Eheannullierung anstrebte; hierzu ließ er 1530 theologische Gutachten zahlreicher Universitäten zu den Levitikus-Passagen einholen.[12] Andererseits rezipierte er herrschaftstheoretische Theorien, die von Juristen wie Christopher St. German und John Colet entwickelt worden waren. Diese reklamierten ein »imperiales Königtum«

sowie innere wie äußere Souveränität für den englischen Herrscher, der allein der Gewalt Gottes bzw. keiner anderen Macht auf Erden unterworfen wäre. Weitere Recherchen stützten diese Position durch umfangreiches rechtliches und historiographisches Quellenmaterial (u. a. in der Textsammlung »*Collectanea satis copiosa*« 1530) (vgl. Kapitel 8.2). Unter Rekurs auf diese Materialien bereitete man nunmehr sowohl eine Neuregelung der Beziehungen der englischen Krone zum Papsttum als auch eine landesinterne Lösung der Ehefrage vor, wobei dem englischen Klerus und dem Parlament eine Schlüsselrolle zukam. Insbesondere die *Commons* unterstützten den Tudor bei den Bemühungen um eine Trennung von Rom und um Unterwerfung der englischen Kirche unter die königliche Gewalt.

Nun begann eine *Political Reformation*, die vom Monarchen und vom Parlament[13] betrieben wurde und in einem langfristigen Prozess nur ansatzweise während der Herrschaft Heinrichs im Inselreich durchgesetzt werden konnte (*top-down movement*). Keinesfalls handelte es sich um eine »spontane« Bewegung aus dem Volk, etwa infolge Unzufriedenheit mit dem zeitgenössischen Erscheinungsbild der Kirche (*bottom-up movement*).[14] Es war der Herrscher, der sich mit Hilfe des Parlaments bemühte, mit einer Serie an repressiven Maßnahmen gegen den englischen Klerus bzw. gegen die Institutionen der englischen Kirche diese vollständig zu unterwerfen (in *vier Phasen*). In der *ersten Phase* dieses Konfliktes (1531/32) wurde als Repressionsinstrument das *Praemunire*-Verfahren eingesetzt, das schon Heinrich VII. erfolgreich zur Unterdrückung des Klerus angewendet hatte. Auch sein Sohn nutzte dieses Mittel, um 1531 die *Convocations* von Canterbury und York unter Androhung schwerster Strafen sowohl zur Zahlung hoher Geldsummen wegen des Vergehens gegen das *Praemunire*-Statut zu zwingen als auch den König als »oberstes Haupt« der englischen Kirche anzuerkennen, »sofern dies das Gesetz Christi erlaubt« (*Pardon of the Clergy*). Hieran schloss sich in einer *zweiten Phase* (1532–1534) eine Serie von Gesetzen an, durch die das Parlament den Bruch mit Rom bzw. die

Selbstständigkeit der Kirche Englands förderte und den Anspruch Heinrichs auf königliche Oberhoheit unterstützte. Diese Maßnahmen begannen mit dem *Act of Submission of the Clergy* (1532 durch die *Convocation* von Canterbury mit Parlamentsbestätigung 1534) und dem *First Act of Annates* (mit der Androhung finanzieller Repressionen gegen Rom). Es folgten 1533/34 der *Act in Restraint of Appeals* (mit dem Verbot von Appellationen an Rom) und dann verschiedene *Acts* mit weiteren finanziellen Sanktionen gegenüber der Kurie (*Act of First Fruits and Tenths, Second Act of Restraint of Annates, Dispensation Act*) – 1540 ergänzt durch die Schaffung eines *Court* zum Einzug diesbezüglicher Gelder für die Krone. Hieran schlossen sich der *First Act of Succession* (mit einer Neuregelung der Thronfolge), der *Treason Act* (mit der Neufassung der Hochverratsbestimmungen) und schließlich der *First Act of Supremacy* (zur Sicherung der Suprematie des Königs) an.[15]

Mit dieser Serie an Gesetzen des *Reformation Parliament* waren die rechtlichen Rahmenbedingungen für die von Heinrich postulierte Suprematie und für seinen umfassenden Machtanspruch als weltlicher Herrscher und als »oberstes Haupt der Kirche von England auf Erden« geschaffen. In einer *dritten Phase* (seit 1534) wurden diesbezüglich weitere Gesetze erlassen – so 1536 eine Neuordnung der Thronfolge (*Second Act of Succession*), der *See of Rome Act* (mit dem erneuten Verbot der Appellation an den Papst) sowie die Verfügungen über die Aufhebung der Klöster. Abgesehen von dem *Act* über sechs neue Bistümer (1539), die jeweiligen Grafschaften zugeordnet werden sollten, und finanziell relevanten Verfügungen erfolgte in den letzten Jahren der Herrschaft Heinrichs keinerlei weitere Gesetzgebung hinsichtlich der institutionellen Neugestaltung der englischen Kirche. Stattdessen konzentrierte er sich im letzten Jahrzehnt seiner Herrschaft – in der *vierten Konflikt-Phase* – auf Probleme des kirchlichen Lebens in England und auf inhaltliche Fragen der geistlichen Lehre. Dem Tudor war deutlich geworden, dass er als Haupt der englischen Kirche auch für die Seelen der Untertanen und damit auch für

Glaubensinhalte verantwortlich war. So wandte er sich zuerst einem wichtigen Träger des englischen geistlichen Lebens – dem Mönchtum – zu. Nach einer Erhebung der kirchlichen Finanzen (*Valor ecclesiasticus* 1535) erfolgte eine Überprüfung der Klöster durch königliche Inspektoren hinsichtlich Regeltreue und Lebensführung (Februar 1536). Das negative Prüfungsergebnis hatte die Schließung aller Klöster mit einem Jahreseinkommen unter 200 £ und den Einzug deren Vermögen für die Krone zur Folge (*Act for the Dissolution of the Lesser Monasteries*). Die gesamten Besitztümer der betroffenen Klöster wurden – wie auch das Vermögen der 1539 geschlossenen Klöster (im *Act for the Dissolution of the Greater Monasteries*) – von dem neu geschaffenen *Court of Augmentations* eingezogen und verwaltet.[16]

Diese Maßnahmen, die sicherlich auch aus finanziellen Interessen der Krone resultierten, hatten gravierende Konsequenzen für das geistliche Leben in England: Zum einen wurde die Existenzberechtigung des Mönchtums gesellschaftlich und später theologisch in Zweifel gezogen. Zum anderen wurde die Kirche mit der Vertreibung der ca. 8000 Mönche eines großen Teils der Mitglieder des geistlichen Standes beraubt und zugleich nachhaltig an der Gestaltung des religiösen Lebens im Lande gehindert. Beachtliche soziale Konsequenzen kamen hinzu, da die Klöster eine wichtige Rolle bei der Versorgung der Armen und als Kommunikationszentren für die Bevölkerung gespielt hatten. Schwerwiegend waren zudem die materiellen Verluste, da sämtlicher klösterlicher Besitz für die Krone eingezogen wurde. Cromwell war aber klug genug, diesen nicht sofort und vollständig zu veräußern; dies geschah erst nach dem Tode des Ministers im Zusammenhang mit außenpolitisch bedingten Finanzproblemen des Tudors. Hauptnutznießer der Maßnahmen im *Age of Plunder* waren außer der Krone Mitglieder von Adel, *Gentry* und Bürgertum, die umfangreichen Landbesitz kauften und oftmals später die auf ihrem neuen Landbesitz ansässige Bauernschaft vertreiben ließen. Die Ergebenheit der Oberschicht gegenüber dem König war die politische Konsequenz, die dieser auch angestrebt hatte[17] (vgl. Kapitel 7.2).

Gemäß seiner Verantwortung als Haupt der *Anglicana ecclesia* war der Tudor bestrebt, in Anbetracht des Eindringens der »Neuen Lehre« ins Inselreich Regelungen über »richtige Formen« geistlichen Lebens und über die »richtigen Glaubensinhalte« zu treffen bzw. durch das Parlament sanktionieren zu lassen. Um *quietnes and unitie* im Lande zu sichern, wurde von 1535 bis 1539 bzw. 1543 eine Serie an Schriften verfasst, in denen man die wichtigsten Elemente der neuen theologischen Lehre in England festlegte. In einer *Religious Reformation* wurden zuerst (1535) in den *Henrician Canons* von Juristen »theologische Kernpunkte« formuliert, gefolgt von den *Ten Articles*, die 1536 von einem Bischofs-Komitee unter Leitung Cromwells erarbeitet wurden und eine Art »theologische Richtlinien« beinhalteten. Das Werk besaß zwar Ähnlichkeiten mit den Wittenbergern Artikeln, doch wurde an zentralen Elementen der »Alten Lehre« (wie der Transsubstantiationslehre, Heiligenverehrung) kompromisshaft festgehalten. Zur besseren Verbreitung der Artikel-Lehren wies Cromwell – ergänzend zu einschlägigen Proklamationen des Königs – in seinen ersten *Injunctions* als Generalvikar den gesamten Klerus an, in den Predigten die königliche Suprematie zu verteidigen, die Gläubigen in den Zehn Geboten zu unterweisen und für eine Verbesserung der Erziehung Sorge zu tragen.[18]

Trotz der Publikation der *Ten Articles* hielten die Auseinandersetzungen zwischen Reformern und »Konservativen« an, woran auch der König rege Anteil nahm. So einigte man sich 1537 im *Bishops' Book* (*Institution of a Christian Man*) auf neue Glaubensformeln, die geringere lutherische Einflüsse aufwiesen. Dieses Werk war ebenfalls ein Kompromisstext (u. a. bezüglich der Sakramentenlehre, mit Betonung der königlichen Suprematie), der aber deutlich »konservativere« Züge als die *Ten Articles* besaß. Da sich der Monarch auch mit diesem Werk unzufrieden zeigte, gingen die theologischen Diskussionen – etwa zwischen Cranmer und Lutheranern 1538 (*13 Articles*) – weiter. Zugleich nahm der Herrscher 1538 in Proklamationen zu Fragen der Eucharistie, der Häresie und des Zölibats Stellung.[19] Schließlich verfügte Cromwell in den zweiten *Injunctions* (1538), dass in jeder Kirche eine englischsprachige Bibel für die Lektüre der Gläubigen auszuliegen habe und (gemäß lutherischer Anschauung) allein die Bibel als Autorität in Glaubensfragen gelten solle. Hinzu kam ein Verbot angeblich »missbräuchlicher Praktiken« bei Wallfahrten und Heiligenverehrung sowie der »abergläubischen Anbetung« von Bildern und Statuen. Unter indirekter Rezeption lutherischer Lehren wurde die Bedeutung von »Guten Werken«, Ablässen, Fürbitten und Reliquien ebenso in Zweifel gezogen wie der Heiligenkult. Die gesellschaftlichen Konsequenzen dieser Verfügungen und Lehren waren beträchtlich und griffen tief in die alltägliche Praxis kirchlichen Lebens ein. Binnen kurzem brach ein ikonoklastischer Sturm los, der zu maßlosen Verwüstungen in geistlichen Gebäuden aller Art führte und den Verlust unzähliger sakraler Kunstwerke und Gebäude sowie wichtiger Bibliotheken zur Folge hatte. Die Zerstörungen wurden im Zusammenhang mit der Aufhebung der Klöster noch verstärkt, da die Bevölkerung die Kirchen- und Kloster-Gebäude als günstige Materialquellen (z. B. die Bleidächer) und Steinbrüche für die Gestaltung eigener Häuser nutzte. Die vandalistischen Verwüstungen, die auch nicht vor Heiligenschreinen (z. B. von Thomas Becket) halt machten, waren ungeheuer und konnten niemals wieder gutgemacht werden.

Ungeachtet möglicher Widerstände gegen die angestrebten Veränderungen im religiösen Leben des Landes setzte Cromwell seine Reformbemühungen fort: So erfolgte 1539 nach einer weiteren königlichen Proklamation (u. a. zu kirchlichen Riten und Zeremonien) die Verkündigung der *Six Articles*, die im Juni vom Parlament verabschiedet wurden. Diese waren nach neuerlichen Gesprächen mit Lutheranern gegen deren Positionen – auf der Augsburger Konfession beruhend – formuliert worden und bestätigten weitgehend »traditionelle« katholische Lehre (hinsichtlich der Lehre der Transsubstantiation, der Kommunion, des Zölibats). Somit wurden zwar die organisatorische Trennung der *Anglicana ecclesia* von Rom sowie die Ablehnung des päpstlichen Suprematsanspruchs aufrechterhalten, zugleich unterblieb jedoch ein engerer Anschluss an lutherische Lehren. Diese Abwendung von reformatorischen Positionen war insofern bemerkenswert, als der Tudor nach dem Waffenstillstand von Nizza zwischen Karl V. und Franz I. 1538 eine außenpolitische Unterstützung durch die deutschen lutherischen Fürsten bzw. den Schmalkaldischen Bund dringend wünschte. Nach der Publikation der *Six Articles* waren diese und Martin Luther nicht bereit, weitere Verhandlungen mit »Junker Heinz« zu führen, der ein »falscher Freund« sei, »Gott sein und tun will, was ihn gelüstet«.[20]

Der Tudor hingegen beharrte auf seiner *via media* und zeigte sich besonders bezüglich der englischsprachigen Bibel überaus zurückhaltend. Diese lag seit 1537 als *Matthew Bible* vor, wurde aber erst 1539 als *Great Bible* und offiziell autorisierte englische Bibelübersetzung veröffentlicht. Um in diesem Zusammenhang mögliche »ketzerische« Tendenzen zu verhindern, ließ Heinrich die Nutzung des englischen Bibeltextes 1543 vom Parlament reglementieren und auf Angehörige der gesellschaftlichen Oberschicht beschränken (*Act for the Advancement of True Religion*). Hinzu kam ein Verbot gedruckter Balladen und Gedichte, die den »wahren Glauben« vor allem der englischen Jugend gefährden konnten. Im selben Jahr ließ der König ein Werk über die »notwendige Erziehung eines christlichen Mannes« veröffentlichen, das als *King's Book* bekannt wurde. Dessen Inhalt wurde als *»official standard in religion«* vom Parlament sanktioniert und erlangte Gesetzeskraft.[21] In bewusster Revision des *Bishops' Book* (1537) vermied man eine Annäherung an lutherische Lehren, ohne hingegen uneingeschränkt »traditionell« katholische Glaubensinhalte zu vertreten. In deutlicher Ablehnung des Sole-Fideismus als Weg zum Heil wurden systematische Ausführungen über die sieben Sakramente, den wahren Glauben und den freien Willen eher in der Sichtweise »konservativer« Gruppierungen vorgenommen. Zudem lehnte man erneut den universalen Herrschaftsanspruch des Papsttums ab und betonte die Suprematie des englischen Monarchen sowie sein Recht, Bischöfe zu ernennen. In den verbleibenden Regierungsjahren Heinrichs erfolgten – abgesehen von der Einführung einer neuen *English Litany* zur »Förderung der Frömmigkeit des Volkes« 1544 – keine weiteren wichtigen Regelungen bezüglich des »wahren Glaubens«.

Nach der Thronbesteigung Eduards, der sich von reformatorischem Gedankengut beeinflusst zeigte, bemühten sich dessen Vormünder, religionspolitisch einen »Mittelweg« einzuschlagen. So förderte man zum einen religiöse Reformen wie die Beseitigung »katholischer Riten« und die Aufhebung der Seelenmessenstiftungen im *Chantries Act* 1547; zum anderen wurde veranlasst, dass ab 1547 in jeder Pfarrei eine englischsprachige Bibel zur Einsichtnahme auslag (*Edwardian Injunctions*). Hinzu kamen der *Sacrament Act* (1547) und der erste *Act of Uniformity* (1548), der die Einführung des – weitgehend von Cranmer geschaffenen – *Book of Common Prayer* als Agende für die gesamte englische Kirche mit einheitlichen Ordnungen für Gebete und Abendmahl befördern sollte (1549). Nach einer Revision des *Prayer Book* (1552), geschützt durch einen *Treason Act* sowie einen zweiten *Act of Uniformity* (1552), fand diese Entwicklung in den *42 Articles* einen vorläufigen Abschluss.[22] Hierbei unternahm Cranmer unter Berücksichtigung reformatorischen Ideengutes den Versuch, die theologischen Grundlagen der englischen Kirche neu festzulegen. Obwohl die Rezeption reformatorisch-lutherischer Lehre in den verschiedenen Regionen des Landes unterschiedlich war, so ist dennoch zu konstatieren, dass allgemein eine Veränderung des religiösen Lebens in den Gemeinden nur sehr langsam erfolgte. Noch lange hielten die Gläubigen an »traditionellen« religiösen Riten und Lehren fest. Erst nach vielen Wirren sollte am Ende der Herrschaft Elisabeths I. reformatorisches Ideengut langsam und dauerhaft in der Bevölkerung rezipiert werden.

7.2 Die englische Krone und die Ökonomie: Gesellschaft und Wirtschaft in Tudor-England

Die Thronbesteigung des Tudors 1485 stand im Zeichen großer Veränderungen in der Gesellschaft des Inselreiches. Diese betrafen zuerst die Bevölkerungszahl des Landes, die von 1,5 Millionen (nach der Pest 1349) auf etwa 2 Millionen um 1500, dann auf 2,3 Millionen 1522 und 2,7 Millionen 1547 anwuchs.[23] Trotz Seuchen und schlechter Ernten stieg die Bevölkerungszahl auch in der Folgezeit. Unverändert blieb England agrarisch geprägt, wobei ca. 90 % der Bevölkerung auf dem Lande lebten und nur vergleichsweise wenige urbane Zentren bestanden. Als Verwaltungs- und Wirtschaftszentrum des Reiches fungierte London, das 1520 mit etwa 60 000 Einwohnern die größte Stadt auf der Insel war und durch intensiven Zuzug aus dem gesamten Lande ständig vergrößert wurde. Dennoch erschien England in sozio-ökonomischer Hinsicht im Vergleich zu den Staaten in Renaissance-Italien oder zu den Niederlanden als deutlich weniger entwickelt.

Die genannten demographischen Entwicklungen hatten keine größeren Auswirkungen auf die Gesamtstruktur der englischen Gesellschaft unter den Tudors.[24] Hier bestanden – u. a. nach den Theorien von Thomas Smith (ca. 1562) und William Harrison (1577)[25] – vier soziale Gruppierungen, deren erste – nach dem Monarchen – die landbesitzende Nobilität mit dem Hohen Klerus bildete (vgl. Kapitel 6.1). Hierauf folgten die Gruppen der *citizens and burgesses* mit den reichen Stadtbewohnern und die *yeomen*, die oftmals lokale Führungsämter innehatten. Hieran schloss sich eine sog. »Mittelschicht« (*middling sorts of men*) an, zu der Juristen, Verwaltungsleute und Bürger (insbesondere Londoner) gehört haben dürften, die bei Hofe bzw. in den Städten agierten und die wohlhabend geworden waren. Zur vierten Sozialgruppe zählten die *men which do not rule*, die den »Unteren Schichten« (*lower orders*) angehörten. Diese stellten den zahlenmäßig größten Bevölkerungsanteil, der sich auf dem Land aus kleinen Bauern, Copyholdern, landlosen Lohnarbeitern, in den Städten aus kleineren Händlern, Kaufleuten und Bediensteten konstituierte und besonders krisenanfällig war. Weitgehend verschwunden war die Gruppe der Unfreien bzw. Sklaven; lediglich in Ausnahmefällen wurde Versklavung als Strafe, etwa in den Armengesetzen, vorgesehen.

Zweifellos war die Tudor-Gesellschaft nicht statisch; vielmehr bestand in großen Teilen eine beachtliche Mobilität, die einerseits die *Gentry* und die sog. »Mittelschicht«, andererseits die »Unteren Schichten« betraf. Unverändert stellten Geburt, Stand, Vermögen bzw. Reichtum wichtige Faktoren zur Bestimmung der sozialen Stellung einer Person dar. Für die vertikale soziale Mobilität spielten ferner die Wahrnehmung von Ämtern und der Landerwerb eine wichtige Rolle, der spätestens nach der Aufhebung der Klöster erleichtert wurde. Hinzu kam fachliche Kompetenz in den Bereichen Recht und Verwaltung, die im Rahmen der königlichen Zentralisierungsmaßnahmen an Bedeutung gewann und insbesondere für nachgeborene Söhne der *Gentry* sowie Bürgersöhne günstige Karrieremöglichkeiten bot. Ob durch den Aufstieg der »Mittelschicht« als »korporative Gruppe« eine langsame Verschiebung der Kräfteverhältnisse innerhalb des Tudor-Herrschaftssystems zu Lasten von *Gentry* und *Peerage* erfolgte, ist umstritten. Frauen kam hierbei keine wichtigere, aktive Rolle zu. Große Bedeutung hatten sie hingegen als Erbinnen und potentielle Ehepartnerinnen, die den beteiligten Familien eine Sicherung des sozialen Status bzw. Aufstieg ermöglichen konnten bzw. sollten.

Unverändert bildete unter den Tudors der agrarische Bereich die Grundlage für das Wirtschaftsleben im Inselreich. Generalisierende Aussagen über Entwicklungen in der Landwirtschaft sind wegen der großen regionalen Unterschiede und ca. 40 verschiedenen *farming regions* – abhängig von der Lage, der Qualität der Böden und des Klimas – kaum möglich.[26] Dennoch lassen sich in den Regionen verschiedene Produktionsschwerpunkte konstatieren: So bauten die Bauern in den niedrig gelegenen Gebieten von Süd- und Ost-England Getreide an und betrieben Weidewirtschaft, die besonders in *East England* mit großen Schafherden dominierte, während man im rauen Nordengland und in der *Highland*-Zone vor allem Hafer anbaute. Zumeist bestand sowohl ein *mixed farming system* als auch die Drei-Felder-Wirtschaft seit dem Spätmittelalter fort; unverändert lebte die Mehrzahl der Menschen unter der Herrschaft von Nobilität, *Gentry* sowie landbesitzenden Bauern (*yeomen*) als Dienstleistende im Umfeld der *manors* sowie in kleineren Siedlungseinheiten. Auch hinsichtlich der verwendeten Produktionsmethoden und -techniken gab es seit 1500 keine gravierenden Veränderungen.

Dennoch kam es unter dem ersten Tudor zu Veränderungen im gesamten Wirtschaftssystem, hauptsächlich ausgelöst durch das Bevölkerungswachstum. Nunmehr musste die Landwirtschaft mit den bestehenden Ressourcen eine immer größere Population ernähren, womit eine wachsende Nachfrage nach Lebensmitteln mit immer höheren Preisen erwuchs. Hinzu kam eine steigende Inflation seit 1520 infolge der Subventions- und Kriegspolitik der Krone, da bei gleichbleibender Warenversorgung die Menge des umlaufenden Geldes konstant wuchs und hierdurch für kontinuierlichen Preisanstieg sorgte. So erhöhten sich die Preise für unterschiedlichste Waren zwischen 1500 und 1540 um die Hälfte, von 1540 bis 1560 um mehr als das Doppelte.[27] Auf dem Lande führte die Inflation bei den Grundherren zu schwindenden Einkünften und steigenden Kosten, bei den Dienstleistenden wegen des personellen Überangebots zu einem existentiell gefährlichen Sinken der Löhne. Zur Einkommensverbesserung und im Blick auf die steigenden Preise bei Wolle und Leder entschieden sich zahlreiche Grundbesitzer für eine zumindest partielle Abkehr vom Ackerbau. Zudem erhöhten sie drastisch den Pachtzins, was zu einer Landflucht von Pächtern und oftmals zu deren Verarmung führte. Ferner bemühten sich die Grundherren um Ertragsverbesserung in der Landwirtschaft, indem sie ihr Pachtland in Eigenbewirtschaftung nahmen bzw. die Pächter gegebenenfalls vertrieben und neue Anbaumethoden mit billigen Lohnarbeitern anzuwenden versuchten. Hierzu gehörte eine Intensivierung der Viehzucht (besonders von Schafen), wobei Ackerland in Weiden umgewandelt und hierdurch die Grundlagen für die Getreideproduktion kontinuierlich verkleinert wurden.

In diesem Zusammenhang erfolgten in bestimmten Regionen des Landes – etwa in den Midlands, Lincolnshire, East Anglia – zunehmend Einhegungen (*Enclosures*).[28] Hierbei grenzten mächtige Angehörige der *Gentry*, aber auch *yeomen* und wohlhabende Kaufleute Teile des bislang gemeinschaftlich genutzten Landes unter Auflösung überkommener Allmenderechte durch Zäune und Hecken ein, um diesen Grund privat für intensivierten Ackerbau und insbesondere Schafzucht zu nutzen. Die Folgen für die übrigen Siedlungsbewohner waren oftmals gravierend, da sie dort nicht länger ihr Vieh weiden, Heu ernten und Brennholz beschaffen konnten; wirtschaftliche Not und mitunter Abwanderung der ärmeren Bewohner waren die Folge. Die Einhegungsmaßnahmen wurden von der Öffentlichkeit und der Regierung lange Zeit als verderblich und verantwortlich für die angeblich grassierende Entvölkerung der ländlichen Gebiete betrachtet. Um dem angenommenen Missbrauch einzelner Profiteure entgegen zu wirken, versuchten Hof und Parlament dem Fortschreiten der *Enclosures* durch entsprechende Regelungen zu begegnen, jedoch nur mit mäßigem Erfolg.

So trugen die Aktivitäten profitorientierter Grundherren und die Einhegungen zur allmählichen Auflösung der mittelalterlich geprägten Dorfgemeinschaften und zu einer allgemeinen Kommerzialisierung der Landwirtschaft bei. Gleichzeitig veränderte sich die ländliche Gesellschaftsstruktur (in Grundherren – Pächter/Bauern – grundbesitzlose Landarbeiter), die bis weit in die Neuzeit Bestand hatte. Dennoch dürften die Auswirkungen der *Enclosures* nicht so gravierend und negativ gewesen sein, wie behauptet wurde. Vielmehr kam es oftmals zur Schaffung größerer, leistungsfähigerer Farmen mit beträchtlichen Ertragssteigerungen, zu Modifikationen bei der Bewirtschaftung des traditionellen *Open Field System* und zur Einführung neuer, ertragreicher Fruchtsorten (wie Klee, Raps und Hopfen). Trotz der wirtschaftlichen Erfolge in der Landwirtschaft hielt der Preisanstieg für Waren aller Art bis über den Tod Heinrichs VIII. an. Eine wesentliche Ursache hierfür wird in den finanzpolitischen Maßnahmen der Regierung, insbesondere in den Münzverschlechterungen (1526, 1542–1551), zu sehen sein. Die bewusste Geldentwertung brachte der Krone zwar kurzfristig beträchtliche zusätzliche Einkünfte, heizte jedoch die Inflation weiter an und verminderte rapide das Vertrauen der englischen Untertanen wie der ausländischen Händler in die Stabilität der englischen Währung. Erst nach der Rückkehr zur Münzprägung mit dem alten Silbergehalt 1560 wurde langsam das Vertrauen in die englische Geldwertstabilität zurückgewonnen (vgl. Kapitel 9.2).

Im Vergleich zur Landwirtschaft war die englische Industrie um 1500[29] eher unterentwickelt und gemessen an den technologischen Standards auf dem Kontinent rückständig. Wie im ländlichen Sektor, so bestand im Industriebereich eine *dual economy*: Viele Familien führten sowohl eine *part farming* als auch *part industrial* Existenz. Außer der Wollproduktion besaß die Bauwirtschaft große Bedeutung, da es unter Heinrich VIII. zu einem regelrechten »Bauboom« kam, der vom Monarchen und eine Zeitlang von weltlichen sowie geistlichen Bauherrn befördert wurde (vgl. Kapitel 8.1). Von Wichtigkeit waren auch die Kohleindustrie (im Nordosten) und die Eisenindustrie, die zumeist für den lokalen bzw. regionalen Markt produzierte und besonders Einzelunternehmern sowie Unternehmergesellschaften Entfaltungsmöglichkeiten boten. Hinzu kamen Zinnproduktion in Cornwall, Salzgewinnung in Cumbria und Lancashire, Glasherstellung in Kent und East Sussex. Wieder waren es das Wachstum der Bevölkerung und die intensivierte Nachfrage, die sowohl Kohle als auch Eisenwaren (wie Werkzeuge, Messer, Töpfe) betraf und die zu einem Aufschwung in diesen Industriezweigen führte. Gleiches galt – abgesehen von der Leder-Herstellung (in den Midlands) für den heimischen Markt – für die Produktion von Blei (insbesondere in Shropshire, North Somerset und Cumberland), das neben Tuch zu einem der wichtigsten Exportartikel des Inselreiches wurde. Vor allem Angehörige der Oberschicht engagierten sich finanziell im Metallgewerbe, das im Zusammenhang mit der Rüstungsindustrie – besonders beim Bau von Kanonen für die Krone – einen Aufschwung verzeichnen konnte. Doch blieb die englische Industrie in diesem Sektor bis ca. 1570 technologisch weitgehend von französischen Fachleuten abhängig. Schließlich prosperierte auch der Schiffbau, der infolge des Aufbaus einer Flotte durch die beiden ersten Tudors nachhaltig gefördert wurde.

Eine noch bedeutendere Rolle für die Tudor-Ökonomie spielte die Produktion von Wolle und Textilien, die die wichtigsten Exportprodukte des Landes darstellten.[30] Wachsende Nachfrage nach Tuchen, aber auch nach Leder auf dem Kontinent und auf dem englischen Binnenmarkt führten bis 1550 zu einem Boom in der Textilproduktion (besonders in East Anglia, West Country). Hier bestand neben der städtischen Manufaktur, die in geringem Umfang teure Stoffe für den Binnenmarkt produzierte, eine Tuch-»Industrie« auf dem Lande. In dieser fertigten bäuerliche Produzenten – vielfach Frauen – Stoffe in einem (früh-)kapitalistischen Produktionssystem (*putting out system*):[31] Hierbei kaufte ein Verleger (*clothier*) Wolle auf und belieferte die bäuerlichen Arbeiter mit Garn, das von diesen in Heimarbeit zu Tuch verarbeitet wurde (*cottage industry*). Das Endprodukt nahm der Verleger nach Zahlung des fälligen Stück-Lohnes den Produzenten ab und verkaufte die Ware an Händler. Ohne zusätzliche Bearbeitung wurden die halbfertigen Rohwollstoffe (*white broad cloth*) auf den Kontinent exportiert. Zumeist in Flandern und in Brabant verarbeitete man dann die Halbfertigware weiter und produzierte hochwertige Stoffe, die dann oftmals wieder ins Inselreich importiert wurden.

Die Produktion von schwerem Wolltuch blieb bis 1560 die Hauptstütze der Tudor-Ökonomie, wobei sich eine enge Kooperation zwischen Stadt und Umland bei der Tuchherstellung entwickelte. Zugleich wuchs die Abhängigkeit der ländlichen Lohnarbeiter von den Verlegern, die immer größere

Teile der Tuchproduktion beherrschten und die durch ihre repressive Lohnpolitik maßgeblich die Existenz der von ihnen beschäftigten Arbeiter beeinflussten. Vereinzelte Versuche der Regierung, in dieses System regulierend einzugreifen, blieben weitgehend ohne Erfolg. Um etwa 1560 erfolgte eine Zäsur, da nunmehr schweres Tuch (*old draperies*) auf dem Kontinent nur noch schwer absetzbar war. Jetzt waren leichte, hochwertige Stoffe (*new draperies*) gefragt, die mit dem bislang gelieferten englischen Material kaum produziert werden konnten. Eine schwere Absatzkrise, die zu einem Abstieg von Antwerpen als wichtigstem Wirtschaftszentrum des Habsburgerreiches und Handelsmetropole für englische Exporte führte, war für die englischen Tuchproduzenten die Folge. Nur ansatzweise konnten Immigranten vom Kontinent, die wegen ihres Glaubens nach England geflohen waren, kontinentale Produktionstechniken im Inselreich einführen und Tuche in besserer Qualität produzieren. Erst gegen Ende des 16. Jahrhunderts konnte die Absatzkrise durch verbesserte Produktion auch leichter Tuche langsam überwunden werden.

Um die englische Wolle bzw. das Tuch zu den Käufern auf dem Kontinent zu transportieren, kam dem englischen Fernhandel eine zentrale Bedeutung zu; überseeische Verbindungen in die Neue Welt wurden von englischen Kaufleuten erst seit 1550 ausgebaut. Seit dem Spätmittelalter wurde der englische Export zumeist durch ausländische Händler – vor allem durch Mitglieder der Hanse – abgewickelt. Wieder war es Heinrich VII. mit seinen ökonomischen Interessen, der zur Sanierung der Staatsfinanzen Handelsunternehmungen englischer Fernhändler unterstützte und Handelsverträge (wie den *Intercursus Magnus* mit Philipp IV. von Burgund 1496) abschloss, die den Woll- bzw. Tuchexport in die Niederlande fördern sollten. Dennoch blieben wirtschaftspolitische Interessen außenpolitischen Zielen im Handeln des Tudors untergeordnet, wie etwa der englische Handelsboykott gegen Antwerpen bzw. die Niederlande (1493–1496) im Kampf gegen Warbeck und seine burgundischen Förderer zeigte (vgl. Kapitel 3). Heinrich VIII. engagierte sich wirtschaftspolitisch weniger, zumal auch bei ihm außenpolitische Ziele dominant waren und er sich im Blick auf englische Exporte auf die bewährten Kontakte zu den Niederlanden und damit zum römisch-deutschen Reich der Habsburger beschränkte. Auch die englischen Fernhändler konzentrierten sich – unter Vernachlässigung des Mittelmeerraums – auf die Beziehungen zu Antwerpen (*Antwerp-London Funnel*) und den Niederlanden. Saturiert begnügte man sich – ohne großes wirtschaftliches Risiko und mit offensichtlich gesicherten Gewinnmargen – mit dem traditionellen Verkauf von Rohmaterial und Halbfertig- bzw. Fertig-Produkten. Umso härter traf die englischen Händler der Zusammenbruch des Antwerpener Marktes (ca. 1560), der sie zwang, neue Absatzmärkte zu entdecken bzw. zu erschließen, innovativ zu agieren und größere finanzielle Risiken einzugehen.

Eine Schlüsselrolle bei diesem Fernhandel spielten Handelskompanien, deren wichtigsten in England die *Company of Merchant Adventurers* und die Hanse[32] waren. Die deutschen Kaufleute hatten seit dem Mittelalter die Förderung bzw. eine Privilegierung durch die englischen Monarchen erfahren und noch im Frieden von Utrecht (1474) eine Bestätigung ihrer umfangreichen Privilegien erhalten. Unverändert blieben ihre Dominanz im Ostseehandel und ihr Einfluss auf die politischen Entwicklungen in Nordeuropa bestehen. Dennoch erwuchs den Hanseaten Konkurrenz im Inselreich durch die *Merchant Adventurers*.[33] Um 1407 entstanden und königlich privilegiert, konzentrierte sich die *Company* auf den Wollexport in die Niederlande, wobei sie zuerst erfolgreich die eigene, englische Konkurrenz ausschaltete und dann die Dominanz der Metropole London sicherte. Wesentlich schwieriger gestalteten sich die Auseinandersetzungen mit den Hanseaten. So versuchten die *Merchants*, in den kontinentalen Wirtschaftsräumen, die bislang von den Hanseaten dominiert wurden, Fuß zu fassen und u. a. Handelsbeziehungen ins Baltikum aufzubauen. Da all diese Bemühungen scheiterten, konzentrierten sich die englischen Händler bis 1550 wieder auf den Tuchhandel, der weitgehend über das Handels- und Finanzzentrum des Landes,

London, abgewickelt wurde. Erst unter Elisabeth I. trat eine gravierende Veränderung der Lage ein, da die Monarchin 1598 den Widerruf aller englischen Privilegien der Hanse, die Ausweisung der deutschen Kaufleute aus dem Inselreich und die Schließung bzw. Beschlagnahme des Stalhofs, des zentralen Lagers der deutschen Kaufleute in London, veranlasste.

Die Entwicklungen im Exporthandel hatten gravierende Konsequenzen für die Beschaffung entsprechender Transportkapazitäten und für den Schutz der englischen Fernhändler. Bis Ende des 15. Jahrhunderts existierte in Friedenszeiten keine eigene Flotte der Krone; nur im Kriegsfall wurden englische Handelsschiffe durch Aufbauten etc. für den Transport von Truppen und für Kampfhandlungen umgebaut. Erst Heinrich VII. entschloss sich, eine eigene Kriegsmarine zu entwickeln:[34] Hierfür wurden u. a. nach portugiesischem Vorbild große Kriegsschiffe mit hohen Aufbauten und mit Kanonen-Bewaffnung konstruiert (u. a. die 600–700 Tonnen Schiffe *Sovereign* und *Regent*). Schließlich verfügte der Tudor über sieben Schiffe, die zumeist für den Schutz englischer Kaufleute im Ärmelkanal und zur Abwehr möglicher Invasionsversuche eingesetzt wurden. Sein Sohn setzte den Flottenausbau mit ähnlicher Zweckbestimmung fort: In der ersten Phase seines »Flottenprogramms« bis 1515 betrieb er vor allem den Bau kampfstarker und prestigeträchtiger Schiffe (u. a. die *Great Harry*). In der zweiten Phase des Flottenausbaus seit 1530 ließ Heinrich eine Vielzahl von noch leistungsfähigeren Kriegsschiffen bauen. Hierbei griff er auf bewährte Schiffsmodelle wie die Karacke zurück, die mit hohen Vorder- und Achterkastellen versehen waren und den Soldaten als Basis für ihre Enterkämpfe dienten. Später ließ der König mit neuen Schiffsformen experimentieren und verstärkt Galeassen herstellen, d. h. kombinierte Ruder- und Segelschiffe mit eigenem Kanonendeck (u. a. die *Great Galley* und die *Tygar*). In weiter entwickelten Schiffen (wie der berühmten *Mary Rose*[35]) wurde die Bewaffnung mit einer Vielzahl an Kanonen verstärkt, so dass erstmals mit Großkalibergeschützen aus verschließbaren

Feuerluken Breitseiten auf gegnerische Boote gefeuert werden konnten.

Zudem ließ Heinrich Reformen bezüglich der Organisation der Flotte vornehmen. So veranlasste er zum einen den Aufbau einer funktionellen Infrastruktur mit zahlreichen Werften – u. a. in Woolwich und Deptford – an der Themse sowie vielen Versorgungsdepots zum Unterhalt der Schiffe und Mannschaften. Zum anderen befahl er den Bau einer Kette von Festungsanlagen und Forts in Küstennähe, die mit schweren Geschützbatterien versehen wurden. Sie schützten erfolgreich das Land vor möglichen Invasionen – wie etwa 1545/46 gegen die französische Flotte. Schließlich schuf er erstmals eine Organisationsstruktur für die Marine (*King's Majesty's Council of His Marine*), wodurch die Funktionsfähigkeit der Flotte auf Dauer sichergestellt werden sollte. Diese umfasste beim Tode Heinrichs 53 Schiffe, die ständig verfügbar und einsatzfähig waren (*Standing Navy*). Unter seinen königlichen Nachfolgern kam es bald zu einem rapiden Verfall, da binnen kurzer Zeit der Bestand auf 24 Schiffe reduziert (1558) und die Zahl der Besatzungen konsequent verkleinert wurde. Erst Elisabeth unternahm den Versuch, die marode Flotte zu sanieren und wieder einsatzfähig zu machen.

Weniger weitschauend erwiesen sich die Tudors hinsichtlich einer Beteiligung Englands bei der Erkundung und der Eroberung der Neuen Welt. Im Blick auf die Expansionsbemühungen von Spanien und Portugal hatte Papst Alexander VI. im Mai 1493 in der Bulle *Inter caetera* eine Aufteilung der Herrschaftssphären in der Welt für die beiden führenden Seemächte vorgenommen. Indem er eine (fiktive) Trennungslinie westlich der Kapverdischen Inseln vom Nordpol zum Südpol durch den Atlantik festlegte, sollten alle Territorien westlich der Linie (besonders Amerika) Spanien, östlich davon (besonders Afrika und Asien) Portugal zugesprochen werden. Im Vertrag von Tordesillas von 1494 akzeptierten beide Länder die päpstliche Regelung; die übrigen christlichen Herrscher blieben diesbezüglich ungefragt. So konnten nach Christoph Columbus (Entdeckung Amerikas 1492) Bartolomeu Dias

1487/88 die Südspitze Afrikas umsegeln, Vasco da Gama 1502 auf dem Seewege bis nach Indien vordringen und Ferdinand Magellan nach Entdeckung der Passage zum Pazifischen Ozean (Magellanstraße) die erste Weltumseglung durchführen (1519 – 1521). Der erste Tudor hielt sich bezüglich derartiger Unternehmungen zurück – wahrscheinlich mit Rücksicht auf Spanien und das Papsttum. Zwar ließ auch er aus wirtschaftlichen Gründen nach Seewegen zu den Gewürzinseln (Molukken) und nach Indien suchen (etwa durch den Italiener Giovanni Caboto [engl. John Cabot] 1496, 1498). Nachdem auch dessen Sohn Sebastian mit derartigen Erkundungsreisen gescheitert war, unterblieben weitere Aktivitäten in der Folgezeit.[36]

Auch Heinrich VIII. verzichtete – wahrscheinlich aus außenpolitischen Gründen – auf neue Expeditionsreisen. Gleiches galt für die englische Kaufmannschaft, die in einer eigentümlichen Mischung aus Ängstlichkeit vor finanziellen Risiken und aus Saturiertheit auf jegliche Beteiligung bei der Expansion der »Alten Welt« und bei der Erschließung neuer Märkte verzichtete. Bis etwa 1560 beschränkte man sich auf den weitgehend monopolisierten Tuchhandel mit den Niederlanden bzw. Antwerpen, der solide Profite abwarf und ungefährdet zu sein schien. So konnten vor allem Spanier und Portugiesen ungestört die Grundlagen für riesige Kolonialreiche legen. Während sich die Portugiesen auf die Erkundung der Küste Westafrikas konzentrierten und wichtige Handelsniederlassungen (z. B. für den Sklavenhandel) eröffneten, widmeten sich die Spanier der Herrschaftsexpansion in Mittel- und Süd-Amerika. Hier eroberte Hernán Cortés das Aztekenreich (1519 – 1521), gefolgt von Francisco Pizarro, der das Inkareich unterwarf (1531 – 1534). Besonders die Goldschätze der versklavten Bevölkerung dieser Reiche bildeten für die Habsburger eine willkommene, scheinbar stetig sprudelnde Einnahmequelle.

Abb. 3: Hampton Court

Erst unter Eduard VI. kam es in England – spätestens nach dem Zusammenbruch des Antwerpener Tuchmarktes (ca. 1560) – zu einem wirtschaftspolitischen Umdenken. Nun war man zur Sicherung der Existenz gezwungen, neue Märkte und damit auch neue Handelswege zu erschließen. So wurden direkte Handelswege nach Zentralrussland eröffnet und der Handelsverkehr mit afrikanischen Küstenzonen (Guinea), mit dem fischreichen Neufundland und dem karibischen Raum verstärkt. Elisabeth I. intensivierte diese Entwicklungen, da sie nicht bereit war, die päpstlich sanktionierte Vormachtstellung der iberischen Mächte im amerikanischen und afrikanischen Raum zu akzeptieren. Im Zusammenhang mit den wachsenden Spannungen zum spanischen Hof zögerte die Königin nicht, einerseits einen Kaperkrieg – etwa durch Piratenakte des berühmten Francis Drake – gegen Spanien zu führen und so an dessen Goldeinnahmen zu partizipieren. Andererseits betrieb Elisabeth mit Hilfe von Walter Raleigh u. a. seit ca. 1585 die Gründung eigener Kolonien in Amerika (z. B. Virginia). Schließlich legte sie spätestens nach dem Sieg über die Armada (1588) die Grundlagen für die Konstituierung Englands als Seemacht und für den Aufbau des britischen Empire. Hierbei konnte sie auf dem Vermächtnis ihres Vaters aufbauen, der durch seine weitschauenden Aktivitäten in den Bereichen von Wirtschaft, Waffentechnik und Seefahrt wesentliche Voraussetzungen für die Erfolge seiner Tochter geschaffen hatte.

Abb. 4: Heinrich VIII. gemalt von Hans Holbein d. J.

8 Krone und Kultur

8.1 Krone und Herrschaftsrepräsentation: Heinrich als Renaissance-Fürst und Kunst-Mäzen

Aufgrund seines Selbstverständnisses als »Renaissance-Fürst« besaß Repräsentation für Heinrich große Bedeutung, der seinen Hof als »Bühne« zur Manifestation der Pracht der Tudor-Monarchie nutzte.[1] Infolge des Fehlens einer »Hauptstadt« war er gezwungen, mit seinem Hofstaat ständig umherzuziehen und sich zumeist in königlichen Residenzen aufzuhalten. Hierbei kam den Ämtern des Haushaltes und besonders der *Chamber* eine zentrale Bedeutung zu, wobei es ständige Überschneidungen zwischen Haushaltsaufgaben und gouvernementalen Funktionen der Höflinge gab. Seit Cromwell erfolgte jedoch eine allmähliche Institutionalisierung und Bürokratisierung von Herrschaft. Dennoch blieb die Nähe zum Herrscher, der nach Francis Bacon die Quelle des *honor* für jeden Untertanen darstellte, entscheidend für die Karriere von Höflingen. Sie waren gezwungen, dem Vorbild des Königs zu folgen, Modebewusstsein an den Tag zu legen[2] und ständig an Festen und Empfängen bei Hofe teilzunehmen. Prunkveranstaltungen fanden zu besonderen Anlässen statt – wie der Hochzeit des Monarchen, der Krönung einer Herrscherin oder der Geburt der Königskinder. Hinzu kamen militärische Siegesfeiern und Feste anlässlich des Abschlusses von Verträgen oder Bündnissen sowie bei Besuchen ausländischer Herrscher.

Bei den »alltäglichen« Festen des Tudors wurden die Gäste von ihm zur Demonstration seiner *largitas* mit reichen

Geschenken überhäuft; zudem führte man unter Leitung des *Lord Chamberlain* Maskenspiele, allegorische Personenbilder und aufwendige Musik- und Tanzveranstaltungen durch, an denen der Monarch in jüngeren Jahren begeistert teilnahm. Derartige Veranstaltungen, an denen vor allem jüngere Angehörige des Hofes sowie auswärtige Gäste mitwirkten, waren zumeist von chevaleresken Verhaltensformen – mit der ritterlichen Werbung um die edlen Damen (*courtship*) – geprägt, wobei in Anbetracht der oftmals lasziven Atmosphäre die Einhaltung der zeitgenössischen Vorstellungen von Sitte und Moral mitunter schwierig gewesen sein dürfte. Ausländischen Botschaftern wurde besondere Beachtung geschenkt, wobei Heinrich zu dem kaiserlichen Gesandten Eustace Chapuys ein spezielles Vertrauensverhältnis aufbaute.[3]

Bei der Demonstration der Macht der englischen Krone gegenüber den eigenen Untertanen wie den ausländischen Gästen besaßen *königliche Bauten* – insbesondere Paläste – große Wichtigkeit. Schon Heinrich VII. hatte die Bedeutung von Prachtbauten für die Herrschaftsrepräsentation erkannt und seit 1495 verschiedene kirchliche und säkulare Bauprojekte begonnen.[4] Hierzu zählten die Paläste in Richmond, Greenwich, Windsor und der *Tower* in London, die von ihm erweitert und modernisiert wurden. Am eindrucksvollsten war die Errichtung der *Lady Chapel* am Ost-Ende der *Westminster Abbey,* die eine prächtige Architektur und Innenausstattung (mit spätgotischer Deckengestaltung im *Perpendicular Style*) aufwies und als Grablege für Heinrich und seine Gemahlin diente. Da keines der aufwendigen Bauprojekte zu Lebzeiten des Monarchen fertig gestellt wurde, war sein Sohn in den ersten Jahren der Regierung (bis etwa 1515) damit beschäftigt, die Unternehmungen des Vaters zumindest teilweise zu Ende zu führen. Erst später entschloss sich Heinrich VIII. – in einer ersten Phase seiner Bautätigkeit, die bis 1529 dauerte – zu eigenen Bauprojekten, die konzeptionell und hinsichtlich der Durchführung fast vollständig von Wolsey realisiert wurden. Dies betraf vor allem die Residenzen im Themse-Tal (wie Greenwich, Richmond, *Windsor Castle*).

Nach dem Auftreten Boleyns und dem Sturz des Kardinals änderte sich das Verhalten Heinrichs, der sich in einer zweiten Phase seiner Bautätigkeit persönlich und engagiert mit einzelnen Vorhaben beschäftigte. Hierbei sah er sich in intensiver Konkurrenz zu mächtigen Großen des Landes und zu kontinentalen Monarchen, insbesondere zu Franz I. Zuerst widmete sich der Tudor dem Ausbau der bestehenden Residenzen sowie Objekten, die erst kürzlich in königliche Hände gekommen waren (wie *Hampton Court* und *York Place/Whitehall* aus dem Besitz Wolseys). Hierbei konzentrierte er sich auf die Verbesserung der Lebensqualität in den Palästen, die er mit großen und hellen Räumen, bequemen Schlafgemächern, eindrucksvollen Festsälen und einer modernen Infrastruktur ausstatten ließ. Hinzu kamen Sporteinrichtungen, wie z. B. ein Hallen-Tennisplatz in *Hampton Court*. Auch die architektonische Gestaltung der Gebäude erfuhr größere Beachtung, wobei der Tudor die qualifiziertesten Architekten, Skulpteure und Baumeister zu gewinnen suchte. Diese agierten kreativ und verwendeten häufiger Backsteinfassaden mit polygonalen Ecktürmchen und Erkern, strukturierenden Lanzettfenstern, Dreiecksgiebeln und eleganten Mauerabschlüssen. Zu charakteristischen weiteren Gliederungselementen der Tudor-Bauten wurden die Kamine, deren kunstvollen Aufsätze die Individualität des jeweiligen Objektes unterstreichen sollten. Das häufige persönliche Eingreifen Heinrichs in konkrete Bauvorhaben trieb nicht nur die Bauleute zur Verzweiflung, sondern führte auch zu beträchtlichem Kostenanstieg.

Nachdem der Tudor seit 1530 im Zusammenhang mit den Konflikten mit dem Papsttum auf größere kirchliche Bauvorhaben verzichtet hatte, entstand nach 1536 in der dritten Phase der Bautätigkeit Heinrichs ein Sonderproblem infolge der Aufhebung der Klöster. Diese hatten bislang nicht nur kirchliche Aufgaben erfüllt, sondern auch als *staging-post* auf den wichtigen Reiserouten (z. B. von London nach Kent/Sussex) fungiert. Um die Verkehrsinfrastruktur für den Hof zu sichern, war der Herrscher gezwungen, einige Klöster mit beträchtlichem Kostenaufwand zu königlichen Stützpunkten umzugestalten. Andere Abteien, die den Planungen nicht entsprachen, wurden abgerissen und die Materialien auch für den Bau herrscherlicher Jagdhäuser verwendet. Abgesehen von den Neubauprojekten für die Residenzen *Oatlands* und *Nonsuch* (Surrey), die als Konkurrenzunternehmen zu den Prachtbauten von Franz I. (wie *Château de Chambord*) konzipiert waren, beschränkte sich Heinrich auf den Ausbau von *Whitehall* und *Hampton Court*. Da der König nicht immer einen Überblick für seine etwa 70 Immobilienobjekte besaß, bemühte sich ein eigenes *Office of Works* um die Überwachung und Finanzierung der herrscherlichen Baumaßnahmen.[5] Die hierbei entstehenden Kosten waren beträchtlich: Insbesondere die Innenausstattung der Gebäude mit prächtigen Einrichtungsgegenständen aus Gold sowie anderen Edelmetallen, hunderten wertvollen Gobelins, Wandbehängen und Teppichen sowie kunstvollem Glas war teuer. Berücksichtigt man noch die Tatsache, dass Heinrich in außenpolitischen Konfliktsituationen – etwa zur Abwehr von Invasionen – vor allem an der Küste Festungsanlagen errichten und Häfen ausbauen ließ, so werden die enormen Baukosten für die Krone verständlich. Keines der königlichen Kinder setzte die Bauaktivitäten Heinrichs fort; vielmehr beschränkte sich noch Elisabeth I. darauf, die zahlreichen Paläste ihres Vaters in Stand zu halten und gegebenenfalls zu modernisieren.

Herrschaftsrepräsentanz des Tudors erfolgte nicht nur durch Feste und Bauten, sondern auch durch die Patronage bezüglich der Schönen Künste. Vor allem der Malerei als Mittel der Kommunikation und der Propaganda schenkte Heinrich Beachtung.[6] So geschah die dekorative Ausgestaltung von Festen wie die Ausschmückung der Residenzen und Paläste durch zahlreiche englische Maler – seit ca. 1511 unter Leitung eines *Serjeant Painter*, seit 1527 unter einem fest angestellten *King's Painter* mit einer Vielzahl an künstlerischen Aufgaben. Die englischen Maler (John Brown, Andrew Wright u.a.) waren seit ca. 1544 in der Londoner *Painter-Stainers Guild* organisiert. Sie konnten aber nicht verhindern, dass der König renommierte ausländische Künstler an seinen Hof verpflichtete und hierdurch den »Anschluss« an die kulturellen bzw. künstlerischen Entwicklungen auf dem Kontinent zu wahren suchte. So kam es seit 1510 zu verschiedenen Immigrationswellen ausländischer Maler (unter ihnen zahlreiche Frauen – wie die Fläminnen Horenbout und Teerline).

Einer der wenigen berühmten Künstler, die von Heinrich gewonnen werden konnten, war der Augsburger Hans Holbein der Jüngere (1497/98–1543).[7] Er entschloss sich, nach einem ersten Aufenthalt im Inselreich (1526–1528), seit 1532 auf Dauer am Tudor-Hof zu arbeiten. 1536 zum *King's Painter* ernannt, stellte er zuerst zahlreiche Entwürfe für Pokale, Tischschmuck aus Edelmetall, Schmuckstücke und Prunkwaffen her. Zudem hatte er Malerei-Aufträge erhalten, so die monumentale Darstellung der »Sporenschlacht« (1513). Da religiöse Themen oder Motive der klassischen Mythologie am Königshof spätestens nach dem Bruch mit Rom keine größere Bedeutung mehr besaßen, konzentrierten sich Holbein und andere Hofmaler auf die Porträtmalerei. Eines seiner wichtigsten Werke entstand 1536/37 im Rahmen der Ausgestaltung des Palastes von Whitehall, in dem die Größe der Tudor-Dynastie gefeiert werden sollte. Für einen repräsentativen Raum der Residenz – nicht zwingend für die *Privy Chamber* – entwarf der Künstler ein riesiges Wandgemälde (ca. 12 qm).[8] Hier schuf er in einem fiktiven Prunksaal mit einer marmornen Plinthe als Zentrum Porträts von Heinrich, seiner dritte Ehefrau Jane Seymour sowie der königlichen Eltern in eindrucksvoller Lebendigkeit und Lebensnähe. Vor allem die Figur des Monarchen in der machtvollen Ausstrahlung seiner Persönlichkeit, in geradezu aggressiver Pose und in viriler Kraft und Körperfülle sollte enorme Bedeutung für das spätere Bild Heinrichs erhalten (vgl. Kapitel 9.3). In einer Vielzahl an Porträts übernahm man Konzeption und Gestaltung des Whitehall-Werkes, das 1698 durch Brand zerstört wurde. Der König selbst ließ – im Bewusstsein der Propagandawirkung des Bildes – zahlreiche Kopien dieses und vergleichbarer Porträts anfertigen, zunehmend auch in Miniaturform. Porträt-Miniaturen gewannen in der Folgezeit – als Mittel der

Kommunikation mit Herrscherhöfen – an Bedeutung. Holbein sollte diesbezüglich negative Erfahrungen machen, da er wegen seiner angeblich »geschönten« Darstellung Anna von Kleves die Gunst des Monarchen verlor; von einem kleinen königlichen Honorar lebend, starb Holbein 1543 in London an der Pest.

Noch größere Wertschätzung als die Malerei erfuhr die Musik am Hof des Tudors, der bei seiner humanistischen Erziehung auch eine gründliche Unterweisung in Musik – als Teil des *Quadrivium* der *Artes liberales* – erhalten hatte.[9] Heinrich scheint eine diesbezügliche Begabung besessen zu haben, da er nicht nur gut singen, sondern auch verschiedene Instrumente – wie Flöte, Laute, Spinett und wahrscheinlich Harfe – spielen konnte. Aus Interesse sammelte der Monarch zahlreiche Musikinstrumente: So soll er 78 Flöten, 76 Blockflöten, 10 Posaunen, 14 Trompeten und 5 Dudelsäcke besessen haben, verwaltet von einem *Keeper of the King's Instruments*.[10] Auch betätigte sich der Tudor als Komponist; ihm werden mindestens zwei fünfteilige Messen, Motetten (*O Lord, the Maker of All Things*), Instrumentalstücke sowie zahlreiche Lieder einschließlich der Texte zugeschrieben. Noch heute werden Werke Heinrichs (*Pastyme With Good Companye* und *Green Groweth the Holly*) gespielt, während seine Autorenschaft für das bekannte Volkslied *Greensleeves* – angeblich ein Liebeslied für Anna Boleyn – eher fraglich ist.[11] Zahlreiche Berufsmusiker waren bei Hofe tätig und wirkten in der *Chapel Royal* bei den täglichen Messen, aber auch bei zahlreichen Bällen mit. Während Musiker der *Privy Chamber* sich zumeist der »privaten« Unterhaltung des Königs bzw. der Herrscherfamilie widmeten (*The King's Musick*), hatten die Künstler der *Presence Chamber* eher repräsentative Aufgaben und spielten oft in Gruppen polyphonische Musik auf verschiedenen Instrumenten.

Zu den Musikern englischer Provenienz kamen zahlreiche ausländische Künstler, die Heinrich durch großzügige Dotierung für seinen Hof gewinnen konnte.[12] So reisten viele französische, italienische und niederländische Musiker nach

England – wie die Mitglieder der Bassano- und Comey-Familien aus Venedig, die italienischen Organisten Benedict de Opitiis und Dionisio Memo, der italienische Violinist Ambrosio Lupo und der Lautenspieler Philip van Wilder aus den Niederlanden. Diese Künstler entwickelten nach dem Bruch mit Rom in der geistlichen Musik einfachere liturgische Formen. In der weltlichen Musik versuchte der Tudor den Anschluss an die Entwicklungen auf dem Kontinent zu halten, indem man vor allem die neuesten französischen Modetänze rezipierte und am englischen Hof schätzte. Hierbei kamen zahlreiche neue Musikinstrumente zum Einsatz, die in ungewöhnlichen Kombinationen Verwendung fanden, zur Entwicklung innovativer Formen einer frühen »Orchestermusik« beitrugen und dem Tudor-Hof den Ruf eines wichtigen Zentrums moderner musikalischer Kultur in Europa verschafften.

Einen weiteren Bereich königlicher Patronage stellten die *studia humanitatis* dar, deren Bedeutung im Inselreich seit dem ausgehenden 15. Jahrhundert gewachsen war. Obwohl umstritten ist, ob bzw. in welchem Maße eine direkte Einflussnahme der »Italienischen Renaissance« auf die Schönen Künsten im Inselreich und auf die Ausbildung einer »Englischen Renaissance« erfolgte, ist unstrittig, dass besonders Heinrich VIII. bemüht war, einen Kreis von Humanisten und Gelehrten am Hof zu versammeln.[13] Hierzu gehörten u.a. Roger Ascham, John Cheke, John Colet, Anthony Denny, Thomas Linacre und William Mountjoy. Hinzu kam Erasmus von Rotterdam, der Heinrich schon als Prinz gekannt hatte, sich seit 1505 mehrfach in England aufhielt und auch in Cambridge lehrte. Er gehörte zu den bekanntesten Autoren in England, zu dem die erste Generation englischer Humanisten in Kontakt stand – u.a. der königliche Kaplan John Colet, der Bibelhumanist William Grocyn, der Hofarzt Thomas Linacre und der Jurist Thomas More. Während diese Gruppierung mit ihren Bemühungen scheiterte, in der Verbindung von Tugend und Wissen ein »humanistisches Menschentum« zu realisieren, erwies sie sich bei der Reform des

Schul- und Universitätswesens des Landes als erfolgreicher. Ihnen gelang es, humanistische Bildung als wesentliches Element in der Ausbildung eines *Gentleman* bzw. von Angehörigen der gesellschaftlichen Mittel- und Oberschicht zu verankern – für eine Karriere bei Hofe oder im Verwaltungs- und Rechtswesen. So wurden vom König nicht nur zahlreiche *Grammar Schools* (mit intensivem Lateinunterricht), sondern auch *Colleges* (Christ Church College [Oxford] und Trinity College [Cambridge]) gegründet sowie zehn Lehrstühle für Griechisch, Hebräisch, Theologie und Recht gestiftet. Hinzu kamen Patronage-Maßnahmen des bibliophilen Monarchen für das englische Bibliothekswesen.[14] Da sich auch zahlreiche Große – wie die Königingroßmutter, Margarete Beaufort, oder Höflinge, wie Wolsey – für die Bildungsförderung engagierten, kam es zu einem nachhaltigen Aufschwung im Erziehungs- und Hochschulwesen des Landes.

Ein anderer Bereich königlicher Patronage betraf die Theologie und Literatur, zumal Heinrich hier selbst als Autor tätig war. So veröffentlichte er eigene theologische Werke, beteiligte sich an Traktaten zur Durchsetzung der Eheannullierung und wirkte an theologischen Positionsschriften (*King's Book*, *Bishops' Book*) mit (vgl. Kapitel 7.1). Zudem führte er eine rege Korrespondenz mit in- und ausländischen Partnern und verfasste zahlreiche Balladen, Lieder und Poeme sowie eindrucksvolle Liebesbriefe, die an Boleyn gerichtet waren. Im Zusammenhang mit dem Rom-Konflikt förderte der Tudor die Abkehr von Methoden und Lehren der Scholastik sowie die Realisierung humanistischer Ideen im universitären Raum. Auch zögerte er nicht, in theologische Diskussionen einzugreifen bzw. selbst auf die Festlegung theologischer Glaubens- und Lehrinhalte Einfluss zu nehmen. Dies betraf zum einen die Ausbildung einer »Neuen Lehre« in England, zum anderen die Verbreitung der englischsprachigen Übersetzung des Neuen Testaments, die William Tyndale trotz königlicher Repressionen anfertigte (1526). Spätere Übertragungen von Miles Coverdale (1535) über die *Great Bible* (1539), die *Bishops' Bible* (1568) bis zur *Authorized Version* (1611) wurden infolge des intensivierten Buchdrucks auf der Insel nicht nur rasch verbreitet, sondern trugen auch zur Fortentwicklung der englischen Sprache bei (*Bible English*). Gleiches galt für die volkssprachliche Predigtprosa und für das *Book of Common Prayer*, das seit 1549 in verschiedenen Versionen existierte.

Einen weiteren Bereich königlicher Patronage stellte die Förderung von Literatur und Poesie dar. Heinrich war sich deren gesellschaftlicher Bedeutung ebenso bewusst wie deren Relevanz für die Förderung seines Ansehens als freigebiger »Renaissance-Monarch«.[15] Daher ernannte er – wie schon sein Vater – einen *Poeta laureatus* (1513/14), seinen früheren Tutor John Skelton, der u.a. Lobgedichte auf die Schlachtensiege seines Herrschers verfasste. Hinzu kamen Patronage-Maßnahmen in vielen Bereichen der englischsprachigen Literatur: So wurden zahlreiche Werke dem Monarchen in der Hoffnung auf herrscherliche Begünstigungen gewidmet – wie etwa der moralphilosophische »Fürstenspiegel« (*The Boke named the Governour*) von Thomas Elyot (1531), das »patriotische« Werk *Toxophilus* von Roger Ascham (1545) über die militärisch relevante Kunst des Bogenschießens und später die reformatorisch geprägte Schrift *The Hurt of Sedition* (1549) des Tutors Eduards VI., John Cheke, sowie die Rhetorik-Schrift *The Arte of Rhetorique* (1553) von Thomas Wilson mit Rezeption der Lehren von Cicero und Quintilian. Ferner verfasste man historiographische Schriften mit oftmals propagandistischen Zügen zugunsten des Tudor-Hauses (vgl. Kapitel 8.2). Schließlich erfolgten zahlreiche Übersetzungen zumeist antiker Werke ins Englische – wie die Übertragung von Vergils *Äneis* durch Gavin Douglas, Henry Howard und Thomas Phaer, die Übersetzungen von Ovids *Metamorphosen* (1560) und der *Heroiden* (1567) durch Arthur Golding bzw. George Turberville und schließlich die Übertragungen der Tragödien Senecas (1559) durch Jasper Heywood, John Studley, Thomas Newton u.a.[16] Besondere Bedeutung besaßen die zahlreichen Dichter, die dem Hofe nahe standen (*courtly makers*) und die Entstehung der englischen Renaissance-Lyrik nachhaltig prägten. Zu dieser Gruppe zählten u.a. Thomas Wyatt und Henry Howard, die –

unter Rezeption neuer metrischer Formen aus Italien und insbesondere des Petrarkismus – dem Sonnet bzw. dem Blankvers in England Beachtung verschafften. Doch fand die Ausbildung einer englischen Dichtungssprache erst bei den großen elisabethanischen Lyrikern einen ersten Höhepunkt.

Königliche Patronage erfuhren schließlich auch die Autoren von Dramen und Komödien, deren Werke von den *Old and New King's Players* gespielt wurden und die oftmals didaktisch-propagandistische Inhalte vermitteln sollten.[17] Zu Beginn der Tudor-Herrschaft bestand eine Dominanz religiöser Dramen (*Mystery Plays*, *Miracle Plays*, *Morality Plays*), die aber im Zusammenhang mit der Verbreitung humanistischen Ideengutes und der Rezeption antiker Quellen zu einer Konkurrenz von »geistlichen und volkssprachlichen Kulturen« mit deutlichen Säkularisierungstendenzen führte. Zwar besaßen frühe Tudor-Dramen und Interludien (z.B. *Magnyfycence* von John Skelton, *The Nature of the Four Elements* von John Rastell, ca. 1515–1520) noch Züge eines *Morality Play*; doch traten zunehmend neue soziale Gruppen und Themen in den Vordergrund (z.B. *Fulgens and Lucrece*, *Nature* von Henry Medwall, *Gentylnes and Nobyliyte* von John Rastell, 1515–1525). Hinzu kamen Texte von Autoren, die nicht länger für den Hof oder Große des Landes, sondern nunmehr unter Rezeption antiker Werke u.a. Komödien für Angehörige von Schulen, Colleges und sogar Gerichtshöfen schrieben (z.B. Nicolas Udall, *Ralph Roister Doister*; John Still, *Gammer Gurton's Needle*, 1534–1541, 1563). Zudem wandte man sich Tragödien nach dem Beispiel Senecas zu – wie etwa die *Inner-Temple*-Juristen Thomas Sackville bzw. Thomas Norton (*Ferrex and Porrex, or Gorboduc*, 1561) und Thomas Preston (*Cambises*, 1569). Seit den 1530er Jahren wirkten sich jedoch die Auseinandersetzungen um die Trennung von Rom aus (u.a. bei John Heywood), so dass oftmals dramatische Werke für theologische Kontroversen (etwa von John Bale und Thomas Starkey) und für propagandistische Zwecke genutzt wurden. Zwar war königliche oder hochadlige Patronage in diesem Zusammenhang für die Autoren und ihren Erfolg von großer Wichtigkeit. Dennoch wird man stärker die Aktivitäten von Städten und Gemeinden in unterschiedlichsten Regionen des Landes berücksichtigen müssen, die als Patrone wirkten, Schauspiel und Drama förderten, eigene Theater bauen ließen und den Autoren hierdurch neue Möglichkeiten einer Sicherung ihrer Existenz unabhängig von adligen Förderern ermöglichten.[18] Große Kreativität und eine beträchtliche kulturelle Vielfalt in zahlreichen Regionen des Reiches und nicht nur am Königshof waren die Folge.

Zweifellos verlieh die erste Blüte englischsprachiger Dichtkunst und Dramatik unter der Herrschaft und dem Patronat Heinrichs dem englischen Reich ein neues kulturelles Selbstbewusstsein, verbunden mit einem gewachsenen »Nationalgefühl« – insbesondere in Zeiten äußerer Bedrohung. Dennoch war sich der König der potentiellen Gefahr bewusst, die besonders von volkssprachlichen Dramen und Satiren, aber auch von Texten der »Neuen Lehre« für die Stabilität seiner Herrschaft ausgehen konnte. Nicht zufällig strebte er daher – auch im Blick auf das expandierende Druckwesen – eine möglichst umfassende Kontrolle in diesen Bereichen an, wobei der Buchimport auf der Handelsroute von Antwerpen nach London eine wichtige Rolle spielte. So ließ Heinrich – in »bester Tradition« mittelalterlicher »Häresie«-Bekämpfung – eine Liste »verbotener Bücher« herausgeben (1530), gefolgt von der Proklamation einer Vorzensur (1538). Die Zensur wurde institutionalisiert, indem eine Druckergemeinschaft (*Stationer's Company*) in London 1557 durch königliches Privileg das Recht erhielt, in eigener Zuständigkeit die Zensur der von ihr produzierten Werke vorzunehmen.[19] Trotz dieser repressiven Kontrollmaßnahmen ist die zentrale Rolle unbestreitbar, die Patronage-Maßnahmen Heinrichs in allen erwähnten Bereichen von Architektur, Musik und der Schönen Künste spielten und die dem englischen Reich eine völlig neue kulturelle Bedeutung im Kreise der abendländischen *regna* verschafften. Dennoch bleibt bei einer abschließenden Beurteilung der Aktivitäten des Tudors unklar, ob er diesbezüglich als erfolgreicher *Patron* zu würdigen oder wegen seiner Beraubung und Zerstörung der Klöster sowie des Verlustes unschätzbarer kultureller Werte eher als *Plunderer* zu verurteilen ist.

8.2 Krone und Öffentlichkeit: Ideologie, Propaganda und Historiographie in der Tudor-Gesellschaft

Die fragwürdigen Umstände der Machtübernahme Heinrichs VII. machten es für ihn zwingend erforderlich, seine Herrschaft in der Öffentlichkeit zu legitimieren und gegenüber oppositionellen Kräften zu verteidigen. Hierbei griff er vorrangig auf »traditionelle« Elemente königlicher Herrschaftsideologie[20] zurück: So behauptete er, nach dem »Gottesurteil« des Schlachtensieges bei Bosworth seine Herrschaft aufgrund eines »Gottesgnadentums« auszuüben. Als König war er nach Salbung und Krönung über alle Angehörigen des Reiches erhoben, besaß quasi-sakrale Züge mit dem Anspruch auf Heilungsbegnadung (*rois thaumaturges*) und blieb allein Gott unterworfen. Ein Sonderproblem bestand im überkommenen Dualismus zwischen Krone und erstarkendem Parlament, welches jedoch den Herrschaftsanspruch des Tudors ausdrücklich bestätigte. Für Heinrich VIII. bestand in deutlich geringerem Maße die Notwendigkeit einer ideologischen Herrschaftslegitimation, zumal die Sukzession auf dem Thron ohne Widerstände erfolgt war. Wie der Vater, so erhob auch der Sohn den Anspruch, die königliche Herrschaft dank der Gnade Gottes auszuüben und von keinem Menschen gerichtet werden zu können. Auch akzeptierte der Tudor die »traditionellen« Pflichten eines christlichen Herrschers (wie Schutz der Kirche und Wahrung des Rechtes) und die eines christlichen Ritters (mit dem Streben nach *virtus* und *honor*).

Die Strategie der herrschaftsideologischen Legitimation Heinrichs änderte sich seit etwa 1515, da er nun für sich ein »imperiales Königtum« und Superiorität reklamierte, die das Eingreifen einer anderen Macht – auch des Papstes – im englischen Reich ausschloss. Hierbei rekurrierte er auf ein Postulat hochmittelalterlicher Könige, die für sich innere wie äußere Souveränität beansprucht hatten (*rex in temporalibus superiorem non recognoscens est imperator in regno suo* [Der König, der in weltlichen Dingen keinen übergeordneten Herrscher anerkennt, ist Kaiser in seinem Reich]).[21] Diese Position wurde von königsnahen Juristen wie Christopher St. German vertreten, die mit rechtshistorischem und historiographischem Material den Anspruch des Tudors quasi »wissenschaftlich« fundierten (vgl. Kapitel 7.1). Dieses Postulat wurde im *Act in Restraint of Appeals* (1533) weiter entwickelt, indem man behauptete, das

> »Königreich England [ist] ein Imperium und als solches in der Welt anerkannt worden, regiert von einem die Würde und den königlichen Rang der Reichskrone desselben besitzenden Oberhaupt und König, dem ein Gemeinwesen [...] untertan und verpflichtet ist und ihm nächst Gott einen naturgegebenen und untertänigen Gehorsam schuldet«.[22]

Auch dieser Anspruch war nicht neu, da englische Monarchen seit der Normannenzeit erklärt hatten, *rex totius Britanniae* (König ganz Britanniens) mit dem Postulat auf Herrschaft nicht nur über *Anglia*, sondern über ganz *Britannia* – d. h. zumindest über Wales, Schottland und Irland – zu sein.[23] Während dieser Oberherrschaftsanspruch expansiv nach außen, d. h. auf die Reiche des *celtic fringe*, gerichtet war, bezog sich der Machtanspruch des Tudors vor allem auf imperiale Herrschaft innerhalb des englischen Reiches, d. h. auf »innerstaatliche Souveränität«.

Im Zusammenhang mit der Ehekrise seit 1534 wurde der imperiale Herrschaftsanspruch weiter ausgebaut und durch die Forderung, »oberstes Haupt« der Kirche von England zu sein, ergänzt. Zudem bemühte sich der Tudor um Kooperation mit dem Parlament, indem er dieses – unter Rekurs auf organologische staatstheoretische Vorstellungen des Mittelalters – als Institution bezeichnete, »*in dem Wir als Haupt und Ihr als Glieder zu einem Staatskörper zusammengefügt und eng miteinander ver-*

bunden sind«.²⁴ Ähnliche Konzeptionen hatte schon Edmund Dudley in seinem staatstheoretischen Werk *The Tree of Commonwealth* (1509) vertreten. Hingegen betonte Heinrich, dass ihm alle Gewalt von Gott und nicht vom Parlament übertragen worden wäre. Zusätzlich erhoben Theoretiker im Umkreis Cromwells die Forderung, dass nicht nur die Untertanen zur Aufrechterhaltung der politischen Ordnung zu Gehorsam und Ergebenheit gegenüber den Herrschenden verpflichtet seien; vielmehr bestünde auch eine Fürsorgepflicht des Monarchen für seine Untergebenen bzw. für das Gemeinwesen und das Gemeinwohl (*Commonwealth*, *Common Weal*). Diese Postulate – u. a. nach einem »herrscherlichen Paternalismus« – wurden seit den 1530er Jahren von Gelehrten und Druckern in zahlreichen Pamphleten in der Öffentlichkeit erhoben. Hinzu kamen später staatstheoretische Diskussionen über die Lehre der im Körper des Königs vereinten, untrennbaren »zwei Naturen« – mit dem sterblichen *body natural* und dem *body politic* als Verkörperung des bleibenden Königtums.[25]

Die Vorstellungen Heinrichs von einem imperialen Königtum und einem souveränen Staat in England standen in direkter Konkurrenz zu herrschaftsideologischen Konzeptionen, die am Habsburger-Hof hinsichtlich eines »universalen Kaisertums« entwickelt und zum Teil auch politisch realisiert wurden. In der Tradition der mittelalterlichen Imperatoren sah sich Karl V. – neben dem Papsttum – als Repräsentant einer universalen Macht, die in einer Herrschaftshierarchie über den anderen christlichen Königen stand und über eine besondere *auctoritas* verfügte. Zudem griffen der Habsburger und Herrschaftstheoretiker an seinem Hofe (wie der Kanzler Mercurino Arborio di Gattinara) auf die Ideen von einer *monarchia universalis* (Universalmonarchie) bzw. eines *regimen mundi* (Weltherrschaft) zurück.[26] Hiernach besaß der *monarcha* universale Führungsaufgaben im gesamten Erdkreis als Garant von Recht und Ordnung, dem die Verteidigung der Kirche sowie der Kampf gegen »Ketzer« und Ungläubige oblag. Als *dominus mundi* kamen ihm auch Leitungsfunktionen gegenüber den übrigen christlichen Fürsten zu, die dem Kaiser prinzipiell untergeordnet blieben. Machtpolitisch wurde von Karl – nach der Unterwerfung Italiens – die Konstituierung eines Weltreiches angestrebt, dessen Grundstock die vorhandenen habsburgischen Besitzungen einschließlich der überseeischen Gebiete bilden sollten.

Verständlicherweise riefen die kaiserlichen Herrschaftskonzeptionen bei dem Tudor und anderen christlichen Fürsten wenig Begeisterung hervor. Er lehnte die Verbindung von Kaisertum und Universalmonarchie sowie die beanspruchte kaiserliche Weisungsgewalt als Fehlentwicklung imperialer Konzeptionen ab. König Franz ging noch weiter und bekämpfte die Idee einer *monarchia universalis* auch aus machtpolitischen Ansprüchen in jahrelangen Kriegen gegen den Imperator in Italien. Der Tudor war hingegen bestrebt, seine Position u. a. durch Propaganda-Aktivitäten im Inselreich zu sichern (*Tudor propaganda machine*).[27] Diese Unternehmungen erfolgten in unterschiedlicher Intensität sowohl in schriftlicher als auch in visueller Form, wobei oftmals Patronage- und Propaganda-Maßnahmen nicht genau zu trennen waren. In zahlreichen Kampagnen unternahm man zum einen allgemein propagandistische Werbung im Rahmen der Herrschaftsrepräsentation, zum anderen besondere ereignis- bzw. problembezogene Propaganda-Aktionen. Zur ersten Gruppe allgemeiner Propaganda-Unternehmungen zählten die erwähnten Feste, Empfänge und Turniere bei Hofe. Hierzu gehörten auch die Maskenspiele und Dramen mit Auftritten der *King's Players* zur Verherrlichung des Königs. Um eine breitere Öffentlichkeit propagandistisch zu erreichen, unternahm Heinrich regelmäßige Umzüge und Reisen über Land. Diese Unternehmungen wie die Errichtung der herrscherlichen Paläste und die Verbreitung von Bildern sowie Proklamationen des Monarchen sollten den Untertanen die Macht der Krone verdeutlichen (vgl. Kapitel 8.1).

Die zweite Gruppe an königlichen Propaganda-Maßnahmen war stärker ereignis- bzw. problembezogen, wobei der Tudor die zentrale Bedeutung des Buchdrucks für Kommunikation und Propaganda erkannt hatte. Anfangs beschränkte er sich darauf, wichtige außenpolitische Unternehmungen – wie die Kriege gegen Frankreich und Schottland (1512/13) – durch flankierende propagandistische Maßnahmen zu begleiten und in der englischen Öffentlichkeit zu propagieren. Nach vereinzelten Aktionen gegen angeblich »ketzerische« Bewegungen (1520er Jahre) erlangte die Propaganda seit den 1530er Jahren im Zusammenhang mit der königlichen Ehekrise eine zentrale Rolle. In den verschiedenen Phasen der Propagandakampagne, die vor allem von Cromwell forciert wurde, lassen sich mindestens fünf Themenschwerpunkte feststellen, die oftmals miteinander verzahnt waren. Diese betrafen zuerst das Problem der Eheauflösung Heinrichs, gefolgt von den Auseinandersetzungen um seinen Suprematsanspruch, von dem Konflikt mit dem Papsttum, von der Reaktion auf innenpolitische Revolten und schließlich von Appellen an das »englische Nationalgefühl« angesichts auswärtiger Bedrohungen. Unklar ist, wer die Hauptträger derartiger Maßnahmen waren; dennoch wird man dem Hof eine zentrale Bedeutung beimessen dürfen, der u. a. durch königliche Proklamationen, Pamphlete, diverse Schriften und Predigten sowie visuelle Propaganda in Bildern bzw. Holzschnitten in Büchern aktiv war.

Ein erster Bereich königlicher Propaganda betraf die Eheannullierung Heinrichs, der mit Fachberatern einschlägige Schriften verfasste (vgl. Kapitel 7.1). Hierauf folgten polemische Werke zur Verteidigung des königlichen Suprematsanspruchs (u. a. von Edward Fox, Richard Sampson – zweiter Propagandabereich). Im eskalierenden Konflikt mit dem Papsttum wurden dann im dritten Propagandabereich Gefolgsleute Cromwells aktiv[28] wie Thomas Starkey, Richard Morison und Richard Taverner, die publikumswirksame Pamphlete veröffentlichten (*A Little Treatise against the muttering of some papists in corners*, *Apomaxis Calumniarum Convitiorumque* und *Exhortation to Christian Unity*). Hinzu kamen Traktate anonymer Juristen, die den königlichen Supremat gegenüber dem Papst rechtfertigten (z. B. *Treatise proving by the King's Laws*). Ergänzt wurden diese propagandistischen Aktivitäten sowohl durch königliche Proklamationen, die die Rechtmäßigkeit des herrscherlichen Handelns im Einvernehmen mit dem Parlament zu verdeutlichen suchten, als auch durch intensive Predigtkampagnen, die von Cromwell forciert wurden und die den Einfluss der »Altgläubigen« bzw. der Papstanhänger im Inselreich von den Kanzeln konterkarieren sollten. Sogar auf das Pfarrleben versuchte man durch die Gestaltung der *Great Bible* Einfluss zu nehmen, indem man in Holzschnitten symbolhaft die Herrschaft des Monarchen über Staat und Kirche und dessen Verantwortung für die Verkündigung der »wahren Lehre« verdeutlichte. Zugleich wurden in der Darstellung Heinrichs Bezüge zum Bild der biblischen Herrscher David und Salomon konstituiert.

Im vierten Propagandabereich traten seit etwa 1536 machtpolitische Probleme – wie die *Pilgrimage of Grace* – in den Vordergrund. Hier sahen sich Heinrich bzw. der Hof außer der machtpolitischen Repression zu einer argumentativen Auseinandersetzung mit den Opponenten in Lincolnshire und Yorkshire veranlasst. Wieder war es Richard Morison, der 1536 in zwei Werken die Haltung des Tudors verteidigte und mit biblischem Rekurs den uneingeschränkten Gehorsam der Untertanen postulierte (*A Lamentation in whiche is shewed what Ruyne and destruction cometh of seditious rebellyon* und *A Remedy for Sedition*). Ähnliche Forderungen erhob der Autor im fünften Propagandabereich 1539 angesichts außenpolitischer Bedrohungen durch Invasionen, indem er die Bevölkerung an ihre Verpflichtung zur Verteidigung des Landes erinnerte (*An Invective ayenste the great and detestable vice of treason* und *An Exhortation to styrre all Englyshemen to the defence of theyr countreye*). Ob diese Propaganda-Maßnahmen Teil eines kohärenten Aktionsprogramms waren, das der Monarch und seine Berater entworfen hatten und konsequent zu realisieren suchten, ist fraglich.

Ein weiteres Instrument der Tudor-Propaganda stellte die Geschichtsschreibung dar, deren Bedeutung für eine Interpretation von Geschichte im Sinne des Herrscherhauses den beiden ersten Tudor-Monarchen sicherlich bewusst war.[29] So nutzte der erste Tudor auch die Historiographie zur Legitimierung seiner Herrschaft und zur Abwehr yorkistischer Thronansprüche. Doch begann man nicht – wie oftmals behauptet – sofort mit einer Diffamierungskampagne gegen Richard III. oder mit der Vernichtung von Quellenmaterial (*Tudors Document Shredders*). Vielmehr wurde einerseits die spätmittelalterliche Chronisten-Tradition fortgesetzt, wobei neben Chroniken traditionell monastischer Provenienz (z. B. die lateinischen universalhistorischen Werke aus den Benediktiner- und Augustiner-Klöstern Glastonbury, Thorton und Butley) verstärkt Chroniken mit »laikal-bürgerlicher« Prägung in der Volkssprache traten (z. B. die *Great Chronicles of London*, *Chronicle* der Grey Friars, London). Hinzu kamen Landesgeschichten Englands, die weitgehend unkritisch die Historie des Inselreiches zumeist seit Christi Geburt bis zur Gegenwart unter Einbeziehung legendarischer Elemente mit »moralischer« Zielsetzung darstellten (z. B. die *Chronycles of Englande* [1515]; John Hardyng, *Chronicle* [mit den Revisionen durch Richard Grafton – 1543]). Andererseits wünschte der erste Tudor eine stärker dynastie-bezogene Geschichtsschreibung: So engagierte er einen Hofhistoriographen (Bernard André), der eine lateinische Biographie seines Auftraggebers in panegyrischer Verehrung verfasste (*Vita Henrici Septimi*, um 1500). Erst jetzt begann eine jahrzehntelange historiographische Kampagne, die – mit unterschiedlicher Intensität – das neue Herrscherhaus verherrlichte und oftmals zugleich York-feindliche Propaganda mit Schmähungen Richards III. verbreitete.[30] Einflussreiche Autoren dieser Unternehmungen waren u. a. John Rous (*Historia regnum Angliae*) und Robert Fabyan (*The New Cronycles of Englande and of Fraunce, 1516*): Sie stellten Richard als skrupellosen Tyrannen und körperlich entstelltes Monster dar, während der Tudor nach den blutigen »Rosenkriegen« als »Friedensbringer« gefeiert wurde, der die konkurrierenden Häuser Lancaster und York durch seine Heirat mit Elisabeth versöhnt und dem Land Eintracht gebracht hatte (*Tudor Myth*).

Diese panegyrischen Tendenzen wurden in der Folgezeit noch verstärkt, indem man geradezu »messianisch-eschatologische« Vorstellungen vom ersten Tudor bzw. vom friedensstiftenden Wirken seines Hauses verbreitete und damit ein Leitmotiv der englischen Geschichtsschreibung der Frühen Neuzeit schuf. Als einer der Hauptaktivisten dieser Propaganda fungierte der italienische Geistliche Polydore Vergil.[31] Dieser war – 1502 als päpstlicher Subkollektor auf die Insel gekommen – in Kontakt zum Hof und zum König getreten, der ihm 1506 auftrug, eine »offizielle« lateinischsprachige Geschichte Englands von der Römerzeit bis zur Gegenwart zu verfassen. Der Humanist zog nach genauer Prüfung beträchtliche Quellenmengen heran und wich in der Gestaltung seines Werkes vom gängigen annalistischen Schema ab, indem er eine Serie von Biographien der einzelnen englischen Monarchen aneinander reihte. Zwar stellte Vergil hierbei einige, im Inselreich beliebte Mythen in Frage (z. B. über König Artus), dennoch verherrlichte er primär das Herrscherhaus und sein angeblich pazifizierendes Wirken. Zweifellos setzte der Italiener mit seiner 1506–1514 entstandenen, 1534 gedruckten *Anglica historia* Maßstäbe für die künftige quellenkritische Historiographie Englands.

Weitere humanistisch geprägte Zeugnisse der Tudor-Geschichtsschreibung setzten die biographische Tradition fort – etwa George Cavendish mit seinem *Life of Wolsey* (1557) und Francis Bacon mit der *Historie of the Raigne of King Henry the Seventh* (1622). Wesentlich einflussreicher war hingegen die *History of King Richard III* von Thomas More.[32] Dieser hatte – nach seinem devoten Poem anlässlich der Krönung Heinrichs VIII. – weniger beabsichtigt, eine quellenkritische Lebensbeschreibung Richards, sondern vielmehr ein dramatisch strukturiertes Werk mit einer Exemplifikation von Tyrannei und Machtmissbrauch anhand des Wirkens dieses Monarchen zu schaffen. In seinem zweisprachig konzipierten Werk gab der Kanzler – u. a. aufgrund von Informationen des Lancaster-Anhängers John Morton (Bischof von Ely) – nicht nur eine ausführliche Darstellung der angeblich verderblichen Handlungen des physisch monsterhaften Richard, sondern er erhob auch erstmals schwere Mordbeschuldigungen gegen ihn.

Dieser wurde geradezu zu einem »Archetyp« eines Tyrannen, eines skrupellosen Mörders und einer Inkarnation des Bösen gemacht. Zwar blieb das Werk des Kanzlers Fragment, an dem er zwischen 1512 und 1519 arbeitete und das erst nach seinem Tode entdeckt bzw. publiziert wurde (1557). Dennoch wurde die *History*, in der More vielleicht sogar indirekte Kritik an der Herrschaft des ersten Tudors übte, bald propagandistisch zugunsten des Königshauses genutzt. Nachhaltig beeinflusste das Werk das negative Bild Richards in der Folgezeit, u. a. infolge der Rezeption durch William Shakespeare in seinem Drama *Richard III*.

Die Auflösung der Klöster im Inselreich (1536–1539) hatte eine Zäsur in der Entwicklung der englischen Historiographie zur Folge, da hierdurch eine Jahrhunderte alte Tradition geistlich geprägter Chronistik ein rasches Ende fand. Stattdessen dominierten chronistische Werke laikaler Autoren, neben John Rastell († 1536) mit seiner Chronik Englands (*The Pastime of people*, 1529) vor allem der Jurist Edward Hall († 1547). Als überzeugter Anhänger der Tudors wünschte er nicht – wie seine Vorgänger – eine kompilatorische Universalgeschichte zu verfassen. Vielmehr konzentrierte er sich auf eine Darstellung der *Union of the Two Noble and Illustrate Families of Lancastre and Yorke*, 1542 erstmalig vom königlichen Drucker Thomas Berthelet publiziert.[33] Orientiert am Werk Vergils begann die englischsprachige Chronik mit der Beschreibung der Thronbesteigung Heinrichs IV. (1399), behandelte dann die blutigen »Rosenkriege«, um schließlich – in den Ergänzungen durch Richard Grafton seit 1548 – die Regierungszeit der ersten beiden Tudors darzustellen. Gemäß dem *Tudor Myth* wurden beide Monarchen wieder als »Friedensbringer« verherrlicht, unter denen ein neues, »glückliches Zeitalter« angebrochen wäre. Zugleich würdigte der Autor nicht nur den Prunk des Tudor-Hofes und die kriegerischen Erfolge Heinrichs VIII., sondern vor allem seinen Mut, mit Rom zu brechen. Propagandistische Züge und Sympathien des Autors für Protestanten sind in der Chronik nicht zu übersehen; dennoch wird man das Werk nicht nur als unkritische Eloge auf das Tudor-Haus betrachten dürfen. Wie die Arbeiten Vergils, so wurde auch die Chronik Halls von zahlreichen Autoren rezipiert und wirkte noch auf das Werk William Shakespeares ein.

Insbesondere die Schriften von Vergil und Hall, die zahlreiche Neuauflagen und Überarbeitungen erfuhren, dominierten die historiographischen Entwicklungen in England seit etwa 1550. Die Chronisten wetteiferten geradezu um die Gunst ihres Publikums, wobei sie versuchten, auch neue Formen der Präsentation ihrer Werke – etwa »handliche Ausgaben« – zu entwickeln. So veröffentlichte außer Thomas Lanquet und seinem Redaktor Thomas Cooper (*Chronicle of the World*, 1549) vor allem der Drucker Richard Grafton auf der Grundlage der Chronik von Hall zuerst *An Abridgement of the Chronicles of England* (1562), gefolgt von einer erweiterten Fassung *Chronicles at Large [...] of the Affairs of England* (1568) von der Schöpfung der Welt bis zur Zeit Königin Elisabeths. Noch erfolgreicher war John Stow, der ein *Summary of English Chronicles* (seit 1565 mit zahlreichen Auflagen) sowie später *Annales, or a Generale Chronicle of England* von der mythischen Entstehung des englischen Königreiches bis zur Gegenwart (1580) publizierte.[34] Als wirkungsmächtiger erwies sich hingegen Raphael Holinshed, der vom Drucker Reginald Wolf um 1548 den Auftrag erhielt, eine Historie der Welt von der Sintflut bis zur Regierung Elisabeths I. zu verfassen. Der Autor begann, durch Kompilation der bekannten Chroniken sowie ergänzender Materialien eine interessante Sammlung von Anekdoten, Sagen und Legenden zusammenzustellen, die jedoch humanistischen Ansprüchen nicht genügte. Hinzu kamen verstärkt patriotische bzw. nationalistische Elemente, indem man den Stolz der Engländer auf ihr von Gott gesegnetes Land hervorhob. Zwar wurde das Werk von Holinshed († ca. 1580), trotz Beteiligung weiterer Autoren, nicht vollendet, doch erschien 1577 eine zweibändige Teiledition der *Chronicles of England, Scotland and Ireland*.[35] Ähnlich wie die Richard-Biographie Mores, so erfuhren auch *Holished's Chronicles* bald ein beachtliche Rezeption, insbesondere durch Shakespeare. Er verwendete die zweite

Auflage der Chronik (1587) als Quellengrundlage u. a. für die Tragödien *Macbeth* und *King Lear*.

Ein vorläufiger Abschluss dieses Teils der historiographischen Entwicklung im Inselreich erfolgte schließlich durch John Foxe, der in seinen *Acts and Monuments* (1563)[36] – nicht zuletzt aufgrund eigener Erfahrungen – die Leiden der christlichen Märtyrer seit der Römerzeit, jedoch mit einem Schwerpunkt auf den Verfolgungen der Protestanten unter Heinrich VIII. und Maria I. schilderte. Damit erhielt die *Anglicana ecclesia* im Rahmen der gesamten christlichen Kirche ihre erste, mitunter polemische Gesamtdarstellung in hagiographischer Gestalt. Auch diese Formen der Geschichtsschreibung konnten als Instrumente der herrscherlichen Propaganda genutzt werden, der auch eine zentrale Bedeutung für die Ausbildung eines englischen »Nationalgefühls« bzw. für die Vorstellungen von einem englischen »Nationalstaat« zukam. Spätestens nach dem Bruch mit Rom war in England ein gewachsener »*sense of national self-consciousness*« und angeblich die Erkenntnis entstanden, dass »*England was both very different from and much more superior to other European states*«.[37]

Abb. 5: Heinrich im Alter.

III. Die Weiterentwicklung der Tudor-Herrschaft nach dem Tode Heinrichs in chronologischer Perspektive

9 Die Sicherung der Tudor-Herrschaft und ihre Rezeption

9.1 Heinrichs Tod und Beisetzung

Die letzten Monate, die Heinrich noch zu leben hatte, waren von anhaltenden innen- und außenpolitischen Spannungen bestimmt. Während der Friede mit Frankreich nach dem Vertrag von Ardres (1546) gesichert zu sein schien, hielten die Konflikte mit Schottland an, stellten jedoch keine Gefährdung der Tudor-Herrschaft dar. Gravierender waren hingegen die innenpolitischen Auseinandersetzungen, insbesondere die Machtkämpfe zwischen rivalisierenden Fraktionen im *Privy Council* bzw. in der *Privy Chamber* und die Konflikte zwischen Anhängern der »Neuen Lehre« und »konservativen«, romtreuen Gläubigen, wobei sich beide Konfliktfelder mitunter überschnitten. So standen den Reformern um Cranmer, Essex, Hertford, Denny, Gates und Paget die »Altgläubigen« um Gardiner, Norfolk, Surrey, Wriothesley und Rich gegenüber. Nachdem die »Konservativen« versucht hatten, sogar die Königin durch »Häresie«-Beschuldigungen zu stürzen (vgl. Kapitel 4.3), griff der Monarch in die Auseinandersetzungen ein. Er begrenzte zuerst den Einfluss Gardiners, um danach vor allem gegen die Familie Howard vorzugehen. Anlass waren Gerüchte, dass Thomas und Henry die Regentschaft für Eduard anstrebten und danach eigene Thronansprüche zu erheben gedachten. Heinrich ließ die Howards umgehend im *Tower* inhaftieren; im folgenden Hochverratsverfahren wurden beide schuldig gesprochen und der Sohn am 19. Januar 1547 hingerichtet. Der Vater entging nur durch Zufall der Tötung, da diese aufgeschoben wurde und der König zwischenzeitlich starb. Dennoch waren damit die Häupter der »konservativen« Gruppierung bei Hofe ausgeschaltet und die Reformer um Hertford, Seymour und Lisle im *Council* und in der *Chamber* dominant.

Der Tudor kämpfte verzweifelt gegen seine Erkrankung an, doch verschlechterte sich sein Zustand trotz der Bemühungen der Leibärzte kontinuierlich. Da Heinrich immer mehr an Gewicht zunahm und weitgehend bewegungsunfähig wurde, konnte er in den Gemächern nur noch in Tragstühlen transportiert und von den Dienern allein mit Hilfe eines Flaschenzuges in sein Bett gehoben werden. Obwohl ihn immer häufiger Fieberattacken und Wundschmerzen heimsuchten bzw. niederzwangen, versuchte er dennoch, die Ausübung der Regierungsgeschäfte fortzuführen und vor den Höflingen sowie insbesondere vor den Botschaftern seine wahre Lage zu verbergen. Doch nach dem Weihnachtsfest (1546), das er ohne Familie mit wenigen Räten in *Whitehall* verbracht hatte, musste er einsehen, dass es für ihn keine Hoffnung gab. So ließ sich Heinrich von Denny und Hertford sein Testament aus dem Jahre 1544 beschaffen bzw. vorlesen, um danach verschiedene Änderungen vorzunehmen.[1] Angeblich soll der König die Einsetzung einer Gruppe von Testamentsvollstreckern verfügt haben; diese hatte zugleich als Regentschaftsrat bis zum 18. Lebensjahr des neuen Monarchen zu fungieren. Die 16 Mitglieder des Rates, die von weiteren zwölf Beratern zu unterstützen waren, wurden von Heinrich neu bestimmt, wobei mit Cranmer, Hertford, Denny und Herbert die reformerischen Kräfte dominierten. Die Königin wurde ebenso wie die »Konservativen« um Gardiner, Thirlby u. a. nicht in den Regentschaftsrat aufgenommen. Dieser hatte korporativ zu handeln, d. h. kein Mitglied durfte allein agieren, ausgenommen mit der schriftlichen Zustimmung der Mehrheit der Mitglieder.

Auch seine Nachfolge regelte der Tudor gemäß des dritten *Act of Succession* von 1544: Hiernach sollte die Krone zuerst an Eduard VI. und seine Nachkommen gehen; im Falle seines erbenlosen Todes hatten ihm zuerst Prinzessin Maria und deren Nachkommen, dann Prinzessin Elisabeth und deren Nachkommen zu folgen. Beide Prinzessinnen konnten nur mit Zustimmung des Rates heiraten. Ihnen folgten in der Thronfolge die Erben der Schwester Heinrichs, Maria und des Herzogs von Suffolk. Ausgeschlossen von der englischen königlichen Erbfolge wurden die Nachkommen der älteren Schwester des Tudors, Margarete von Schottland – eine Verfügung, die spätestens während der Herrschaft von Königin Elisabeth zu Konflikten mit Maria Stuart führen sollte. Nachdem Heinrich großzügige Legate für Familienmitglieder sowie Vertraute bei Hofe verfügt hatte, regelte er seine Beisetzung. Diese sollte in Windsor in der *St. George's Chapel* an der Seite seiner dritten Gattin Jane Seymour erfolgen, verbunden mit jahrelangen Totenmessen für das Seelenheil des – immer noch »altgläubigen« Vorstellungen von Totengedenken anhängenden – englischen Monarchen. Angeblich soll der König das Testament am 30. Dezember eigenhändig in Anwesenheit von elf Zeugen unterzeichnet und Hertford zur Aufbewahrung übergeben haben. Dieser habe seinerseits das Testament dem Sekretär William Paget überreicht, der es in einem Kasten verwahrte, dessen Schlüssel Hertford ausgehändigt wurde.

In der Forschung sind vielfach Zweifel an dieser Darstellung der Entstehung des Testamentes und der Echtheit einzelner Verfügungen geäußert worden.[2] Unstrittig erscheint zumindest die Tatsache, dass Heinrich das Dokument nicht eigenhändig unterzeichnet hat, sondern der Sekretär Paget einen Faksimile-Stempel (*Dry Stamp*) mit der Unterschrift des Monarchen verwendete, die später ein Schreiber nachzeichnete. Auch die Datierung ist fragwürdig; vielmehr wird der König – möglicherweise aus taktischen Gründen – die Unterzeichnung so lange wie möglich hinausgezögert haben und schließlich infolge gesundheitlicher Probleme nicht mehr zur Unterschrift in der Lage gewesen sein. Ferner ist anzunehmen, dass Paget erst kurz vor dem Tode Heinrichs den Faksimile-Stempel auf das Testament drückte, das auch inhaltlich verändert bzw. verfälscht wurde. Diese Modifikationen betrafen zum einen die Regelung von Rangerhöhungen einzelner Großer aus dem Kreis der Reformer, zum anderen materielle Zuwendungen sowie Landbesitz für denselben Personenkreis und schließlich die Klausel, dass der Regentschaftsrat »volle Gewalt und Kompetenz« besäße, jede »notwendige Aktion« für das Reich während der Minderjährigkeit Eduards vorzunehmen. Damit wurde dem Rat die Möglichkeit eröffnet, die Verfügungen Heinrichs in wesentlichen Teilen nach eigenem Ermessen und zugunsten einer bestimmten Hof-Fraktion zu verändern – wie dies unmittelbar nach dem Tode des Königs auch geschah.

Wahrscheinlich ohne Kenntnis dieser Vorgänge kämpfte der Tudor seit Beginn des Jahres 1547 verbissen weiter gegen neuerliche Fieberschübe, Schwäche- und Ohnmachtsanfälle sowie fast unerträgliche Schmerzen in den Beinen. Weitgehend bewegungsunfähig, wurde er konsequent von Denny und Herbert vom übrigen Hof isoliert; sogar die Königin und die Prinzessinnen erhielten keinen Zugang. Nach einer kurzen Erholungsphase, in der Heinrich die Ernennung des Thronfolgers zum *Prince of Wales* plante, verschlechterte sich der Zustand des Monarchen weiter. Zwar ließ er seine Lage vor den Höflingen weiterhin verheimlichen; doch musste er schließlich akzeptieren, dass es zu Ende ging.[3] So ließ Heinrich am Abend des 27. Januar angeblich nach einem »gelehrten Mann«, nämlich Cranmer, schicken – in Wahrheit wird der König einen Priester gewünscht haben, ehe er kurz das Bewusstsein verlor. Der Erzbischof eilte umgehend in der Nacht von Croydon über vereiste Straßen nach *Whitehall*. Im Palast fand er den König sprachunfähig vor, so dass er ihm weder die Beichte abzunehmen noch die Sterbesakramente zu spenden vermochte. Daher konnte Cranmer ihn nurmehr auffordern, im Glauben an Christus zu sterben, was Heinrich durch Handzeichen bestätigte. Am 28. Januar gegen 2 Uhr nachts hatte das Leiden des Monarchen ein Ende.

Welche Krankheiten konkret zum seinem Tode geführt haben, ist umstritten.[4] Gesichert ist lediglich, dass Heinrich seit jungen Jahren unter einer Vielzahl an Krankheiten litt – u. a. an Nasennebenhöhlenentzündungen, chronischen Kopfschmerzen, Pocken und Malaria. Eine Zäsur stellte der Turnierunfall im Jahre 1536 dar, durch den er sich eine schwere Beinverletzung und möglicherweise Störungen im Gehirn (mit wachsenden psychischen Problemen) zuzog. Die Beinverletzung führte zu kaum heilenden Wunden und Durchblutungsstörungen, so dass der König weitgehend auf körperliche Betätigung verzichtete. Infolge zu hohen Cortisolspiegels wird das Cushing Syndrom I, das Heinrichs Aussehen erklärte, hinzu getreten sein, gefolgt von einem Diabetes mellitus. Die Beinverletzungen dürften allmählich zu einer infektiösen Entzündung des Knochenmarks geführt haben, verbunden mit intensivierten, durch Geschwüre verursachte Schmerzen der Wunden. Fieberattacken und Ohnmachtsanfälle quälten gegen Ende des Lebens den Monarchen, dessen Ausdünstungen und Gestank im Schlafgemach nur mühsam durch Duftwässer gemildert werden konnten. Möglicherweise litt er zudem unter dem McLeod Syndrom, das aus genetischen Schäden resultiert und mit erheblichen psychischen Veränderungen beim Kranken verbunden sein kann. Sofern der König auch Träger des Kell Antigen war, könnten sich hieraus Unverträglichkeiten der Blutgruppen von Heinrich und seinen verschiedenen Gattinnen ergeben haben, woraus die zahlreichen Fehlgeburten zu erklären wären. Im Gegensatz zu seinem Konkurrenten Franz I., der sich zu dieser Zeit im Endstadium einer Syphiliserkrankung befand, wird der Tudor unter keiner Geschlechtskrankheit gelitten haben. Im Blick auf die Vielzahl an Erkrankungen Heinrichs lassen sich keine genauen Angaben über die Ursache seines Todes machen. Wahrscheinlich ist entweder eine Blutvergiftung mit Nierenversagen infolge von Wundinfektionen oder eine Embolie der Lungenarterie (PAE).

Das Hinscheiden des Monarchen löste hektische Aktivitäten unter den Höflingen aus, die drei Tage lang keinerlei Nachrichten von seinem Tode an die Öffentlichkeit dringen ließen.[5] Während man zur Tarnung den üblichen Hofbetrieb fortführte, war vor allem Hertford um eine rasche und konfliktfreie Herrschaftsübernahme durch den Thronfolger bemüht. Nachdem er sich mit dem *Master of the Horse*, Anthony Browne, umgehend zu Pferde nach *Hertford Castle* zu Eduard begeben hatte, befahl er Paget, das Testament Heinrichs vorerst der Öffentlichkeit nicht zugänglich zu machen. Anschließend reiste Hertford mit Eduard nach London, wo dieser am 31. Januar im *Tower* zum neuen König proklamiert wurde. Zur Sicherung der Herrschaftskontinuität trat der Regentschaftsrat umgehend zusammen, der den Onkel des Monarchen, Edward Seymour, zum *Lord Protector* der Reiche der Krone und zum Vormund (*Gubernator*) des Königs für die Zeit der Minderjährigkeit wählte; der neue Monarch bestätigte wunschgemäß die Wahl am 1. Februar.[6] Diese Maßnahme widersprach zwar nicht unmittelbar dem Wortlaut des Testamentes, war jedoch mit dessen Intention nicht vereinbar. Dessen ungeachtet, wurde anschließend das Parlament durch Kanzler Wriothesley vom Ableben Heinrichs und über Teile des Testamentes informiert, woraufhin sich das Gremium auflöste.

Währenddessen lag die einbalsamierte Leiche Heinrichs in einem mächtigen Sarg, der zuerst in der *Presence Chamber*, dann in der *Whitehall Chapel* aufgebart wurde.[7] Hier und im ganzen Land hielt man Trauergottesdienste ab (8.-9. Februar). Sogar der französische König, der selbst bald sterben sollte († 31. März 1547), ließ in Nôtre Dame zu Paris eine Totenmesse für seinen Rivalen lesen. Am 14. Februar begann man mit der Überführung des Toten nach Windsor: In einem rund 6 Kilometer langen Zug mit hunderten Teilnehmern schritten zuerst die Bischöfe im Gebet, gefolgt von Priestern der königlichen Kapelle, Mitgliedern der Garde, Angehörigen des *Privy Council* und des königlichen Haushalts, Vertretern der Stadt London und ausländischen Botschaftern; hinzu kamen etwa 250 bezahlte Trauernde, verschiedene Herolde und Fahnenträger sowie andere Trauergäste. Bezeichnenderweise fehlten die Königinwitwe und der neue junge Monarch. Im Zentrum des Zuges befand sich ein riesiger Wagen mit dem Katafalk Heinrichs; von ihm war ein wächsernes Abbild geschaffen worden, das sich auf dem Sarg befand und mit einer Krone sowie zahlreichen Edelsteinen geschmückt war. Hierdurch setzte man die Beisetzungstraditionen seit Eduard II. unter Verwendung einer Plastik des Toten (*Effigies*) fort und symbolisierte, dass der *body politic* des Königs ungeachtet seines Todes gemäß der Zwei-Körper-Lehre weiterlebte. Die Dimensionen des Leichenwagens waren so groß, dass für den Transport zahlreiche Straßen sowie Brücken neu befestigt bzw. verbreitert werden mussten. Nach einer Übernachtungspause im Kloster Syon gelangte der Zug am 15. Februar nach Windsor, wo am folgenden Tag die Beisetzung erfolgte.[8]

Diese sollte nur vorläufig sein, da das eigentliche Grabmal für den König noch nicht fertig gestellt war.[9] Es handelte sich um ein riesiges Grabdenkmal, das ursprünglich von Wolsey für sich selbst geplant, nach dessen Sturz jedoch von Heinrich übernommen worden war. Zuerst hatten der Florentiner Pietro Torrigiano und später Jacopo Sansovino u. a. die Planungen bzw. die Arbeiten an dem Monument bis 1536 durchführen lassen. Danach unterblieben entsprechende Aktivitäten aus unbekannten Gründen bis zum Tode des Monarchen, obwohl dieser hierfür testamentarisch beträchtliche Mittel zur Verfügung gestellt hatte. Möglicherweise in Konkurrenz zu Grablegen kontinentaler Herrscher – wie etwa Maximilian I. – wünschte Heinrich ein gigantisches Monument mit liegenden Abbildern des Königs und seiner dritten Gemahlin. Diese Skulpturen sollten von riesigen Säulen sowie Engelfiguren umstanden und von einer mächtigen Reiterstatute des Monarchen sowie einem prächtigen Bogen überhöht werden. Da bislang nur Teile des Werkes fertig gestellt waren, öffnete man das Grab Seymours vor dem Chorgestühl der *St. George's Chapel* und setzte dort – nunmehr in Anwesenheit der

Königinwitwe – den Sarg Heinrichs neben dem seiner dritten Gattin bei. Nach der Totenmesse, die wieder Gardiner hielt, und nach einem Dinner für Höflinge sowie Große des Reiches löste sich die Versammlung rasch auf, da zahlreiche Barone umgehend nach London reiten und an der Krönung König Eduards teilnehmen wollten.

Das mächtige Grabmal, das dem Totengedenken (*memoria*) Heinrichs dienen sollte, wurde jedoch nie vollendet. Trotz der

Abb. 6: Grabtafel Heinrichs © The Dean and Canons of Windsor

diesbezüglich vorgesehenen Geldmittel wurden die Arbeiten nach dem Tode Eduards VI. 1553 eingestellt. Unter den folgenden Tudor-Herrscherinnen bestand offenbar nur geringes Interesse an dem Grabmal, das in Vergessenheit geriet. Während des Commonwealth entschloss man sich 1646, Teile des Monumentes abzubrechen und das verwendete Metall einzuschmelzen. Die Reste des Grabmals – insbesondere den Sockel und den Sarkophag – brach man 1805 ab und verwendete sie für das Prachtgrab, das für Lord Nelson in der Krypta der *St. Paul's Cathedral* (London) errichtet wurde. Erst im Jahre 1813 wurde zufällig das bislang unbekannte Grab Heinrichs VIII. entdeckt, das man öffnete. Hierbei wurde festgestellt, dass wahrscheinlich schon im 17. Jahrhundert neben den Särgen des Tudors und seiner Gattin auch der hingerichtete König Karl I. sowie ein unbekanntes Kind von Königin Anne beigesetzt worden waren. Erst König Wilhelm IV. entschloss sich 1837, durch eine dunkle Marmortafel, die im Boden des Chors der *St. George's Chapel* eingelassen wurde, an seine dort beigesetzten königlichen Vorgänger zu erinnern. Somit war der Versuch Heinrichs VIII., durch ein gigantisches Grabmal der Nachwelt von der Größe und Bedeutung seines Königtums Kenntnis zu geben, gründlich fehlgeschlagen.

9.2 Heinrichs Nachfolge: England unter Eduard VI. (1547–1553)

Nach der Beisetzung des verstorbenen Königs begann sich die Lage bei Hofe rasch zu verändern.[10] In einer ersten Phase der Vormundschaft für Eduard versuchte der *Protector* Edward Seymour umgehend, seine Position innenpolitisch zu festigen. Hierzu nahm er Rangerhöhungen und materiell Vergünstigungen für seine Gefolgsleute vor. Sich selbst ließ er zum 1. Herzog von Somerset ernennen und gleichsam königliche Rechte vom neuen *Privy Council* übertragen, dessen Mitglieder er selbst ernennen konnte; hinzu kam die Übernahme weitere Ämter (*Lord Treasurer, Earl Marshal*). So konnte er in der Folgezeit weitgehend unabhängig herrschen, wobei er bevorzugt Proklamationen verwendete. Ferner veranlasste er eine rasche Krönung Eduards, die am 20. Februar in *Westminster Abbey* stattfand und von Cranmer durchgeführt wurde. Dieser feierte den jungen Monarchen als »neuen Josua« und verdeutlichte damit die Hoffnungen auf eine Fortführung der Reformation im Inselreich.[11]

Schließlich entmachtete die neue Führung auch die Königinwitwe, die konsequent vom Hofe und von politischen Entscheidungsprozessen ausgeschlossen wurde; Katharina blieb nur der Kontakt zu Prinzessin Elisabeth, die sie in ihrem Haushalt aufnahm. In ihrem »Privatleben« beschloss die Witwe, nach drei »Vernunft-Ehen« nunmehr eine »Liebes-Heirat« zu wagen. So gab sie dem Werben ihres Verehrers Thomas Seymour nach und heiratete ihn zum Ärger des Hofes noch vor Ablauf der Trauerzeit Ende Mai 1547. Doch schon bald wurde Katharina von ihrem vierten Gatten enttäuscht, der sich aus Karrieregründen in bedenklicher Weise mehr für die 14-jährige Prinzessin Elisabeth als für seine Ehefrau interessierte. Zwar wurde die frühere Königin Ende 1547 schwanger und gebar Ende August 1548 die Tochter Maria; doch starb die 36-jährige Fürstin wenige Tage nach der Geburt am 5. September 1548 wahrscheinlich an Kindbettfieber in *Sudeley Castle* (Gloucestershire), wo sie auch beigesetzt wurde. Ob die Verbindung der »*first true queen of the English Reformation*« mit Heinrich im Blick auf ihre letzte Ehe wirklich so schlecht war, wie oftmals behauptet wurde, ist fraglich.[12]

Nach der Krönung musste der neue Monarch mit der »politischen Alltagsarbeit« beginnen, wobei aufgrund der Minderjährigkeit für die größte Zeit seiner Regierung anzunehmen ist, dass Seymour und später Dudley als *Protector* bzw. *Lord President* und die Mitglieder des *Council* den jungen Herrscher maßgeblich beeinflussten und seine politischen Entscheidungen bestimmten. Vorrangig waren hierbei die zahlreichen innen- und außenpolitischen Probleme, die Heinrich ungelöst hinterlassen hatte. Drängend waren besonders die außenpolitischen Konflikte mit Frankreich und Schottland, wobei sich Somerset entschlossen zeigte, die Expansions- oder gar Eroberungspläne des Tudors bezüglich Schottlands zu realisieren.[13] So griff er die schottischen Südprovinzen an und begann nach dem Sieg bei Pinkie Cleugh (10. September 1547) zur dauerhaften Beherrschung des Landes mit dem Bau eines Netzwerkes von Festungen entlang der Grenze bis zur Ostküste. Die politische Gegenreaktion erfolgte umgehend, da die Schotten den neuen französischen König Heinrich II.[14] um Hilfe baten. Er entsandte – nach Erneuerung der *Auld Alliance* – Truppenkontingente, die erfolgreich in die Kämpfe eingriffen. Als Gegenleistung mussten die Schotten der Ehe von Königin Maria mit dem französischen Thronfolger zustimmen; die 5-jährige Monarchin wurde im August 1548 nach Frankreich gebracht, um später den ihr bestimmten – ebenfalls noch unmündigen – Ehepartner Franz (II.) zu heiraten (am 24. April 1558). Da der *Protector* hierauf mit neuerlichen Verwüstungszügen in Schottland reagierte (August 1548, Januar und Juli 1549), erklärte der französische König – nach wachsenden Spannungen um Boulogne – im August 1549 England den Krieg. Somerset war nunmehr in einen Zwei-Fronten-Krieg verwickelt, der die finanzielle Leistungsfähigkeit des Inselreiches bald überstieg. So war er gezwungen, die schottischen Eroberungspläne aufzugeben und die militärischen Kräfte auf die Verteidigung von Boulogne und Calais zu konzentrieren. Dennoch blieb hier die Lage instabil, zumal Heinrich II. Friedensverhandlungen ablehnte, während sich der Kaiser neutral verhielt.

Auch innenpolitisch war die Situation für Somerset problematisch, da schon bald Rivalitäten und Machtkämpfe zwischen Großen des Hofes einsetzten. Als besonders gefährlich erwies sich der Bruder des *Protectors* und Gatte der Königinwitwe, Thomas Seymour, der nach Katharinas Tod eine Ehe mit Prinzessin Elisabeth anstrebte und selbst Vormund Eduards zu werden wünschte. Nach diversen Versuchen von Thomas, durch Intrigen und Konspiration an die Macht zu gelangen, entschlossen sich der Bruder und Mitglieder des *Council*, ihn auszuschalten. Wie üblich, ließ man den *Lord High Admiral* des Hochverrats anklagen und am 20. März 1549 hinrichten. Ein weiteres Problem stellten die religionspolitischen Gegensätze im Lande dar, so dass der diesbezügliche Druck auf Somerset wuchs. Er sah sich Pressionen von Reformern, die seinen Aufstieg gefördert hatten, und »Konservativen«, die u. a. auf Hilfe durch den Kaiser hofften, ausgesetzt; daher versuchte er, einen kompromisshaften »Mittelweg« zu finden.[15] So ließ der *Protector* einerseits einschlägige, repressive Gesetze Heinrichs VIII. (*Act of Six Articles*, »Häresie«- und Hochverrats-Gesetze) vom Parlament widerrufen. Andererseits förderte er auf Betreiben Cranmers religiöse Reformen durch Abschaffung »katholischer Riten«. Auch musste in jeder Pfarrei eine englischsprachige Bibel zur Einsicht ausliegen (*Edwardian Injunctions*, 1547), und 1549 wurde das *Book of Common Prayer* als Gottesdienstordnung für die gesamte englische Kirche eingeführt. Dennoch vermied der *Protector* einen dogmatischen Neuentwurf unter Rezeption der Lehren Luthers bzw. Calvins. Daher zeigten sich Reformer wie »Konservative« gleichermaßen enttäuscht von den Maßnahmen Somersets, zumal die Verfügungen über Ritus etc. und über elementare Glaubensfragen als kaum miteinander vereinbar erschienen.

Trotz des angestrebten »Mittelwegs« entstand in der Öffentlichkeit – auch infolge zahlreicher Proklamationen des *Protectors* – der Eindruck einer religionspolitischen »Liberalisierung« im Inselreich. So kamen protestantische Religionsflüchtlinge – insbesondere nach dem Sieg des Kaisers über der Schmalkaldischen Bund (1547) – ins Land, und zahlreiche protestantische Autoren konnten eine Vielzahl an einschlägigen Büchern publizieren. Dennoch regte sich bald Widerstand gegen die religiösen Reformmaßnahmen mit Eingriffen in das kultische Leben der Gläubigen. Hinzu kamen gravierende sozio-ökonomische Probleme u. a. durch Missernten, Nahrungsknappheit, Teuerung und Inflation. Zwar versuchten parlamentarische Kommissionen (unter Leitung u. a. des evangelikalen John

Hales), ökonomische Reformen zu initiieren und wieder einmal gegen die *Enclosures* vorzugehen; auch erlangte Somerset u. a. durch zahlreiche Proklamationen gegen rücksichtslose Landbesitzer wegen seiner angeblichen »Selbstlosigkeit« große Popularität. Doch all die Aktivitäten von *Protector* und Parlamentskommissionen zeigten keine tiefgreifenden Wirkungen, zumal sich Somerset bevorzugt den Konflikten in Schottland und Frankreich widmete; so entlud sich die Unzufriedenheit der Bevölkerung schließlich in offenen Rebellionen.

Eine erste Welle an Revolten suchte im Frühjahr 1549 etwa 25 Grafschaften heim; doch wurden die Aufstände zumeist von Adel und *Gentry* unterdrückt. Zwei weitere Wellen von Unruhen erlangten im Sommer 1549 größere Dimensionen – in Devon bzw. Cornwall (*Western Rebellion* oder *Prayer Book Rebellion*) und in Norfolk/East Anglia (*Kett's Rebellion*).[16] Nach ersten Aufständen im Frühjahr 1548 in Cornwall kam es nach Verkündigung des *Act of Uniformity* im Juni 1549 in Devon zu Revolten, die von Sympatisanten aus Cornwall unterstützt wurden (*Western Rebellion*).[17] Ausgehend von Sampford Courtenay sammelten sich zahlreiche Unzufriedene – unter Führung von einigen *Gentlemen*, Händlern und Geistlichen – und rückten auf Exeter vor, das sie mit ca. 6000 Mann sechs Wochen lang belagerten. Hauptforderungen der Rebellen betrafen einerseits eine religiöse Restauration (z. B. Wiedereinführung der lateinischen Messe, des Heiligenkults), andererseits sozio-ökonomische Reformen (gegen überhöhte Steuern, Besitzgier der *Gentry* etc.). Nachdem auch Appelle nach Rückkehr von Kardinal Pole und damit indirekt auch des Hauses York laut geworden waren, entschloss sich Somerset nach anfänglichem Zögern, die Revolte niederschlagen zu lassen. Da die lokale *Gentry* weitgehend inaktiv blieb, erfolgte der Einsatz ausländischer Söldner unter Führung von Lord John Russell. Dieser schlug die Rebellenarmee – nach zahlreichen vorangegangenen Kämpfen – in Sampford Courtenay (bei Exeter) am 17. August vernichtend. Abgesehen von einigen Steuerleichterungen hatten die überlebenden Rebellen nichts von ihren Forderungen durchsetzen können.

Etwa zur selben Zeit entwickelte sich aus lokalen Konflikten in Attleborough und Wymondham (Norfolk) rasch eine größere Rebellionsbewegung unter Führung des Gerbers und Landbesitzers Robert Kett, der von verschiedenen *yeomen*, Angehörigen der niederen *Gentry* und später auch von Predigern unterstützt wurde (*Kett's Rebellion*).[18] Deren Hauptforderungen betrafen – ausgehend von der üblichen *Enclosure*-Kritik – eine umfassende Reform von Wirtschaft und Gesellschaft. Mit Unterstützung von Predigern wie Hugh Latimer, Robert Crowley u. a. wurde eine soziale Krise (mit Raffgier der Reichen, Unterdrückung der Armen etc.) auf evangelikaler Basis beklagt. Bald sammelten sich ca. 16 000 Personen unter Führung Ketts und marschierten auf Norwich, wo sie vor der Stadt in Mousehold Heath ein Lager errichteten; gleiches geschah an anderen Orten wie Castle Rising und Downham Market. Wie üblich versuchten Somerset und der *Council* die Opponenten durch Proklamationen etc. hinzuhalten. Doch die Unzufriedenen gaben nicht auf, sondern formulierten stattdessen im Lager vor Norwich einen Katalog an Forderungen an die Regierung. Hierbei standen – abgesehen vom Wunsch nach beschleunigter Einführung der Reformation – erneut ökonomische Forderungen im Vordergrund, die aber divergierten und starke regionale Bezüge aufwiesen. Wieder übte man scharfe Kritik am sozialen »Fehlverhalten« von Adel und *Gentry* und erhob Anspruch auf Herrschaftsbeteiligung, wodurch das bestehende Machtgefüge zumindest auf regionaler Ebene in Frage gestellt wurde. In Anbetracht dieser potentiell »sozialrevolutionären« Forderungen entschlossen sich der *Council* und Somerset zum gewaltsamen Eingreifen; doch erneut hielt sich die *Gentry* in Norfolk im Kampf gegen die Aufrührer zurück. Nachdem ein erster Angriff von William Parr, Marquess von Northampton, gescheitert war und zur Besetzung Norwichs geführt hatte, konnte erst John Dudley, Earl von Warwick, mit einem Heer von 10 000 Mann die Rebellen bei Dussindale vernichtend schlagen (27. August). Kett und andere Führer wurden gefangen genommen, wegen Hochverrat verurteilt und am 7. Dezember hingerichtet.

Im Gegensatz zu dem Misserfolg der *Western Rebellion* besaß die Kett-Revolte mindestens zwei unmittelbare Auswirkungen: Zum einen wurden sozialkritische Tendenzen, wie sie etwa von den *Commonwealth Men* forciert wurden,[19] als potentiell revolutionär in Frage gestellt. Zum anderen kam es zu personellen Konsequenzen in der Führung des Reiches: Die Revolten in East Anglia und die Schwierigkeiten bei deren Niederschlagung wurden in der Öffentlichkeit und im *Council* vor allem dem *Protector* angelastet, dem man sogar Sympathien für die Rebellen unterstellte. Daher wuchs binnen weniger Wochen im Rat – auch bei den reformerischen Mitgliedern – die Entschlossenheit, Somerset als »Sündenbock« für die Geschehnisse zu bestrafen und einen *Coup d' Etat* durchzuführen. Zwar versuchte Somerset, seinem Schicksal zu entkommen, indem er sich des Königs bemächtigte und dessen Haushalt nach Windsor Castle verlegte, wo er sich am 1. Oktober verschanzte.[20] Doch erklärte der *Council* mit Zustimmung des Monarchen am 13. Oktober das Protektorat für beendet und ließ Somerset im *Tower* inhaftieren. Kurzfristig kam er im folgenden Jahr wieder frei und wurde erneut in den *Council* aufgenommen. Doch gelang es seinem Hauptrivalen Dudley mit Unterstützung Eduards, ihn im Oktober 1551 erneut inhaftieren sowie wegen Felonie anklagen und verurteilen zu lassen, so dass Somerset schließlich am 22. Januar 1552 hingerichtet wurde. Damit hatte die *erste Phase* der vormundschaftlichen Regierung für König Eduard im Sturz des *Protectors* ihr Ende gefunden.

Die *zweite Phase* der Regentschaft für den jungen Monarchen begann unmittelbar nach der Inhaftierung Somersets und war geprägt vom Wirken John Dudleys, des 1. Earls von Warwick.[21] Geschickt hatte er es verstanden, Eduard und auch konservative Mitglieder des *Council* für sich zu gewinnen. Zudem bemühte er sich, den jungen König in die Regierungsgeschäfte einzubeziehen und ihn für sich einzunehmen. Daher nahm dieser schon bald an den Sitzungen des Rates teil, wurde häufiger über wichtige Regierungsangelegenheiten informiert und verfasste eigenständig Memoranden z.B.

für eine Verwaltungsreform. Indirekt versuchte Warwick, Einfluss auf Eduard zu nehmen, indem er seine Vertrauensleute in dessen Haushalt unterbrachte. Zudem hielt er im Gegensatz zu Somerset zumindest anfangs engen Kontakt zu wichtigen Ratsmitgliedern. Auch übernahm Dudley zahlreiche wichtige Ämter und sicherte sich als *General Warden of the North* den Zugriff auf militärische Macht. Schließlich verzichtete er auf die Übernahme des *Protector*-Titels und nannte sich seit dem Frühjahr 1550 lediglich *Lord President of the Council*; im Herbst 1551 wurde er zum Herzog von Northumberland erhoben.

Der Sturz Somersets war mit keiner Verbesserung der schwierigen innen- und außenpolitischen Lage verbunden, in der sich das englische *regnum* seit Ende 1549 befand. Unverändert wurde der Zwei-Fronten-Krieg in Schottland und Frankreich fortgesetzt, wobei vor allem Boulogne dem militärischen Druck auf Dauer kaum standhalten konnte. Hinzu kamen Spannungen zum Kaiser, der u. a. Repressionen gegen den Antwerpener Tuchmarkt ausüben ließ. In realistischer Einschätzung der finanziellen und militärischen Möglichkeiten Englands entschloss sich Dudley daher – trotz Widerstands von Seiten des *Council* – im Januar 1550 zu Friedensverhandlungen mit Frankreich; diese wurden im Vertrag von Boulogne vom 24. März 1550 erfolgreich beendet. Hierbei verzichtete der englische König gegen Zahlung einer hohen Entschädigung auf den Besitz von Boulogne, versprach eine Beendigung der Kämpfe gegen Schottland (ausgenommen einen Krieg aus »berechtigtem Anlass«) und vereinbarte eine Defensivallianz mit Frankreich. Eine korrespondierende Friedensvereinbarung wurde mit Schottland getroffen, so dass das jahrelange *Rough Wooing* ein Ende fand und die englischen Truppen von schottischem Territorium abzogen (Vertrag von Norham, 10. Juni 1551). Nachdem auch Boulogne von der englischen Garnison geräumt worden war, kam es im Juli 1551 zum Abschluss eines englisch-französischen Heiratsbündnisses, dem zufolge König Eduard eine Tochter Heinrichs II., Elisabeth, ehelichen sollte – Pläne, die wegen des frühen Todes des

Tudors nicht realisiert wurden.²² In der Folgezeit verzichtete der *Lord President* konsequent auf ein militärisches Engagement auf dem Kontinent, obwohl Karl V. wie Heinrich II. im Zusammenhang mit den neuen Italienischen Kriegen (1551–1559) mehrfach versuchten, die englische Regierung zu einer Parteinahme in den Konflikten zu veranlassen.

Nach Klärung der außenpolitischen Lage konnte sich Warwick den erheblichen innen- bzw. religionspolitischen Problemen zuwenden. Da das Land am Rande eines »Staatsbankrotts« stand, entschloss sich Dudley zu einer umfassenden Sanierung der Finanzen des Reiches bzw. zu einer Finanzreform (vgl. Kapitel 7.2). Initiativ wurde er auch religionspolitisch, indem er die zwischenzeitlich erfolgten kirchlichen Reformen zu sichern versuchte. Hierfür schaltete er nicht nur die »Konservativen« im *Council* aus und ließ Gardiner, Bonner u. a. inhaftieren, sondern er unterstützte auch Cranmer und John Hooper bei kirchenreformerischen Initiativen. So veranlassten die Reformer mit Unterstützung des Königs, der unter dem Einfluss seiner Tutoren zunehmend reformatorischem Ideengut anhing, Änderungen im Ritus, in der Altargestaltung etc. Beeinflusst von zahlreichen Calvin- und Zwingli-Anhängern, die wie Bucer auf die Insel gekommen waren, unternahm Cranmer seit 1551 den Versuch, die theologischen Grundlagen der *Anglicana ecclesia* neu zu definieren. Daher entstanden unter Berücksichtigung der reformatorischen Rechtfertigungs- und Abendmahlslehre 1553 die sog. »Zweiundvierzig Artikel«. Damit hatte die englische Kirche im Vergleich zu ihrer Lage beim Tode Heinrichs VIII. ein völlig neues Fundament erhalten und schien nachhaltig vom Gedankengut Luthers, Calvins und Zwinglis geprägt. Gravierender Widerstand gegen diese Neuerungen wie gegen weitere Maßnahmen zum Einzug von Kirchenvermögen blieb in der Bevölkerung und insbesondere in der *Gentry* aus. Auch unterblieb eine Intervention der »altgläubigen« Monarchen, die vollauf mit ihren Kriegen in Italien und in den Niederlanden beschäftigt waren.

Eine entscheidende Zäsur in den innen- und religionspolitischen Entwicklungen trat infolge der gesundheitlichen Probleme Eduards ein. Nach Masern- und Pockeninfektionen im April 1552 und kurzfristiger Besserung verschlechterte sich nach neuerlichen Infektionen seit Februar 1553 die Lage des Königs kontinuierlich, so dass ihm seit Mai sein nahe bevorstehendes Ende bewusst wurde. Bei der folgenden Regelung seiner Angelegenheiten war dem *Boy-King* die Sicherung der erreichten Kirchenreform ein Hauptanliegen. Hierbei kam der Thronfolge und insbesondere Prinzessin Maria, die aus ihren katholischen Überzeugungen niemals einen Hehl gemacht hatte, eine zentrale Bedeutung zu; ihre Nachfolge erschien als gesichert. Obwohl Eduard noch nicht geschäftsfähig war und an die Verfügungen seines Vaters im Testament sowie an das Thronfolgegesetz von 1543 gebunden zu sein schien, drängte Dudley den König zu einer Neuregelung seiner Nachfolge.[23] Nach langen Gesprächen u. a. mit den Mitgliedern des *Council* entschloss sich Eduard zu einer eigenständigen Regelung (*Devise for the succession*). Die Endversion der Schrift ließ er am 15. Juni 1553 durch zahlreiche Juristen und Notabeln bestätigen, während die parlamentarische Billigung nicht mehr zustande kam. Hiernach sollten die beiden Halbschwestern Maria und Elisabeth wegen Bastardisierung von der Thronfolge ausgeschlossen werden; als Nachfolgerin wünschte Eduard Lady Jane Grey,[24] eine Enkelin der jüngeren Schwester König Heinrichs, Maria Brandon. »Zufälligerweise« hatte Dudley am 21. Mai 1553 seinen Sohn Guildford mit der 16-jährigen potentiellen Thronerbin Grey verheiraten lassen. Wäre der Nachfolge-Coup erfolgreich gewesen, hätte Dudley die königliche Herrschaftsausübung durch seine Schwiegertochter nachhaltig beeinflussen zu können.

Doch verliefen die weiteren politischen Entwicklungen anders, als von Northumberland und zahlreichen Räte geplant.[25] Nachdem der König am 6. Juli 1553 wahrscheinlich an Tuberkulose in Greenwich gestorben war, wurde Lady Grey zwar plangemäß vier Tage später – gegen ihren zeitweisen Widerstand und auf Druck ihrer Familie – in London zur

Königin ausgerufen. Schon bald gefiel der jungen Frau ihre neue Rolle, so dass sie die Korrespondenz als »*Jane the Quene*« unterzeichnete – was später als Hochverrat gewertet wurde. Womit der *Lord President* und die Räte erstaunlicherweise nicht gerechnet hatten, war die Tatsache, dass die 37-jährige Maria nach all den erlittenen Nöten und Demütigungen nicht bereit war, kampflos auf ihre Thronansprüche zu verzichten. Vielmehr floh sie nach *Kenninghall* (Norfolk) in das Einflussgebiet der Howard-Familie und ließ sich dort zur Königin ausrufen. Der Versuch Northumberlands, sich der Prinzessin mit Truppengewalt zu bemächtigen (seit 14. Juli), misslang kläglich, da eine wachsende Zahl von Baronen und große Teile der Bevölkerung nur Maria als Königin akzeptierten. Opportunistisch schlugen sich rasch die Mitglieder des *Council* sowie die Truppen Dudleys auf die Seite Marias, die bald sogar von Northumberland und dem Vater Janes als Herrscherin anerkannt wurde. Daher konnte Maria am 3. August mit ihrer Halbschwester Elisabeth unter dem Jubel der Bevölkerung in London einziehen, wo sie am 1. Oktober gekrönt wurde. Ihr verstorbener Halbbruder Eduard fand erst am 8. August seine letzte Ruhestätte in der *Westminster Abbey*.

Der *Lord President*, Lady Grey und Gefolgsleute wurden umgehend im *Tower* inhaftiert und gegen Dudley ein Hochverratsverfahren eröffnet, in dessen Verlauf er schuldig gesprochen und am 22. August hingerichtet wurde. Gegen Grey, Guildford Dudley und andere wurde später ein Hochverratsprozess geführt, an dessen Ende ebenfalls Schuldsprüche bzw. Todesurteile standen (14. November). Auf eine Vollstreckung des Todesurteils gegen Jane wurde vorerst verzichtet, zumal sich Maria hatte überzeugen lassen, dass die junge Frau nur auf Betreiben von Dudley und anderen gehandelt hätte. Während sich Grey offensichtlich in ihr Schicksal fügte, wurde sie schon bald wieder durch politische Aktivitäten ihrer Familie in Gefahr gebracht. Eine starke protestantische Opposition, die sich seit November 1553 gegen *Bloody Mary* formiert hatte, war nicht bereit, die beginnende Re-Katholisierung des Landes und vor allem die geplante Heirat der Königin mit Philipp II.

von Spanien hinzunehmen. So kam es seit Januar 1554 zu Revolten in vier Grafschaften u. a. unter Führung von Thomas Wyatt sowie Henry Grey, dem Vater der inhaftierten Königin. Nach Beseitigung des Regimes von Maria wollte man entweder Jane Grey oder Edward Courtenay, der mit Prinzessin Elisabeth verheiratet werden sollte, zum neuen Herrscher ausrufen. Nur mit Mühe gelang es Maria, *Wyatt's Rebellion* niederzuschlagen und die Hauptführer gefangen zu nehmen (Februar 1554).[26] Damit war das Schicksal von Lady Grey besiegelt, die selbst keine aktive Rolle bei der Revolte gespielt hatte. Gemeinsam mit ihrem Gatten wurde die Neun-Tage-Königin am 12. Februar hingerichtet, während ihr Vater am 23. Februar auf dem Block starb. Damit schien die Herrschaft von Königin Maria und ihrer konservativ-katholischen Gefolgschaft vorerst gesichert.

In der Forschung ist umstritten, ob die beschriebenen Entwicklungen nach dem Tode König Heinrichs als Ausdruck einer *Mid-Tudor Crisis* zu verstehen sind, die angeblich bis in die Regierungszeit Elisabeths anhielt (1547–1558 oder 1545–1565). Nach Anschauung »traditionalistischer« Historiker – im Gegensatz zu den »Revisionisten« – gab es eine »Krise« im gesamten Herrschaftssystem des Landes.[27] Tatsache ist hingegen, dass die zentralen Institutionen des Reiches – wie Parlament, Justiz und *Privy Council* – in dieser Zeit reibungslos funktionierten. Zwar gab es Probleme im Finanzwesen und in der Verwaltung, doch unternahm man mehrfach Reformversuche, die aber erst in elisabethanischer Zeit ihre Vollendung fanden. Zudem konstatierte man verschiedene innenpolitische Krisenphänomene – wie eine Intensivierung der wirtschaftlichen Probleme in England, die Verschärfung regionaler Konflikte und das Auftreten von Rebellionen. Zweifellos kam es infolge von Bevölkerungszuwachs, temporären Absatzschwierigkeiten in der Tuchindustrie, häufigen Missernten und Seuchen (1551/52, 1556 und 1558) zu einer Intensivierung der sozialen Spannungen, die sich in den erwähnten Revolten von 1549 und 1554 manifestierten. Dennoch stellten diese Rebellionen in keinem Fall den Fortbestand der Regierung in Frage und waren in ihrer Gefährlichkeit weder mit der *Pilgrimage of Grace* (1536) noch mit der außenpolitischen Bedrohung durch die Spanische Armada (1588) vergleichbar. Als Zeichen einer Krise wurden ferner die Wirren der *English Reformation* unter Eduard und Maria interpretiert. Doch waren z. B. die Verfolgungen von Protestanten durch *Bloody Mary* im Vergleich zu den blutigen Religionskriegen und Massakern auf dem Kontinent durchaus nicht krisenhaft. Auch die territorialen Einbußen Englands durch den Verlust von Boulogne (1550) und später von Calais (1558) sowie die Konzessionen gegenüber Schottland waren ebenfalls kein Ausdruck einer Existenzkrise des Landes, obwohl dies mitunter von der nationalistischen englischen Geschichtsschreibung im 19. Jahrhundert behauptet wurde. Insofern wird man die Existenz einer *Mid-Tudor Crisis* in Frage stellen können; dennoch blieben zahlreiche innen- und außenpolitische Probleme, die König Heinrich hinterlassen hatte, bis zur Regierung seiner Tochter Elisabeth ungelöst. Erst ihre Entscheidung, auf Heirat und Nachkommen zu verzichten, führte zum Ende des Hauses Tudor und zu einer Vereinigung des englischen und schottischen Reiches, aber nunmehr unter Führung der Stuarts.

9.3 Nachleben und Rezeption: Das Bild Heinrichs in TV- und Kino-Filmen des 20. und 21. Jahrhunderts

Das Bild des Monarchen in der Öffentlichkeit und in Zeugnissen der *Popular Culture* unterlag seit seinem Tod beachtlichen Veränderungen. Obwohl es sicherlich interessant wäre, den Wandel des Heinrich-Bildes in der Literatur und insbesondere in Romanen – vom 16. Jahrhundert bis zu den zeitgenössischen Werken von Hilary Mantel und Margaret George – zu dokumentieren, kann im Folgenden aus pragmatischen Gründen lediglich ein Blick auf die Rezeption des Heinrich-Bildes geworfen werden, wie sie in einigen *ausgewählten Film- und*

Fernseh-Produktionen deutlich wurde.[28] Insbesondere in den hierfür relevanten Historienfilmen sind verschiedene Themenbereiche feststellbar, die bis in die Gegenwart Berücksichtigung fanden: Hierzu zählten – abgesehen von Darstellungen zur Geschichte des Hauses Tudor und seiner späteren Repräsentantinnen wie Maria I. und Elisabeth I.[29] – zum einen stärker biographisch angelegte Produktionen zu Leben und Regierung Heinrichs VIII. und zum anderen Beiträge zum Schicksal seiner Gemahlinnen sowie anderer Persönlichkeiten, die mit ihm in Verbindung standen und oftmals seine Opfer wurden.

Bereits im ersten und zweiten Jahrzehnt des 20. Jahrhunderts entstanden Stummfilm-Produktionen, die sich hauptsächlich mit seinen Gemahlinnen und weniger mit dem Monarchen selbst beschäftigten: So fand anfangs das Schicksal Boleyns große Beachtung – etwa im französischen Kurzfilm von George Méliès über *Les derniers moments d'Anne de Boleyn* (1905) und in einer weiteren Produktion (*Anne de Boleyn*, 1914). Als wirkungsmächtiger erwies sich die nächste Verfilmung des Stoffes von Ernst Lubitsch (*Anna Boleyn*, 1920).[30] Außer der Pracht der Kostüme, den aufwendigen Massenszenen etc. würdigte die Kritik besonders die Interpretation der Figur Heinrichs (gespielt von Emil Jannings) als aggressivem und bedrohlich wirkendem Monarchen, der rücksichtslos seine Macht gebrauchte – eine Darstellung, die sich als prägend für das Bild des Tudors in der zeitgenössischen Öffentlichkeit erwies. Dessen ungeachtet zeigten die Produzenten in der Folgezeit weniger Interesse an dem Tudor, sondern eher am Schicksal zweier weiterer Gemahlinnen – so im amerikanischen Kurzfilm *Catherine Howard* (1911) und in dem Beitrag über dessen dritte Gattin, die ihm den ersehnten Thronfolger schenkte (*Jane Seymour and Henry VIII of England*, 1912).

Schließlich widmete man sich auch dem Schicksal der Schwester Heinrichs, Maria Tudor (nach der Bühnenbearbeitung des Romans von Charles Major *When Knighthood Was in Flower*, 1898, 1901). In dem Liebesfilm (1908) wurde phantasievoll die angebliche Tragik Marias verdeutlicht, die

Abb. 7: Charles Laughton als Heinrich VIII.

auf Befehl ihres brutalen Bruders aus politischen Gründen mit dem alternden französischen König Ludwig XII. verheiratet wurde und auf ihre große Liebe Charles Brandon verzichten musste (u. a. 1922 und 1953 neu verfilmt).[31] Ähnlich rücksichtslos erschien der Tudor – erneut lediglich eine Randfigur – in der filmischen Bearbeitung eines Werkes von Mark Twain (1881) über das Schicksal des jungen Königssohnes Eduard VI.

(*The Prince and the Pauper*, 1915). In dem Verwechslungsdrama nahm der Autor den freiwilligen Tausch der existentiellen Lebensform zwischen dem Thronfolger und einem – ihm äußerlich ähnelnden – Londoner Jungen, Tom Canty, an. Die Darstellung der folgenden Wirren um den Prinzen thematisierte nicht nur das Problem des sozialen Auf- bzw. Abstiegs, sondern übte auch indirekte Sozialkritik am Beispiel der englischen Unterschicht des 16. Jahrhunderts. In der Folgezeit wurde der Stoff Twains mehrfach erneut verfilmt: Zu den bekanntesten Adaptionen gehörten u. a. die österreichische Stummfilmfassung (*Prinz und Bettelknabe*, 1920), das »Mantel und Degen Stück« *The Prince and the Pauper* (1937)[32] sowie sechs weitere Neuverfilmungen (u. a. von Walt Disney) von 1962 bis 2007.

Erst 1911/12 erschienen zwei Produktionen, die sich mit Heinrich als Hauptperson beschäftigten, jedoch weitgehend Verfilmungen des Shakespeare-Dramas *The Famous History of the Life of King Henry the Eight* von 1613 darstellten. In einem ersten Kurzfilm (*Henry VIII*, 1911) orientierte sich die Gestaltung der Person des Königs in Habitus (Körperhaltung, Beinstellung etc.) und Garderobe (jedoch ohne Schamkapsel) eng an dessen Darstellung in dem bekannten Holbein-Gemälde im *Whitehall Palace*. Der Versuch, sich in der Präsentation des Königs der Holbein-Figur so weit wie möglich in der filmischen Realität anzunähern, sollte in späteren Tudor-Filmen bis in die 1960er Jahre wirksam bleiben. 1912 erfolgte eine weitere Verfilmung des Shakespeare-Dramas, nun unter dem Titel *Cardinal Wolsey* in der Bearbeitung von Hal Reid.[33] Gemäß der Dramen-Vorlage wurden auch im Film etwa zwölf Regierungsjahre Heinrichs (1521–1533) in einem fiktiven kürzeren Aktionszeitraum zusammengefasst. Zwar war der König die Person, um die sich nominell das gesamte Geschehen drehte; dennoch konstituierte die Idee vom *Wheel of Fortune* den Kern der Handlung. Der schicksalhafte »Aufstieg und Fall der Mächtigen« wurde am Leben von Buckingham, Katharina von Aragón und Wolsey exemplifiziert, wobei man dem Kardinal und seinem manipulativen Einwirken auf Heinrich fast eine Schurkenrolle beimaß. In der Darstellung mit aufwendigen Schauszenen wie Festessen, Turnieren und Staatsakten erschien der Tudor als machtvoller Repräsentant eines englischen »Nationalstaates«, der sich vom (angeblich) verderblichen Einfluss Roms und anderer fremder Mächte befreit hatte. Den Höhepunkt von Drama und Film stellte die Geburt von Prinzessin Elisabeth dar, der von Erzbischof Cranmer eine machtvolle Regierung prophezeit wurde – sicherlich Ausdruck der Ergebenheit des Autors gegenüber Jakob VI./I. (1613).

Nach diesen Verfilmungen des Shakespeare-Stoffes unterblieb für fast zwei Jahrzehnte eine neue filmische Darstellung des Tudor-Herrschers. Erst im Jahre 1933 unternahm Alexander Korda als Produzent und Regisseur den Versuch, einzelne Phasen des Lebens Heinrichs neu filmisch zu präsentieren. Als zweiter Teil einer biographischen Trilogie (u. a. über die »Schöne Helena« und »Don Juan«) sollte das »private Leben« des Tudors in einem Tonfilm geschildert werden (*The Private Life of Henry VIII*).[34] Die filmische Handlung begann mit der Hinrichtung Boleyns, schilderte anschließend das Verhältnis des Königs zu den nächsten drei Gemahlinnen, um schließlich mit der Ehe Heinrichs mit Katharina Parr zu enden. Die gesamte Handlung beschränkte sich auf die Darstellung des Liebeslebens des Königs sowie der Rivalitäten und Intrigen bei Hofe. Das Bild des Monarchen war eigenartig gebrochen: Einerseits erschien er als machtbewusster Herrscher und triebgesteuerter Liebhaber, der skrupellos ihm lästig gewordene Gemahlinnen töten ließ. Andererseits wurde er als naiver und unsicherer Ehemann dargestellt, der von allen Gattinnen manipuliert wurde. So unterschied sich die Interpretation der Figur Heinrichs durch Laughton nachdrücklich von der durch Jannings. Bei Korda blieb die Person des Monarchen sehr oberflächlich bzw. banal und wirkte in ihrem Kern unreif und beinahe kindlich (*monstrous baby*). Noch intensiver orientierte sich die Darstellung des Tudors bei Korda bezüglich der Kleidung, des Habitus etc. am Bild Heinrichs von Holbein. Trotz allen pomphaften Auftretens gewann die Darstellung des

Königs mitunter an Tiefe, indem zumindest implizit politische Botschaften vermittelt wurden, die konkrete zeitgeschichtliche Bezüge besaßen (u. a. Thematisierung englisch-französischer Aversionen, Forderung nach Stärkung der Flotte). Versteckt in einem mittelalterlich wirkenden Kostümstück, das durch prächtige Ausstattung sowie prunkvolle Bankett- und Hof-Szenen geprägt wurde, vermittelte Korda im Jahre 1933 – in Übereinstimmung mit Sir Winston S. Churchill – eine eindeutige politische Stellungnahme gegen eine Appeasement-Politik und für eine Aufrüstung Englands zur Abwehr einer drohenden militärischen Aggression durch die Nationalsozialisten.

Obwohl das Werk Kordas einen großen finanziellen Erfolg bedeutete und den Hauptdarstellern beträchtliche Popularität verschaffte, verzichtete man für die folgenden 30 Jahre auf eine erneute Verfilmung des Lebens Heinrichs. Mit Rücksicht auf die zeitgenössische politische Lage Englands unterließ man die neuerliche Darstellung eines gewalttätigen Monarchen, sondern wandte sich vielmehr dem Schicksal anderer Persönlichkeit der Tudor-Zeit zu – wie etwa der unglücklichen Jane Grey (*The Tudor Rose* – September 1936).[35] Hierbei schilderte man nicht nur das Leben der jungen Adligen als Opfer von Intrigen der Höflinge, sondern betonte auch die Bedeutung einer geregelten Thronfolge in England – sicherlich als klare politische Aussage im Blick auf die Krise im englischen Königshaus infolge des bevorstehenden Thronverzichtes von Eduard VIII. (Dezember 1936) intendiert. Die weiteren Filme zu Themen der Tudor-Zeit in den folgenden beiden Jahrzehnten stellten zum einen Neuverfilmungen bekannter Stücke wie *The Prince and the Pauper* (1937, 1957) oder *The Sword and the Rose* (1953) über Maria Tudor dar; zum anderen widmete man sich erneut dem Schicksal der Gemahlinnen des Tudors – wie dem *Trial of Anne Boleyn* (1952) oder dem tragischen Leben von Katharina Howard (*The Rose Without a Thorn* – 1947, 1953) nach einem Bühnenstück von Clifford Bax (1933).

Eine größere Bedeutung als in diesen Werken erhielt Heinrich erst wieder in den Verfilmungen eines Stückes von Robert Bolt zum Leben Thomas Mores (*A Man For All Seasons*«, 1954) – zuerst in einer TV-Produktion der BBC (1957), dann in einem Kinofilm (1966) und in einer US-TV-Produktion (1988).[36] In dem Kinofilm wurde der Machtkampf zwischen dem Tudor und seinem Vertrauten und späteren Lordkanzler thematisiert, wobei den Auseinandersetzungen um die Trennung Heinrichs von Königin Katharina sowie um den Bruch mit Rom prinzipielle Bedeutung beigemessen wurde. Historisch korrekt dargestellt wurden die Konflikte zwischen dem König und seinem Vertrauten um dessen Verbindung mit Boleyn und um die Weigerung Mores, den Treueid auf den König als Haupt der Kirche zu leisten. Abgesehen von der Schilderung von Intrigen Cromwells waren die Hauptthemen des Films zum einen der Gewissenskonflikt des Lordkanzlers bezüglich der Wahrung seiner Anschauungen und Prinzipien angesichts massiver Pressionen durch den König, so dass More als Vorkämpfer für Glaubens- und Gewissensfreiheit erschien. Zum anderen verdeutlichte die Produktion eindrucksvoll die Entwicklung des Königs von einem jungen, humanistisch gebildeten Fürsten – nicht zuletzt auf Betreiben Boleyns – zu einem skrupellosen und brutalen Herrscher. In dieser glänzenden Darstellung löste man sich von dessen Interpretation durch Laughton und zeigte ihn nunmehr als facettenreiche, entwicklungsfähige Persönlichkeit.

Nach dem Erfolg des More-Filmes (1966) entschloss sich der Produzent Hal B. Wallis 1969, einen weiteren Tudor-Stoff – nämlich das Leben von Anna Boleyn – zu verfilmen (nach dem Drama von Maxwell Anderson *Anne of the Thousand Days*, 1948).[37] Die Produktion behandelte die konfliktreiche Beziehung des Tudors zu seiner Frau in Form einer langen Rückblende anlässlich der bevorstehenden Entscheidung Heinrichs über deren Hinrichtung. Hierbei wurden die verschiedenen Phasen seines Werbens um Anna dargestellt, die als sehr zielstrebig und machtbewusst erschien. Bedenkenlos ließ sie, so der Film, um Königin zu werden bzw. zu bleiben, Lordkanzler Wolsey vernichten und trug durch die Heirat zum Bruch Heinrichs mit dem Papsttum bei. Ihr wurde im Film angelastet, dass sie durch das Einwirken auf den König wissentlich Tod und Verderben für zahllose Menschen verursachte, um ihre privaten Ziele zu erreichen. Dennoch ereilte auch Anna das Schicksal, da sie nicht den gewünschten Thronfolger gebar, Heinrich sich daher von ihr entfremdete und sie nach Intrigen Cromwells unrechtmäßig anklagen und hinrichten ließ. Wie im More-Film, so wurde auch hier eine Entwicklung des Tudors zu einem skrupellosen Tyrannen verdeutlicht, wobei der Beziehung zu Boleyn gewissermaßen eine »Katalysatorfunktion« zukam. Trotz der moralischen Bedenken, die man insbesondere in den USA wegen der behandelten Themen (wie Ehebruch und Inzest) äußerte, wurde der Film zu einem großen Erfolg und erhielt zahlreiche Auszeichnungen.

Im folgenden Jahr (1970) erschien eine sechsteilige TV-Produktion der BBC mit jeweils 90-minütigen Beiträgen über *The Six Wives of Henry VIII* mit verschiedenen Drehbuchautoren und mit Mark Shivas sowie Ronald Travers als Produzenten. 1972 entschloss man sich, das gigantische Werk in komprimierter bzw. gekürzter Fassung als gleichnamigen Spielfilm (von 125 Minuten Dauer) zu veröffentlichen. Während die Rolle Heinrichs in beiden Produktionen von Keith Michell gespielt wurde, wählte man für die Rollen der Königinnen jeweils andere Darstellerinnen.[38] Das Schicksal der sechs Ehefrauen des Tudors wurde aus der Perspektive der jeweiligen Hauptakteurin dargestellt, wobei das einzig verbindende Element der Episoden-Folge die Person des Königs bildete. Hierbei gelang es Mitchell erfolgreich, den Wandlungs- und Alterungsprozess des Monarchen von dem jünglingshaften Gatten Katharina von Aragóns zu dem greisenhaften, kranken Ehemann Katharina Parrs erfolgreich dazustellen. Wie im Laughton-Film, so orientierten sich auch hier seine äußere Erscheinung und sein Habitus bis in Details am Heinrich-Bild Holbeins.

Sämtliche Episoden waren handlungsmäßig in sich abgeschlossen und versuchten, möglichst authentisch das unterschiedliche Verhältnis der jeweiligen Ehefrauen zu ihrem

Gatten zu verdeutlichen, wobei die Handlungsmotive der Akteure mitunter unklar blieben. Dies galt etwa für die Beziehung des Tudors zu Katharina von Aragón, die scheinbar schuldlos verstoßen wurde. Spannungsreicher war die Episode über Anna Boleyn, deren Bild als partiell gebrochen erschien: Einerseits agierte sie als machtbewusste junge Verführerin, die für gravierende Veränderungen in England wie der Reformation mit verantwortlich zu sein schien. Andererseits stellte man sie als unschuldiges Opfer politischer Machinationen sowie Intrigen konkurrierender Hof-Fraktionen dar. Während in der nächsten Episode das Bild von Jane Seymour etwas blass blieb, bemühte man sich – wenig quellennah – um eine originelle Darstellung Anna von Kleves. Sie agierte im Film als kluge Monarchin, konnte nachhaltigen politischen Einfluss nehmen und dem König eine eigenständige Lösung ihrer Eheprobleme bieten. In den beiden letzten Episoden wurden die Königinnen gleichermaßen als Opfer von Manipulationen dargestellt – zum einen Katharina Howard als Opfer ihres Onkels Norfolk, wobei ihr aber das selbst bestimmte Liebesleben zum Verhängnis wurde. Zum anderen Katharina Parr, die auf Druck der Seymour-Brüder den Tudor heiratete, aber trotz Gefährdungen ihren religiösen Überzeugungen treu blieb und nach dessen Tode ihre große Liebe, Thomas Seymour, ehelichte. Die Haltung des Monarchen gegenüber den verschiedenen Partnerinnen wurde von Michell einfühlsam dargestellt, wobei er als sensibel und verletzlich, aber auch als machtbewusst und brutal erschien. Zumeist erwies er sich gegenüber seinen Frauen als unterlegen und nur in der Lage, etwas hilflos und vergeblich die Beachtung seiner königlichen Würde zu fordern. Wegen der Opulenz der Ausstattung erwies sich die TV-Serie als großer Erfolg, der mit zahlreichen Auszeichnungen verbunden war.

Die gesellschaftlichen Veränderungen in Europa und in den USA seit den 1960er Jahren, insbesondere hinsichtlich der sog. »sexuellen Befreiung«, hatten auch Auswirkungen auf das damals aktuelle filmische Bild des Tudors. So nahm man das angebliche Liebesleben Heinrichs als Vorwand, um simple

Sexfilme vor angeblich historischem Hintergrund zu drehen – wie etwa *The Undercover Scandals of Henry VIII* (Deutsch: *Die Liebesorgien des Heinrich VIII.*, 1970). Kaum niveauvoller war der 21. Beitrag der berühmten *Carry-On*-Serie im britischen Film über den Tudor (*Carry On Henry*; Deutsch: *Heinrichs Bettgeschichten oder Wie der Knoblauch nach England kam*, 1971).[39] Hiernach hatte der Monarch nach der Hinrichtung seiner letzten Ehefrau eine Cousine des französischen Königs geheiratet, die – sexuell völlig unerfahren – Heinrich infolge permanenten Knoblauchgenusses dauerhaft am Vollzug der Ehe hinderte. Infolge seines Versuches, sich wieder von der Gemahlin zu trennen, kam es zu einer Fülle an Verwicklungen am Tudor-Hof, zu Versuchen eines Kidnapping des Monarchen sowie zu französischen Kriegsdrohungen. In dem klamaukhaften Handlungsgeschehen, das weitgehend fiktional und ohne historische Realitätsbezüge war, wurden die Höflinge wie der König karikaturhaft dargestellt. Heinrich erschien plakativ als triebgesteuerter Lüstling und brutaler Herrscher (Filmwerbung: *A Great Guy With His Chopper!*), dessen Hauptbeschäftigung darin bestand, immer neuen Frauen nachzustellen; hierbei zeigte er sich aber gleichermaßen tölpelhaft wie von den Partnerinnen manipulierbar. Wahrscheinlich als Parodie auf den Burton-Film angelegt, bediente die *Carry-On*-Produktion auf etwas primitive Weise angeblich überkommene Vorurteile (u. a. gegenüber den französischen »Knoblauchessern«) und bestätigte mit derber Komik das verbreitete Heinrich-Bild als eines lüsternen und brutalen Machthabers.

Da sich die erwähnten Darstellungen des Tudors offensichtlich als wenig attraktiv für das Publikum erwiesen, unterblieben neuerliche Verfilmungen seines Lebens bis nach der Jahrtausendwende. Lediglich Neuverfilmungen bewährter Stücke wie *The Prince and the Pauper* (1977), des Heinrich-Dramas von Shakespeare *The Famous History of the Life of King Henry the Eight* (1979) oder von *A Man For All Seasons* (1988) wurden unternommen. Hinzu kamen dramatische Bearbeitungen von Romanen über Mätressen des Königs, wie etwa die romanzenhafte Darstellung seiner Beziehung zu Maria Boleyn, wobei Heinrich wieder als manipulierbar erschien – hier durch die Boleyn-Schwestern sowie die Howard-Familie (*The Other Boleyn Girl* nach dem Roman von Philippa Gregory, 2001, 2008). Erst 2003 unternahm man den Versuch einer erneuten filmischen Darstellung der Biographie Heinrichs in einem zweiteiligen TV-Film (*Henry VIII – King, Tyrant, Legend, Murderer*).[40] Der erste Teil des Beitrages setzte mit dem Sterben Heinrichs VII. und seiner Sorge um die Dynastie ein, deren Erhalt – ein Leitmotiv des Filmes – er dem Sohn Heinrich auftrug. Die folgenden Szenen widmeten sich der wachsenden Entfremdung Heinrichs VIII. von der ersten Gattin und vor allem dem Aufstieg und Fall Boleyns. Der zweite Teil des Films begann mit der Heirat des Monarchen mit Seymour, behandelte dann innenpolitische Probleme (wie Revolten), um nach dem Tode Janes sowie Howards (infolge von höfischen Fraktionskämpfen) mit der Hochzeit des Tudors mit Katharina Parr sowie mit einem resignativen Rückblick Heinrichs auf sein Eheleben auf dem Sterbebett zu enden. In der Darstellung der Persönlichkeit des Monarchen wurde zwar wieder der Versuch gemacht, eine psychische Entwicklung – vom sensiblen Prinzen zum harten Greis – zu verdeutlichen. Doch blieb der Eindruck von Heinrich als eines rücksichtslosen Machthabers vorherrschend, der skrupellos agierte und seine Ehefrauen machtbesessen für seine Zwecke benutzte. Zudem betonte man seinen Hang zu Grausamkeiten (verdeutlicht in zahlreichen Gewaltszenen des Filmes), so dass die Produktion als eine Kombination zweier Genres – des Historien- und des Gangster-Films – erschien.

Es dauerte wieder fast ein halbes Jahrzehnt, bis das nächste und neueste Projekt einer Verfilmung der Biographie Heinrichs unternommen wurde. Zwischenzeitlich hatte u. a. der iranisch-englische Comedian Omid Djalili in einigen TV-Sketchen eine Karikatur des Tudors – ähnlich wie in dem *Carry-On*-Film – als lüsternen, aber unfähigen Monarchen gegeben, der weitgehend hilflos den Pressionen seiner dominanten Gemahlinnen ausgeliefert war (*The Omid Djalili Show*;

Series 1−2, 2007, 2009). Erst seit 2007 wurde ein filmisches Großprojekt realisiert, das in vier Staffeln mit 38 Episoden einige Phasen des Lebens Heinrichs behandelte (*The Tudors*, 2007−2010).[41] Die ersten beiden Staffeln (*Mätresse des Königs*, *Die Königin und ihr Henker*) wurden weitgehend von einem vitalen, jugendlichen König geprägt, der ritterlich zu agieren versuchte, sich zur Erlangung eines Sohnes Boleyn zuwandte und für eine Heirat mit ihr den Bruch mit Rom riskierte (Staffel 1). Nach einem zeitlichen Sprung in der Darstellung wurden Aufstieg und Fall Boleyns ausführlich behandelt (Staffel 2). In der folgenden Staffel (*Ein Sohn für den König*) mit einem erneuten zeitlichen Sprung wurde die glückliche Beziehung Heinrichs zu Seymour geschildert, nach deren Tod und nach dem Fehlschlag des Eheprojektes mit Anna von Kleve Katharina Howard als neue Favoritin auftauchte. In der letzten Staffel (*Die letzten Tage des Königs*) wurden die Eheschließung mit Howard, deren Ehebruch mit anschließender Hinrichtung sowie die Verbindung des gealterten und kranken Monarchen mit Katharina Parr präsentiert. Ein Ende fand die Episode in einem geisterhaften Rückblick Heinrichs auf sein Eheleben und auf dessen Besorgnis wegen der herrscherlichen Existenz seines Sohnes.

Zweifellos versuchte die Serie, ein völlig neues Bild Heinrichs zu konstituieren und sich vor allem von der traditionellen Darstellung des Königs abzusetzen, die von der Interpretation der Figur des Tudors durch Laughton u. a. bestimmt war. Dies gelang auch teilweise, da sich die Gestaltung der Figur Heinrichs durch Rhys Meyers sowohl hinsichtlich der Physis als auch bezüglich des gesamten Habitus gravierend von der Tradition unterschied. Unverändert setzte man auf Opulenz der Ausstattung, mit einer Vielzahl an Bankett- und Hofszenen in prachtvoller Dekoration. Zugleich versuchte man, dem Geschmack − wie man meinte − der zeitgenössischen Kinobesucher zu entsprechen, indem freizügige erotische Darstellungen der Akteure geboten wurden. So produzierte man ein opulentes Historienspektakel an einem Renaissance-Königshof, an dem ein juveniler Herrscher im Kreise attraktiver Gefährtinnen und Höflinge Feste ohne Ende feierte.

Zusammenfassend ist zu konstatieren, dass die Darstellung des Lebens und Wirkens Heinrichs in einem Jahrhundert Filmgeschichte vergleichsweise selten geschah. Von etwa 70 Filmen zu Themen der Tudor-Geschichte in den Jahren von 1905 bis 2011 widmeten sich nur sieben (10 %) hauptsächlich seiner Biografie. Häufiger wurden dagegen die Gemahlinnen und andere Handlungspartner des Monarchen filmisch gewürdigt. Ferner ist festzustellen, dass sich seit den frühen Stummfilmen und insbesondere nach der Laughton-Produktion (1933) gewissermaßen eine Tradition der bildlichen Gestaltung Heinrichs ausbildete, die über Jahrzehnte hin wirksam blieb. Konstituiert wurde diese Tradition durch die intensive Rezeption des Holbein-Bildes des Tudors, das eine über 400 Jahre wirksame Traditionslinie der Visualisierung begründete und hierbei nachhaltig Gestus, Habitus und Kleidung des Monarchen in den Filmen bestimmte. Seit der Stummfilmzeit versuchten zahlreiche Schauspieler, die Erscheinung des Königs in der Darstellung Holbeins durch Kleidung und Auftreten so weit wie möglich zu imitieren und ihr hierdurch filmisch »neues Leben« zu verleihen. Zudem entwickelte sich geradezu eine Interdependenz zwischen manifesten (Vor-)Urteilen über den Tudor beim Publikum und dem Heinrich-Bild in Filmen. So versuchten Produzenten (sicherlich aus kommerziellen Gründen), den geradezu stereotyphaften Vorstellungen vom Tudor als machtbewusstem Monarchen zu entsprechen, der rücksichtslos und brutal seine Interessen durchzusetzen versuchte und dessen bevorzugte Opfer seine Ehefrauen waren. Nur selten wurde die Perspektive der Betrachtung von den Ehekonflikten gelöst und auf die übrigen politischen Probleme erweitert, die seine Regierung bestimmten und die von ihm oftmals erfolgreich gelöst wurden. Sogar die wenigen Produktionen, die sich – wie die neueste TV-Tudor-Serie – um die Konstituierung eines neuen Heinrich-Bildes bemühten, waren diesbezüglich nur partiell erfolgreich. Vielmehr ist zu konstatieren, dass die seit Jahrzehnten bestehenden (Vor-) Urteile über Heinrich und die konzeptionelle Präsentation des Monarchen, wie sie Holbein bildlich gegeben hatte, bis zum heutigen Tage wirksam bzw. prägend blieben. Daher ist auch bezüglich des aktuellen Heinrich-Bildes zu resümieren: *Holbein – und kein Ende!*

IV. Resümee: Heinrich VIII. – Mensch und Herrscher

In Anbetracht der komplexen Persönlichkeit des Monarchen und seiner Widersprüchlichkeit ist ein eindeutiges Urteil über seine Person und sein Wirken kaum möglich. Dennoch sollte man sich tunlichst von den karikaturhaften, »eindimensionalen« Bildern Heinrichs lösen, die vor allem in den Medien im 20. Jahrhundert entworfen wurden und die sich zumeist auf das Ehe- bzw. »Privat«-Leben des Königs bezogen. Wichtiger ist vielmehr der Versuch einer Würdigung seines gesamten politischen Wirkens im Kontext der zeitgenössischen sozio-ökonomischen Rahmenbedingungen und im Zusammenhang mit seinen Handlungsmöglichkeiten. Hierbei ist zu konstatieren, dass ein beständiger Wandel die einzige Konstante in seinem Leben darstellte. Diese Veränderungen betrafen zuerst die physische Existenz des Tudors, der sich von einem gut aussehenden, sportlichen und charmanten jungen Prinzen zu einem fettleibigen, reizbaren und kaum mehr bewegungsfähigen Greis wandelte. Hinzu kamen wahrscheinlich Veränderungen in der Psyche, da er sich als nachgeborener Prinz oftmals gegenüber dem Thronfolger Arthur zurückgesetzt gefühlt haben dürfte. Hieraus mag sich ein dauerhafter Minderwertigkeitskomplex entwickelt haben, der ihn veranlasste, unentwegt Erfolg und Anerkennung in seiner Umwelt zu erlangen. Die Höflinge ihrerseits werden ihn als »Renaissance-Monarchen« bewundert und ihm das Bewusstsein vermittelt haben, die Personifikation absoluter Macht zu sein. Nach dem Turnierunfall 1536 dürften weitere, gravierende Persönlichkeitsveränderungen bei Heinrich eingetreten sein. Er wandelte sich von einem *Prince Charming* allmählich zu einer bösartigen und heimtückischen Person, die oftmals Freude daran fand,

Menschen in Angst zu versetzen und zu quälen. Dies betraf auch den Stil seiner Herrschaft, die zunehmend durch Rücksichtslosigkeit und Brutalität gekennzeichnet war.

Eine weitere Prägung wird Heinrich durch seine Erziehung erhalten haben, die fast vollständig von Frauen und insbesondere von der dominanten Großmutter Margarete Beaufort geprägt war. Eine überaus zwiespältige Haltung gegenüber Frauen dürfte bei dem Prinzen die Folge gewesen sein und möglicherweise zu seinem mitunter befremdlichen Verhalten gegenüber weiblichen Personen beigetragen haben. Gleichzeitig ist ein lebenslanges Streben des Tudors zu konstatieren, die aufrichtige Zuneigung und Liebe einer Frau zu gewinnen sowie Geborgenheit und Harmonie in seinen Ehen zu suchen. So wählte er – bis auf die nicht realisierte Verbindung zu Anna von Kleve – alle Gemahlinnen aufgrund einer Liebesbeziehung und nicht primär aus politisch-dynastischen Gründen. Während Heinrich im Gegensatz zu anderen zeitgenössischen Monarchen bemerkenswerte eheliche Treue zeigte, verfolgte die Mehrzahl der Gattinnen sowohl eigene Interessen als auch weitergehende politische Ziele der sie unterstützenden Hof-Fraktionen. Schwere existentielle Enttäuschungen des Königs hinsichtlich angenommener oder faktischer Untreue zumindest zweier Ehefrauen werden bei ihm zu psychischen Verletzungen sowie zu wachsendem Misstrauen gegenüber seiner Umgebung geführt haben.

Beherrschendes politisches Ziel des Tudors während seiner gesamten Herrschaft blieb die Sicherung der königlichen Nachfolge bzw. der Erhalt der Dynastie. Aus diesem Streben erklärten sich sowohl seine verzweifelten Bemühungen, durch immer neue Ehen doch noch die gewünschten Söhne zu bekommen, als auch die Abwehr möglicher Anschläge durch Thronrivalen. Insbesondere die Erfahrungen des Vaters hinsichtlich möglicher Umsturzversuche besonders von Yorkisten werden den Sohn geradezu traumatisiert haben. Daher ging Heinrich jahrzehntelang gegen sämtliche verbliebenen Mitglieder des Hauses York bzw. gegen jeden Großen »mit königlichem Blut« rücksichtslos vor. Hierbei zeigte er sich weitgehend erfolgreich, da bis zu seinem Lebensende keine ernsthaften Putschversuche unternommen wurden.

Ebenfalls der Sicherung der Macht diente die Durchsetzung des Suprematsanspruches und seiner angeblich uneingeschränkten königlichen Herrschaft. Als wichtige Instrumente der Unterdrückung dienten ihm spätestens seit den 1530er Jahren das Institut des parlamentarischen *Attainder* und die ständig verschärfte Hochverratsgesetzgebung. Bei deren Anwendung zeigte er gnadenlose Härte und schonte auch nicht ehemalige Vertraute wie Thomas More. Durch intensivierte Repressionsmaßnahmen sowie infolge eines komplexen Spitzel- und Denunziantenwesens entwickelte sich im Lande ein Klima der Angst, wobei besonders große Teile der Mittel- und Oberschicht existentiell verunsichert und in Furcht vor königlichen Repressionen gehalten wurden. Wie hoch die Zahl der Opfer des Tudors war (zwischen 60 000 und 70 000 Personen), ist umstritten; dennoch bleibt die Monstrosität dieser Vorgänge trotz mitunter in der Forschung geäußerten relativierenden Hinweisen (u. a. auf neuzeitliche Diktatoren wie Hitler, Stalin, Mao Zedong) unbestritten. Bemerkenswert bei den Aktionen Heinrichs ist die Tatsache, dass er hierbei niemals offen als Rechtsbrecher agierte. So ließ er seine Gegner zumindest formal nach bestehendem Recht anklagen bzw. verurteilen, wobei immer adlige Gefolgsleute bzw. Parlamentsmitglieder an den Verfahren mitwirkten und durch ihr Urteil den Schein des Rechtes wahrten. Der Tudor wurde somit bei faktischen Justizmorden von einer Clique an Anhängern unterstützt, die sich zumindest zeitweise Privilegien und Ämter als Dank des Königs für ihre Aktivitäten versprachen und die hierbei gegebenenfalls sogar nahe Freunde und Verwandte opferten.

Veränderungen unterlag auch die Haltung des Monarchen zur Arbeit im »Politischen Alltag« und zu seinen Ministern. Hierbei wechselten Phasen, in denen einflussreiche Minister – wie Wolsey und Cromwell – das Geschehen dominierten, mit Phasen, in denen der König weitgehend allein, d. h. ohne ministerielle Unterstützung, politisch agierte. Hingegen gab es bezüglich der Intensität, mit der Heinrich sich im politischen Entscheidungsprozess engagierte, eine kontinuierliche Entwicklung: Nach einigen Jugendjahren weitgehenden Desinteresses am politischen Geschehen nahm er in späterer Zeit immer stärker unmittelbaren Anteil an diesbezüglichen Entscheidungen. Unverändert blieb seine Aversion gegenüber einer intensiven Beschäftigung mit dem »politischen Alltagsgeschäft«; dies zu erledigen und das »Aktenstudium« übertrug er bis ins Alter weitgehend den Ministern und Verwaltungsfachleuten. Hingegen griff Heinrich seit den 1530er Jahren während der Ehekrise stärker in die Erstellung von Programmschriften, Proklamationen etc. persönlich ein. Hierbei entwickelte er eine Art »dialektischen Denk- und Arbeits-Prozess« unter Mitwirkung kompetenter Höflinge, so dass er eigenständige Entscheidungen in der Sache treffen konnte. Insofern ist die oftmals in der Forschung vorgetragene Behauptung nicht haltbar, Heinrich wäre nur die Marionette von Räten bzw. von rivalisierenden Hof-Fraktionen gewesen. Zweifellos ließ sich der König beraten, wobei er den Ministern Wolsey und Cromwell großen Handlungsspielraum gewährte. Dennoch zeigte sich er nicht nur in allen Lebensphasen gut informiert über das »politische Alltagsgeschäft«, sondern er blieb auch immer »Herr des Verfahrens« und traf alleine die endgültigen Entscheidungen.

Auch im innenpolitischen Bereich gab es während der Regierung Heinrichs viele Veränderungen und Entwicklungen, wobei er sich vorrangig um eine Zentralisierung des Herrschaftssystems bemühte. Unverändert behielten in den Regionen *Nobility* und *Gentry* ihre Aufgabe, für die Durchsetzung königlicher Befehle und für die Wahrung von Recht und Ordnung zu sorgen. Doch führte die Stärkung des königlichen Einflusses durch eigene Funktionsträger auch in den Provinzen zu Machteinbußen der Nobilität. Gleiches galt für Große, die nicht ständig bei Hofe präsent waren. Hier agierten viele Adlige, die sich mentalitätsmäßig zu »Höflingen« entwickelt hatten und ihren Dienst für die Krone im Dienst bei Hofe zu erbringen suchten. Dieser war nicht monolitisch strukturiert, sondern wies unterschiedliche Gruppierungen von Höflingen auf, die in unterschiedlichen Fraktionen miteinander konkurrierten. Gute Menschenkenntnis bewies Heinrich bei der Konstituierung seines Hofstaates, für den er bedeutende Adlige sowie Verwaltungsfachleute und Juristen zu gewinnen vermochte. Sie waren es auch, die zwar keine *Tudor revolution in government* durchführten, den König aber zu tiefgreifenden Reformen im Rechts- und Verwaltungssystem des Landes veranlassten. So entstanden seit den 1530er Jahren zahlreiche neue *Courts*, die den Übergang von einem mittelalterlich geprägten Finanzwesen (*Chamber, Exchequer* etc.) zu einem neuzeitlichen, in zuständige Abteilungen organisierten Haushaltswesen herbeiführen sollten. Zudem erhielten Berater und Vertraute des Monarchen oftmals größeren Einfluss als Mitglieder der *Old Nobility*. Klugheit und politischen Instinkt bewies der Tudor bei der Auswahl der Angehörigen sowohl von *Privy Council* bzw. *Privy Chamber* als auch des Parlamentes, dem Heinrich eine völlig neue Rolle in den politischen Entscheidungsvorgängen beimaß.

Ein weiteres Beispiel für Wandlungsprozesse während seiner Regierung stellte die *Henrician Reformation* dar. Obwohl es bereits seit Ende des 15. Jahrhunderts kirchenkritische Bewegungen in England gab und zudem kirchenreformerische Kräfte in einigen humanistischen Zirkeln des Reiches existierten, so wurde die Entscheidung des Königs zur Förderung einer »Reformation« im Inselreich in den 1520er Jahren eher zufällig ausgelöst. Entscheidend war die Konstellation, dass Heinrich zur dynastischen Sicherung die Trennung von Katharina von Aragón anstrebte, deren Neffe Karl V. dies prinzipiell ablehnte und den Papst nach dem *Sacco di Roma* in der Gewalt hatte, der Nachfolger Petri jahrelang eine Annullierung verhinderte und der Tudor schließlich andere Wege zur Eheaufhebung finden musste. Nicht eigene, weitreichende Vorstellungen für eine Reform der englischen Kirche, sondern das Streben nach dynastischer Herrschaftssicherung angesichts der Verweigerungshaltung des Papstes ließen Heinrich nach anderen Lösungsmöglichkeiten suchen.

Hierbei wurde er zum einen von radikalen Reformern wie St. German und Cranmer unterstützt, die früh eigene Konzepte für eine rom-unabhängige *Anglicana ecclesia* entwickelten. Zum anderen fand er Hilfe beim Parlament, das bis 1534 wegweisende Gesetze für eine juristische Trennung von Rom und für die Ausbildung des Souveränitätsgedankens im Inselreich beschloss. Der Tudor förderte aus dynastischen Gründen das Streben nach formal-juristischer Unabhängigkeit der englischen Kirche mit dem König als deren Haupt und weniger nach Veränderungen in der theologischen Lehre. Er akzeptierte bis ans Lebensende wesentliche katholische Glaubensinhalte und pflegte einen *Catholicism Without the Pope* (G. Walker). Doch bald musste Heinrich erkennen, dass eine bloße organisatorische Trennung der englischen Kirche von Rom und die Abschaffung von einigen »abergläubischen Praktiken« des geistlichen Lebens nicht ausreichten. Vielmehr kam er als Haupt der Kirche nicht darum herum, auch Lehrinhalte festlegen und Stellung zu Kerninhalten reformatorischer Lehren beziehen zu lassen. Hinzu kamen eskalierende Konflikte zwischen engagierten Reformern (wie Cromwell, Cranmer) und »Konservativen« (wie Gardiner, Howard), die das Land zu spalten drohten. Um diese Auseinandersetzungen unter Kontrolle zu halten, bemühte sich der König, einen »mittleren Weg« zu finden. So ließ er eine *Political Reformation* durchsetzen, die oftmals mit einem religionspolitischen »Zickzackkurs« verbunden war und die keine Entsprechung in einer reformatorischen »Volksbewegung« fand. Mit Repressionsmaßnahmen, Hinrichtungen von »Radikalen« jeglicher Provenienz versuchte der Tudor zwar, den Anspruch auf den Supremat durchzusetzen und den Romtreuen in England mit der Aufhebung der Klöster gewissermaßen das »organisatorische Rückgrat« auf der Insel zu brechen. Doch blieb die Mehrzahl der Gläubigen in England während seiner Regierung dem reformatorischen Ideengut gegenüber weitgehend ablehnend. Dessen ungeachtet schuf Heinrich durch die reformatorisch geprägte Erziehung des Thronfolgers und durch die Berufung notorischer Protestanten in dessen Regentschaftsrat die Voraussetzungen für eine intensive Rezeption reformatorischen Ideengutes im Inselreich. Dieser Prozess war lange andauernd und schien erst beim Tode Elisabeths vorläufig abgeschlossen zu sein. Wie mühsam diese Entwicklung verlief, verdeutlicht die Tatsache, dass zwischen 1530 und 1563 fünf Mal ein offizieller Wechsel in der Haltung der Krone zur reformatorischen Bewegung (*changes in religion*) erfolgte.

Die Kooperation Heinrichs mit dem Parlament in Fragen der Eheauflösung etc. hatte auch zu Veränderungen bezüglich der herrschaftsideologischen Grundlagen der Macht des Tudors geführt. Nun erhob er den Anspruch, auf Erden nur der Macht Gottes unterworfen zu sein und ein »imperiales Königtum« zu besitzen. Er beanspruchte eine Superiorität in allen weltlichen und geistlichen Angelegenheiten sowie – in *caesaro-papistischer Manier* – die Herrschaft über die englische Kirche. Zudem sah er die englische Krone im Besitz der inneren wie äußere Souveränität, die das Eingreifen einer anderen Macht in England ausschloss. Unter Einbeziehung des Parlaments betrachtete Heinrich den Staat als einen Körper, in dem Krone und Untertanen harmonisch zusammenwirkten und als dessen Glieder miteinander verbunden waren. Obwohl der Tudor keinen Zweifel an der Tatsache ließ, dass ihm alle Gewalt von Gott und nicht vom Parlament übertragen worden war, wurde politische Macht zunehmend in Kooperation von Parlament und *King-in-Parliament* ausgeübt. Gleichzeitig begann ein Prozess, in welchem das Parlament wesentliche legislative Kompetenzen wahrnahm: So bewilligten die beiden Häuser nicht nur Steuern, sondern sanktionierten auch die wichtigsten religionspolitischen Maßnahmen des Tudors und bestätigten seine Rechts- und Verwaltungsreformen. Zudem forcierte das Parlament in Krisenzeiten die Ausbildung eines englischen »Nationalgefühls«, während es dem König die Rolle eines eindrucksvollen Repräsentanten des englischen *regnum* überließ.

Die skizzierten innen- bzw. religions-politischen Entwicklungen im Inselreich besaßen Auswirkungen auf die auswärtige Politik des Tudors. Hierbei verfolgte Heinrich drei Hauptziele

– Rekuperation verlorener Territorien des Angevinischen Reiches, Herrschaftserweiterung über die Reiche des *Celtic Fringe* und Machterhalt durch Akzeptanz als gleichwertiger Handlungspartner der europäischen Reiche. In verschiedenen Phasen außenpolitischen Handelns versuchte der König – im Streben nach chevareleskem Ruhm – diese Ziele zu erreichen. Hauptobjekt seines Expansionsstrebens war das französische *regnum*, wo er trotz enormen finanziellen Aufwands und intensiven persönlichen Einsatzes nur geringe territoriale Gewinne verzeichnen konnte. Hinzu kamen Versuche, Schottland und Irland dauerhaft englischer Herrschaft zu unterwerfen bzw. durch ein Ehebündnis die Vereinigung des englischen und schottischen Reiches herbeizuführen – Unternehmungen, die ebenfalls weitgehend scheiterten. Lediglich die Einbeziehung von Wales in das englische Rechts- und Verwaltungssystem konnte aus englischer Sicht teilweise als Erfolg betrachtet werden, während in walisischer Sichtweise der weitgehende Verlust der eigenen Identität und Kultur zu beklagen war.

Verzichtet man darauf, die Außenpolitik des Tudors allein unter dem Gesichtspunkt von möglichem Landgewinn etc. zu betrachten, und würdigt man stattdessen die Rolle Englands im politischen Geschehen Europas seit den 1520er Jahren, so ergibt sich kein ausschließlich negatives Urteil. Zum einen erlangte Heinrich durch Wolsey zumindest zeitweise eine Führungsrolle im Abendland und den Ruf eines europäischen »Friedensstifters« bei den Konflikten zwischen Karl V. und Franz I. Zum anderen gelang ihm während der Auseinandersetzungen um seine Eheauflösung, dass die katholischen Mächte des Kontinents auf ein gewaltsames Vorgehen gegen den englischen »Schismatiker« (u. a. durch Invasionen) verzichteten. Daher konnten der König und seine Berater in dieser Zeit weitgehend ungehindert die komplexen innen- und kirchenpolitischen Reformen realisieren, die das Inselreich auf Dauer verändern sollten. Schließlich erreichte der Tudor, dass ihn seine kontinentalen Kontrahenten mindestens zwei Jahrzehnte lang als Handlungs- und Bündnispartner akzeptierten, dessen finanzielle und militärische Unterstützung man schätzte. Am Ende des Lebens konnte Heinrich zwar keine beträchtlichen Territorialgewinne verzeichnen. Doch war es ihm gelungen, sein Reich durch alle Fährnisse dynastischer Probleme sowie reformatorischer Auseinandersetzungen zu manövrieren, sämtliche Versuche von Invasionen des Inselreiches zurückzuschlagen und England als politischen wie wirtschaftlichen Partner der europäischen Mächte zu etablieren. Hierzu gehörte auch der weitschauende Aufbau einer starken Flotte, deren Bedeutung vor allem unter Elisabeth im Kampf um die Vorherrschaft auf See mit Spanien sichtbar werden sollte.

Als überaus schwierig und problematisch erweist sich der Versuch, ein Bild von Heinrich als Mensch und Herrscher zu gewinnen. Hierbei erscheint er einerseits als ein empfindungsstarkes und sensibles Wesen, das durch Charme, Fröhlichkeit und Humor gewinnend auf seine Umgebung wirken konnte. Andererseits zeigte er verstärkt Züge eines bösartigen Egomanen, der brutal seine Wünsche zu realisieren suchte und sich zunehmend autokratisch verhielt. Überaus brutal agierte er zumeist gegenüber seinen Ehefrauen, bei deren Auswahl er – oftmals auf Betreiben von Höflingen – Fehlurteile traf. So zögerte er nicht, Ehepartnerinnen bei angeblicher Untreue oder anderen Vorwürfen bedenkenlos töten zu lassen – Entscheidungen, die Heinrich in der Nachwelt den Ruf eines »Blaubartes« einbrachten. Gegen fiktive und tatsächliche Gegner ging er mit wachsender Brutalität vor, so dass es zu zahllosen Hinrichtungen und Morden kam. Insgesamt erscheint er als ein Mensch, dessen Bild überaus widersprüchlich und gebrochen ist. Neben zahllosen Fehlern und persönlichen Mängeln verkörperte er in beispielhafter Weise die Existenz eines humanistisch gebildeten »Renaissance-Monarchen«, der sich im Besitz uneingeschränkter Macht sah und die Herrschaft seiner Dynastie zu sichern suchte.

Wegweisend waren hingegen seine Bemühungen um Zentralisierung von Herrschaft sowie die zahlreichen Reformen in Verwaltung, Finanz- und Rechtswesen. Zudem legte er – nicht geplant – die organisatorischen und konzeptionellen Grundlagen für eine unabhängige *Anglicana ecclesia*; doch erst unter Elisabeth entwickelte sich England zu einem protestantisch geprägten Reich. Verheerend wirkte sich sein Vorgehen gegen die katholische Kirche und insbesondere gegen die Klöster in England aus. Zwar wurde der Reichtum der Krone kurzfristig durch den Einzug der monastischen Vermögen gemehrt. Doch waren die Schäden, die der Mäzen königlicher Prachtbauten bei der Zerstörung von Klosteranlagen und Kunstschätzen anrichten ließ, unermesslich und unentschuldbar. Wenig Weitblick bewies der Monarch bei dem weitgehenden Verzicht, sich an dem Wettlauf mit den iberischen Mächten um die Erlangung eigener Herrschaftsterritorien in der Neuen Welt zu beteiligen. Dennoch legte er als Herrscher in vielen Bereichen der Innen- und Außen-Politik wichtige Fundamente, auf denen seine königlichen Nachfahren – insbesondere Elisabeth – aufbauen und das meerbeherrschende Empire konstituieren konnten. Insofern wird man Heinrich zu einem der eindrucksvollsten, wirkungsmächtigsten, aber auch bizarrsten Monarchen zählen dürfen, die jemals auf dem englischen Thron saßen.

10 Quellen- und Literaturverzeichnis

Verlagsorte

Ab – Abingdon; Ald – Aldershot; Am – Amsterdam; An – Angers; Ar – Ann Arbor; B – Berlin; Ba – Bath; Bam – Bamberg; Ban – Bangor; Bar – Barcelona; Bas – Basingstoke; Ber – Berkeley; Berg – Bergisch Gladbach; Bo – Bonn; Bos – Boston; Bri – Brighton; Bur – Burlington; C – Cambridge; Ca – Cardiff; Caer – Caerdydd; Ch – Chichester; Chi – Chicago; Da – Darmstadt; Dar – Darlington; Den – Denbigh; Du – Dublin; Dü – Düsseldorf; Dur – Durham/NC; E – Edinburgh; EL – East Linton; Es – Essen; F – Frankfurt/M.; Far – Farnham; Gel – Geldern; Gla – Glasgow; Glast – Glastonbury; Glo – Gloucester; Gö – Göttingen; Gol – Goldalming; Gr – Graz; Gra – Granada; Güt – Gütersloh; Ham – Hamburg; Har – Harlow; Harm – Harmondsworth; Hound – Houndmills; Hu – Hull; In – Innsbruck; Ip – Ipswich; Ith – Ithaca; Jef – Jefferson; Jü – Jülich; K – Köln; Ken – Kent; Ki – Kiel; Ko – Konstanz; L – London; Lan – Lanham; Lee – Leeds; Lei – Leigh-on-Sea; Leid – Leiden; Lew – Lewiston; Li – Liverpool; Lin – Lincoln/Nebr.; Ll – Llandysul; M – München; Ma – Madrid; Mal – Malden; Man – Manchester; Mil – Milwaukee; Mü – Münster; N – Nürnberg; NA – Newton Abbot; New – Newark; NH – New Haven; NY – New York; O – Oxford; P – Paris; Pad – Paderborn; Pen – Penarth; Pfa – Pfaffenhofen; Phil – Phillipsburg/NJ.; Prin – Princeton; Ram – Ramstein; Rea – Reading; Reg – Regensburg; Rein – Reinbek; Ro – Rochester; SaB – Santa Barbara; SaM – San Marino/Cal.; Sey – Seyssel; St – Stuttgart; Stam – Stamford; Str – Stroud; To – Toronto; Tü – Tübingen; Tur – Turnhout; W – Wien; We – West Des Moines; Wel – Welwyn Garden City; Wes – Westport; Wies – Wiesbaden; Wo – Woodbridge; Wü – Würzburg; Z – Zürich; Za – Zaragoza

10.1 Quellen

[APC] Acts of the Privy Council of England, ed. J.R. Dasent, Vol. 1–3. L 1890–91 (auch online) [Augenzeugenberichte] Heinrich VIII. von England in Augenzeugenberichten, hrsg. v. E. Jacobs/E. de Vitray. Dü 1969 [Bain, Calendar] Bain, J. (Ed.), Calendar of Documents Relating to Scotland. Vol. 4. E 1888 Bowen, I. (Ed.), The *Statutes* of Wales. L 1908 [Chronicle Henry] Chronicle of King Henry VIII of England [...], ed. and transl. M.A.S. Hume. L 1889 [CSP Spanish] Letters, Despatches, and State Papers, Relating to the Negotiations Between England and Spain, Preserved in the Archives at Vienna, Brussels, Simancas and Elsewhere, ed. G.A. Bergenroth et al., Vol. 1–10. L 1862–1914 (auch online) [Foxe, Acts] The Acts and Monuments of John Foxe and the Life of the Martyrologist, and Vindication of the Work, ed. G. Townsend, 8 Vols. L 1843–49 [Hall] Hall's Chronicle, ed. H. Ellis. L 1809 [Hamilton, Calendar] Calendar of the State Papers Related to Ireland, of the Reigns of Henry VIII, Edward VI, Mary, and Elizabeth, 1509–73, ed. H.C. Hamilton. L 1860 [LP] Letters and Papers, Foreign and Domestic, of the Reign of Henry VIII, 1509–1547, ed. J.S. Brewer et al., 38 Vols. L 1862–1932 (auch online) [ODNB] Oxford Dictionary of National Biography, ed. H.C.G. Matthew et al., 61 Vols. O 2004 (auch online) [RP] Rotuli Parliamentorum, ed. R. Blyke et al., 6 Vols. L 1767–77 (auch online) *Rymer*, T. (Ed.), Foedera, Conventiones, Literae [...], Vol. 1–17. L 1704–17 (z.T. online) [SP] State Papers Published Under the Authority of His Majesty's Commission. King Henry the Eighth, 11 Vols. L 1830–52 [SR] Statutes of the Realm, ed. A. Lunders et al., Vol. 2–4. L 1810–28 [Starkey, Inventory] The Inventory of Henry VIII, ed. D. Starkey et al., 4 Vols. L 1998–2013 [TRP] Tudor Royal Proclamations, ed. P.L. Hughes/J.F. Larkin, Vol. 1. NH–L 1964 [Vergil] Polydore Vergil, Anglica Historia (1555 Version). A Hypertext Critical Edition by D.F. Sutton. Univ. California 2010 [Wriothesley] A Chronicle of England During the Reigns of the Tudors, From A.D. 1485 to 1559, by Charles Wriothesley, ed. W.D. Hamilton, 2 Vols. L 1875–77

10.2 Literatur

Bibliographien, Handbücher, Enzyklopädien etc.

British History Online (bes. State Papers) (online) Britnell, R., The Closing of the Middle Ages? *England*, 1471–1529. O 1997 Cartwright, K. (Ed.), A *Companion* to Tudor Literature. Mal 2010 [*NCMH VII*] Allmand, C. (Ed.), The New Cambridge Medieval History, Vol. VII, c. 1415 – c. 1500. C 1998 Collinson, P. (Ed.), The Sixteenth *Century*. O 2002 Cox, M. (Ed.), The Concise Oxford *Chronology* of English Literature. O-NY 2004 Fritze, R. H. (Ed.), Historical *Dictionary* of Tudor England, 1485–1603. NY 1991 Hamilton, D. B. (Ed.), A Concise *Companion* to English Renaissance Literature. Mal 2006 Hattaway, M. (Ed.), A New *Companion* to English Renaissance Literature and Culture, 2 Vols. Mal 2010 *Internet Archive Digital Library* (online) Kinney, A. F. (Ed.), The Cambridge *Companion* to English Literature, 1500–1600. C ^{4}2007 Kinney, A. F./Swain, D. W. (Eds.), The Routledge *Encyclopedia* of Tudor England. NY-L 2011 Levine, M. (Ed.), *Tudor England*, 1485–1603. C 1968 Loewenstein, D./Mueller, J. (Eds.), The Cambridge *History* of Early Modern English Literature. C 2002 Mackenney, R., Sixteenth *Century* Europe. Bas 1993 O'Day, R., The Routledge *Companion* to the Tudor Age. L 2010 Read, C. (Ed.), *Bibliography* of British History. Tudor Period, 1485–1603. O ^{2}1959 Pincombe, M./Shrank, C. (Eds.), The Oxford *Handbook* of Tudor Literature, 1495–1603. O-NY 2011 Routh, C. R. N./Holmes, P., *Who*'s Who in Tudor England. (Rev. Ed.) L 1990 Sullivan, G. A./Stewart, A. (Eds.), The *Encyclopedia* of English Renaissance Literature, 3 Vols. Mal 2012 Tittler, R./Jones, N. (Eds.), A *Companion* to Tudor Britain. O 2009 Wagner, J. A./Schmid, S. W. (Eds.), *Encyclopedia* of Tudor England, 3 Vols. SaB 2012

Tudor-Herrschaft

Zeitlich übergreifende Darstellungen

Ackroyd, P., The History of England. Vol. 2: *Tudors*. L 2012 Brigden, S., New *Worlds*, Lost Worlds. The Rule of the Tudors, 1485–1603. L 2000 Elton, G. R., *England* unter den Tudors (Dt.). M

1983 Eßer, R., Die *Tudors* und die Stuarts, 1485–1714. St 2004
Griffiths, R. A./Thomas, R. S., The *Making* of the Tudor Dynasty.
Glo 1985 Guy, J., Tudor *England*. O-NY 1990 Ders., The *Tudors*.
O 2000 Mackie, J. D., The Earlier *Tudors*, 1485–1558. O 1966
Meyer, G. J., The *Tudors*. Str 2010 Plowden, A., The *House* of
Tudor. Str 2003 Pollard, A. F., The *History* of England from the
Accession of Edward VI to the Death of Elizabeth (1547–1603). L
⁴1919 Ridley, J., A Brief *History* of the Tudor Age. L 2002 *tudor-history.org* (online) *tudors.org* [John Guy] (online) Williams, P., The
Later *Tudors*. England, 1547–1603. O 1995

Biographien Heinrichs VII.

Alexander, M. V. C., The First of the *Tudors*. L 1981 Bevan, B., *Henry*
VII. The First Tudor King. L 2000 *Chrimes*, S. B., Henry VII. NH-
L 1999 Cunningham, S., *Henry* VII. L-NY 2007 Griffiths, R. A./
Thomas, R. S., The *Making* of the Tudor Dynasty. Str 1998
Penn, T., Winter *King*. The Dawn of Tudor England. L 2011
Simons, E. N., *Henry* VII. The First Tudor King. L 1968. Storey, R. L., The *Reign* of Henry VII. L 1968. Thompson, B. (Ed.),
The *Reign* of Henry VII. Stam 1995 Williams, N., The *Life* and
Times of Henry VII. L 1973

Biographien Heinrichs VIII./Allgemeine Darstellungen seiner Herrschaft

Appel, S., *Heinrich* VIII. Der König und sein Gewissen. M 2012
Baumann, U., Heinrich VIII. mit Selbstzeugnissen und Bilddokumenten. Rein 1991 (⁶2009) Bowle, J., *Henry* VIII. A Biography.
NA 1973 Bradley, B. J., *Henry* VIII – Man or Myth. We 2011
Doran, S. (Ed.), Henry VIII. *Man* and Monarch. L 2009
Elton, G. R., *Henry* VIII. An Essay in Revision. L 1962 Erickson, C., Great *Harry*. The Extravagant Life of Henry VIII. L 1980
Froud, J. A., *History* of England. From the Fall of Wolsey to the
Defeat of the Spanish Armada. Vol. 1–4: Reign of Henry VIII,
Vol. 5: Reign of Edward VI. L 1862–70 Ders., The *Reign* of
Henry the Eighth, 3 Vols. L 1908 Graves, M. A. R., *Henry* VIII.
Profiles in Power. L 2003 Ders., Henry VIII. A *Study* in Kingship.
L 2003 Hutchinson, R., *Young* Henry. The Rise of Henry VIII. L

2011 Ives, E., *Henry* VIII. O 2007 Loades, D., Henry VIII. *Court, Church* and *Conflict*. L 2009 Ders., *Henry* VIII. St 2011 MacCulloch, D. (Ed.), The *Reign* of Henry VIII. NY 1995 Pollard, A. F., *Henry* VIII. L 1905 Rex, R., *Henry* VIII. St 2009 *Ridley,* J., Henry VIII. L 1984 (Dt. 1990, 2005) *Scarisbrick,* J. J., Henry VIII. L 1968 (New Ed. 1997) Smith, L. B., *Henry* VIII. The Mask of Royalty. L 1972 (²1987) Starkey, D. (Ed.), Henry VIII. A European Court in *England*. L 1991 Ders., The Private *Life* of Henry VIII. L 2000 Ders., Henry, Virtuose *Prince.* L 2008 Ders., The *Reign* of Henry VIII. Personalities and Politics. L 2002 Weir, A., *Henry* VIII. King and Court. L 2002 Wilson, D., A Brief *History* of Henry VIII. L 2009 Wooding, L., *Henry* VIII. Ab 2009

Biographien der Gemahlinnen Heinrichs

Übergreifende Darstellungen

Fraser, A., The Six *Wives* of Henry VIII. L ²2003 Levin, C./Bucholz, R. O. (Eds.), *Queens* and Power in Medieval and Early Modern England. Lin 2009 Lindsey, K., *Divorced,* Beheaded, Survived. A Feminist Reinterpretation of the Wives of Henry VIII. Rea 1995 Loades, D., Henry VIII and his *Queens.* Str 2010 Ders., The Tudor Queens of *England*. L-NY 2009 Ders., The Six *Wives* of Henry VIII. Str 2010 Panzer, M. A., Englands *Königinnen.* M-Z 2008 Starkey, D., Six *Wives*. The Queens of Henry VIII. L 2003 Weir, A., The Six *Wives* of Henry VIII. L 1991

Katharina von Aragon

Fox, J., *Sister* Queens. Katherine of Aragon and Juana, Queen of Castile. L 2011 Luke, M. M., *Catherine,* the Queen. NY 1967 Mattingly, G., *Catherine* of Aragon. L 1942 (1950) Paul, J. E., *Catherine* of Aragon and Her Friends. NY 1966 Tremlett, G., *Catherine* of Aragon. Henry's Spanish Queen. L 2010 Ulargui, L., *Catalina* de Aragón. Bar 2004 Williams, P., *Catherine* of Aragon. Str 2011

Anna Boleyn

Bernard, G. W., Anne *Boleyn*. NH-L 2010 Chapman, H. W., Anne *Boleyn*. L 1974 Denny, J., Anne *Boleyn*. L 2005 Ives, E., The *Life* and Death of Anne Boleyn. O 2004 Loades, D., The *Boleyns*. Str

2012 Norton, E., Anne *Boleyn*. Str 2009 Smith, L. B., Anne *Boleyn*. Str 2013 Warnicke, R. M., The *Rise* and Fall of Anne Boleyn. C 1993 Weir, A., The *Lady* in the Tower. The Fall of Anne Boleyn. L 2009 Wilkinson, J., The Early *Loves* of Anne Boleyn. Str 2009

Jane Seymour

Gross, P., *Jane* the Quene. Lew 1999 Norton, E., Jane *Seymour*. Str 2009

Anna von Kleve

Bouterwek, A. W., *Anna* von Cleve, Gemahlin Heinrichs VIII., in: Zs. Bergischen Gesch. Ver. 4 (1867) 337–413; 6 (1869) 97–180 Fuchs, E., *Wilhelm* V. Glück und Unglück des Herzogtums Jülich-Kleve-Berg. Jü 1993 Norton, E., *Anne* of Cleves. Str 2010 Saaler, M., *Anne* of Cleves, Fourth Wife of Henry VIII. L 1995 Warnicke, R. M., The *Marrying* of Anne of Cleves. C 2000

Katharina Howard

Denny, J., Katherine *Howard*. L 2005 Loades, D., Catherine *Howard*. Str 2012 Smith, L. B., Catherine *Howard*. Str 1961 (2010) Wheeler, E., *Men* of Power. Court Intrigue in the Life of Catherine Howard. Glast 2008

Katharina Parr

Dunn, S., The Sixth *Wife*. L 2007 James, S., Catherine *Parr*. Str 2009 Martienssen, A., Queen Katherine *Parr*. L 1975 Norton, E., Catherine *Parr*. Str 2011 Porter, L., *Katherine* the Queen. L 2010 Withrow, B. G., Katherine *Parr*. Phil 2009

Biographien Eduards VI.

Jordan, W. K. (Ed.), The *Chronicle* and Political Papers of King Edward VI. Ith 1966 North, J. (Ed.), England's Boy King. The *Diary* of Edward VI, 1547–1553. Wel 2005
Alford, S., *Kingship* and Politics in the Reign of Edward VI. C 2002 Jordan, W. K., Edward VI. The Young *King*. The Protectorship of

the Duke of Somerset. L 1968 Ders., Edward VI. The *Threshold* of Power. The Dominance of the Duke of Northumberland. L 1970 Loach, J. et al., *Edward* VI NH 1999 Loades, D., The *Reign* of King Edward VI. Ban 1994 MacCulloch, D., The *Boy* King. Edward VI and the Protestant Reformation. Ber 2002 Pollard, A. F., England under Protector *Somerset*. L 1900 Skidmore, C., *Edward* VI. L 2007 Weir, A., *Children* of England. L 2008

Herrschaftsformen und -institutionen und Englischer Hof

Betteridge, T., Henry VIII and the Tudor *Court*. Far 2013 Coleman, C./Starkey, D. (Eds.), R*evolution* Reassessed. Revisions in the History of Tudor Government and Administration. O 1986 Crowson, P. S., Tudor Foreign *Policy*. L 1973 Doran, S./Richardson, G. (Eds.), Tudor *England* and it's Neighbours. Bas-NY 2005 Elton, G. R., The Tudor *Revolution* in Government. C 1953 Ders., Reform and *Renewal*. Thomas Cromwell and the Common Weal. C 1973 Ders., *Studies* in Tudor and Stuart Politics and Government, 4 Vols. C 1974–1992 Fletcher, A./MacCulloch, D., Tudor *Rebellions*. Har ⁵2004 Fox, A./Guy, J., *Reassessing* the Henrician Age. O 1986 Gunn, S. J., Early Tudor *Government*, 1485–1558. Hound-NY 1995 Guy, J., The Tudor *Monarchy*. L-NY 1997 Hirst, D., *Dominion*. England and its Island Neighbours, 1500–1707. O 2012 Loades, D., *Power* in Tudor England. Bas 1997 Ders., Tudor *Government*. O 1997 Ders., The Tudor *Court*. O ²2003 Ders., *Intrigue* and Treason. The Tudor Court, 1547–1558. NY 2004 Miller, H., Henry VIII and the English *Nobility*. O 1986 Morris, T. A., Tudor *Government*. L 1999 Pickthorn, K., Early Tudor *Government*. Henry VII. C 1934 Ders., Early Tudor Government. *Henry* VIII. C 1951 Randell, K., Henry VIII and the *Government* of England. L 1998 Richardson, G., Renaissance *Monarchy*. The Reigns of Henry VIII, Francis I and Charles V. L 2002 Starkey, D., The English *Court*: From the Wars of the Roses to the Civil War. L-NY 1987 Wernham, R. B., Before the *Armada*. The Growth of English Foreign Policy, 1485–1588. L 1966 Williams, P., The Tudor *Regime*. L ²1981

Englisches Parlament

Bindoff, S. T. (Ed.), The *History* of Parliament, 3 Vols. L 1982 Cavill, P. R., The English *Parliaments* of Henry VII, 1485–1504. O-NY 2009 Graves, M. A. R., The Tudor *Parliaments*. L-NY 1985 Ders., *Early* Tudor Parliaments, 1485–1558. L-NY 1990 *List of Acts of The Parliament of England, 1485–1601* (online) Loach, J., *Parliament* under the Tudors. O 1991 Lehmberg, S. E., The Reformation *Parliament*, 1529–1536. C 1970 Ders., The Later Parliaments of *Henry* VIII, 1536–1547. C 1977 Russell, C., The *Crisis* of Parliaments. English History, 1509–1660. O 1974

Englische Reformation

Bernard, G. W., The King's *Reformation*. NH-L 2005 Davies, C., A *Religion* of the Word. The Defence of the Reformation in the Reign of Edward VI. Man 2002 Dickens, A. G., The English *Reformation*. L ²1989 Duffy, E., The *Stripping* of the Altars. Traditional Religion in England, 1400–1580. NH ²1992 Elton, G. R., *Policy* and Police. The Enforcement of the Reformation in the Age of Thomas Cromwell. C 1973 Ders., *Reform* and Reformation. England 1509–1558. L 1977 Fletcher, S., Cardinal *Wolsey*. L 2009 Gwyn, P., The King's *Cardinal*. The Rise and Fall of Thomas Wolsey. L 1990 Haigh, C., The English Reformation *Revised*. C 1987 Ders., English *Reformations*. O 1993 Hughes, P., The *Reformation* in England, 3 Vols. L 1951–54 Loades, D., *Revolution* in Religion. Ca 1992 MacCulloch, D., Thomas *Cranmer*. NH-L 1996 Ders., Die *Reformation*, 1490–1700 (Dt.). M 2008 Randell, K., Henry VIII and the *Reformation* in England. L ²2001 Rex, R., Henry VIII and the English *Reformation*. Bas-L 1993 Ryrie, A., The *Age* of Reformation. Har 2009

Gesellschaft und Wirtschaft

Carus-Wilson, E. M./Coleman, O., England's Export *Trade*, 1275–1547. O 1963 Clarkson, L. A., The Pre-Industrial *Economy* in England, 1500–1750. L 1971 Clay, C., Economic *Expansion* and Social Change. England, 1500–1700, 2 Vols. C 1984 (2005) Coleman, D. C., *Industry* in Tudor and Stuart England. L-Bas 1975 Ders., The *Economy* of England, 1450–1750. L 1982

Heard, N., Tudor *Economy* and Society. L ³1997 Horrox, R./ Ormrod, W. M., A Social *History* of England, 1200–1500. C 2006 Hoskins, W. G., The *Age* of Plunder. The England of Henry VIII, 1500–1547. L-NY ⁷1991 Kamen, H., European *Society*, 1500–1700. L-NY 1984 Lipson, E., The Economic *History* of England, Vol. 1–3. L ¹²1962, ⁶1971 Overton, M., Agricultural *Revolution* in England. C ⁴2004 Stearns, P. (Ed.), *Encyclopedia* of European Social History from 1350 to 2000, 6 Vols. NY 2001 Miller, E./Thirsk, J. (Eds.), The Agrarian *History* of England and Wales/*Chapters* from the Agrarian History [...], Vol. 3–4. C 1990–2011 Youings, J. A., Sixteenth-Century *England*. L 1984

Einzelprobleme

Baumann, U. (Ed.), *Henry* VIII in History, Historiography and Literature. F 1992 Berg, D., *Regnum* et veritas. Zu den Konflikten von Thomas Becket und Thomas More mit den englischen Königen – ein Vergleich, in: Wahrheit und Geschichte [...], FS zum 70. Geburtstag von G. Mensching, hrsg. v. A. Mensching-Estakhr/M. Städtler. Wü 2012, 153–179 Betteridge, T. (Ed.), Henry VIII and *History*. Far 2012 Doran, S./Freeman, T. S. (Eds.), *Tudors* and Stuarts on Film. Bas 2009 Hutchinson, R., *House* of Treason. The Rise and Fall of a Tudor Dynasty. L 2009 Parrill, S./ Robison, W. B. (Eds.), The *Tudors* on Film and Television. Jef 2012 Rankin, M. et al. (Eds.), Henry VIII and His *Afterlives*. C 2009 Sharpe, K., Selling the Tudor *Monarchy*. NH-L 2009 String, T. C., *Art* and Communication in the Reign of Henry VIII. Ald 2008

Irland

Britnell, R., *Britain* and Ireland, 1050–1530. Economy and Society. O-NY 2004 Canny, N. P., From *Reformation* to Restauration. Ireland, 1534–1660. Du 1987 Connolly, S. J. (Ed.), The Oxford *Companion* to Irish History. O-NY ²2007 Ders., Contested *Island*. Ireland 1460–1630. O 2009 Edwards, R. D., *Ireland* in the Age of the Tudors. L-NY 1977 Ellis, S. G., *Reform* and Revival. English Government in Ireland, 1470–1534. Wo 1986 Ders., *Ireland* in the Age of the Tudors, 1447–1603. Har 1998 Ders./Maginn, C., The *Making* of the British Isles. The State of Britain and Ireland, 1450–1660. Har 2007 Elvert, J., *Geschichte* Irlands. M ²1996

Kinealy, C., *Geschichte* Irlands. Es 2004 Lennon, C., Sixteenth-Century *Ireland*. Du 1994 Maurer, M., Kleine *Geschichte* Irlands. St 1998 [*NHI II-III, Suppl.*] A New History of Ireland. Vol. 2: Cosgrove, A. (Ed.), Medieval Ireland, 1169–1534. O 1993; Vol. 3: Moody, T. W./Martin, F. X./Bryne, F. J. (Eds.), Early Modern Ireland, 1534–1691. O ²2009; A. Clarke et al. (Ed.), Bibliographical Supplement, 1534–1691. O 1991

Schottland

Bingham, C., *James* V, King of Scots. L 1971 Boardman, S. I., The First Stewart *Dynasty*. Scotland, 1371–1488. E 2012 Cameron, J., *James* V. The Personal Rule, 1528–1542 (ed. N. Macdougall). E 1998 Dawson, J. E. A., *Scotland* Reformed, 1488–1587. E 2007 Dickinson, W. C., *Scotland*. From the Earliest Times to 1603. L 1961 Donaldson, G., *Scotland*. James V – James VII. E 1990 Ferguson, W., Scotland's *Relations* With England. A Survey to 1707. E 1994 Lynch, M. (Ed.), Oxford *Companion* to Scottish History. O 2011 Ders., *Scotland*. A New History. L 1998 Macdougall, N., *James* IV. EL 1997 Nicholson, R., *Scotland*. The Later Middle Ages. E 1978 Oram, R., The *Kings* and Queens of Scotland. Str 2004 Thomas, A., Princelie *Majestie*. The Court of James V of Scotland, 1528–1542. E 2005 Wormald, J., *Court*, Kirk, and Community. Scotland 1470–1625. L 1981

Wales

Rees, W., An Historical *Atlas* of Wales. (New Ed.) L 1972 Atkins, S., *England* and Wales under the Tudors. L 1982 Davies, J., A *History* of Wales. L ²2007 Herbert, T./Jones, G. E. (Eds.), Tudor *Wales*. Ca 1988 Jenkins, G. H., A Concise *History* of Wales. C 2007 Jones, G. E., *Tudor* Wales. Ll 1986 Jones, J. G., Early *Modern Wales*, c. 1525–1640. Bas 1994 Ders., *Wales* and the Tudor State. Ca 1989 Thomas, H., A *History* of Wales, 1485–1660. Ca 1972 Thomas, W. S. K., Tudor *Wales*, 1485–1603. Ll 1983 Williams, G., *Renewal* and Reformation Wales, c. 1415–1642. O 1987

Frankreich

Baumgartner, F.J., *Louis* XII. Bas 1996 Bordonove, G., *Louis* XII. P 2000 Guerdan, R., *Franz* I. König der Renaissance. F 1978 Hackett, F., *Franz* der Erste. B 1936 Hartmann, P. C., Die französischen *Könige* und Kaiser der Neuzeit, 1498–1870. M 2006 Hochner, N., *Louis* XII. Les dérèglements de l'image royale. Sey 2006 Jacquart, J., *François* Ier. P 1981 Knecht, R.J., *Francis* I. C 1984 Ders., French Renaissance *Monarchy*. Francis I and Henry II. L-NY ³1988 Ders., Renaissance *Warrior* and Patron. The Reign of Francis I. C 1994 Le Clech, S., *François* Ier. P 1999 Le Fur, D., *Louis* XII. P 2001 Meyer, J., *Frankreich* im Zeitalter des Absolutismus, 1515–1789 (Dt.). St 1990 Potter, D., A *History* of France, 1460–1560. Bas-L 1995 Ders., *Henry* VIII and Francis I. The Final Conflict, 1540–47. Leid-Bos 2011 Quilliet, B., *Louis* XII, père du peuple. P 1986 Richardson, G. (Ed.), The Contending *Kingdoms*. France and England, 1420–1700. Ald 2008 Seward, D., *Francis* I. Prince of the Renaissance. L ²1974 Saint Bris, G., *François* Ier et la Renaissance. P 2008 Treffer, G., *Franz* I. von Frankreich (1494–1547). Reg 1993

Römisch-deutsches Reich

Blockmans, W., *Emperor* Charles V, 1500–1558. L 2002 Ders. et al. (Eds.), The *World* of Emperor Charles V. Am 2004 Brandi, K., Kaiser *Karl* V., 2 Bde. F ⁸1956, M ²1967 Diller, S. et al. (Hrsg.), *Kaiser* Karl V. und seine Zeit. Bam 2000 Dixon, C.S./Fuchs, M. (Eds.), The *Histories* of Emperor Charles V. Mü 2005 Ferdinandy, M. de, *Carlos* V. Bar 2008 Größing, S.-M., *Karl* V. W 1999 Dies., *Maximilian* I. – Kaiser, Künstler, Kämpfer. W 2002 Hartmann, S. (Hrsg.), Kaiser *Maximilian* I. (1459–1519) und die Hofkultur seiner Zeit. Wies 2009 Hollegger, M., *Maximilian* I. (1459–1519). St 2005 Kleinschmidt, H., *Charles* V. Str 2004 Körber, E.-B., Habsburgs europäische *Herrschaft*. Von Karl V. bis zum Ende des 16. Jahrhunderts. Da 2002 Kohler, A., *Karl* V., 1500–1558. M 2001 Ders. et al. (Hrsg.), Karl V., 1500–1558. Neue *Perspektiven* seiner Herrschaft in Europa und Übersee. W 2002 Ders., Das *Reich* im Kampf um die Hegemonie in Europa, 1521–1648. M ²2010 Ders., Von der *Reformation* zum Westfälischen Frieden. M 2011 Ders./Edelmayer, F. (Hrsg.), *Hispania*-Austria.

Die katholischen Könige, Maximilian I. und die Anfänge der Casa de Austria in Spanien. W-M 1993 Kruse, P. (Hrsg.), *Kaiser* Karl V. Bo 2000 Kuster, T./Frenzel, M. (Hrsg.), *Maximilian* I. In 2005 Maltby, W., The *Reign* of Charles V. Bas 2002 Nette, H., *Karl* V. mit Selbstzeugnissen und Bilddokumenten. Rein ⁶2002 Rabe, H., *Karl* V. Ko 1996 Schmidt-Von Rhein, G. (Hrsg.), Kaiser *Maximilian* I. Ram 2002 Schorn-Schütte, L., *Karl* V. M ³2006 Schulin, E., Kaiser *Karl* V. St 1999 Soly, H. (Hrsg.), *Karl* V. 1500−1558 und seine Zeit. K 2003 Tracy, J. D., *Emperor* Charles V. C 2002 Wiesflecker, H., *Kaiser* Maximilian I., 5 Bde. M 1971−86 Ders., *Maximilian* I. W-M 1991

Spanien

Belenguer, E., *Fernando* el Católico. Bar 1999 Doussinague, J. M., La *política* internacional de Fernando el Católico. Ma 1944 Edwards, J., The *Spain* of the Catholic Monarchs, 1474−1520. O 2000 Fernández Alvarez, M., La *España* del emperador Carlos V. Ma ⁵1990 Ladero Quesada, M. A., Das *Spanien* der Katholischen Könige. In 1992 Pérez, J., *Ferdinand* und Isabella. M ²1996 Redondo, G./Orera, L., *Fernando* II y el reino de Aragón. Za 1980 Suárez Fernández, L., Los *Reyes* Católicos. Bar 2004 Ders., *Fernando* el Católico. Bar 2004 Ders., Fernando el Católico y *Navarra*. Ma 1985 Ders./Carriazo Arroquia, J. de Mata (Eds.), La España de los *Reyes* Católicos (1474−1516), 2 Vols. Ma ⁵1995, ⁶1996 Vicéns Vives, J., *Historia* crítica de la vida y reinado de Fernando de Aragón. Za 1962

Anhang

Zeittafel

1457	Januar 28 Geburt Heinrich Tudors (VII.), Sohn von Edmund Tudor, Earl von Richmond († 1. November 1456) und Margarete Beaufort
1483	Juni 26 Proklamation Richards (III.), Herzog von Gloucester, als englischer König
1485	August 7 Landung Heinrich Tudors in Milford Haven August 22 Niederlage und Tod Richards III. in der Schlacht bei Bosworth Oktober 30 Krönung Heinrichs VII. zum englischen König
1486	Januar 18 Heirat Heinrichs VII. mit Elisabeth von York September 20 Geburt von Prinz Arthur
1486/87	Revolte des Prätendenten Lambert Simnel
1487	Juni 16 Sieg über Simnel und Unterstützer in der Schlacht von Stoke
1488	Juni 11 Tod Jakobs III. von Schottland; Thronfolge seines Sohnes Jakobs IV. Oktober Waffenstillstand zwischen England und Schottland
1489	März 26 Vertrag von Medina del Campo zwischen England und Spanien
1491	Juni 28 Geburt von Prinz Heinrich (VIII.) in Greenwich
1492	November 3 Vertrag von Étaples zwischen England und Frankreich
1494	Dezember 1 *Poynings' Law* für Irland
1495–1497	Invasionsversuche des Prätendenten Perkin Warbeck
1496	Februar 24 Handelsabkommen (*Magnus Intercursus*) zwischen Philipp von Burgund und Heinrich VII. Juli 18 Beitritt Englands zur Heiligen Liga

1497	September Niederlage und Gefangennahme Warbecks
1499	November 23 Hinrichtung Warbecks
1501	November 14/15 Heirat des Kronprinzen Arthur mit Katharina von Aragón
1502	Januar 24 *Perpetual Peace* zwischen England und Schottland
	April 2 Tod Prinz Arthurs
1503	Februar 11 Tod Elisabeth von Yorks, Mutter Heinrichs VIII.
	Juni 23 Vertrag zwischen Ferdinand II. von Aragón und Heinrich VII. bezüglich einer Heirat des englischen Thronfolgers und Katharina, Witwe von Arthur
	August 8 Heirat Jakobs IV. mit Margarete Tudor, Schwester Heinrichs VIII.
1504	Februar 18 Ernennung von Kronprinz Heinrich zum *Prince of Wales*
1505	Juni 27 Vorbehaltserklärung Heinrichs bezüglich der geplanten Heirat mit Katharina
1509	April 21 Tod Heinrichs VII.
	April 22 Proklamation Heinrichs VIII. zum englischen König
	Juni 11 Heirat Heinrichs mit Katharina von Aragón
	Juni 24 Krönung Heinrich VIII. zum »König von England und Frankreich, Lord von Irland«
1510	August 17 Hinrichtung der Räte Empson und Dudley
1511	Januar 1 Geburt des Prinzen Heinrich
	Februar 22 Tod von Prinz Heinrich
	November 13 Beitritt Englands zur Heiligen Liga mit Papst, Spanien u. a. gegen Frankreich
1512	Beginn der Karriere Wolseys als Heinrichs wichtigster Minister
	April Englische Kriegserklärung an Frankreich
	April–Oktober Englisches Expeditionskorps in Fuentarrabia
1513	Juni 30 Persönliche Beteiligung Heinrichs am Frankreich-Feldzug
	August 16 »Sporenschlacht« bei Guinegatte
	August 21/24 Eroberung von Thérouanne

	September 9 Englischer Sieg über die Schotten bei Flodden; Tod Jakobs IV.; Thronfolge des unmündigen Jakob V.
	September 23–25 Einnahme von Tournai
1514	März Waffenstillstand Ferdinands II. mit Frankreich
	Juli 9 Friedensvertrag Heinrichs mit Ludwig XII. von Frankreich
	August 13/25 Heirat Maria Tudors, Schwester Heinrichs, mit dem französischen König
1515	Januar 1 Tod Ludwigs XII.; Franz I. neuer französischer Monarch
	Februar 4–20 Heimliche Heirat Maria Tudors mit Charles Brandon, Herzog von Suffolk
	November 15 Erhebung Wolseys zum Kardinal
	Dezember 24 Ernennung Wolseys zum Lordkanzler
1516	Januar 23 Tod Ferdinands II. von Aragón; Nachfolger Karl (V.)
	Februar 18 Geburt von Prinzessin Maria (I.)
	August 13 Vertrag von Noyon zwischen Karl (V.) und Franz I. von Frankreich
1517	Mai 1 Ausländerfeindliche Unruhen in London (*Bloody May Day*)
	Oktober 31 Thesenanschlag Luthers in Wittenberg
1518	Oktober 2 Vertrag von London zwischen England, Frankreich, Römisch-Deutschem Reich, Spanien (Europäisches Friedensabkommen)
	Oktober 4 Vertrag zwischen England und Frankreich
1519	Januar 12 Tod Kaiser Maximilians
	Juni 15 Geburt des illegitimen Sohnes Heinrichs VIII., Heinrich Fitzroy
	Juni 28 Niederlage Heinrichs VIII. gegenüber Karl (V.) bei der Wahl zum Römisch-Deutschen König
1520	Mai 27–29 Treffen Heinrichs mit Kaiser Karl in Dover und Canterbury
	Juni 7–23 Treffen Heinrichs mit Franz I. bei Ardres (*Field-of-Cloth-of-Gold*)
	Juli 10–13 Treffen Heinrichs mit Kaiser Karl in Gravelines
1521	April 17–18 Luther vor dem Reichstag zu Worms
	Mai 17 Hinrichtung des Herzogs von Buckingham wegen Hochverrats

	August 25 (November 24) Vertrag von Brügge zwischen Heinrich und Karl gegen Frankreich

August 25 (November 24) Vertrag von Brügge zwischen Heinrich und Karl gegen Frankreich
Oktober 2 Präsentation der Schrift Heinrichs gegen Luther (*Assertio*) beim Papst; Verleihung des Titels *Defensor fidei* hierfür durch Leo X.

1522 Mai–Juli Besuch Kaiser Karls in England
Juni 16 Vertrag von Windsor zwischen Kaiser und Heinrich

1523 Herbst Invasion und anschließender Feldzug englischer Truppen in Nordfrankreich

1524 Geheime Friedensverhandlungen zwischen England und Frankreich

1525 Februar 24 Gefangennahme von König Franz in Pavia durch kaiserliche Truppen
Juni 18 Legitimierung des Bastardsohnes Heinrich Fitzroy und Erhebung zum Herzog von Richmond und Somerset
Sommer Englische Übersetzung des Neuen Testamentes durch William Tyndale (Kölner Fragment)
August 30 Friedensvertrag von *The Moor* zwischen England und Frankreich

1526 Januar 14 Vertrag von Madrid zwischen Karl V. und Franz I. und dessen anschließende Freilassung aus kaiserlicher Gefangenschaft
Unterstützung Heinrichs für Heilige Liga des Papstes bzw. der Italienischen Staaten gegen den Kaiser

1527 April 30 Vertrag von Westminster zwischen Frankreich und England gegen Karl V.
Mai 6 *Sacco di Roma*; Papst kaiserlicher Gefangener in Rom
Mai 17 Eröffnung des Verfahrens zur Annullierung der Ehe Heinrichs mit Katharina von Aragón in London

1528 Januar 21 Kriegserklärung Englands und Frankreichs an den Kaiser

1529–1536 Sitzungen des *Reformation Parliament* in London

1529 Mai 31–Juli 23 Annullierungsprozess in Blackfriars London
August 5 Friede von Cambrai (»Damenfriede«)
Oktober 9 Enthebung Wolseys von allen Ämtern
Oktober 25 Thomas More neuer Lordkanzler

1530	Sommer Präsentation der Sammlung *Collectanea satis copiosa*
	November 4 Verhaftung Wolseys wegen Hochverrats
	November 29 Tod Wolseys
1531	Februar 11 Anerkennung Heinrichs als Oberhaupt der Kirche von England (»soweit das Gesetz Christi dies erlaubt«) durch südliche Konvokation, im Mai durch nördliche Konvokation
	Juli 11 Trennung Heinrichs von Königin Katharina
1532	März *First Act in Restraint of Annates*
	Mai 15 *Submission of the Clergy*
	Mai 16 Rücktritt Mores als Lordkanzler
	August 22 Tod des Erzbischofs von Canterbury, William Warham
	Oktober 14 Treffen von Heinrich und seiner Geliebten Boleyn mit Franz I. in Boulogne und Calais
1533–1535	Widerstand Katharinas von Aragón und Prinzessin Marias wegen Entmachtung bzw. Bastardisierung
1533	Januar 25 Heimliche Heirat Heinrichs mit Boleyn
	Februar 6 *Act in Restraint of Appeals* (»England unabhängiges Imperium«)
	März 30 Weihe Thomas Cranmers zum Erzbischof von Canterbury
	Mai 23 Annullierung der Ehe Heinrichs mit Katharina von Aragón durch Cranmer
	Juni 1 Krönung Boleyns
	September 7 Geburt Elisabeths (I.), Tochter von Heinrich und Anna
1534	März 12 *Second Act in Restraint of Annates*
	März 23 Päpstliche Bestätigung der Legalität der Ehe Heinrichs mit Katharina
	März 26 *Second Act of Succession*
	April Bestätigung Thomas Cromwells als *Principal Minister* Heinrichs
	November 17 *First Act of Supremacy; Treason Act*
1535	Januar Ernennung Cromwells zum Generalvikar des Königs
	Juni 17–22 Prozess und Hinrichtung Kardinal Thomas Fishers
	Juli 1–6 Prozess und Hinrichtung Thomas Mores
	August–Dezember Visitation der englischen Klöster

1536	Januar 7 Tod Katharina von Aragóns in Kimbolton
Februar Beginn der Auflösung der kleineren englischen Klöster
April 30–Mai 19 Prozess und Hinrichtung Boleyns
Mai 20 (Mai 30) Heirat Heinrichs mit Jane Seymour
Juni 15 Unterwerfung Prinzessin Marias gegenüber Heinrich
Juli 11 Publikation der *Ten Articles*
Juli 22 Tod von Heinrich Fitzroy, Herzog von Richmond
Sommer Krieg zwischen Karl V. und Franz I.
Oktober Revolten in Lincolnshire und Yorkshire (*Pilgrimage of Grace*)
1537–1539	Auflösung der großen englischen Klöster
1537	Januar-Juli Niederschlagung der Revolten in Nordengland, Hinrichtung der Anführer
September Publikation des *Bishops' Book*
Oktober 12 Geburt des Prinzen Eduard (VI.)
Oktober 24 Tod Seymours im Kindbett
1538	Juni 18 Waffenstillstand von Nizza zwischen Karl V. und Franz I.
Dezember Exkommunikation Heinrichs durch den Papst
1539	April Verteidigungsmaßnahmen Heinrichs wegen drohender Invasion
Juni 16 *Act of Six Articles*
September Heiratsverhandlungen zwischen Heinrich und dem Herzog von Kleve
Oktober 6 Vertrag bezüglich einer Heirat von Heinrich und Anna von Kleve
1540	Januar 6 Heirat Heinrichs mit Anna von Kleve
Juli 9 Annullierung der Ehe Heinrichs mit Anna von Kleve
Juli 28 Hinrichtung Cromwells wegen Hochverrats
Juli 28 Heirat Heinrichs mit Katharina Howard
August 8 Hinrichtungen von Barnes und anderen sog. »Ketzern«
1541	Juni 19 Proklamation Heinrichs zum »König von Irland« durch das irische Parlament
Juli–Oktober Reise Heinrichs nach York bzw. in die englischen Nordprovinzen

	November 7 Anklage gegen Howard wegen Ehebruchs und Hochverrat
1542	Februar 13 Hinrichtung von Katharina Howard
	November 24 Sieg der Engländer über die Schotten in der Schlacht bei Solway Moss
	Dezember 14 Tod Jakobs V. von Schottland; Thronfolge der sechs Tage alten Tochter Maria
1543	Februar Bündnis zwischen Heinrich und Karl V. gegen Frankreich
	Mai Publikation von *The King's Book*
	Juli 1 Vertrag von Greenwich bezüglich einer Heirat von Eduard Tudor (VI.) mit Maria Stuart
	Juli 12 Heirat Heinrichs mit Katharina Parr
	Dezember 11 Annullierung des englisch-schottischen Heiratsvertrages durch Schottland
1543–1545	Verwüstungskriege der Engländer gegen Schottland (*Rough Wooing*)
1544	Mai 7–8 Niederbrennen Edinburghs durch englische Truppen
	Juli 14 Invasion Heinrichs in Frankreich im Bündnis mit Karl V.
	September 18 Eroberung Boulognes durch Heinrich
	September 18 Separatfrieden von Crépy Karls V. mit Franz I.
1545	Februar 27 Sieg der Schotten über die Engländer bei Ancrum Moor
	Juli Invasionsdrohungen der Franzosen und Seegefechte
	Juli 19 Untergang der *Mary Rose* vor Portsmouth
1546	Juni 7 Friede von Ardres zwischen England und Frankreich
	Juli 16 Hinrichtung von Anne Askew und anderer Protestanten als »Ketzer«
	Dezember 12 Inhaftierung Norfolks und Surreys
1547	Januar 19 Hinrichtung des Grafen von Surrey wegen Hochverrats
	Januar 28 Tod Heinrichs; Thronfolge seines Sohnes Eduards VI.

Stammbaum der Tudors

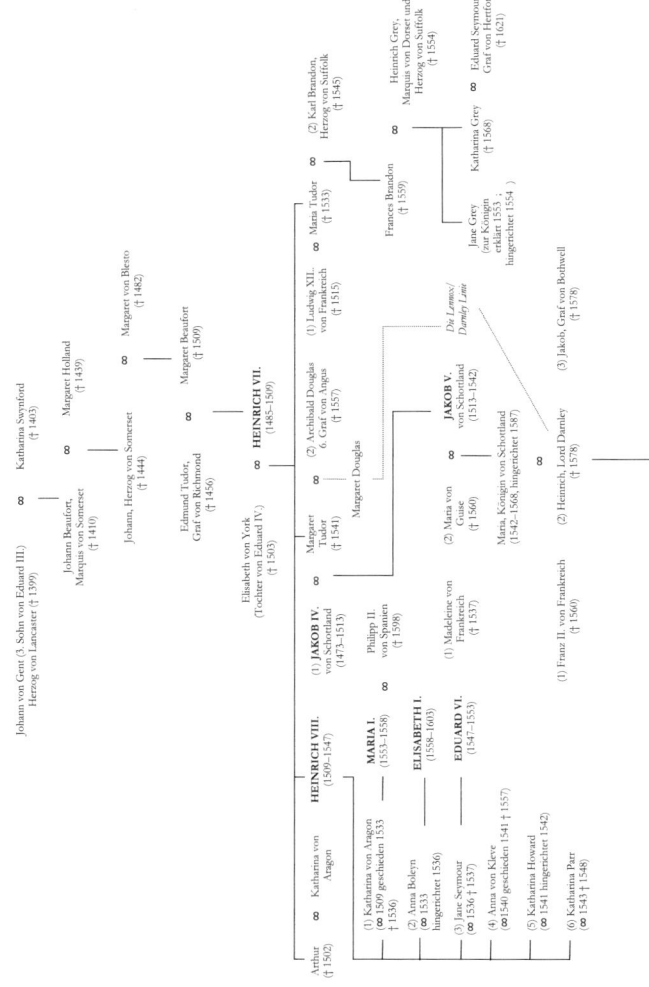

Stammbaum der Tudors

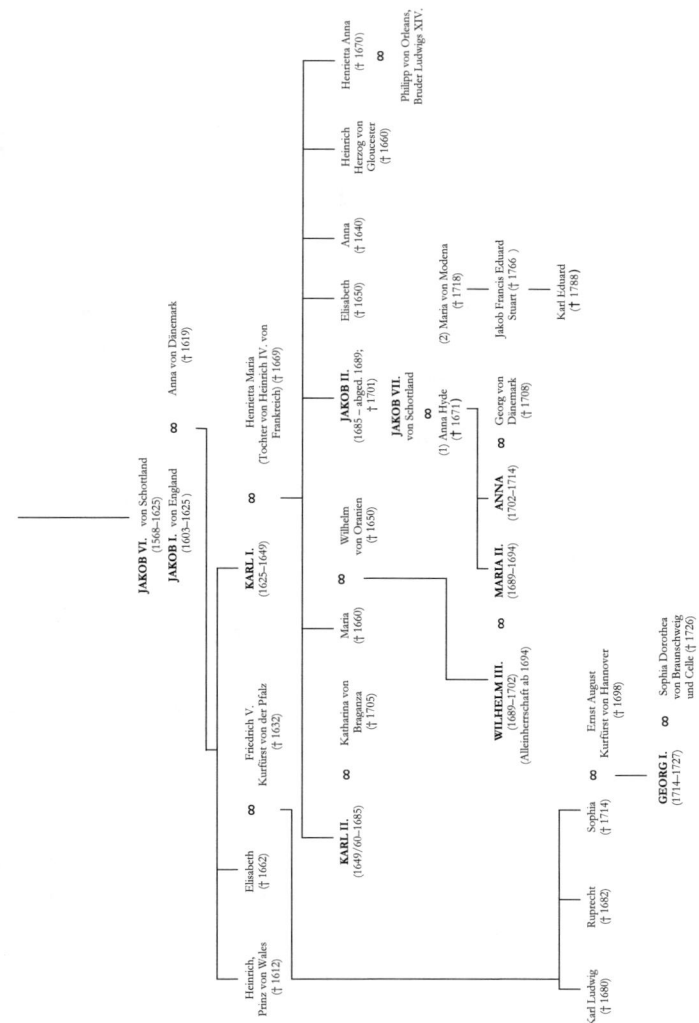

Karte Englands zur Zeit Heinrichs VIII.

Karte nach Vorlage von Henry Scarisbrick gezeichnet.

Anmerkungen

Kapitel 1   Einleitung

1 C. Dickens, A Child's History of England, Vol. 3. L 1854, Kap. 28, 155. – Auch in eBooks@Adelaine, Univ. of Adelaide (September 12, 2012).
2 www.focus.de/wissen/bildung/Geschichte/tid-7095/geschichte_aid_69 657.html (24. 05. 2011).
3 W. S. Churchill, A History of the English-Speaking Peoples, Vol. 2. L 1956, 68.
4 Vgl. die Forschungsüberblicke u. a. bei Graves, Henry 201 ff.; Loades, Court (Preface); Wooding, Henry (Intro.); Loades, Henry (Intro.), und besonders P. Marshall, Henry VIII and the Modern Historians, in: Rankin, Afterlives 246–265.
5 Im Rahmen einer zehnbändigen Tudor-Geschichte widmete J. A. Froude die ersten vier Bände der Herrschaft Heinrichs (History I-IV). Hiervon wurde 1908 posthum eine eigene monographische Fassung (in drei Bänden) veröffentlicht (Reign). – Die folgenden Ausführungen beziehen sich auf die vierbändige Ausgabe des Werkes. Vgl. besonders IV, 533 ff., 538 ff.
6 F. A. Gasquet, Henry VIII and the English Monasteries, 2 Vols. L 1889; W. Stubbs, The Reign of Henry VIII, in: Seventeenth Lectures on the Study of Medieval and Modern History and Kindred Subjects. O 1887, 277–304; Zitat 304.
7 Pollard, Henry; Zitate 345, 353.
8 J. C. Flügel, On the Character and Married Life of Henry VIII, in: International Journal of Psychoanalysis 1 (1920) 24–55; F. Hackett, Henry the Eighth. L 1930 (Dt. 1932, Neued. 1994); F. Chamberlin, The Private Character of Henry VIII. L 1931; H. Simpson, Henry VIII. L 1934. – Vgl. Marshall, Historians 249 ff.
9 H. M. Smith, Henry VIII and the Reformation. L 1948; T. Maynard, Henry the Eighth. Mil 1949; S. T. Bindoff, Tudor England. Harm 1950 (1991); Mackie, Tudors.
10 Grundlegend war G. R. Elton, Revolution (1953), gefolgt von dem meisterlichen Essay Henry (1962) und der Gesamtdarstellung England (L ²1974; Dt. 1983). – Elton verdeutlichte seine Forschungspositionen in

der Folgezeit mehrfach und reagierte auf die Kritik an seiner Bewertung Cromwells (u. a. in Renewal 1973, Reform 1977).
11 J.J. Bagley, Henry VIII and His Times. L 1962; N. Williams, Henry VIII and His Court. L 1971; R. Lacey, The Life and Times of Henry VIII. L 1972.
12 B. Saunders, Henry the Eighth. L 1963; Bowle, Henry; Smith, Henry – Zitat 25.
13 J.J. Scarisbrick, Henry VIII. L 1968 (New Ed. NH 1997), besonders Kap. 15.
14 Erickson, Harry; J. Ridley, Henry VIII. L 1984 (Dt. 1990, 2005).
15 Starkeys Dissertation über »The King's Privy Chamber, 1485–1547« (PhD Univ. Cambridge) blieb unveröffentlicht. – Vgl. ferner Ders., Reign; Coleman/Starkey, Revolution; MacCulloch, Reign; E. Ives, Faction in Tudor England. L ²1986. – Hinzu kam eine wachsende Zahl an Studien über den Königshof – etwa von Elton, Studies III, Kap. 33; Starkey, Court; Loades, Court.
16 Baumann; Weir, Henry.
17 Starkey, Prince. – Der Autor nahm die Existenz von »*two Henrys*« (vor und nach der Ehekrise) an, wobei seine Darstellung des »zweiten (alten) Heinrichs« noch aussteht.
18 Rex, Henry; Wooding, Henry; Hutchinson, Young; Ives, Henry; Loades, Henry; Ackroyd, Tudors (populärwiss.); Appel, Heinrich.
19 Marshall, Historians 263.

Kapitel 3 Frühe Tudor-Herrschaft und Jugend Heinrichs VIII. (1485–1509)

1 Zu Leben und Regierung Heinrichs vgl. J. Gairdner (Ed.), Memorials of King Henry the Seventh. L 1858; Ders., Letters and Papers Illustrative of the Reigns of Richard III and Henry VII, 2 Vols. L 1861–63; W. Campbell (Ed.), Materials for a History of the Reign of Henry VII, 2 Vols. L 1873–77. – Mackie, Tudors 675 f. (Reg.); R. Lockyer, Henry VII. L 1968; Simons, Henry; Storey, Reign; Williams, Life; Alexander, Tudors; Routh, Who 3–9; M. V. C. Alexander, in: Fritze, Dictionary 229–232; Thompson, Reign; Griffiths/Thomas, Making; J. Hunt/C. Towle, Henry VII. Har 1998; Chrimes; Bevan, Henry; Eßer, Tudors 20 ff.; R. Turvey/C. Rogers, Henry VII. L 2005; Cunningham, Henry; J. M. Currin, in: Kinney/Swain, Encyclopedia 335–337; Penn, King.
2 Zum Aussehen Heinrichs in Jugend und Alter vgl. Vergil Kap. 26, 65 f.
3 M. K. Jones/M. G. Underwood, The King's Mother. C 1992.

4 Zitat von D. Loades (Ed.), Chronicles of the Tudor Kings. God 1996, 19. – Zu seiner Rolle in der Schlacht vgl. M. K. Jones, Psychology of a Battle. Bosworth 1485. Str 2010, Kap. 6, bes. 184 ff.
5 RP VI, 270.
6 Einzelnachweise bei Chrimes 61 ff.
7 S. Gunn/L. Monckton (Eds.), Arthur Tudor, Prince of Wales. Wo 2009.
8 M. J. Bennett, Lambert Simnel and the Battle of Stoke. Str 1987; I. Arthurson, The Perkin Warbeck Conspiracy, 1491–1499. Str 1994 (2009); A. Wroe, The Perfect Prince. The Mystery of Perkin Warbeck and his Quest for the Throne of England, NY 2003.
9 Zum Leben Maximilians vgl. Wiesflecker, Kaiser I-V; Ders., Maximilian; Kohler/Edelmayer, Hispania; Größing, Maximilian; Schmidt-Von Rhein, Maximilian; Holleggger, Maximilian; Kuster/Frenzel, Maximilian; Hartmann, Maximilian.
10 CSP Spanish I, 19 ff.
11 Rymer XII, 362–372.
12 D. Potter, in: Tittler/Jones, Companion 183.
13 Rymer XIII, 229 ff., 259 ff.
14 An der Gründung der Liga (1508) um Papst Julius II. u. a. gegen Venedig war Heinrich nicht beteiligt. Vgl. Wernham, Armada Kap. 5; Crowson, Policy 64; J. M. Currin, England's International Relations, in: Doran/Richardson, England 27.
15 J. Guy beschrieb den Charakter Heinrichs als »fusion of an able but second-rate mind with what looks suspiciously like an inferiority complex« (England 81).
16 Zur Ausbildung Heinrichs vgl. Starkey, Prince Kap. 7.
17 Augenzeugenberichte 22.
18 Nachweise bei Scarisbrick 3 f.
19 CSP Spanish I, 435.
20 Tremlett, Catherine Kap. 17.
21 Correspondencia de Gutierre Gómez de Fuensalida, embajador en Alemania, Flandes é Inglaterra (1496–1509), publ. pro el Duque de Berwick y de Alba. M 1907, 449.
22 Zum Testament Heinrichs vgl. M. M. Condon, The Last Will of Henry VII. Document and Text, in: T. W. T. Tatton-Brown/R. Mortimer (Eds.), Westminster Abbey. The Lady Chapel of Henry VII. Wo 2003, 99–140.

Kapitel 4 Dynastie und Herrschaft im europäischen Kontext (1509–1547)

1 Mores Krönungsode/Epigramm 19, in: C.H. Miller et al. (Eds.), The Complete Works of St Thomas More, Vol. III/2. NH-L 1984, 100 ff. Dt. Übers.: Thomas Morus, Epigramme, übers. v. U. Baumann. M 1983, 68. – Zur folgenden Ereignisgeschichte vgl. Froude, History I; Mackie, Tudors Kap. 8; Elton, England Kap. 4; Ridley Kap. 3; Starkey, Reign Kap. 2; Guy, England Kap. 4; Baumann 20 ff.; Weir, Henry Kap. 2 ff.; Eßer, Tudors 41 ff.; Starkey, Prince Kap. 19 ff.; Rex, Henry Kap. 1 f.; Wooding, Henry Kap. 2; Loades, Henry Kap. 2.
2 Zum Leben Katharinas vgl. F. de Llanos y Torriglia, Catalina de Aragón, Reina de Inglaterra. Ma 1914; F. Claremont, Catherine of Aragon. L 1939; Mattingly, Catherine; Luke, Catherine; Loades, Queens Kap. 1–2; Lindsey, Divorced 224 (Reg.); Paul, Catherine; Fraser, Wives Part 1; Starkey, Wives Kap. 1–38; Ulargui, Catalina; Weir, Wives 632 f.; Levin/Bucholz, Queens; Loades, England Kap. 5; Ders., Wives Kap. 2; Tremlett, Catherine; Fox, Sister. – Zum Aussehen Katharinas vgl. Mattingly, Catherine 17 f.; Weir, Henry 9 f.
3 Vgl. C. Carlton, Royal Mistresses. L 1991; K. Hart, The Mistresses of Henry VIII. Str 2009, Kap. 4, 220 (Reg.).
4 Zur Datierung der Geburt Annas und zu ihrem Aussehen vgl. Ives, Life 14 f., 39; Norton, Boleyn 12 ff. – Aus der großen Zahl von Biographien über sie seien genannt Chapman, Boleyn; Warnicke, Rise; Loades, Queens; Lindsey, Divorced; Fraser, Wives; Starkey, Wives; Denny, Boleyn; Weir, Wives; Dies., Lady; Loades, England; Bernard, Boleyn; Loades, Wives; Ders., Boleyns.
5 Die 1527–28 entstandenen Briefe sind pikanterweise in der Biblioteca Apostolica Vaticana erhalten geblieben. – Dt. Übers. von T. Stemmler (Die Liebesbriefe Heinrichs VIII. an Anna Boleyn. Z 1988).
6 Ives, Life 105 ff.; Starkey, Reign 79 f.
7 LP VI, 461, 495 f., 525 ff.; MacCulloch, Cranmer Kap. 3–4. – Zur gegensätzlichen päpstlichen Entscheidung vgl. Tremlett, Catherine Kap. 46 ff.
8 Nachweise bei Ives, Life Kap. 14. – Zu den Boleyns als *Political Faction* vgl. Loades, Boleyns Kap. 6.
9 Augenzeugenberichte 196.
10 Zur Frage der Schwangerschaften Annas vgl. besonders Warnicke, Rise 313 (Reg.); Lindsey, Divorced Kap. 5; Starkey, Wives 477 ff., 502 ff., 821 (Reg.); Ives, Life 191 f., 296 ff., 438 (Reg.); Bernard, Boleyn 73 ff., 125 ff., 231 (Reg.).

11 Zur schwierigen Quellenlage (mit stark konfessionell geprägten und parteilichen Zeugnissen aus der Zeit von Maria Tudor und Elisabeth) vgl. Bernard, Boleyn 174.
12 Man beschuldigte die Königin, die Initiative ergriffen und durch Reden, Küsse etc. die Höflinge zu sexuellen Aktivitäten animiert zu haben, die minutiös dokumentiert wurden; hinzu kamen »hexerische Pläne« zur Ermordung des Königs.
13 LP X, 901 (Dt. Übers. Augenzeugenberichte 201). – Zum Leben Seymours vgl. Weir, Wives 638 f. (Reg.); Fraser, Wives 580 f. (Reg.); Loades, Queens 179 (Reg.); Lindsey, Divorced 230 (Reg.); Gross, Jane; Starkey, Wives 839 (Reg.); Ives, Life 454 (Reg.); Norton, Seymour; Loades, England 259 (Reg.); Ders., Wives 190 (Reg.).
14 Zu dieser Gruppierung vgl. Starkey, Reign 94 ff.; Ders., Wives 587 ff.
15 Folgende Ausführungen beruhen u. a. auf M. H. Dodds/R. Dodds, The Pilgrimage of Grace 1536–1537 and the Exeter Conspiracy 1538, 2 Vols. C 1915; Mackie, Tudors 385 ff.; Elton, Reformation Kap. 11/3; Guy, England 149 ff.; Ridley Kap. 21; Scarisbrick 558 (Reg.); M. L. Bush, The Pilgrimage of Grace. Man 1996; Ders./D. Bownes, The Defeat of the Pilgrimage of Grace. Hu 1999; R. W. Hoyle, The Pilgrimage of Grace and the Politics of the 1530s. O 2001; G. Moorhouse, The Pilgrimage of Grace. L 2002; Fletcher/MacCulloch, Rebellions; S. Lipscomb, 1536. The Year that Changed Henry VIII. O 2009, Kap. 15.
16 Editionen der *Lincoln Articles* vom 9. Oktober 1536 finden sich bei Hoyle, Pilgrimage 455 f. und Fletcher/MacCulloch, Rebellions 142 f., nr. 3.
17 Zur Ereignisgeschichte vgl. ausführlicher Mackie, Tudors 385 ff.; Elton, Reformation Kap. 11/3; Guy, England 150 ff.; Ridley Kap. 21; Scarisbrick 558 (Reg.); Bush, Pilgrimage 113 ff., 209 ff., 437 (Reg.); Hoyle, Pilgrimage Kap. 7 ff.; Moorhouse, Pilgrimage Kap. 6 ff.; Fletcher/MacCulloch, Rebellions 28 ff.; Lipscomb, Year Kap. 15.
18 Editionen der *Pontefract Articles* vom 2. bis 4. Dezember 1536 finden sich bei Hoyle, Pilgrimage 460 ff. und Fletcher/MacCulloch, Rebellions 147 ff., nr. 9.
19 Bush, Pilgrimage 131 ff.
20 Zur Kandidatinnensuche und zum Leben Annas vgl. Bouterwek, Anna; Scarisbrick 355 ff.; Weir, Wives 381 ff., Fraser, Wives Kap. 14; Fuchs, Wilhelm Kap. 7; Loades, Queens Kap. 5; Lindsey, Divorced Kap. 7; Saaler, Anne Kap. 1; Warnicke, Marrying Kap. 2; Starkey, Wives Kap. 72 f.; Loades, England Kap. 5; Ders., Wives Kap. 5; Norton, Anne Kap. 2 ff.
21 Dt. Übers. bei Ridley 342.

22 Diese angebliche Äußerung Christinas tauchte erst in Quellen des 17. Jahrhunderts auf und erscheint als wenig authentisch. – Warnicke, Marrying 47.
23 Fuchs, Wilhelm Kap. 1 ff.; C. Schulte, Versuchte konfessionelle Neutralität im Reformationszeitalter. Die Herzogtümer Jülich-Kleve-Berg unter Johann III. und Wilhelm V. und das Fürstbistum Münster unter Wilhelm von Ketteler. Mü 1995.
24 Zum Aussehen Annas und zu ihrem Leben vgl. die Lit.-Hinweise oben Anm. 20 – insbesondere Saaler, Anne 131 (Reg.); Warnicke, Marrying 326 f. (Reg.); Norton, Anne 187 f. (Reg.).
25 Zu den Verhandlungen vgl. Saaler, Anne Kap. 3; Warnicke, Marrying Kap. 4–5; Norton, Anne Kap. 2–3; R. McEntegart, Henry VIII, the League of Schmalkalden, and the English Reformation. Wo 2002, 179 f.; K. D. Maas, The Reformation and Robert Barnes. Wo 2010; K. Beiergrößlein, Robert Barnes, England und der Schmalkaldische Bund (1530–1540). Güt 2011, 269 (Reg.). – Die Dotierung Annas durch ihren Bruder war vergleichsweise mäßig: Sie erhielt insgesamt 100 000 Fl., von denen 40 000 am Hochzeitstag und 60 000 ein Jahr später in London gezahlt werden sollten. Hinzu kamen Regelungen über ihr Witwengeld, eine mögliche Rückkehr nach Kleve etc.
26 Hall 833 ff.; Wriothesley I, 109 ff.
27 Vgl. ausführlicher Starkey, Reign 97 ff.
28 32 Henry VIII, c. 25.
29 Saaler, Anne Kap. 11; Norton, Cleves 108 f.
30 32 Henry VIII, c. 62.
31 Zur Heiratspolitik Norfolks vgl. Denny, Howard 56 ff. – Zur Familiengeschichte vgl. G. Brenan/E. P. Statham, The House of Howard, 2 Vols. L 1907.
32 Zum Leben und Wirken Katharinas vgl. Weir, Wives 631 (Reg.); Fraser, Wives 581 (Reg.); Smith, Howard; Loades, Queens Kap. 5; Lindsey, Divorced Kap. 8; Starkey, Wives Kap. 73; Denny, Howard; Wheeler, Men; Loades, England Kap. 7; Ders., Wives 119 ff., 188 (Reg.); Ders., Howard.
33 Correspondance politique de MM. de Castillon et de Marillac, amb. de France en Angleterre, 1537–1542, ed. J. Kaulek. P 1885, 218.
34 Zur folgenden Ereignisgeschichte vgl. Marillac und Zeugenaussagen im Prozess (Augenzeugenberichte 256 ff.).
35 Augenzeugenberichte 250 f. – Zur Patronage vgl. Fraser, Wives 408 f.; Starkey, Wives 660 f., 810 Anm. 17.
36 Zu Culpeper und seinen Aktivitäten vgl. Weir, Wives 625 (Reg.); Fraser, Wives 575 (Reg.); Smith, Howard Kap. 7–8; Lindsey, Divorced 167 ff.; Starkey, Wives 831 (Reg.); Denny, Howard 285 (Reg.); Loades, Wives 121 ff.; Ders., Queens 143–150.

37 J. Fox, Jane Boleyn. L 2007, Kap. 29−30.
38 Zur Ereignisgeschichte vgl. Scarisbrick 426 ff.; Ridley 394 f.; Smith, Howard Kap. 8; Starkey, Wives 662 ff.; Denny, Howard Kap. 13−14.
39 Marillac, Correspondance 352 ff.; LP XVI, 1332 ff., 1426; Augenzeugenberichte 261. − Vgl. auch Smith, Howard Kap. 8; Starkey, Wives Kap. 73.
40 33 Henry VIII, c. 21; LP XVII, 100. − Fox, Boleyn Kap. 32.
41 Zu einem entsprechenden »Tendenzstück« des protestantischen Dichters Naogeorgus von 1541 vgl. Augenzeugenberichte 269.
42 Smith, Howard 186.
43 Vgl. die Verdikte von Smith, Weir, Loades (»*The Queen as Whore*«) u. a.; mit milderem Urteil Lindsey. − Zu ihrer angeblichen Wirksamkeit als »Gespenst« in der sog. Haunted Gallery (Hampton Court) vgl. Fraser, Wives 425 f.; Denny, Howard 261 f.
44 Zitate bei D. G. Newcombe, Henry VIII and the English Reformation. L 1995, 70; Crawson, Policy 126.
45 Zur Familiengeschichte, zur Erziehung bzw. zum Leben Katharinas vgl. Martienssen, Parr; Weir, Wives Kap. 16−17, 636 (Reg.); Fraser, Wives Part 5; Loades, Queens Kap. 6; Lindsey, Divorced Kap. 9; James, Parr Kap. 1; Starkey, Wives Kap. 75−78; Norton, Parr 14 ff.; Loades, England Kap. 6; Dunn, Wife; Withrow, Parr 27 ff.; Loades, Wives Kap. 6; Porter, Katherine 27 ff. − Zur äußeren Erscheinung vgl. LP XVIII/1, 443, 854, 954 und Chapuys (Dt. Übers. bei Ridley 421).
46 Zu Latimer vgl. Weir, Wives 489 ff.; Fraser, Wives 581 (Reg.); Starkey, Wives 698 ff., 839 f. (Reg.); James, Parr 56 ff., 347 (Reg.); Porter, Katherine 27 ff., 378 (Reg.).
47 Zitat bei Chronicle Henry 107 f.; A. Crawford (Ed.), Letters of the Queens of England, 1100−1547. Str 1994, 222; Augenzeugenberichte 278.
48 Nachweise bei M. Hayward (Ed.), Dress at the Court of King Henry VIII. Lee 2007, Kap. 10, bes. 185 ff.
49 Vgl. Nachweise bei Starkey, Wives 730 f., 746 ff.; James, Parr Kap. 9; Porter, Katherine 163 ff.
50 Katherine Parr, Complete Works and Correspondence, ed. J. M. Mueller. Chi 2011.
51 James, Parr 230. − Zur folgenden Ereignisgeschichte vgl. Foxe, Acts V, 553 ff.

Kapitel 5   England und Europa

1 Die Zahlenangaben nach D. Potter, Foreign Policy, in: MacCulloch, Reign 111 f.

2 Zu Leben und Wirken Ludwigs vgl. Quilliet, Louis; Baumgartner, Louis; Bordonove, Louis; Le Fur, Louis; Hochner, Louis; N. Bulst, in: Hartmann, Könige 24–51.
3 Rymer XIII, 342 f., 358 f.; CSP Spanish II, 58.
4 Zu dem Heerzug vgl. Hall 528 ff.; Vergil 177 ff.; LP I, 1268 ff., 1283 ff.
5 Zu Leben und Wirken Maximilians vgl. Wiesflecker, Kaiser I-V; Ders., Maximilian; Kohler/Edelmayer, Hispania; Größing, Maximilian; Schmidt-Von Rhein, Maximilian; Holleggger, Maximilian; Kuster/Frenzel, Maximilian; Hartmann, Maximilian.
6 Zur neuen Liga und zum Feldzug vgl. LP I, 1057 ff., 1750 ff., 1884 und A. Spont (Ed.), Letters and Papers Relating to the War with France, 1512–1513. L 1897.
7 Zu Leben und Herrschaft des Valois vgl. Hackett, Franz; Seward, Francis; Guerdan, Franz; Jacquart, François; Knecht, Francis; Ders., Monarchy Kap. 3, 119 (Reg.); Meyer, Frankreich 553 (Reg.); Treffer, Franz; Knecht, Warrior; Potter, History 424 (Reg.); Le Clech, François; Richardson, Monarchy 243 (Reg.); A. Kohler, in: Hartmann, Könige 52–70; Richardson, Kingdoms 43 ff., 95 ff.; Saint Bris, François.
8 Zu Leben und Wirken Karls vgl. P. Rassow, Karl V. Gö [3]1977; Brandi, Karl I-II; Rabe, Karl; Größing, Karl; Schulin, Karl; Diller u. a., Kaiser; Kruse, Kaiser; Kohler, Karl; Blockmans, Emperor; Körber, Herrschaft; Kohler u. a., Perspektiven; Maltby, Reign; Nette, Karl; Tracy, Emperor; Soly, Karl; G. Parker, in: Blockmans, World 113–225; Kleinschmidt, Charles; Dixon/Fuchs, Histories; Schorn-Schütte, Karl; Ferdinandy, Carlos; Kohler, Reich; Ders., Reformation; H. Thomas, The Golden Age. The Spanish Empire of Charles V. L 2010.
9 Rymer XIII, 624 ff. – Heinrich und Franz trafen am 4. Oktober Zusatzvereinbarungen, u. a. bezüglich der Rückgabe von Tournai an Frankreich gegen Kompensationszahlung sowie hinsichtlich einer späteren Heirat der Prinzessin Maria mit dem Dauphin (ebd. 632 ff.).
10 Zum Verlauf des Treffens vgl. Hall 605–620; LP III, 673 ff., 700 ff., 869 ff. und J. G. Russell, The Field of Cloth of Gold. NY 1969.
11 Nach dem Wiener Heirats- und Erbvertrag von 1515 kam es zuerst zur Eheschließung der Kinder Vladislavs II. von Böhmen und Ungarn mit den Enkeln Maximilians I., nämlich zur Heirat Ferdinands I. mit Anna (1521) und König Ludwigs II. von Böhmen und Ungarn mit Maria von Habsburg (1522). Nachdem Ludwig II. in der Schlacht von Mohács im Kampf gegen die Osmanen gefallen war, wurde der Erzherzog von Österreich schließlich 1526 auch König von Böhmen und (umstritten) von Ungarn. – Vgl. A. Kohler, Ferdinand I., 1503–1564. M 2003, Kap. 5.
12 Zu den Auseinandersetzungen vgl. Brandi, Karl I, 128 ff., II, 119 ff.; Guerdan, Franz Kap. 9 f.; Knecht, Francis Kap. 7 ff.; Treffer, Franz 116 ff.;

Kohler, Karl 158 ff.; G. Parker, Die politische Welt Karls V., in: Soly, Karl 127 ff.
13 LP III, 1493, 1765, 1802, 1816; CSP Spanish II, 355.
14 Vgl. zum Folgenden ausführlicher S. Gunn, The French Wars of Henry VIII, in: J. Black, (Ed.), The Origins of War in Early Modern Europe. E 1987, 28–51; Gwyn, Cardinal Kap. 9; S. Gunn, Wolsey's Foreign Policy and the Domestic Crisis of 1527–28, in: S.J. Gunn/P.G. Lindley (Eds.), Cardinal Wolsey. C 1991, 149–177; Potter, Policy 111 ff.; G. Richardson, Eternal Peace, Occasional War: Anglo-French Relations under Henry VIII, in: Doran/Richardson, Neighbours 47 ff.; Fletcher, Wolsey Kap. 2.
15 Vgl. G.W. Bernard, War, Taxation, and Rebellion in Early Tudor England. Bri 1986; Gwyn, Cardinal 397–407.
16 LP IV, 1890 ff.; CSP Spanish III/1, 320 ff.
17 LP IV, 1600 ff.; CSP Spanish III/1, 307.
18 LP IV, 3341 ff., 3356 ff.
19 Zur Ereignisgeschichte vgl. Brandi, Karl I, Kap. 6–7; Rabe, Geschichte 2. T/Kap. III; Kohler, Karl Kap. 7; Maltby, Reign Kap. 2; Nette, Karl 65 ff.; Tracy, Emperor Kap. 2; Parker, Welt 151 ff.; Schorn-Schütte, Karl 59 ff.; MacCulloch, Reformation Kap. 4; Kohler, Reformation Kap. 2.3.
20 Zu Süleyman vgl. F. Salentiny, Soliman der Prächtige und das Osmanische Reich. Pfa 1981; A. Bridge, Suleiman the Magnificent. L-Gra 1983; A. Clot, Suleiman the Magnificent. L 1992; I.M. Kunt, Süleyman the Magnificent and His Age. L 1995; M. Greenblatt, Süleyman the Magnificent and the Ottoman Empire. NY 2003; H. Boom, Der große Türke. B 2012; K. Şahin, Empire and power in the reign of Süleyman. C 2013.
21 LP V, 1117; Rymer XIV, 435. – Zu den deutschen Bündnissen Knecht, Warrior 294 f.; Treffer, Franz 235; N. Jörn, »With Money and bloode«. Der Londoner Stalhof im Spannungsfeld der englisch-hansischen Beziehungen im 15. und 16. Jahrhundert. K 2000, 215 Anm. 786, 222 f.
22 Zur Ereignisgeschichte vgl. Brandi, Karl I, 322 ff.; Knecht, Francis 277 ff.; Kohler, Karl 250 ff.; Knecht, Warrior Kap. 16; Potter, History Kap. 8; Blockmans, Emperor 68 ff.; Treffer, Franz 264 ff.; Parker, Welt 165 ff.; J.-L. Fournel/J.-C. Zancarini, Les guerres d'Italie, des batailles pour l'Europe, P 2003; D. Potter, Renaissance France at War. Armies, Culture and Society, c. 1480–1560. Wo 2008, 1 ff., 33 ff.
23 So noch die Begrifflichkeit u.a. bei Crowson, Policy 121, 125.
24 Rymer XIV, 768–776.
25 Zur Ereignisgeschichte vgl. Brandi, Karl I, Kap. 10; Knecht, Francis Kap. 23; Kohler, Karl Kap. 11; Knecht, Warrior Kap. 24; Blockmans, Emperor 72 ff.; Treffer, Franz 298 ff.; Parker, Welt 173 ff.; Potter, Renaissance 33 ff.; Ders., Henry, 120 ff., 136 ff. u. ö.

26 LP XVIII/2, 140 ff. – Vgl. Fuchs, Wilhelm Kap. 1 ff.; Schulte, Neutralität; N. Mout, Die Niederlande und das Reich im 16. Jahrhundert (1512–1609), in: Alternativen zur Reichsverfassung in der frühen Neuzeit?, hrsg. v. V. Press. M 1995, 143–168; Gelre-Geldern-Gelderland. Geschichte und Kultur des Herzogtums Geldern, hrsg. v. J. Stinner/K.-H. Tekath. Gel 2001, 13 ff., 65 ff.; Loades, Wives Kap. 5.; Norton, Anne 191 (Reg.).
27 LP XVIII/1, 622, 707, 754; XVIII/2, 526.
28 Zum Verlauf des Heerzuges vgl. die Quellennachweise bei Scarisbrick 446 ff.
29 LP XIX/2, 249 f., 291. – Knecht, Francis 370 f.; Potter, Henry 153 ff.
30 Zu den folgenden Auseinandersetzungen vgl. Scarisbrick 458 ff.; Ridley 434 ff.; Knecht, Francis 372 ff.; Ders., Warrior Kap. 24 f.; Potter, Henry 235 ff., 266 ff.
31 Zum Vertrages von Ardres (oder auch Camp) vgl. LP XXI/1, 1014.
32 Zur Regierung Jakobs IV. vgl. A. E. Conway, Henry VII's Relations with Scotland and Ireland, 1485–98. C 1932, 24 ff.; R. L. Mackie, King James IV of Scotland. E-L 1958; Dickinson, Scotland Kap. 28, 399 (Reg.); Mackie, Tudors 679 (Reg.); Nicholson, Scotland 667 (Reg.); Ferguson, Relations 40 ff.; R. C. Paterson, My Wound is Deep. A History of the Later Anglo-Scots Wars, 1380–1560. E 1997, 232 (Reg.); Lynch, Scotland 158 ff.; G. Phillips, The Anglo-Scots Wars, 1513–50. Wo 1999, 287 (Reg.); N. Macdougall, An Antidote to the English. The Auld Alliance, 1295–1560. EL 2001, 163 (Reg.); Oram, Kings Kap. 24; Dawson, Scotland Kap. 3.
33 Zur Ereignisgeschichte vgl. Mackie, James Kap. 3; Nicholson, Scotland 541 ff., 665 (Reg.); Lynch, Scotland 165 ff.; Macdougall, James 102 ff., 331 f. (Reg.); Oram, Kings Kap. 24; Dawson, Scotland 43 ff.
34 Rymer XII, 680, 793 ff.
35 Vgl. Phillips, Wars 109–137; M. Merriman, The Rough Wooings. Mary Queen of Scots, 1542–1551. EL 2000, 13 ff., 428 (Reg.).
36 Zur Regierung Jakobs V. vgl. Dickinson, Scotland Kap. 30; Mackie, Tudors 679 (Reg.); Bingham, James; Donaldson, Scotland Kap. 2–4; Lynch, Scotland 162–168, 501 (Reg.); Ferguson, Relations Kap. 4; Paterson, Wound Kap. 9, 232 (Reg.); Cameron, James; Phillips, Wars Kap. 4; Macdougall, Antidote Kap. 6, 163 (Reg.); Oram, Kings Kap. 25; Dawson, Scotland Kap 4–6.
37 Zum Wirken Margaretes und zu den Machtkämpfen vgl. H. W. Chapman, The Sisters of Henry VIII. L 1969, Kap. 9 ff., 13 ff.; P. H. Buchanan, Margaret Tudor Queen of Scots. E-L 1985, Part 2; R. K. Marshall, Scottish Queens, 1034–1714. EL 2003, 85–99; M. Perry, Sisters to the King. The Tumultuous Lives of Henry VIII's Sisters [...]. L 2002, 227 ff., 333 (Reg.).

38 Vgl. zum Folgenden ausführlicher Bingham, James Kap. 3; Donaldson, Scotland Kap. 3; Macdougall, Antidote 121 ff.; Dawson, Scotland 95 ff.
39 Cameron, James Kap. 5, 11; Oram, Kings 205 ff.; Dawson, Scotland 122 f., 145 ff.
40 Vgl. hierzu Stewart Style, 1513–42. Essays on the Court of James V, ed. J. H. Williams. EL 1996; Cameron, James Kap. 11; Thomas, Majestie.
41 Vgl. R. Fawcett, Scottish Architecture from the Accession of the Stewarts to the Reformation, 1371–1560. E 1994; J. Dunbar, Scottish Royal Palaces. EL 1999; Thomas, Majestie 267 (Reg.).
42 Zur Frühgeschichte der Reformation in Schottland vgl. allgemein Wormald, Court Kap. 5; I. B. Cowan, The Scottish Reformation. L 1982; J. H. D. Burleigh, A Church History of Scotland. E 1988; C. Kellar, Scotland, England, and the Reformation, 1534–61. O 2003; F. Heal, Reformation in Britain and Ireland. O 2005; E. Boran/C. Gribbon (Eds.), Enforcing Reformation in Ireland and Scotland. Ald 2006; A. Ryrie, The Origins of the Scottish Reformation. Man 2006; G. Donaldson, The Scottish Reformation. C 2008; B. Heal (Ed.), The Impact of the European Reformation. Ald 2008.
43 Zu Madeleine vgl. Mackie, Tudors 363; Bingham, James 223 (Reg.); Donaldson, Scotland 49; Lynch, Scotland 164 f.; Cameron, James 376 (Reg.); Merriman, Wooings 436 (Reg.); Macdougall, Antidote 164 (Reg.); Marshall, Queens 100–110; Oram, Kings 205; Dawson, Scotland 131 ff. – Eine Karte zur Frankreich-Reise von Jakob (»*French holiday*«) bei Dawson, Scotland 132, Map. 5.1.
44 Zu Marie von Guise vgl. E. M. H. McKerlie, Mary of Guise-Lorraine, Queen of Scotland. L 1931; A. Fleming, Marie de Guise. Gla 1960; R. K. Marshall, Mary of Guise. L 1977 (New Ed. 2001); P. E. Ritchie, Mary of Guise in Scotland, 1548–1560. EL 2002; S. Carroll, Martyrs and Murderers. The Guise Familiy and the Making of Europe. O 2011.
45 Zitat nach Wormald, Court 12. – Zum Folgenden vgl. Dickinson, Scotland Kap. 31 f.; Donaldson, Scotland Kap. 5; Ferguson, Relations Kap. 4; Paterson, Wound Kap. 11; Macdougall, Antidote 135 ff.; Dawson, Scotland Kap 7.
46 LP XVIII/1, 804. – Die folgende Aufhebung der Vereinbarung in LP XVIII/2, 476; APS II, 431.
47 Merriman, Wooings; Phillips, Wars Kap. 4–6.
48 Zur Ereignisgeschichte vgl. Conway, Relations 24 ff., 42 ff.; Chrimes 364 (Reg.); Edwards, Ireland 218 (Reg.); NHI II, 982 (Reg.); W. Palmer, The Problem of Ireland in Tudor Foreign Policy, 1485–1603. Wo 1994, Kap. 1; Elvert, Geschichte 129 ff.; Maurer, Geschichte 72 ff.; Ellis, Ireland 426 (Reg.); P. Duffy u. a. (Eds.) Gaelic Ireland, 1250–1600. Du 2001, (Reg.); Kinealy, Geschichte 68 ff.; Ellis/Maginn, Making 405 (Reg.); Connolly, Island 62 ff.

49 Zur Siedlungsgeschichte vgl. A. Cosgrove, in: NHI II, Kap. 17, 20.
50 Zur Familie der Fitzgerald und zum *Great Earl* vgl. D. Bryan, Gerald FitzGerald, the Great Earl of Kildare, 1456–1513. Du 1933; B. Fitzgerald, The Geraldines. L-NY 1951; S. G. Ellis, Tudor Frontiers and Noble Power. The Making of the British State. O 1995, 292 f. (Reg.); Ders., Ireland 424 f. (Reg.).
51 R. D. Edwards/T. W. Moody, The History of Poynings' Law. Part I, 1494–1615, in: Irish Historical Studies 2 (1940–41) 241–254, 415–424; Chrimes 264 ff.; Ellis, Ireland 92 ff.; J. Kelly u. a., in: Connolly, Companion 481 f.
52 Vgl. zum Folgenden ausführlicher D. B. Quinn, Henry VIII and Ireland, 1509–34, in: Irish Historical Studies 12 (1960–61) 318–344; Edwards, Ireland 40 ff.; D. B. Quinn, in: NHI II, 657 ff., 982 (Reg.); Palmer, Problem Kap. 2–3; Elvert, Geschichte 134 ff.; Maurer, Geschichte 74 ff.; Kinealy, Geschichte 72 ff.; Ellis/Maginn, Making 85 ff., 405 (Reg.); Ellis, Ireland 113 ff., 426 (Reg.); Connolly, Island Kap. 3
53 Vgl. Quinn, in: NHI II, 656 ff., 664 ff.; Elvert, Geschichte 139 ff.; Ellis, Ireland 119 ff.
54 Vgl. die Übersicht bei Ellis, Ireland Table, 367 f.
55 Zum Begriff K. Simms, in: Connolly, Companion 131. – Zu den Reformen vgl. Quinn, in: NHI II, 685; C. Brady, The Chief Governors. C 1994, Prol. 4.
56 Zur Ereignisgeschichte vgl. S. G. Ellis, The Kildare Rebellion and the Early Henrician Reformation, in: The Historical Journal 19 (1976) 807–830; B. Bradshaw, Cromwellian Reform and the Origins of the Kildare Rebellion, 1533–4, in: TranRoyHistSoc 5th ser., 27 (1977) 69–93; L. McCorristine, The Revolt of Silken. Du 1987; G. A. Hayes-McCoy, in: NHI III, 40 ff.; Ellis, Frontiers Part 3; M. O'Siochrú, Foreign Involvement in the Revolt of Silken Thomas, 1534–5, in: Proc Roy Irish Acad, Sect. C, 96 (1996) 49–66; Ellis, Ireland 424 (Reg.); Connolly, Island 85 ff.
57 Zur Ereignisgeschichte vgl. B. Bradshaw, The Irish Constitutional Revolution of the Sixteenth Century. C 1979, 174 ff.; Hayes-McCoy, in: NHI III, 45 ff.; Ellis, Ireland 141 ff.; Connolly, Island 101 ff.; H. Morgan, in: Connolly, Companion 424, 431.
58 Zu den politischen und rechtlichen Veränderungen nach der Revolte vgl. Hayes-McCoy, in: NHI III, 46 ff.; Brady, Governors Prol.; Ellis, Ireland 141 ff.; Connolly, Island 99 ff.
59 Vgl. allgemein S. A. Meigs, The Reformations in Ireland. L 1997; U. Lotz-Heumann, Die doppelte Konfessionalisierung in Irland. Tü 2000, Kap. I/1–2; I. Hazlett, The Reformation in Britain and Ireland. L-NY 2003; Heal, Reformation Part II, Kap. 4–6; Hayes-McCoy, in: NHI III, 57 ff.

60 Zur neuen Strategie und zum Wirken St. Legers vgl. Hayes-McCoy, in: NHI III, 45 ff.; Brady, Governors Kap. 1; Elvert, Geschichte 147 ff.; Maurer, Geschichte 77 ff.; Ellis, Ireland 150 ff.; Connolly, Island 101 ff.; H. Morgan, in: Connolly, Companion 522, 559.

61 Diese Begrifflichkeit stammt aus der historischen Forschung des 19. Jahrhunderts und repräsentiert die englische Rechtsauffassung bzw. Sichtweise der Vorgänge.

62 Zur geopolitischen Struktur von Wales vgl. Rees, Atlas Kap. 42 ff. – Vgl. J. G. Edwards, The Principality of Wales, 1267–1967. Den 1969.

63 Zum Folgenden vgl. Williams, Renewal 181 ff.; C. Carpenter, The Wars of the Roses. C 1997, 292 (Reg.); J. Gillingham, The Wars of the Roses. L ²2002, 273 (Reg.); Davies, History Kap. 5; Jenkins, History Kap. 4.

64 Vgl. Thomas, Wales Kap. 2; Jones, Tudor 1 ff.; Williams, Renewal 235 ff.; Jones, Wales 47 ff.; Davies, History 214 ff.; Cunningham, Henry 270 ff. – Textbelege bei Williams, Renewal 235 ff.

65 Vgl. zum Folgenden C. A. J. Skeel, Wales under Henry VII, in: Tudor Studies, ed. R. W. Seton-Watson. NY 1924, 9 ff.; Atkins, England Kap. 1–2; G. Williams, Henry Tudor and Wales. Caer 1985; Thomas, History Kap. 2; Chrimes Kap. 14 a; Williams, Renewal Kap. 9 f.; Jones, Modern Wales 264 (Reg.); Cunningham, Henry 270 ff.; Davies, History 209 ff.; Jenkins, History Kap. 4.

66 Zum Folgenden vgl. Atkins, England Kap. 4; Scarisbrick 424 f.; Thomas, Wales Kap. 3; Williams, Renewal Kap. 10 f.; Jones, Modern Wales 264 (Reg.); Ridley 311 ff.; Davies, History Kap. 5 f.; Jenkins, History Kap. 4.

67 26 Henry VIII c. 6, 11–12. – Vgl. auch LP VI, 748 (Reg.).

68 Der früher gebräuchliche Titel »*Acts of Union*« wurde 1948 zugunsten der oben genannten Bezeichnung abgeschafft. – Textedition bei Bowen, Statutes 75–93; Zitat ebd. 75. – Zur Grafschaftseinteilung vgl. Rees, Atlas 51 ff., Plate 56.

69 D. Walker (Ed.), A History of the Church in Wales. Pen 1976; G. Williams, The Welsh Church from the Conquest to Reformation. Ca ²1976, 249 ff.; Ders., Wales and the Reformation. Ca 1997.

70 34 & 35 Henry VIII c. 26. – Textedition des *Act* bei Bowen, Statutes 101–133. – Die *Laws in Wales Acts* 1535–42 wurden erst 1993 bzw. 1995 aufgehoben.

Kapitel 6 Krone und Nobilität in England

1 Bislang liegt keine Gesamtdarstellung für die Tudor-Nobilität vor. Für die Zeit Heinrichs VII. vgl. Lockyer, Henry 5 ff.; K. B. MacFarlane, The Nobility of Later Medieval England. O 1973, 308 (Reg.); Williams, Regime 480 (Reg.); Elton, England Kap. 3; Guy, England 569 (Reg.);

T. B. Pugh, Henry VII and the English Nobility, in: G. W. Bernard (Ed.), The Tudor Nobility. Man 1992, 49–110; Guy, Monarchy 387 (Reg.); Hunt/Towle, Henry Kap. 3, 6; Gunn, Government 250 (Reg.); Loades, Government Kap. 1; P. Contamine, in: NCMH VII, 89–105, 863–869; Chrimes, Kap. 2, 4; Morris, Government Kap. 1–5; G. W. Bernard, Power and Politics in Tudor England. Bur 2000; Bevan, Henry Kap. 14; Turvey/Rogers, Henry Kap. 3; Cunningham, Henry Kap. 7, 313 (Reg.); Penn, King Part 1. – Eine Liste der Nobilität zur Zeit Heinrichs VII. bietet Pugh, in: Bernard, Nobility App. II, 106–110.

2 Die Ränge der *Peerage of England* waren *Duke*, *Marquess*, *Earl*, *Viscount* und *Baron*. Die Gruppe der *Peers* bestand um 1500 aus ca. 60 Personen, gefolgt von der *Gentry* mit ca. 500 Rittern, 800 *Esquires* und 5000 *Gentlemen*. Die Gesamtzahl der *Peers* sank unter dem Tudor von 62 auf 42 (Zahlenangaben nach Contamine, in: NCMH VII, 96; Turvey/Rogers, Henry 43).

3 Zur Bedeutung des *Privy Council* vgl. Elton, Revolution 447 (Reg.); Guy, Council 59–85; MacCulloch, Reign 308 (Reg.); Gunn, Government 245 (Reg.); Loades, Government 286 (Reg.); Starkey, Reign 152 (Reg.); S. Lehmberg, in: Kinney/Swain, Encyclopedia 294 f. – Zu den übrigen *Councils* vgl. die Übersicht bei J. A. Guy, The Privy Council: Revolution or Evolution?, in: Coleman/Starkey, Revolution 61 f.

4 Vgl. S. J. Gunn, The Courtiers of Henry VII, in: Guy, Monarchy Kap. 6.

5 Grundlegend Miller, Nobility. – Eine Liste der Nobilität zur Zeit Heinrichs VIII. ebd. App. 259–263.

6 Zu den Höflingen Heinrichs vgl. D. Mathew, The Courtiers of Henry VIII. L 1970; Elton, Studies III, 38–57; Starkey, Court Kap. 3; Loades, Court Kap. 2 f.; R. C. McCoy, in: Kinney/Swain, Encyclopedia 163 f.

7 Zu den Räten vgl. Guy, Council 62 f.; Miller, Nobility Part I-II.

8 Nachweise bei G. M. Bell, A Handlist of British Diplomatic Representatives, 1509–1688. L 1990, 40 ff., 45, 68 f.

9 Die folgenden Zahlenangaben nach Miller, Nobility 35 ff., 40 ff. und Part III.

10 Ridley 386.

11 Vgl. ausführlicher Williams, Regime 476, 482 (Reg.); Loades, Government Kap. 1; Starkey, Reign 158 (Reg.); Gunn, Government 248 (Reg.); Graves, Henry Kap. 4, 215 (Reg.); R. Warnicke, in: Tittler/Jones, Companion 61 ff., 582 (Reg.).

12 Dieser Höfling hatte u. a. die bemerkenswerte Aufgabe, den Herrscher nicht nur zur Toilette zu begleiten, sondern ihn auch nach deren Benutzung zu säubern.

13 Zur Forschungsdiskussion über die Fraktionen, deren Schlüsselrolle u. a. E. Ives (Faction 3 ff.) und D. Starkey (Reign 17 ff.) betonten, vgl. zusammenfassend Graves, Henry 90 ff.
14 Zum Leben Wolseys vgl. A. F. Pollard, Wolsey. L 1929; N. Williams, The Cardinal and the Secretary. Thomas Wolsey and Thomas Cromwell. NY 1976; N. L. Harvey, Thomas Cardinal Wolsey. NY 1980; J. Ridley, Statesman and Saint. Cardinal Wolsey, Sir Thomas More and the Politics of Henry VIII. NY 1983, 337 f. (Reg.); S. J. Gunn/P. G. Lindley (Eds.), Cardinal Wolsey. C 1991; J. Guy, Cardinal Wolsey. O 1998; Gwyn, Cardinal; Fletcher, Wolsey.
15 Vgl. u. a. Starkey, Reign Kap. 3 f.; Potter, Policy 101 ff. und die Kritik bei Graves, Henry, bes. 81 ff. Nützlich die Forschungsübersicht bei Fletcher, Cardinal Kap. 7.
16 1521 ließ Heinrich ein abschreckendes Exempel an einem prominenten adligen Kritiker statuieren und Edward Stafford, Herzog von Buckingham, wegen angeblicher Verschwörung hinrichten.
17 Aus der umfangreichen biographischen Literatur zu More – oftmals mit verherrlichender Tendenz – seien nur genannt R. W. Chambers, Thomas More. M 1946; J. B. Trapp/H. Schulte Herbrüggen (Eds.), »The King's Good Servant«. Sir Thomas More, 1477/78–1535. L ²1978; C.-E. Bärsch (Hrsg.), 500 Jahre Thomas Morus. Berg 1978; J. A. Guy, The Public Career of Sir Thomas More. Bri 1980; Ridley, Statesman 333 (Reg.); H. P. Heinrich, Thomas Morus mit Selbstzeugnissen und Bilddokumenten dargestellt. Rein 1984; R. Marius, Thomas More. NY 1984; P. Ackroyd, The Life of Thomas More. NY 1999; J. Guy, Thomas More. L 2000; G. Munier, Thomas Morus. Ham 2008, sowie die Hinweise bei G. M. Logan (Ed.), The Cambridge Companion to Thomas More. C 2011.
18 Vgl. die scharfe Kritik von Ridley (Statesman Kap. 15) und Marius (More Kap. 25), während z. B. Ackroyd milder urteilte (Life 295 ff.).
19 Vgl. ausführlicher Berg, Regnum Kap. 2.
20 Zum Leben Audleys vgl. J. C. Campbell/J. A. Mallory (Eds.), Lives of the Lord Chancellors and Keepers of the Great Seal of England, Vol. 2, (New Ed.) NY 1875, 85–122.
21 Zum Leben Cromwells vgl. R. Merriman, Life and Letters of Thomas Cromwell, 2 Vols. O 1902; P. Wilding, Thomas Cromwell, L–T 1935; A. G. Dickens, Thomas Cromwell and the English Reformation. L 1959; Williams, Cardinal 272 f. (Reg.); B. W. Beckingsale, Thomas Cromwell. L 1978; R. Hutchinson, Thomas Cromwell. L 2008; J. P. Coby, Thomas Cromwell. Lan 2009; J. Schofield, The Rise and Fall of Thomas Cromwell. Str 2011.
22 Zur jahrezehntelangen Kontoverse um die Thesen G. R. Eltons von einer »*Tudor Revolution*« im Herrschafts- und Verwaltungssystem Englands

unter Federführung Cromwells vgl. außer den wichtigsten Werken Eltons (Revolution; Policy; Renewal; Reform) die Forschungsüberblicke von Randell, Government Kap. 6; Colman/Starkey, Revolution 1 ff.; Fox/Guy, Reassessing Part 3; Guy, England 156 ff.; Graves, Henry Kap. 5; Guy, Wolsey 35ff; Schofield, Rise 470 (Reg.).
23 Zum Leben Wriothesleys vgl. Campbell/Mallory, Lives II, 123–146.
24 Loades, Power 55 f.; Graves, Henry 85.

Kapitel 7 Die Krone und die innenpolitische Entwicklung Englands

1 Zur lollardischen Bewegung vgl. J. Gairdner, Lollardy and the Reformation in England, 4 Vols. L 1908–13; Hughes, Reformation I, Part 2/3; Elton, Reform 74 f., 418 (Reg.); Dickens, Reformation Kap. 2; M. Aston, Lollards and Reformers. L 1984; A. Hudson, The Prematur Reformation. O 1988; Loades, Revolution Kap. 5; Haigh, Revised Kap. 1; Rex, Reformation Kap. 5; Haigh, Reformations 355 (Reg.); MacCulloch, Reign 305 (Reg.); R. Rex, The Lollards. Bas 2002; Duffy, Stripping 641 (Reg.); R. Lutton, Lollardy and Orthodox Religion in Pre-Reformation England. Wo 2006; Ryrie, Age 23 ff., 331 (Reg.). – Zur Kirchenkritik vgl. M. Lambert, Ketzerei im Mittelalter. Fr 1991, 343–394.
2 Zur Ereignisgeschichte vgl. Dickens, Reformation Kap. 2; Rex, Reformation Kap. 5; Ders., Lollards 112 ff.
3 Vgl. ausführlicher Hughes, Reformation I, Part 2/2; Dickens, Reformation 46–62; Loades, Revolution 50 ff.; Rex, Lollards 119–131; Haigh, Reformations Kap. 3.
4 Vgl. hierzu immer noch die Studien von G. R. Elton: England and the Continent in the Sixteenth Century (Studies III, 305–320); England und die Oberdeutsche Reform (Studies III, 321–331); Luther in England (Studies IV, 230–245); Die europäische Reformation: Mit oder ohne Luther (Studies IV, 246–263).
5 Zur persönlichen Frömmigkeit Heinrichs vgl. Bernard, Reformation 228–243.
6 [Heinrich VIII.], Assertio septem sacramentorum adversus Martinum Lutherum, hrsg. v. P. Fraenkel. Mü 1992.
7 Zur Forschungsdiskussion vgl. A. G. Dickens/J. Tonkin, The Reformation in Historical Thought. O 1985; R. O'Day, The Debate on the English Reformation. L-NY 1986, Kap. 5; C. Haigh, The Recent Historiography of the English Reformation, in: Haigh, Revised 19–33;

Ders., Reformations (Intro.); Loades, Revolution Kap. 1; Randell, Reformation Kap. 1; Bernard, Reformation 240 ff.
8 Zur Phaseneinteilung vgl. Randell, Reformation 108.
9 Vgl. hierzu Appel, Heinrich 161–191.
10 Zur Ereignisgeschichte vgl. Bernard, Reformation Kap. 1.
11 Nachweise bei V. Murphy, The Literature and Propaganda of Henry VIII's First Divorce, in: MacCulloch, Reign 135–158; Guy, Revolution 216 ff. sowie die Kritik von Bernard, Reformation 27 ff.
12 Vgl. »Censurae academiarum« und in englischer Übersetzung »Determinations of the Universities« sowie E. Surtz/V. Murphy (Eds.), The Divorce Tracts of Henry VIII. An 1988, 1–273.
13 Zum *Reformation Parliament* vgl. Lehmberg, Parliament; Graves, Parliaments Kap. 4; Ders., Early 66 ff., 128 f. (Reg.); Guy, England 124–139; Loach, Parliament Kap. 4; Gunn, Government 183 ff.; Loades, Politics 131 ff.; Morris, Government Kap. 6; Brigden, Worlds 425 (Reg.); J. S. Block, in: Tittler/Jones, Companion 29–43; D. M. Dean, in: Kinney/Swain, Encyclopedia 528–530.
14 Zur Begrifflichkeit und Forschungsdiskussion vgl. Randell, Reformation Kap. 5 f.
15 Die *Acts* der 1. – 2. Phase: u. a. 22 Henry VIII c. 15; 23 Henry VIII c. 20; 24 Henry VIII c. 12; 25 Henry VIII c. 19–22; 26 Henry VIII c. 1, 3, 13.
16 Die *Acts* der 3.-4. Phase: u. a. 27 Henry VIII c. 27–28; 28 Henry VIII c. 7, 10; 31 Henry VIII c. 9, 13; 37 Henry VIII c. 4. – Valor Ecclesiasticus, ed. J. Caley/J. Hunter, 8 Vols. L 1810–34.
17 G. Baskerville, English Monks and the Suppression of the Monasteries. NH 1937; J. Youings, The Dissolution of the Monasteries. L 1971; Hoskins, Age Kap. 6; Elton, Reformation Kap. 10; Duffy, Stripping Kap. 11–12; Bernard, Reformation Kap. 5; G. Moorhouse, The Last Divine Office. Henry VIII and the Dissolution of the Monasteries. L 2008, Part 2.
18 Guy, England 178 ff.; Duffy, Stripping Kap. 11; MacCulloch, Cranmer 677 (Reg.); Bernard, Reformation 281–292; Schofield, Rise 216 ff.
19 The Institution of a Christian Man, in: C. Lloyd (Ed.), Formularies of Faith put forth by Authority during the Reign of Henry VIII. O 1825, 21–211; TRP 270–276. – Vgl. Bernard, Reformation 714 (Reg.); Schofield, Rise 226 ff., 466 (Reg.).
20 Zu den *Six Articles* vgl. 31 Henry VIII c. 14; Augenzeugenberichte 233 f. – Zur Luther-Äußerung vgl. LP XVI, 106 (Dt. Übers. Augenzeugenberichte 235, 238).
21 Zu den Verbots-*Acts* 34 & 35 Henry VIII c. 1. – Vgl. ferner: A Necessary Doctrine and Erudition for Any Christian Man. Set forth by the King's Majesty of England etc. The King's Book, 1543. Ed. T. A. Lacey. L 1895. Vgl. Lloyd, Formularies 213–377.

22 Zu den *Acts* vgl. u.a. 1 Edward VI c. 1, 12; 2 & 3 Edward VI c. 1. – Zu den 42 Artikeln vgl. Hughes, Reformation II, 135 ff.
23 Hoskins, Age 14 ff.; D. B. Mock, in: Fritze, Dictionary 383 f.; Heard, Economy 15 ff.; M. Anderson (Ed.), British Population History. C 1996, Kap. 2 f.; R. A. Houston, in: Kinney/Swain, Encyclopedia 561 f. – Zur Statistik der Bevölkerungsentwicklung vgl. Coleman, Economy Table 2.
24 Aus der umfangreichen Lit. zur Tudor-Sozialgeschichte seien hier genannt Mackie, Tudors Kap. 13; Hoskins, Age Kap. 3–5; Clay, Expansion I, 253 (Reg.); Elton, England Kap. 9; Guy, England 44 ff.; E. J. Bourgeois II, in: Fritze, Dictionary 473 ff.; S. Amussen, An Ordered Society. NY 1993; Mackenney, Century 382 f. (Reg.); Kamen, Society Kap. 4–7; P. Slack, Poverty and Policy in Tudor and Stuart England. L ³1995; Heard, Economy Kap. 2, 5; Collinson, Century 294 (Reg.); Horrox/Ormrod, History 505 (Reg.); Tittler/Jones, Companion Part III; S. Hindle, in: Kinney/Swain, Encyclopedia 655 ff.
25 De republica Anglorum, by Thomas Smith, ed. M. Dewer. C 1982, Book I, Kap. 16–24. – William Harrison, Description of England, ed. G. Edelen. Ith 1968, Kap. 1. – Zur Kritik dieser Sozialmodelle vgl. Elton, England 276 ff.
26 Zur Agrargeschichte vgl. Lipson, History I, Kap. 4; Mackie, Tudors Kap. 13; Thirsk, History III, 414 (Reg.); Hoskins, Age Kap. 3; Elton, England Kap. 9; Clay, Expansion I, Kap. 3 f.; II, Kap. 3; Coleman, Economy Kap. 3; Guy, England 91 ff., 557 (Reg.); Overton, Revolution Kap. 1 f.; Heard, Economy Kap. 3; A. McRae, God Speed the Plough. C 2002; K. Wrightson, Earthly Necessities. Economic Lives in Early Modern Britain. L 2002; R. W. Hoyle, in: Tittler/Jones, Companion 311–329; J. Thirsk, in: Kinney/Swain, Encyclopedia 7 ff. – Zu den *Farming Regions* vgl. R. B. Manning, in: Fritze, Dictionary 5 f.
27 Zur Preisentwicklung vgl. Coleman, Economy Table 3, 23; Hoskins, Age App. III, 247. – Auf die Lehre von der sog. *Malthusian Crisis* (Zusammenhang zwischen Bevölkerungswachstum und [Pro-Kopf-]Einkommen) kann hier nicht eingegangen werden.
28 Clay, Expansion II, Kap. 3; J. Thirsk, Tudor Enclosures. L ²1989; R. B. Manning, in: Fritze, Dictionary 178 f.; J. Thirsk, in: Kinney/Swain, Encyclopedia 230.
29 Zum Folgenden vgl. Clarkson, Economy; B. A. Holderness, Pre-Industrial England. L 1976; Hoskins, Age Kap. 7 f.; Clay, Expansion II, Kap. 6; Coleman, Economy Kap. 5; Heard, Economy Kap. 3 f.; Tittler/Jones, Companion 569 (Reg.); Williams, Tudors Kap. 6; O'Day, Companion 316 ff.; D. Woodward, in: Kinney/Swain, Encyclopedia 214 ff.
30 Zum Folgenden vgl. Mackie, Tudors Kap. 13; Hoskins, Age 151 ff.; T. H. Lloyd, The English Wool Trade in the Middle Ages. C 1977, 283 ff.; G. D. Ramsay, The English Woolen Industry, 1500–1750. L

1982; E. Kerridge, Textile Manufactures in Early Modern England. Man 1985; Elton, England Kap. 9; Coleman, Economy 223 (Reg.); Fritze, Dictionary 583 (Reg.); Heard, Economy Kap. 3, Absch. 4 ff.; Tittler/Jones, Companion 567 (Reg.); B. Dietz, in: Kinney/Swain, Encyclopedia 147 f., 378 f.

31 Coleman, Industry Kap. 3.

32 Zu den Beziehungen Englands zur Hanse vgl. Kölner Stadtmuseum (Hrsg.), Hanse in Europa. K 1973, 85–119; K. Friedland, Die Hanse. St 1991; S. Jenks, England, die Hanse und Preußen, 3 Bde. K-W 1992; J. D. Fudge, Cargoes, Embargoes and Emissaries. To 1995; H. Stoob, Die Hanse. Gr 1995; A. Graßmann (Hrsg.), Niedergang oder Übergang? Zur Spätzeit der Hanse im 16. und 17. Jahrhundert. K 1998; Jörn, Money; R. Hammel-Kiesow, Die Hanse. M ^{4}2008; G. Graichen/R. Hammel-Kiesow, Die Deutsche Hanse. Rein 2011; P. Dollinger, Die Hanse. St ^{6}2012.

33 Vgl. außer der oben Anm. 32 genannten Lit. noch Lipson, History I, 681 (Reg.); E. M. Carus-Wison, Medieval Merchant Venturers. L 1954; J. Wiegandt, Die Merchants Adventurers Company auf dem Kontinent zur Zeit der Tudors und Stuarts. Ki 1972; W.-R. Baumann, The Merchants Adventurers and the Continental Cloth-Trade (1560s – 1620s). B 1990; Hoskins, Age 189 ff.; D. Bisson, in: Fritze, Dictionary 331 ff.; Heard, Economy 59 ff.; D. Bisson, The Merchant Adventurers of England. New 1993; Tittler/Jones, Companion 578 (Reg.); Williams, Tudors 595 (Reg.); B. Dietz, in: Kinney/Swain, Encyclopedia 481 f.

34 Zur Entwicklung der Royal Navy vgl. G. J. Marcus, A Naval History of England, Vol. 1. L 1961; D. Loades, in: Fritze, Dictionary 343 ff.; Ders., The Tudor Navy. Ald 1992; A. Nelson, The Tudor Navy, 1485–1603. L 2001; R. W. Unger (Ed.), War at Sea in the Middle Ages and Renaissance. L 2003; J. Davies, The King's Ships. Lei 2005; G. Moorhouse, Great Harry's Navy. L 2005; Tittler/Jones, Companion 579 (Reg.);

35 Das 1509–11 gebaute Schiff sank 1545 in Anwesenheit des Königs bei einem Gefecht mit Franzosen vor Portsmouth wahrscheinlich infolge falscher Segelmanöver. Das Wrack wurde 1982 gehoben, konserviert und ausgestellt. Vgl. D. Childs, The Warship Mary Rose. L 2007. – Weitere Informationen vom Mary Rose Museum, Historic Dockyard, Portsmouth.

36 J. A. Williamson, The Cabot Voyages and Bristol Discovery under Henry VII. C 1962; J. C. Appleby, in: Kinney/Swain, Encyclopedia 101 f.

Kapitel 8   Krone und Kultur

1 Zum Tudor-Hof vgl. allgemein N. Williams, Henry VIII and His Court. L 1971; A. G. Dickens, Europas Fürstenhöfe. Gr 1978, Kap. 7; G. F. Lytle/S. Orgel (Eds.), Patronage in the Renaissance. Prin 1981; Elton, Studies III, 38–57; Starkey, Court; Ders., England; Loades, Court Kap. 3; Gunn, Government 36 ff., 248 (Reg.); Weir, Henry; Graves, Henry Kap. 4; R. Warnicke, in: Tittler/Jones, Companion 61–76; Doran, Man 285 (Reg.); R. C. McCoy, in: Kinney/Swain, Encyclopedia 163 f.
2 Vgl. Starkey, Inventory II (Textiles and Dress).
3 Eine Liste der kaiserlichen Botschafter in England bei Bell, Handlist 40–65.
4 Die folgenden Ausführungen beruhen u. a. auf Mackie, Tudors 591–598; J. Summerson, (Ed.), Architecture in Britain, 1530–1830. NH ⁹1993, Kap. I/1; S. Thurley, The Royal Palaces of Tudor England. NH–L 1993, Kap. 3; Ders., in: Kinney/Swain, Encyclopedia 613 ff.; C. Anderson, ebd. 28 ff.
5 Vgl. das Verzeichnis bei H. M. Colvin, The History of the King's Works, 1485–1660, Vol. 4. L 1963, 1–367; Loades, Court App. I.
6 Vgl. zum Folgenden Mackie, Tudors 591–598; E. Waterhouse, Painting in Britain, 1530–1790. NH ⁵1994; R. Strong, Artists of the Tudor Court. L 1983; Starkey, Court Kap. 4 ff.; M. Howard, The Tudor Image. L 1995; K. Hearn, Dynasties. Painting in Tudor and Jacobean England, 1530–1630. NY 1995; M. Howard/N. Llewellyn, in: Kinney/Swain, Encyclopedia 522–526.
7 Über die Beziehungen Holbeins zum Tudor-Hof vgl. C. Lloyd/S. Thurley, Henry VIII. O 1990, 128 (Reg.); Thurley, Palaces 281 (Reg.); S. Buck, Holbein am Hofe Heinrichs VIII. B 1997; X. Brooke/D. Crombie, Henry VIII Revealed. Li 2003; S. Foister, Holbein and England. NH 2004; B. Brinkmann (Hrsg.), Hans Holbein und der Wandel in der Kunst des 16. Jahrhunderts. Tur 2005; D. Wilson, Hans Holbein. L ²2006; R. Tittler, in: Tittler/Jones, Companion 448–469; Doran, Man 285 (Reg.); O. Bätschmann, Hans Holbein d. J. M 2010; E. Gilman, in: Kinney/Swain, Encyclopedia 353 ff.
8 Zum zerstörten Whitehall-Werk und zur Kopie, die Remigius van Leemput 1667 anfertigte, vgl. Buck, Holbein Kap. C und Tafel 5. – Eine »Rekonstruktion des ehem. Dekorationszusammenhangs« der *Privy Chamber* zu Whitehall von R. Strong, ebd. Abb. 23.
9 Zur Förderung von Musik am Hofe Heinrichs vgl. J. Stevens (Ed.), Music at the Court of Henry VIII. L ²1978; D. Wulstan, Tudor Music. L 1985; Scarisbrick 15 ff.; P. Holman, Music at the Court of Henry VIII, in: Starkey, Court 104 ff., 184 f.; Loades, Court Kap. 3; A. E. Faulkner,

in: Fritze, Dictionary 339 ff.; J. Blezzard/F. Palmer, King Henry VIII. Performer, Connoisseur and Composer of Music, in: The Antiquaries Journal 80 (2000) 249–272; Weir, Court 128 ff.; Graves, Henry 64 ff.; J. Milsom, in: Tittler/Jones, Companion Kap. 27; L. S. Youens, in: Kinney/Swain, Encyclopedia 505 ff.

10 Vgl. hierzu das Inventarverzeichnis Heinrichs – Starkey, Inventory I-IV.

11 Eine Zusammenstellung von Werken, die dem König zugeschrieben wurden, findet sich mit Stücken anderer Autoren im »*Henry VIII Manuscript*« der British Library. – Vgl. M. Trefusis (Ed.), Songs, Ballads und Instrumental Pieces Composed by King Henry the Eighth. O 1912; D. Fallows, Henry VIII as a Composer, in: C. Banks/A. Searle/M. Turner (Eds.), Sundry Sorts of Music Books. L 1993, 27–39; Blezzard/Palmer, King 249 ff.; R. G. Siemens, Henry VIII as Writer and Lyricist, in: The Musical Quarterly 92 (2009) 136–166.

12 Scarisbrick 15; Holman, Music 104 ff.; Weir, Court 130 ff.; T. Dumitrescu, The Early Tudor Court and International Musical Relations. Ald-Bur 2007, 322 (Reg.); R. W. Duffin, in: Cartwright, Companion 79–94. – Vgl. allgemein R. Bray (Ed.), The Blackwell History of Music in Britain. The Sixteenth Century. O 1995.

13 Zur Entwicklung des Humanismus unter Heinrich VIII. vgl. die Lit.-Hinweise bei R. Rex, in: Fritze, Dictionary 254–257; C. Bates, in: Kinney, Companion 90–103; Pincombe/Shrank, Handbook 768–807; D. Kiernan, in: Kinney/Swain, Encyclopedia 369 ff. – Zum Folgenden vgl. Graves, Henry 66 ff.; D. Kiernan, in: Kinney/Swain, Encyclopedia 369 ff.

14 Vgl. J. P. Carley, The Books of King Henry VIII and His Wives. L 2004, Part 1; Ders., in: Doran, Man 273–277; J. N. King (Ed.); Tudor Books and Readers. C 2010.

15 Die folgende Darstellung beruht u. a. auf Loewenstein/Mueller, History; Cox, Chronology 6–21; G. Walker, Writing Under Tyranny. English Literature and the Henrician Reformation. O 2005; Hamilton, Companion; Kinney, Companion, bes. Kap. 5; S. Keenan, Renaissance Literature. E 2008; J. Robinson, Court Politics, Culture, and Literature in Scotland and England, 1500–1540. Ald 2008; Pincombe/Shrank, Handbook; Hattaway, Companion; Cartwright, Companion; Sullivan/Stewart, Encyclopedia I-III.

16 D. Mehl, in: W. F. Schirmer, Geschichte der englischen und amerikanischen Literatur, Bd. I/2, 3. Buch. Tü [6]1983, 242 f.

17 Zum Drama in der Zeit Heinrichs vgl. außer den Hinweisen oben Anm. 15 noch G. W. Morton, in: Fritze, Dictionary 155–160; A. R. Braunmuller/M. Hattaway (Eds.), The Cambridge Companion to English Renaissance Drama. C [2]2003; J. Watkins, in: Kinney/Swain, Ency-

clopedia 202–205; Tittler/Jones, Companion 569 (Reg.); T. Betteridge/ G. Walker (Eds.), The Oxford Handbook of Tudor Drama. O 2012.
18 Geradezu beispielhaft ist das Projekt REED (Records of Early English Drama), dessen Mitarbeiter seit 1975 systematisch frühe Zeugnisse englischer Dramenkunst sammeln.
19 Vgl. D. Loades, Politics, Censorship and the English Reformation. L 1991; A. Hadfield (Ed.), Literature and Censorship in Renaissance England. NY 2001; Kinney, Companion 331 (Reg.); E. L. Eisenstein, The Printing Press as an Agent of Change, 2 Vols. C ^{14}2009.
20 Folgende Ausführungen beruhen u. a. auf J. Greenberg, Tudor and Stuart Theories of Kingship. Ar 1970; R. W. Heinze, The Proclamations of the Tudor Kings. C 1976, Kap. 5–7; Guy, England 562 (Reg.); Fritze, Dictionary 591 (Reg.); P. A. Fideler (Ed.), Political Thought and the Tudor Commonwealth. L 1992; Gunn, Government 248 (Reg.); MacCulloch, Reign 304 (Reg.); Guy, Monarchy 387 (Reg.); Loades, Government 289 (Reg.); Morris, Government Kap. 1; Richardson, Monarchy 244 (Reg.), Rankin, Afterlives 282f. (Reg.); Tittler/Jones, Companion 579 (Reg.); Hattaway, Companion II, 591 (Reg.); Kinney/ Swain, Encyclopedia 811 (Reg.).
21 Vgl. hierzu M. Vorholzer, Kaisertum, imperiales Königtum und Souveränität in der englischen Geschichtsschreibung. Diss. phil. N 1965; H. G. Walther, Imperiales Königtum, Konziliarismus und Volkssouveränität. M 1976, Vorwort.
22 Dt. Übers. nach Elton, England 182.
23 Vgl. ausführlicher D. Berg, Die Anjou-Plantagenets. Die englischen Könige im Europa des Mittelalters. St 2003, 304 ff.
24 Dt. Übers. nach Elton, England 206.
25 Edmund Dudley, The Tree of Commonwealth. A Treatise, ed. D. M. Brodie. C 1948. – Zum *Common Weal* vgl. W. G. Zeeveld, Foundations of Tudor Policy. L 1969, Kap. 5 ff.; Elton, Renewal Kap. 2 f.; J. Guy, Tudor Monarchy and its Critiques, in: Ders., Monarchy 78–89. – Zu den »zwei Naturen« vgl. E. H. Kantorowicz, Die zwei Körper des Königs (Dt.). M 1990, Kap. 1, 7. – Auf die neue Theorie von K. Marek, wonach in England seit Edward II. nicht allein Vorstellungen von zwei, sondern sogar von drei repräsentativen Körpern des Königs (dem natürlichen, politischen und heiligen Körper) bestanden, kann hier nicht eingegangen werden (Die Körper des Königs. Pad 2009).
26 Vgl. außer der Lit. oben S. 286 Anm. 8 noch P. Rassow, Die Kaiser-Idee Karls V. dargestellt an der Politik der Jahre 1528–1540. B 1932, 448 (Reg.); J. M. Headley, The Emperor and His Chancellor. C 1983; F. Bosbach, Monarchia Universalis. Ein politischer Leitbegriff der frühen Neuzeit. Gö 1988, 174 (Reg.); U. Czernin, Gattinara und die Italienpolitik Karls V. F 1993, Kap. 3; Kohler, Karl 94 ff., 120 f.; Richardson,

Monarchy 242 (Reg.); M. Rivero Rodríguez, Gattinara. Carlos V y el sueño del imperio. Ma 2005; C. S. Dixon/M. Fuchs (Eds.), The Histories of Emperor Charles V. Mü 2005, (bes. A. Strohmeyer); R. A. Boone, Empire and Medieval simulacrum, in: The Sixteenth Century Journal 42 (2011) 1027–1049.

27 Zur *Tudor propaganda machine* fehlen bislang zusammenfassende Darstellungen; nur lokal bezogene Studien liegen vor (z. B. von J. Cooper, Propaganda and the Tudor State. Political Culture in the Westcountry. O 2003). – Allgemein sei verwiesen auf A. W. Baldwin, Thomas Berthelet and Tudor Propaganda. Ar 1968; Zeeveld, Foundations 288 (Reg.); Elton, Policy Kap. 4; Heinze, Proclamations Kap. 5–7; Guy, England 562 (Reg.); Gunn, Government 251 (Reg.); MacCulloch, Reign 308 (Reg.); R. Cole (Ed.), International Encyclopedia of Propaganda, 3 Vols. Chi 1998; S. B. Cunningham, The Idea of Propaganda. Wes 2002; N. J. Cull et al. (Eds.), Propaganda and Mass Persuasion. SaB 2003; Rankin, Afterlives 282 (Reg.); Tittler/Jones, Companion 582 (Reg.); Hattaway, Companion II, 601 (Reg.).

28 Zum Folgenden vgl. Hughes, Reformation I, Kap. 4–6; Zeeveld, Foundations Kap. 5–7; Elton, Policy Kap. 4; Ders., Reformation 420 (Reg.); Heinze, Proclamations Kap. 5–7; Gunn, Government 190 ff.; T. A. Sowerby, Renaissance and Reform in Tudor England. O 2010.

29 Zur Tudor-Historiographie vgl. F. J. Levy, Tudor Historical Thought. SaM 1967; M. MacKisack, Medieval History in the Tudor Age. O 1971; K. Thomas, The Perception of the Past in Early Modern England. L 1983; A. B. Fox, Politics and Literature in the Reigns of Henry VII and Henry VIII. O 1989; D. R. Woolf, in: Fritze, Dictionary 240–244; A. Gransden, Historical Writing in England II. L-NY 1996, 571 (Reg.); M. Bentley (Ed.), Companion to Historiography. L 1997; D. R. Kelley/D. H. Sacks (Eds.), The Historical Imagination in Early Modern Britain. C 1997; D. R. Woolf, Reading History in Early Modern England. C 2000; J. Helmrath et al. (Hrsg.), Diffusion des Humanismus. Gö 2002, (bes. S. Saygin, F. Rexroth); Walker, Writing; P. Kewes (Ed.), The Uses of History in Early Modern England. SaM 2006; D. Woolf, in: Jones/Tittler, Companion 407–429; Hattaway, Companion (bes. P. Collison, I, 55–73); D. R. Woolfe, in: Kinney/Swain, Encyclopedia 349–352.

30 Vgl. A. Hanham, Richard III and his Early Historians. O 1975. – Die Gebeine des Königs wurde im August 2012 in Leicester gefunden und im Februar 2013 durch DNA-Analyse identifiziert. Weitere Hinweise auf der homepage der *Richard III Society*.

31 The Anglicana Historia of Polydore Vergil, A. D. 1485–1537. Ed. transl. D. Hay. L 1950; Polydore Vergil, Anglica Historia (1555 Version). Ed. transl. D. J. Sutton. Philological Museum Univ. Birmingham. Library of Humanistic Texts. 2005.

32 Thomas More, The History of King Richard III, ed. R. S. Sylvester. NH-L 1963.
33 Hall's Chronicle, Carefully Collated with the Editions of 1548 and 1550, ed. H. Ellis. L 1809.
34 Nachweise für die Editionen der genannten Werke bei Gransden, Writing II, 564, 626 (Reg.).
35 H. Ellis (Ed.), Holinshed's Chronicles, 6 Vols. L 1807–08; V. F. Snow (Ed.), Holinshed's Chronicles England, Scotland and Ireland. NY 1965.
36 John Foxe, The Acts and Monuments [...], ed. J. Pratt, 8 Vols. L [4]1877. – Online Edition (1563–1583). Oxford UP 2009.
37 A. G. R. Smith, The Emergence of a Nation State. L [2]1997, 88.

Kapitel 9   Die Sicherung der Tudor-Herrschaft und ihre Rezeption

1 Der Testamentsinhalt in LP XXI/2, 634. – Zur Forschungsdiskusssion vgl. Smith, Henry 267 ff., 322 (Reg.); Scarisbrick 488–494; Guy, England 198 f.; E. W. Ives, Henry VIII's Will, in: The Historical Journal 35 (1992) 779–804; Starkey, Reign Kap. 8; Graves, Henry Kap. 7; R. Hutchinson, The Last Days of Henry VIII. L 2006, Kap. 9; Skidmore, Edward Kap. 2; Rex, Henry Kap. 13; Loades, Court Kap. 10; Wooding, Henry 271 ff.
2 Zur Fälschungstheorie vgl. Guy, England 197 ff.; Starkey, Reign 136 ff.; Hutchinson, Days Kap. 9; Wooding, Henry 271 ff.
3 Zum Sterben Heinrichs vgl. John Foxe, Acts V, 689 ff. (Dt. Übers. in: Augenzeugenberichte 386 f.).
4 Zum Folgenden vgl. ausführlicher A. McNalty, Henry VIII. A Difficult Patient. L 1952; O. Brinch, The Medical Problems of Henry VIII, in: Centaurus 5 (1958) 339–369; Scarisbrick 484 ff., 554 (Reg.); Smith, Henry Kap. 1, 11–12; Weir, Henry 500 ff.; C. Brewer, The Death of Kings. L 2000, 113–124; E. L. Furdell, The Royal Doctors, 1485–1714. Ro 2001, Kap. 1; Hutchinson, Days 352 f. (Reg.); C. B. Whitley/K. Kramer, A New Explanation For the Reproductive Woes and Midlife Decline of Henry VIII, in: The Historical Journal 53 (2010) 827–848.
5 Zum Folgenden vgl. Pollard, Somerset; Jordan, King Kap. 1–3; Alford, Kingship 66 ff.; Loach, Edward Kap. 3; Skidmore, Edward 49 ff.
6 APC I, 7 f. – Vgl. Jordan, Chronicle 4.
7 Zum Folgenden vgl. Scarisbrick 496 f.; Smith, Henry 273 f.; Weir, Henry 503 ff.; J. Loach, The Function of Ceremonial in the Reign of Henry VIII, in: Past and Present 142 (1994) 56–66; Dies., Edward 29 ff.;

Skidmore, Edward 55 ff.; Loads, Court 242 ff.; Hutchinson, Days Kap. 10; Wooding, Henry Kap. 7.

8 Legendarisch dürfte die Nachricht sein, dass bei der Aufbahrung des Sarges in Syon angeblich Leichengase und -flüssigkeiten entstanden wären (wie seiner Zeit bei Wilhelm dem Eroberer); die Säfte wären aus dem Sarg herausgelaufen und von streunenden Hunden aufgeleckt worden (gemäß einer angeblichen Prophezeiung des Franziskaners William Peto – Hutchinson, Days 229 f.).

9 Eine Beschreibung des Bauplans (1527) wurde von John Speed überliefert (1627). – Zur Rekonstruktion des Monuments Buck, Holbein 190 ff.; vgl. Windsor Castle. College of St George – Henry VIII's final resting place, Source 6.

10 Zur Ereignisgeschichte vgl. Froud, History V, Kap. 24 ff.; Jordan, King Kap. 2; Mackie, Tudors Kap. 14, bes. 481 ff.; M. L. Bush, The Government Policy of Protector Somerset. L 1975; H. W. Chapman, The Last Tudor King. Ba 1982; Elton, England 224 ff.; Guy, England 199 ff.; Loades, Reign 9 ff.; J. Loach, Protector Somerset. Ban 1994, Kap. 5; Williams, Tudors Kap. 2; Loach, Edward 19 ff.; Alford, Kingship Kap. 3; Loades, Intrigue Kap. 2 ff.; Skidmore, Edward Kap. 3, 7.

11 CSP Spanish IX, 46 ff.; APC II, 29–33. – Vgl. Loach, Edward 34 ff.; Skidmore, Edward Kap. 3. – Die Kosten der Krönung ebd., 305 Anm. 17. – Zu den Proklamationen vgl. TRP I, 381 ff.; Heinze, Proclamations Kap. 8.

12 Zitat nach James, Parr 249; vgl. auch Starkey, Wives 765.

13 Vgl. ausführlicher Jordan, King Kap. 9; Donaldson, Scotland Kap. 5; Ferguson, Relations Kap. 4; Paterson, Wound Kap. 11; Lynch, Scotland Kap. 13; Philipps, Wars Kap. 5 f.; Merriman, Wooings Kap. 9–13; Macdougall, Antidote Kap. 6; Dawson, Scotland Kap. 7.

14 Zum Leben Heinrichs vgl. I. Cloulas, Henri II. P 1985; F. J. Baumgartner, Henry II, King of France, 1547–1559. Dur 1988; Meyer, Frankreich 554 (Reg.); Potter, History 425 (Reg.); R. Babel, in: Hartmann, Könige 71–90; D. Le Fur, Henri II. P 2009.

15 Vgl. MacCulloch, Cranmer Kap. 9; Ders., Boy Kap. 2; Davies, Religion; Duffy, Stripping Kap. 13; Ryrie, Age Kap. 6.

16 Zur Verbreitung der Rebellionen vgl. die Übersicht bei N. Fellows, Disorder and Rebellion in Tudor England. L [10]2011, 60. – Zu den Revolten allgemein vgl. J. Cornwall, Revolt of the Peasantry, 1549. L 1977; B. L. Beer, Rebellion and Riot. Ken 1982; P. Slack, Rebellion, Popular Protest, and the Social Order in Early Modern England. C-NY 1984; D. Loades, The Mid-Tudor Crisis, 1545–1656. Bas-NY 1992, 116 ff.; P. Thomas, Authority and Disorder in Tudor Times. C 1999; Williams, Tudors Kap. 2/6; A. Wall, Power and Protest in England, 1525–1640. L 2000; A. Wood, Riot, Rebellion and Popular Politics in

Early Modern England. Bas 2002; Fletcher/MacCulloch, Rebellions; Fellows, Disorder.
17 Zur Ereignisgeschichte vgl. J. Younings, in: Fritze, Dictionary 540 f.; Williams, Tudors 50 ff.; Fletcher/MacCulloch, Rebellions Kap. 5; Fellows, Disorder 52 ff. – Zur Ausbreitung der Revolte vgl. die Karte bei Fletcher/MacCulloch, Rebellions 69 Map 3.
18 Vgl. S. K. Land, Kett's Rebellion. Ip 1977; A. Weikel, in: Fritze, Dictionary 285 f.; Williams, Tudors 51 ff.; Fletcher/MacCulloch, Rebellions Kap. 6; Fellows, Disorder 55 ff.
19 Vgl. G. Bowler, in: Fritze, Dictionary 119 f.; Fletcher/MacCulloch, Rebellions Kap. 6. – Hauptschrift dieser »Bewegung« stellte der »*Discourse of the Common Weal of this Realm of England*« dar, der John Hales zugeschrieben, jedoch tatsächlich von Thomas Smith verfasst wurde (Elton, England 228 f.).
20 Vgl. zu den Ereignissen die Darstellung des Königs (Jordan, Chronicle 17 ff.). – Loach, Edward Kap. 8; Alford, Kingship Kap. 3; Skidmore, Edward Kap. 7.
21 Zum Leben Dudleys vgl. Jordan, Threshold Kap. 4, 543 ff. (Reg.); B. L. Beer, Northumberland. The Political Career of John Dudley. Ken 1973; D. Hoak, Rehabilitating the Duke of Northumberland, ed. J. Loach/R. Tittler. L 1980; Chapman, King 298 (Reg.); Elton, England 559 (Reg.); Guy, England 555 (Reg.); D. Loades, John Dudley, Duke of Northumberland, 1504–1558. O 1996; Williams, Tudors Kap. 3; Loach, Edward Kap. 9; Alford, Kingship 227 (Reg.); Skidmore, Edward Kap. 7 f.
22 Zu den Verträgen Rymer XV, 212–215, 295; APC III, 453; Jordan, Chronicle 68 f., 74. – Zu den Proklamationen Northumberlands vgl. Heinze, Proclamations Kap. 8.
23 Zur Nachfolge-Problematik vgl. Jordan, Threshold Kap. 14; Mackie, Tudors 522 ff.; Chapman, King Kap. 15; Elton, England 235 f.; Guy, England 226 f.; Loades, Reign 144 ff.; Williams, Tudors 82 ff.; Loach, Edward 163 ff.; Alford, Kingship 171 ff.; Skidmore, Edward 247 f.
24 D. Mathew, Lady Jane Grey. L 1972; C. Levin, Lady Jane Grey, ed. M. P. Hannay. Ken 1985; A. Plowden, Lady Jane Grey and the House of Suffolk. L 1985; M. Luke, The Nine Days Queen. NY 1986; A. Plowden, Lady Jane Grey. Str 2003; F. Cook, Lady Jane Grey. Dar 2005; L. De Lisle, The Sisters Who Would Be Queen. L 2008; E. Ives, Lady Jane Grey. Ch 2009.
25 Zur Ereignisgeschichte vgl. The Chronicle of Queen Jane and Two Years of Queen Mary, ed. J. G. Nichols. L 1850. – Luke, Queen 265–304, 426 (Reg.); Plowden, Lady Kap. 5; Ives, Lady Part 3.
26 D. Loades, Two Tudor Conspiracies. O 2001; W. B. Robison, in: Fritze, Dictionary 550 ff.; R. Tittler, in: Kinney/Swain, Encyclopedia 762 f.

27 Zur Forschungsdiskussion vgl. u. a. Loades, Crisis; N. Heard, Edward VI and Mary. A Mid-Tudor Crisis? L 1990, Kap. 1; J. Loach, A Mid-Tudor Crisis? L 1992 und http://en.wikipedia.org/wiki/Mid-Tudor_Crisis.

28 Vgl. allgemein P. Sorlin, The Film in History. NY 1980; B. Bongartz, Henry VIII – The Moving Image, in: Baumann, Henry 315–327; S. Harper, Picturing the Past. L 1994; T. Mico et al. (Eds.), Past Imperfect. History According to the Movies. NY 1995; J. Roquemore, History Goes to the Movies. NY 1999; A. Higson, English Heritage, English Cinema. O 2003; G. Walker, The Private Life of Henry VIII. L-NY 2003, Kap. 1; R. Rosenstone, History on Film/Film on History. Har 2006; Doran/Freeman, Tudors; Parrill/Robinson, Tudors. – Nützliche Filmografien zu Heinrich finden sich unter http://www.imdb.com/character/ch0 027 581/filmotype und http://www.tudorsonfilm.com/about-the-films.

29 Auf die zahlreichen Filme insbesondere zur Geschichte der späten Repräsentantinnen des Hauses Tudor kann hier aus arbeitsökonomischen Gründen nicht näher eingegangen werden.

30 Produktion 1914 – Regie: Henri Desfontaines, Louis Mercanton; Hauptrollen: Laura Cowie, Max Maxudian; Produktion 1920 – Hauptrollen: Emil Jannings, Henny Porten.

31 Produktion 1908 – Regie: Wallace McCutcheon; Hauptrollen: Linda Arvidson, David Wark Griffith.

32 Produktion 1915 – Regie: Hugh Ford, Edwin S. Porter; Hauptrolle: Robert Broderick; Produktion 1920 – Regie: Alexander Korda; Hauptrollen: Tibor Lubinszky, Albert Schreiber; Produktion 1937 – Regie: William Keighley; Hauptrollen: Errol Flynn, Billy bzw. Robert J. Mauch.

33 Produktion 1911 – Regie: Louis N. Parker; Hauptrollen: Herbert Beerbohm Tree, Arthur Bourchier, Violet Vanbrugh; Produktion 1912 – Regie: J. Stuart Blackton, Laurence Trimble; Hauptrollen: Hal Reid, Tefft Johnson, Julia Swayne Gordon.

34 Hauptrollen: Charles Laughton, Robert Donat, Merle Oberon. – Vgl. allgemein Walker, Life Kap. 5; T. S. Freeman, A Tyrant for All Seasons: Henry VIII on Film, in: Doran/Freeman, Tudors Kap. 2.

35 Regie: Robert Stevenson; Hauptrollen: Nova Pilbeam, John Mills. – Vgl. allgemein Lady Jane Grey on Film, in: Doran/Freeman, Tudors Kap. 5.

36 Die BBC-Produktion erfolgte 1957 unter der Regie von Peter Dews. Der Kinofilm 1966 wurde unter der Regie von Fred Zinnemann mit Paul Scofield, Robert Shaw u. a. in den Hauptrollen gedreht. Schließlich kam es 1988 zu einer weiteren Verfilmung (als US-TV-Film) unter der Regie von Charlton Heston mit diesem und Martin Chamberlain in den Hauptrollen. – Vgl. auch P. Marshall, Saints and Cinemas: *A Man for All Seasons*, in: Doran/Freeman, Tudors Kap. 3.

37 Regie: Charles Jarrott; Hauptrollen: Geneviève Bujold, Richard Burton. – Zum Folgenden vgl. ausführlicher G. Richardson, Anne of the Thousand Days, in: Doran/Freeman, Tudors Kap. 4.
38 In der hier behandelten TV-Serie spielten Annette Crosbie, Dorothy Tutin, Anne Stallybrass u.a. die weiblichen Hauptrollen. – Vgl. Freeman, Tyrant 42f.
39 Regie: Gerald Thomas; Hauptrollen: Sidney James, Kenneth Williams, Barbara Windsor u.a.
40 Regie: Pete Travis; männliche Hauptrolle: Ray Winstone.
41 Regie: Ciaran Donnelly, Jeremy Podeswa, Dearbhla Walsh; Hauptrollen: Jonathan Rhys Meyers, Henry Cavill, Sam Neill, Natalie Dormer, Gabrielle Anwar u.a.

Personenregister

B. = Baron
Bf. = Bischof
Br. = Bruder
E. = Earl
Ebf. = Erzbischof
G. = Gemahl/Gemahlin
Gf. = Graf
Gfn. = Gräfin
Gm. = Gentleman
Hz. = Herzog
Hzn. = Herzogin
Hzt. = Herzogtum
Kf. = Kurfürst
Kg. = König

Kgn. = Königin
Ks. = Kaiser
L. = Lord
Lgf. = Landgraf
M. = Mutter
Mar. = Marquess
O. = Onkel
Pp. = Papst
S. = Sohn
Sw. = Schwester
T. = Tochter
V. = Vater
Vc. = Viscount

Albret, Jeanne d', G. v. Hz. Wilhelm V. 104
Alen, John, Ebf. v. Dublin 131
Alexander (v. Schottland), S. v. Kgn. Margarete v. Schottland 116
Alexander VI., Pp. 34, 184
Amelia v. Jülich-Kleve-Berg, Sw. des Hz. Wilhelms V. 66
Anderson, Maxwell, Autor 238
André, Bernard, Autor 206
Angus, *Siehe* Douglas, Archibald
Anna Boleyn, Kgn. v. England 20–23, 41, 44, 48–58, 68, 76, 78, 81, 131, 146, 158, 191, 194, 196, 233, 237–243, 273–274
Anna von Kleve, Kgn. v. England 23–24, 56, 66–71, 73, 102–103, 158, 194, 240, 243, 247, 274
Anne, Kgn. v. England 220
Anton II., Hz. v. Lothringen 103
Anwar, Gabrielle, Filmschauspielerin 306
Aran, *Siehe* James Hamilton
Arthur, *Prince of Wales* u. S. v. Kg. Heinrich VII. 18–19, 31, 34–36, 43, 137, 246
Arthur, Prinz, S. v. Kgn. Maria v. Guise 122
Artus, Kg. v. Britannien 207
Arvidson, Linda, Filmschauspielerin 305
Ascham, Roger, Autor u. Gelehrter 81, 195, 197
Aske, Robert, Anführer der Pilgrimage 61–63
Askew, Anne, Protestantische Märtyrerin 82

Audley, Thomas, *Lord Chancellor* 158–159, 161

Bacon, Francis, Autor 189, 207
Bale, John, Autor 198
Barbarossa, Kair ad-Din, Osmanischer Großadmiral 101, 106
Barlow, William, Bf. v. St. Asaph u. St. David's 140
Barnes, Robert, Theologe u. Märtyrer 102, 165
Bax, Clifford, Autor 237
Beaton, David, Kardinal 120, 123–125
Beaufort, Margarete, Gfn. v. Richmond u. M. v. Kg. Heinrich VII. 29, 35, 90, 196, 247
Becket, Thomas, Ebf. v. Canterbury 172
Bedford, *Siehe* Jasper Tudor
Berthelet, Thomas, Königlicher Drucker 208
Bigod, Francis, Rebellenführer 62
Blackton, Stuart, Filmregisseur 305
Blount, Elisabeth, Mätresse v. Kg. Heinrich VIII. 44
Boleyn (Carey), Maria, Sw. v. Kgn. Anna 44, 48, 52, 242
Boleyn, George, Br. v. Kgn. Anna 49, 55, 76
Boleyn, Thomas, E. v. Wiltshire u. V. v. Kgn. Anna 48, 52, 58
Bolt, Robert, Autor 238
Bonner, Edmund, Bf. v. London 228
Borough, Edward, G. v. Katharina Parr 78

Borough, Thomas, 3. B. v. Gainsborough 78
Bourchier, Arthur, Filmschauspieler 305
Bourchier, Henry, E. v. Essex 148
Bowes, Robert, Jurist u. Heerführer 61
Brandon, Charles, 1. Hz. v. Suffolk 90, 95, 108–109, 147, 214, 234
Bray, Reynold, Kanzler d. Hzt. Lancaster 31
Broderick, Robert, Filmschauspieler 305
Brown, John, Maler 192
Browne, Anthony, *Master of the Horse* 217
Bryan, Francis, Diplomat 49
Bucer, Martin, Reformator 165, 228
Buckingham, Siehe Heinrich Stafford
Bujold, Geneviève, Filmschauspielerin 306
Burton, Richard, Filmschauspieler 241, 306
Butler, Piers, 8. E. v. Ormond 52, 128, 130

Caboto, Giovanni (John), Entdecker 185
Caboto, Sebastian, Entdecker 185
Cadwaladr ap Gruffydd, Kg. v. Gwynedd 136
Calvin, Johannes, Reformator 24, 126, 165, 223, 228
Campeggio, Lorenzo, Kardinal 167
Canty, Tom, Filmfigur 235

Carew, Nicholas, Diplomat u. *Master of the Horse* 49, 56
Carey, William, Gm. in der *Privy Chamber* 44
Carne, Edward, Diplomat u. Gelehrter 103
Cavendish, George, Autor 207
Cavill, Henry, Filmschauspieler 306
Chamberlain, Martin, Filmschauspieler 305
Champerowne, Jane, G. v. Anthony Denny 81
Chapuys, Eustace, Kaiserlicher Botschafter 57, 190
Cheke, John, Tutor u. Gelehrter 81, 195, 197
Christian III., Kg. v. Dänemark u. Norwegen 100, 105
Christina v. Dänemark, G. des Hz. v. Mailand 65–66
Churchill, Winston S., Englischer Premierminister 9, 237
Cicero, Marcus Tullius, Römischer Politiker 197
Clemens VII., Pp. 21, 47, 97, 99, 101, 167
Clifford, Henry, 1. E. v. Cumberland 61
Colet, John, Gelehrter 164, 167, 195
Columbus, Christoph, Entdecker 184
Cooke, Anthony, Gelehrter u. Tutor 81
Cooper, Thomas, Autor 209
Cortés, Hernán, Eroberer 185
Courtenay, Edward, 1. E. v. Devon 231

Courtenay, Henry, 1. Mar. v. Exeter 49, 64, 145
Coverdale, Miles, Gelehrter 196
Cowie, Laura, Filmschauspielerin 305
Cox, Richard, Bf. v. Ely 81
Cranmer, Thomas, Ebf. v. Canterbury 14, 50, 52, 55, 63, 75, 82, 102, 165, 171, 174, 212–213, 215, 221, 223, 228, 236, 251
Cromwell, Thomas, Chief Minister u. 1. E. v. Essex 11, 13–14, 21, 23–24, 50, 52, 56, 59–60, 62–64, 66–69, 71, 73, 79, 86, 102–104, 131, 133, 139–140, 145–146, 157–162, 167, 170–172, 189, 202, 204–205, 238–239, 248–249, 251
Crosbie, Annette, Filmschauspielerin 306
Crowley, Robert, Gelehrter u. Prediger 225
Culpeper, Thomas, Partner v. Kgn. Katharina Howard 73–74, 76
Cumberland, *Siehe* Henry Clifford

Dacre, Thomas, *L. of the North* 117
Darcy, Thomas, 1. B. Darcy de Darcy 86
Darnley, John, 1. E. v. Lennox 113, 124
De la Pole, Edmund, 6. E. v. Suffolk 33, 60, 87, 149
De la Pole, John, E. v. Lincoln 32

De la Pole, Richard, Letzter Thronanwärter des Hauses York 33, 95
Denny, Anthony, Gelehrter 195, 212–213, 215
Derby, *Siehe* Thomas Stanley
Dereham, Francis, Partner v. Kgn. Katharina Howard 71, 73, 75–76
Desfontaines, Henri, Filmregisseur 305
Devereux, Walter, *Chamberlain* v. Süd Wales 138
Devon, *Siehe* Edward Courtenay
Dewes, Giles, Autor 35
Dews, Peter, Filmregisseur 305
Dias, Bartolomeu, Entdecker 184
Dickens, Charles, Autor 9–10
Disney, Walt, Filmproduzent 235
Djalili, Omid, Comedian 242
Donat, Robert, Filmschauspieler 305
Donnelly, Ciaran, Filmregisseur 306
Dormer, Natalie, Filmschauspielerin 306
Dorne, John, Autor 164
Dorset, *Siehe* Thomas Grey
Douglas, Archibald, 6. E. v. Angus 116–119, 124
Douglas, Gavin, Autor 197
Douglas, Margarete, T. des E. v. Angus 117
Drake, Francis, Englischer Vizeadmiral 186
Dudley, Edmund, Königlicher Rat 31, 41, 202, 221

Dudley, Guildford, G. v. Kgn. Jane Grey 229
Dudley, John, 1. E. v. Warwick u. 1. Hz. v. Northumberland 221, 225–230
Dunbar, William, Autor 114

Edmund, Prinz 35
Eduard I., Kg. v. England 42, 135, 139
Eduard II., Kg. v. England 218
Eduard IV., Kg. v. England 28, 30, 32, 112
Eduard VI., Kg. v. England 22, 24–26, 59, 81, 124, 126, 135, 165, 174, 186, 197, 212, 214–215, 217, 219–222, 226–227, 229–230, 232, 234
Eduard VIII., Kg. v. England 237
Edward, Prinz 35
Eleonore (von Kastilien), G. v. Kg. Franz I. 101
Elisabeth (v. Frankreich), T. v. Kg. Heinrich II. 227
Elisabeth (von York), G. v. Kg. Heinrich VII. 18, 28–30, 39, 190, 206
Elisabeth (von York), Tochter König Eduards IV. 28
Elisabeth I., Kgn. v. England 22, 51–52, 55, 58, 80, 126, 135, 165, 174, 183–184, 186, 192, 206, 209, 214, 221–222, 229–233, 236, 252, 254–255, 305
Ellerker, Ralph, Heerführer 61
Elyot, Thomas, Autor 197
Empson, Richard, Königlicher Rat 31, 41

Erasmus, Desiderius, Gelehrter 43, 164–165, 195
Essex, *Siehe* Thomas Cromwell
Exeter, *Siehe* Henry Courtenay

Fabyan, Robert, Autor 206
Ferdinand I., Römisch-deutscher Kg. u. Ks. 99–101, 109
Ferdinand II., Kg. v. Aragón 20, 37, 45, 86–88, 90
Fish, Simon, Reformatorischer Propagandist 165
Fisher, John, Bf. v. Rochester u. Kardinal 22, 51
Fitzgerald, Gerald Mór, 8. E. v. Kildare 128–129
Fitzgerald, Gerald Og, 9. E. v. Kildare 129–130
Fitzgerald, Silken Thomas, 10. E. v. Kildare 131–132
Fitzroy, Heinrich, 1. Hz. v. Richmond u. Somerset 44, 57, 70, 147
Flynn, Errol, Filmschauspieler 305
Ford, Hugh, Filmregisseur 305
Fox, Edward, Bf. v. Hereford 204
Fox, Richard, Bf. v. Exeter u. Winchester 31, 37, 41, 152
Foxe, John, Autor 210
Franz I., Hz. v. Lothringen 20, 68
Franz I., Kg. v. Frankreich 20, 25, 42, 44, 46–47, 52, 65–66, 73, 85, 89–97, 100–102, 104–108, 110–111, 117, 121–122, 130, 147, 154, 173, 191–192, 203, 216–217, 253

Franz II., Hz. v. Bretagne 28–29
Franz II., Kg. v. Frankreich 222

Gama, Vasco da, Entdecker 185
Gardiner, Stephen, Bf. v. Winchester 68–69, 74, 82–84, 104, 212–213, 219, 228, 251
Gates, John, Gm. in der *Privy Chamber* 212
Gattinara, Mercurio Arborio di, Kaiserlicher Großkanzler 93, 202
George, Margaret, Autorin 232
Golding, Arthur, Autor 197
Gonzaga, Ferrante, Vizekg. v. Sizilien 107
Gordon, Julia Swayne, Filmschauspielerin 305
Grafton, Richard, Autor u. Drucker 206, 208–209
Green, Maud, M. v. Katharina Parr 78
Gregory, Philippa, Autorin 242
Grey, Elizabeth, G. v. Gerald Fitzgerald 129
Grey, Henry, V. v. Kgn. Jane Grey 231
Grey, Jane, Kgn. v. England 229–231, 237
Grey, Leonard, 1. Vc. Grane u. *Lord Deputy* v. Irland 131–132
Grey, Thomas, 2. Mar. v. Dorset 87, 146, 148
Griffith, David W., Filmschauspieler 305
Grocyn, William, Humanist 164, 195

Gustav I. Vasa, Kg. v. Schweden 105

Hall, Edward, Autor 208–209
Hamilton (v. Finnart), James, Architekt 120
Hamilton, James, 1. E. v. Arran 117–118, 120
Hardyng, John, Autor 206
Harrison, William, Autor 175
Heinrich, illegitimer S. v. Maria Boleyn 44
Heinrich, Prinz 44
Heinrich II., Kg. v. England 126
Heinrich II., Kg. v. Frankreich 126, 222, 228, 303
Heinrich IV., Kg. v. England 208
Heinrich V., Kg. v. England 19–20, 42
Heinrich VII., Kg. v. England 18–19, 28–39, 46, 113, 128, 136–138, 143–144, 150, 152, 163–164, 168, 181, 183, 190, 200
Herbert, William, 1. E. v. Pembroke 136, 213, 215
Hertford, *Siehe* Edward Seymour
Heston, Charlton, Filmschauspieler 305
Heywood, Jasper, Autor 197
Heywood, John, Autor 198
Hitler, Adolf, Diktator 9, 248
Holbein, Hans (d.J.), Maler 10, 65, 68, 193–194, 235–236, 239, 244–245
Holinshed, Raphael, Autor 209
Hone, William, Tutor v. Prinz Heinrich (VIII.) 35

Hooper, John, Bf. v. Gloucester 228
Horenbout, Susanna, Malerin 193
Howard, Charles, Höfling 72
Howard, Edmund, V. v. Kgn. Katharina Howard 68, 70
Howard, Henry, E. v. Surrey 76, 84, 95, 111, 197, 212
Howard, Maria, G. des Hz. v. Richmond 70
Howard, Thomas, 1. E. v. Surrey u. 3. Hz. v. Norfolk 26, 41, 53, 55, 60–62, 68–72, 74–75, 77, 84, 104, 108–109, 116, 130, 146, 148, 152, 212, 240
Howard, William, 1. B. Howard v. Effingham 76

Ingworth, Richard, Bf. v. Dover 140
Isabella v. Portugal, G. v. Ks. Karl V. 96
Isabella I., Kgn. v. Kastilien 19, 37

Jakob, Prinz, S. v. Kgn. Maria v. Guise 122
Jakob III., Kg. v. Schottland 112
Jakob IV., Kg. v. Schottland 34, 88, 112, 114, 118–123
Jakob V., Kg. v. Schottland 25, 65, 74, 90, 116
Jakob VI., Kg. v. Schottland 126, 236
James, Sidney, Filmschauspieler 306

Jane Seymour, Kgn. v. England 22, 54, 56–59, 64, 67, 193, 214, 218, 233, 240, 242–243
Jannings, Emil, Filmschauspieler 233, 236, 305
Jarrott, Charles, Filmregisseur 306
Johann (Hans) I., Kg. v. Dänemark u. Schweden 114–115
Johann Friedrich I., Hz. u. Kf. v. Sachsen 103
Johanna I. (die Wahnsinnige), Kgn. v. Kastilien 37, 91
Johnson, Tefft, Filmschauspieler 305
Joye, George, Autor 165
Julius II., Pp. 19, 37, 87, 166

Karl v. Egmond, Hz. v. Geldern 103
Karl I., Kg. v. England 220
Karl III. Hz. v. Bourbon 95
Karl V., Ks. 20–21, 25, 35, 46–47, 50, 65, 73, 85, 99–100, 104–109, 111–112, 121, 130, 173, 202, 228, 250, 253
Karl VIII., Kg. v. Frankreich 29, 33
Katharina Howard, Kgn. v. England 23, 68–73, 75–78, 102, 237, 240, 243
Katharina Parr, Kgn. v. England 23, 70, 78–84, 88, 102, 212, 221–222, 236, 239–240, 242–243
Katharina von Aragón, Kgn. v. England 19, 21–22, 34–37, 41, 43–45, 47–54, 57, 78,

86, 98–99, 154, 157, 166, 235, 238–240, 250
Katharina, illegitime T. v. Maria Boleyn 44
Keighley, William, Filmregisseur 305
Kett, Robert, Rebellenführer 225
Kildare, *Siehe* Fitzgerald
Knox, John, Prediger 126
Korda, Alexander, Filmregisseur 236–237, 305

Lanquet, Thomas, Autor 209
Latimer, Hugh, Bf. v. Worcester 225
Laughton, Charles, Filmschauspieler 234, 236, 238–239, 243–244, 305
Lee, Rowland, Bf. v. Coventry u. Lichfield 139, 141
Lennox, *Siehe* John Darnley
Leo X., Pp. 87–88, 90–91, 94
Linacre, Thomas, Arzt u. Gelehrter 195
Lincoln, *Siehe* John de la Pole
Llwyd, Dafydd, Dichter 137
Lovell, Francis, *Treasurer* d. Haushalts 32
Lubinszky, Tibor, Filmschauspieler 305
Lubitsch, Ernst, Filmschauspieler 233
Ludwig XII., Kg. v. Frankreich 87, 89, 115, 154, 234
Luise v. Savoyen, M. v. Kg. Franz I. 96–97
Lupo, Ambrosio, Musiker 195
Luther, Martin, Reformator 24, 156, 164–165, 173, 223, 228

Madeleine, Kgn. v. Schottland 121–122
Magellan, Ferdinand, Entdecker 185
Major, Charles, Autor 233
Manox, Henry, Tutor v. Katharina Howard 71, 75–76
Mantel, Hilary, Autorin 232
Mao, Zedong, Diktator 248
Margarete Tudor, G. v. Kg. Jakob IV. 20, 34, 90, 116–118, 122
Margarete v. Österreich, Hzn. v. Savoyen 87, 97
Maria (Seymour), T. v. Katharina Parr (Seymour) 123, 221
Maria Stuart, Kgn. v. Schottland 25, 123, 126, 214, 222
Maria Tudor, Sw. v. Kg. Heinrich VIII. u. Kgn. v. Frankreich 35, 89–90, 95, 154, 214, 229, 233, 237
Maria v. Guise, Kgn. v. Schottland 65, 122
Maria v. Spanien, T. v. Ks. Karl V. 109
Maria I., Kgn. v. England 20, 44, 58, 62–64, 79, 89, 95–96, 123–124, 199, 210, 214, 222, 229–233
Mauch, Billy, Filmschauspieler 305
Maximilian I., Ks. 20, 33, 87, 218
Maxudian, Max, Filmschauspieler 305
McCutcheon, Wallace, Filmregisseur 305
Medici, Katharina de, G. v. Kg. Heinrich II. 101

Medwall, Henry, Autor 198
Méliès, George, Filmregisseur 233
Melton, Nicholas, Rebellenführer 59
Memo, Dionisio, Musiker 195
Mengele, Josef, NS-Verbrecher 9
Mercanton, Louis, Filmregisseur 305
Michell, Keith, Filmschauspieler 239
Mills, John, Filmschauspieler 305
Mont, Christopher, Diplomat 102
More, Thomas, *Lord Chancellor* 22, 41, 50–51, 97, 156–159, 162, 164, 167, 195, 207–209, 238, 248
Morison, Richard, Autor 204–205
Morton, John, Bf. v. Ely 207
Mountjoy, William, Gelehrter 195

Neill, Sam, Filmschauspieler 306
Nelson, Horatio, Admiral 220
Nero, Claudius, Römischer Ks. 9
Neville, John, 3. B. Latimer 74, 79
Newton, Thomas, Autor 197
Norfolk, *Siehe* Thomas Howard
Norris, Henry, *Groom of the Stool* 54–55
Northampton, *Siehe* William Parr
Norton, Thomas, Autor 198

Oberon, Merle, Filmschauspielerin 305
O'Donnell, Manus, L. v. Tyrconnell 132
Oldcastle, John, Lollarden-Anführer 163
O'Neill, Con, 1. E. v. Tyrone 132
Opitiis, Benedict de, Musiker 195
Ormond, *Siehe* Piers Butler
Ovid(ius) Naso, Publius, Römischer Dichter 197

Paget, William, Sekretär u. 1. B. v. Beaudesert 82, 212, 214–215, 217
Parker, Louis N., Filmregisseur 305
Parr, Thomas, V. v. Katharina Parr 78
Parr, William, 1. B. Parr v. Horton u. O. v. Kgn. Katharina Parr 80
Parr, William, 1. Mar. v. Northampton u. Br. v. Kgn. Katharina Parr 225
Pasqualigo, Peter, Venezianischer Botschafter 36, 89
Paul III., Pp. 66, 99, 101
Pembroke, *Siehe* William Herbert
Percy, Henry, 6. E. v. Northumberland 48, 61
Perreau, Louis de, Französischer Botschafter 66
Phaer, Thomas, Autor 197
Philipp I. (IV.) v. Habsburg, Hz. v. Burgund u. Kg. v. Kastilien 37, 91

Philipp I., Lgf. v. Hessen 101–102
Philipp II., Kg. v. Spanien 230
Pilbeam, Nova, Filmschauspielerin 305
Pizarro, Francisco, Eroberer 185
Podeswa, Jeremy, Filmregisseur 306
Pole, Henry, 1. B. Montagu 158
Pole, Margarete, 8. Gfn. v. Salisbury 74
Pole, Reginald, Kardinal 62, 64, 102, 224
Porten, Henny, Filmschauspieler 305
Porter, Edwin S., Filmregisseur 305
Poynings, Edward, *Lord Deputy* v. Irland 128
Preston, Thomas, Autor 198

Quintilian(us), Marcus Fabius, Römischer Rhetorik-Lehrer 197

Raleigh, Walter, Höfling u. Seefahrer 186
Rastell, John, Autor 198, 208
Reid, Hal, Filmproduzent 235, 305
Rhys ap Gruffydd, Prinz v. Süd Wales 136
Rhys ap Thomas, *Privy Councillor* 137
Rhys Meyers, Jonathan, Filmschauspieler 243, 306
Rich, Richard, 1. B. Rich u. *Lord Chancellor* 82, 212
Richard III., Kg. v. England 18, 28–30, 32, 128, 136, 206, 208
Richard IV., Kg. v. England 32
Richmond, *Siehe* Heinrich Fitzroy
Rochford, Jane, G. v. George Boleyn 55, 73, 76
Rous, John, Autor 206
Russell, John, L. u. Söldnerführer 224

Sackville, Thomas, Autor 198
Sampson, Richard, Bf. v. Chichester u. Coventry 204
Sansovino, Jacopo, Künstler 218
Schreiber, Albert, Filmschauspieler 305
Scofield, Paul, Filmschauspieler 305
Seneca, Lucius Annaeus, Römischer Autor 197–198
Seymour (Stanhope), Anne, G. v. Edward Seymour 81
Seymour, Edward, E. v. Hertford, Hz. v. Somerset u. *Lord Protector* 75, 111, 125, 148, 179, 212–213, 217, 220, 222–227
Seymour, Thomas, *Lord High Admiral* u. G. v. Katharina Parr 80, 213, 221–222, 240, 243
Sforza, Francesco II., Hz. v. Mailand 65, 101
Shakespeare, William, Autor 208–209, 235, 241
Shaw, Robert, Filmschauspieler 305

Shivas, Mark, Filmproduzent 239
Shrewsbury, *Siehe* George Talbot
Simnel, Lambert, Prätendent 32, 128
Sinclair de Pitcairn, Oliver, Höfling u. Heerführer 123
Skeffington, William, *Lord Deputy* v. Irland 130–131
Skelton, John, Tutor u. *Poeta laureatus* 35, 197–198
Smeaton, Mark, Musiker 54–55
Smith, Thomas, Autor 175
Somerset, *Siehe* Edward Seymour
Southampton, *Siehe* Thomas Wriothesley
St. German, Christopher, Jurist 167, 201, 251
St. Leger, Anthony, *Lord Deputy* v. Irland 133–135
Stafford, Henry, 2. Hz. v. Buckingham 29, 32, 148–149, 235
Stafford, William, Höfling 44
Stalin, Josef, Diktator 9, 248
Stalleybrass, Anne, Filmschauspielerin 306
Stanley, Thomas, 1. E. v. Derby 29
Stanley, William, Heerführer 29
Starkey, Thomas, Autor 198, 204
Stevenson, Robert, Filmregisseur 305
Stewart, Henry, 1. L. Methven u. G. v. Margarete v. Schottland 34, 118, 121

Stewart, John, 2. Hz. v. Albany 90, 116–117
Still, John, Autor 198
Stow, John, Autor 209
Studley, John, Autor 197
Suffolk, *Siehe* Charles Brandon u. Edmund de la Pole
Süleyman I., 10. Sultan d. Osmanischen Reiches 100, 287
Surrey, *Siehe* Henry u. Thomas Howard

Talbot, George, 4. E. v. Shrewsbury 61, 146, 148, 152
Taverner, Richard, Autor 204
Teerline, Levina, Malerin 193
Thirlby, Thomas, Bf. v. Norwich 213
Thomas v. Kempen, Mystiker 82
Thomas, Gerald, Filmregisseur 306
Tilney, Agnes, G. des Hz. v. Norfolk 70, 76
Torrigiano, Pietro, Künstler 218
Travers, Ronald, Filmproduzent 239
Travis, Pete, Filmregisseur 306
Tree, Herbert Beerbohm, Filmschauspieler 305
Trimble, Lawrence, Filmregisseur 305
Tudor, Edmund, 1. E. v. Richmond u. V. v. Kg. Heinrich VII. 28
Tudor, Jasper, 1. Hz. v. Bedford u. O. v. Kg. Heinrich VII. 28, 136–137

Tudor, Owen, Heerführer 28
Turberville, George, Autor 197
Tutin, Dorothy, Filmschauspielerin 306
Twain, Mark, Autor 234–235
Tyndale, William, Bibelübersetzer 124, 156, 165, 196
Tyrone, *Siehe* Con O'Neill

Udall, Nicolas, Autor 198

Vanbrugh, Violet, Filmschauspielerin 305
Vergil(ius) Maro, Publius, Römischer Autor 197
Vergil, Polydore, Autor 207–209

Wallis, Hal B., Filmproduzent 238
Wallop, John, Heerführer u. Diplomat 107
Walsh, Dearbhla, Filmregisseur 306
Warbeck, Perkin, Prätendent 32–34, 114, 128, 181
Warham, William, Ebf. v. Canterbury 152
Warwick, *Siehe* John Dudley u. Edward Plantagenet
Wilder, Philip van, Musiker 195
Wilhelm IV., Kg. v. England 220
Wilhelm V., Hz. v. Jülich-Kleve-Berg 66, 103, 105–107

Williams, Kenneth, Filmschauspieler 306
Willoughby, Catherine, G. des Hz. v. Suffolk 81
Wilson, Thomas, Autor 197
Wiltshire, *Siehe* Thomas Boleyn
Windsor, Barbara, Filmschauspielerin 306
Winstone, Ray, Filmschauspieler 306
Wishart, George, Prediger 125
Wolf, Reginald, Drucker 209
Wolsey, Thomas, *Lord Chancellor* u. Kardinal 14, 20–21, 45–50, 86–87, 90–91, 93–96, 98–99, 129–130, 145–146, 152–159, 161–162, 164, 167, 190–191, 196, 207, 218, 235, 238, 248–249, 253
Woodville, Elisabeth, G. v. Kg. Eduard IV. 30
Wright, Andrew, Maler 192
Wriothesley, Thomas, *Lord Chancellor* u. E. v. Southampton 83, 161, 212, 217
Wyatt, Thomas, Autor 48, 197, 231
Wyclif, John, Theologe 163

Zinnemann, Fred, Filmregisseur 305
Zouche, Elizabeth, G. v. Gerald Fitzgerald 129
Zwingli, Huldreich, Reformator 165, 228

Henning Börm

Westrom

Von Honorius bis Justinian

2013. 240 Seiten, 4 Abb.,
4 Karten. Kart. € 24,90
ISBN 978-3-17-023276-1

Urban-Taschenbücher,
Band 735

Der Westen des Imperium Romanum erlebte ab 395 n. Chr. eine Kette von dramatischen Ereignissen und Entwicklungen. 476 wurde der letzte Westkaiser abgesetzt, 554 schaffte Justinian auch den weströmischen Hof ab. Diese Vorgänge, die für Europa den Übergang von der Antike zum Mittelalter markieren, sind oft durch eine „Völkerwanderung" erklärt worden. Der vorliegende Band rückt dagegen innerrömische Konflikte ins Zentrum: Westrom wurde nicht erobert. Seine Nachfolgereiche traten erst an die Stelle der kaiserlichen Regierung, als endlose Bürgerkriege zum Kollaps der römischen Herrschaft geführt hatten. Ein systematischer Überblick über Kaisertum, Verwaltung, Armee, Wirtschaft und Religion rundet die Darstellung ab.

Dr. Henning Börm lehrt Alte Geschichte an der Universität Konstanz.

W. Kohlhammer GmbH · 70549 Stuttgart
Tel. 0711/7863 - 7280 · Fax 0711/7863 - 8430 · www.kohlhammer.de

Friedrich Edelmayer

Philipp II.

Biographie eines Weltherrschers

*2007. 333 Seiten, 9 Abb.
Kart. € 22,–
ISBN 978-3-17-018067-3*

*Urban-Taschenbücher,
Band 630*

König Philipp II. von Spanien (1527-1598) war der erste moderne Monarch, dessen Länder den gesamten Globus umspannten. Mit viel politischem Geschick und nüchternem Verstand regierte und vergrößerte er die von seinem Vater Kaiser Karl V. ererbten Herrschaftsgebiete und machte aus der spanischen Monarchie die damals führende Weltmacht. Diese Biographie schildert das Leben Philipps II. auf der Basis neuester Quellenforschung. Er ist nicht nur der Schlachtenlenker, der Taktiker, der Machtbewusste, sondern auch der liebende Vater und sammelnde Kunstmäzen, der bigotte Gläubige und der verwaltende Bürokrat. Edelmayer gelingt es eindrucksvoll, das facettenreiche Portrait eines Herrschers, der bis heute fasziniert und polarisiert, zu zeichnen; er bietet damit die erste umfassende Biographie Philipps II. für das deutschsprachige Publikum seit Jahrzehnten.

Professor Dr. Friedrich Edelmayer lehrt Neuere Geschichte an der Universität Wien.

W. Kohlhammer GmbH · 70549 Stuttgart
Tel. 0711/7863 - 7280 · Fax 0711/7863 - 8430 · www.kohlhammer.de